Reinhard Gregor Kratz
Historisches und biblisches Israel

Reinhard Gregor Kratz

Historisches und biblisches Israel

Drei Überblicke zum Alten Testament

Zweite, durchgesehene und erweiterte Auflage

Mohr Siebeck

Reinhard Gregor Kratz, geboren 1957; Studium der Ev. Theologie und Gräzistik in Frankfurt a. M., Heidelberg und Zürich; seit 1995 Professur für Altes Testament in Göttingen; seit 1999 Mitglied der Akademie der Wissenschaften zu Göttingen.

ISBN 978-3-16-155125-3

Die Deutsche Nationalbibliothek verzeichnet diese Publikation in der Deutschen Nationalbibliographie; detaillierte bibliographische Daten sind im Internet über *http://dnb.dnb.de* abrufbar.

© 2017 Mohr Siebeck Tübingen. www.mohr.de

Das Werk einschließlich aller seiner Teile ist urheberrechtlich geschützt. Jede Verwertung außerhalb der engen Grenzen des Urheberrechtsgesetzes ist ohne Zustimmung des Verlags unzulässig und strafbar. Das gilt insbesondere für Vervielfältigungen, Übersetzungen, Mikroverfilmungen und die Einspeicherung und Verarbeitung in elektronischen Systemen.

Das Buch wurde von Gulde-Druck in Tübingen gesetzt und auf alterungsbeständiges Werkdruckpapier gedruckt und von der Buchbinderei Nädele in Nehren gebunden.

*Lothar und Freda Perlitt
zum Gedenken*

Inhalt

Einführung	XI
1. Thema und Anlage des Buches	XI
2. Der methodische Ansatz	XIII
3. Terminologie	XXV
4. Weitere Hinweise zur Lektüre und Danksagung	XLI

Geschichte Israels und Judas 1

I. Die Voraussetzungen 1
   1. Anfang und Ende 1
   2. Die Quellen 5
   3. Der Schauplatz 9
   4. Die Anfänge Israels 11

II. Die beiden Reiche 15
   1. Der Übergang zur Monarchie 15
   2. Saul, David und Salomo 17
   3. Das Reich Israel 20
   4. Das Reich Juda 29

III. Die beiden Provinzen 39
   1. Samaria, Juda und die Diaspora 39
   2. Das hasmonäische Königtum 48
   3. Das herodianische Königtum 59

IV. Religionsgeschichtliche Skizze 62
   1. Israelitisch-judäische Religion 63
   2. Biblische Tradition 68
   3. Jüdische Religion 72

Die biblische Tradition 79

I. Die Voraussetzungen 79
   1. Israelitisch-judäische Schriftkultur
      und biblische Tradition 79
   2. Schreiber und Schreiberschulen 81
   3. Schrift und Schriftträger 84
   4. Vorbildliche Schriftzeugnisse 87

II. Übergänge in die biblische Tradition 99
   1. Vom Heil zum Unheil:
      Die prophetische Überlieferung 101
   2. Vom Staatsvolk zum Gottesvolk:
      Die erzählende Überlieferung 105
   3. Vom Recht zum Gesetz:
      Die legislative Überlieferung 111
   4. Vom Königtum Gottes zum Gottesreich:
      Die Psalmenüberlieferung 117
   5. Vom Weisen zum Frommen:
      Die weisheitliche Überlieferung 121

III. Die Bücher des Alten Testaments 126
   1. Das Gesetz (Tora) 128
   2. Die Propheten (Nebiim) 132
   3. Die Schriften (Ketubim) 136
   4. Apokryphen und Pseudepigraphen 137

IV. Literaturgeschichtliche Skizze 140
   1. Historisches und biblisches Israel 141
   2. Die Epoche der beiden Reiche 143
   3. Das Ende Israels 148
   4. Das Ende Judas 153
   5. Die Epoche der beiden Provinzen 159
   6. Ausblick auf die parabiblische Überlieferung 165

Inhalt

Jüdische Archive 181

I. Orte der Literatur 181

II. Zwischen Elephantine und Qumran 186
    1. Elephantine 186
    2. Al-Jahudu 203
    3. Qumran 213
    4. Garizim 232
    5. Jerusalem 258
    6. Alexandria 268

III. Israel und das Judentum 283
    1. Nichtbiblisches und biblisches Judentum 283
    2. Geschichte und Tradition 293

Karten 301

Zeittafel 305

Glossar 311

Literatur 319

Stellenregister 357

Einführung

1. Thema und Anlage des Buches

Die Wissenschaft von der Hebräischen Bibel, dem Alten Testament, hat in der zweiten Hälfte des vergangenen Jahrhunderts große Veränderungen erlebt. Der spektakuläre Fund der Handschriften vom Toten Meer (Qumran), die nicht weniger bedeutenden Grabungen auf dem Berg Garizim, dem Heiligtum der Samaritaner, und Inschriftenfunde in ganz Palästina haben neues Material zu Tage gefördert. Daneben haben neue methodische Ansätze zur Erforschung der Literatur- und Religionsgeschichte ein anderes Licht auf die Bibel geworfen und zusammen mit den epigraphischen Funden unser Bild vom alten Israel und antiken Judentum im ersten Jahrtausend v. Chr. auf eine neue Grundlage gestellt. Dieses Buch spricht eine an Geschichte und Religion interessierte Öffentlichkeit, Studierende, aber auch Fachgenossen an, um über die Veränderungen zu orientieren und den Versuch einer Synthese zu wagen. Es beschäftigt sich mit drei Bereichen, die von diesen Veränderungen in besonderer Weise betroffen sind: 1) der Geschichte Israels und Judas, 2) der Entstehung der Hebräischen Bibel bzw. des Alten Testaments und 3) den Quellen zum antiken Judentum.[1]

Die beiden ersten Überblicke, die für gewöhnlich unter der Überschrift »Geschichte Israels« und »Einleitung in das Alte Testament« firmieren und zum üblichen Curriculum des Studiums des Alten Testaments gehören, sind bereits vielfach Ge-

---

[1] Zur Terminologie s. u. 3.

genstand von Gesamtdarstellungen. Der dritte Überblick ist einem Bereich gewidmet, der aufs engste damit zusammenhängt, aber meist vernachlässigt und nur in Spezialuntersuchungen verhandelt wird: den Orten, an denen jüdische Schrifterzeugnisse gefunden wurden (Elephantine, Al-Jahudu, Qumran) oder mit deren Namen sich die Überlieferung der Hebräischen Bibel oder des griechischen Alten Testaments in besonderer Weise verbindet (Garizim, Jerusalem, Alexandria). Das Besondere dieses Buches liegt zum einen in dem methodischen Zugriff zu den drei Bereichen, der in manchem von den gängigen Darstellungen abweicht, zum anderen in der Verbindung der beiden ersten Bereiche mit dem dritten, der bewußt ans Ende gesetzt wurde.

Zwar setzt die historische Rekonstruktion der Geschichte Israels und Judas wie auch die literarhistorische Analyse der biblischen Tradition die Kenntnis der Quellen und ihrer handschriftlichen Überlieferung voraus, doch folgt die Darstellung einer sachlichen und, aufs Ganze gesehen, auch chronologischen Ordnung. Der erste Überblick setzt mit der Geschichte Israels und Judas ein und steckt damit den historischen und religionsgeschichtlichen Rahmen ab, in dem die biblische Tradition entstanden und die handschriftliche Überlieferung dieser und anderer schriftlicher Quellen erfolgt ist. Im zweiten Überblick werden sodann Entstehung und Geschichte der biblischen Tradition selbst behandelt, die sich als eine besondere Überlieferung der israelitisch-judäischen Schriftkultur im Rahmen der Geschichte Israels und Judas allmählich entwickelt und – im Unterschied zu vielen anderen schriftlichen Zeugnissen – die Zeiten bis heute überdauert hat. Im dritten Überblick werden schließlich die uns bekannten, archäologisch nachgewiesenen oder literarisch bezeugten Orte betrachtet und historisch eingeordnet, an denen biblische und nichtbiblische jüdische Texte aufbewahrt, abgeschrieben, bearbeitet, kommentiert, fortgeschrieben oder übersetzt wurden. Die fraglichen Textdeposita – Elephantine, Al-Jahuda, Qumran, Garizim, Jerusalem, Alexandria – datieren (fast) alle aus der zweiten Hälfte des ersten Jahrtausends v.Chr. und repräsentieren damit die Geschichte des werdenden Judentums.[2]

Im Zentrum des Buches und insbesondere des dritten Überblicks steht die fundamentale, aber noch ungelöste Frage, unter welchen historischen und soziologischen Bedingungen und auf welche Weise das Alte Testament – in Gestalt der Hebräischen Bibel bzw. des griechischen Alten Testaments – zur autoritativen Leitüberlieferung, d. h. zum Kanon der heiligen Schriften des Judentums wie des Christentums geworden ist.

2. Der methodische Ansatz

Der Titel »Historisches und biblisches Israel« will den Blick auf eine grundlegende, für die Anlage dieses Buches zentrale Unterscheidung zweier Erscheinungsweisen Israels lenken. Die Unterscheidung trägt dem allgemein bekannten und weithin anerkannten Umstand Rechnung, daß das Israel der biblischen Tradition nicht mit dem Israel der Geschichte gleichgesetzt werden kann. Aus diesem Grund werden in diesem Buch die Geschichte Israels und Judas und die Geschichte der biblischen Tradition getrennt dargestellt, obwohl beides aufs engste zusammenhängt. Die biblische Tradition ist ein

---

[2] Göran Eidevall in RBL 08/2014 vermisst ein Kapitel über Ugarit, doch stammen die dort ausgegrabenen Archivbestände weder aus dem 1. Jahrhundert v. Chr. noch haben sich darunter israelisch-judäische Texte gefunden. Zu den religions- und traditionsgeschichtlichen Verbindungen zu den ugaritischen Texten s. u. *Tradition*, bes. die Abschnitte über die Psalmen in *Tradition* I 4.5 sowie II 4.

konstitutiver Bestandteil der Geschichte Israels und Judas, insofern Entstehung und Entwicklung der Tradition im Rahmen der Geschichte Israels und Judas stattfanden. Zugleich zeichnete die biblische Tradition jedoch ihr eigenes Bild der Geschichte des Volkes Israel, eine Art heilige Geschichte (*historia sacra*), die sich nicht nur von der Geschichte Israels und Judas inspirieren ließ, sondern ab einem gewissen Zeitpunkt ihrerseits Einfluss auf den Verlauf der Geschichte Israels und Judas nahm, auch wenn es sich nur um ein besonderes Segment dieser Geschichte unter vielen handelte.

Die Unterscheidung zwischen historischem und biblischem Israel wirkt sich nicht nur auf die Anlage dieses Buches aus, sondern hat auch methodische Konsequenzen. So ist die Rekonstruktion der Geschichte Israels und Judas in der Hauptsache an den äußeren Faktoren von Politik, Kultur und Religion orientiert. Anschließend wird die in den biblischen Schriften greifbare literarische Tradition behandelt, die sich im Rahmen der Geschichte Israels und Judas entwickelt hat, diese aber auf besondere, höchst eigene Weise reflektiert. Dabei folgt die Darstellung der Geschichte Israels und Judas nicht, wie vielfach üblich, dem biblischen Narrativ, sondern basiert im wesentlichen auf den archäologischen und epigraphischen Befunden sowie zusätzlichen Informationen, die auf dem Wege der kritischen Analyse der biblischen Quellen und der historischen Analogie gewonnen werden können.

Die Geschichte der biblischen Tradition hingegen folgt nicht einfach dem tatsächlichen oder vermeintlichen Verlauf der Geschichte Israels und Judas, sondern beruht auf der kritischen Analyse der literarischen Quellen, aus der eine relative Chronologie der Tradition resultiert. Die Analyse kann hier nicht in *extenso* vorgeführt werden, sondern ist vorausgesetzt. Die Darstellung in diesem Buch konzentriert sich auf die Übergänge von – archäologisch nachgewiesenen oder auf dem Wege der kritischen Analyse hypothetisch identifizierten – vorbiblischen Überlieferungen in die biblische Tradition und bietet anschließend eine literaturgeschichtliche Skizze, die den Werdegang der biblischen Tradition in die Geschichte Israels und Judas einordnet.

Im dritten Überblick über die jüdischen Archive kommen die beiden verschiedenen Perspektiven der historischen und literaturgeschichtlichen Betrachtungsweise gewissermaßen zusammen. In den Archiven begegnen wir sowohl archäologischen und epigraphischen als auch literarischen Zeugnissen für die Geschichte Israels und Judas, die einmal mehr die Geschichte, das andere Mal mehr die Tradition und gelegentlich beides bezeugen. Die Auswertung der Archive fordert eine entsprechende Differenzierung der Quellen. Da uns die Geschichte Israels und Judas außer in den spärlichen archäologischen Resten nur in der Brechung der literarischen, des näheren biblischen Tradition zugänglich ist, muß man zunächst zwischen archäologischen (epigraphischen) und literarischen (biblischen) Quellen unterscheiden, was in gewisser Weise der Unterscheidung zwischen historischem und biblischem Israel entspricht. Sodann gilt es, in der biblischen Überlieferung selbst zwischen einem älteren, vor- oder nichtbiblischen Zustand Israels und Judas und dem späteren Ideal, richtiger den vielen verschiedenen Idealen und Bildern Israels in der biblischen Tradition zu unterscheiden.

Dem Kundigen wird nicht verborgen bleiben, daß dieser Ansatz bis zu einem gewissen Grade der Unterscheidung zwischen »altem Israel« und »Judentum« verpflichtet ist, die auf Wilhelm Martin Leberecht de Wette und Julius Wellhausen zurückgeht und von letzterem in seinen »Prolegomena zur Geschichte Israels« (1905b) umfassend begründet und in der »Israelitisch-jüdischen Geschichte« (1914) historiographisch entfaltet wurde. Wellhausen verteilt die beiden Erscheinungsweisen Israels auf zwei aufeinanderfolgende Epochen, das »alte Israel« der vorexilischen Königszeit und »das Judentum« der nachexilischen Zeit, die durch das »Zwischeneinkommen« des jüdischen Gesetzes voneinander getrennt sind. Wie Wellhausen wohl selbst am besten wußte, ist diese Unterscheidung, vor allem die Verteilung auf zwei Zeitalter, im einzelnen zu schematisch und bedarf in mancher Hinsicht der Modifizierung. Dennoch hat sie sich im Grundsatz durchaus bewährt und eignet sich nach wie vor als hermeneutischer Schlüssel zur Differenzierung der biblischen Überlieferung. Wie wir insbesondere bei der Betrachtung der jüdischen Archive sehen werden, ist die Unterscheidung allerdings nicht nur auf das vorexilische Israel im Unterschied zum nachexilischen Judentum, sondern ebenso auf die verschiedenen Gestalten des Judentums der vor- wie der nachstaatlichen Zeit anzuwenden. Das hat nicht etwa zur Folge, dass die Richtung der Entwicklung vom »alten Israel« (dem historischen Israel) zum »Judentum« (dem biblischen Israel) umzukehren wäre, wie ein Rezensent gehofft hatte.[3] Doch versteht sich von selbst, daß dabei von den antijüdischen Vorurteilen und Animositäten gegen diese Entwicklung hin zur »Religion des Gesetzes« (wie gegen jede Form der institutionalisierten Religion) abzusehen ist, die sich bei Wellhausen wie bei vielen anderen Gelehrten seiner Zeit finden und in Teilen der christlichen Forschung bis heute nachwirken.

In den Reaktionen auf die erste Auflage dieses Buches (2013) und die englische Ausgabe (2015) ist im Blick auf den methodischen Ansatz des öfteren der Name Mario Liverani erwähnt und – zu Recht – vermißt worden.[4] Berührungen be-

---

[3] Thomas Staubli, bbs 12.2014 http://www.biblische-buecherschau.de/2014/Kratz–Israel.pdf.
[4] Vgl. Liverani 2005 und dazu Na'aman 2006. Auf das Fehlen von Liverani machte mich zuerst Reed Carlson aufmerksam, der mir freundli-

stehen besonders hinsichtlich der historischen Rekonstruktion der Geschichte Israels und Judas in vorexilischer Zeit, der »normalen Geschichte« (»normal history«) bei Liverani, die dem entspricht, was hier »historisches Israel« genannt wird. Unterschiede bestehen hingegen zu Liveranis »erfundener Geschichte« (»invented history«), die in etwa dem entspricht, was hier »biblisches Israel« heißt. Wie Wellhausen die zwei Gestalten Israels, »altes Israel« und »Judentum«, so teilt auch Liverani seine beiden Typen von Geschichte auf zwei Epochen auf: die vorexilische (historische) »normal history« und die nachexilische (biblische) »invented history«, die durch das »Intermezzo« des babylonischen Exils als der sogenannten »Achsenzeit («axial age«) voneinander geschieden sind.

Das Problem, das ich in dieser Konzeption sehe, liegt darin, daß Liverani, vielleicht verführt durch das nicht unproblematische Axiom der »Achsenzeit«,[5] für die nachexilische Zeit die

---

cherweise seine (bisher unveröffentlichte) ausführliche Besprechung zukommen ließ, die er am 29. Januar 2015 im Hebrew Bible Workshop von Peter Machinist an der Harvard Divinity School vorgetragen hatte.

[5] Dieses Axiom vermißt auch Hans Jørgen Lundager Jensen, JSJ 47, 2016, 277–280 und kritisiert, daß dieses Buch den historischen Prozeß im wesentlichen von innen her zu erklären versucht. Das ist auch die Absicht. Die äußeren Faktoren (Einflüsse der größeren politischen und kulturellen Mächte, Fremdherrschaft und dgl.) sind zwar nicht zu übersehen, werden in der Forschung m.E. aber im Moment wieder etwas überschätzt. Die Synchronisation der kulturellen und philosophischen Veränderungen im Mittelmeerraum zu einem »axial age« scheint mir generell aus historischen Gründen und in unserem Fall vor allem aufgrund der fraglichen Datierung der biblischen Quellen mehr als fraglich. Nur am Rande sei vermerkt, daß ich die von Jensen beanstandete Annahme, der Tempelkult in persischer Zeit sei von dem Gedanken der Sühne beherrscht gewesen, keineswegs vertrete; dies ist die Ansicht der Priesterschrift, der weite Teile der Forschung folgen, entspricht jedoch auch nach meiner Auffassung nicht der historischen Realität am zweiten Tempel.

»invented history« zur »normal history« erklärt. Dabei stellt sich die Frage, ob es nicht auch in vorexilischer Zeit neben der »normal history« eine »invented history« und in nachexilischer Zeit neben der »invented history« der biblischen Tradition auch eine »normal history« gab. Der Unterschied zu dem in diesem Buch verfolgten Ansatz liegt nicht zuletzt darin begründet, daß Liverani als Historiker kaum von der kritischen Analyse der biblischen Quellen Gebrauch macht, wie sie in der Bibelwissenschaft praktiziert wird. Dies hat zur Folge, daß er – bei aller kritischen Distanz zu den Quellen und bei aller Radikalität in der späten Datierung der »invented history« – im Blick auf die »normal history« der nachexilischen Zeit doch recht stark von der »invented history« der biblischen Tradition beeinflußt ist.

Auch die wegweisenden Arbeiten von Philip Davies und der übrigen Mitglieder der einst abgelehnten, mittlerweile – ausdrücklich oder stillschweigend – breit rezipierten sogenannten »minimalist school« wurden in der ersten Auflage dieses Buches nicht genügend gewürdigt und müssen in diesem Zusammenhang genannt werden.[6] Davies hat denn auch zwei ungefähr gleichlautende Rezensionen zur deutschen und englischen Ausgabe veröffentlicht.[7] In ihnen bescheinigt er dem Buch, daß es zwar die richtigen Fragen stelle, aber die falschen Antworten gebe. Kritisiert werden vor allem zwei Punkte: erstens die Auffassung, daß die biblische Tradition und ihre Sicht der Geschichte Israels, die »invented history« sozusagen, ihren Ausgangspunkt in der prophetischen Tradition nach 722 v.Chr. genommen habe; zweitens der Begriff

---

[6] Davies 1992 (2. Aufl. 2015); 2007; 2008; 2011; 2015; vgl. ferner Lemche 1998; Thompson 1999; Garbini 2003; für den deutschen Sprachraum Knauf 1994; 2002.

[7] JSS 61, 2016, 535–536; The Expository Times 127, 2016 no. 9, 465–466.

der »biblischen Tradition«. Beides wird als Relikt (»hangover«) der von de Wette und Wellhausen begründeten Forschungsrichtung des deutschen Protestantismus angesehen, die das historische Problem auf theologische (biblische) und nicht historische Weise erkläre. Zu dem Begriff der »biblischen Tradition« und dem Gebrauch des Begriffs »biblisch« werde ich unten unter *3. Terminologie* näher Stellung nehmen. Hier sei darum nur der erste Punkt aufgegriffen, der den methodischen Ansatz betrifft.

Davies ist darin voll und ganz zuzustimmen, daß die theologische Erklärung des Untergangs der beiden Monarchien Israel (722 v.Chr.) und Juda (587 v.Chr.) als Gericht Gottes über sein Volk Israel in der prophetischen Literatur ein »biblisches« Konzept ist. Doch was spricht dagegen, daß, wie ich in diesem Buch zu begründen versuche, die prophetische Literatur aus der Zeit nach 722 v.Chr. das erste und früheste Zeugnis dieser sonderbaren theologischen Erklärung und mithin der Anfang der »biblischen Tradition« ist? Davies scheint zu verkennen, daß ich dabei nicht von den historischen Propheten des 8. Jahrhunderts v.Chr., sondern von einer sich bildenden neuen Art der Literatur spreche, aus der mit der Zeit das geworden ist, was wir die »biblische«, hier des näheren die prophetische Literatur nennen. Hinter diesem Mißverständnis steckt m.E. ein tieferes, methodisches Problem. Davies liest in den Ansatz dieses Buches hinein, was er selbst, der traditionellen (von ihm als »hangover from Wellhausen« bezeichneten) Methode folgend, in seinen Arbeiten praktiziert: die direkte Korrelation von literarischen (biblischen) Befunden und historischer Rekonstruktion.

Um es am Beispiel der Propheten zu verdeutlichen, so besagt die Auffassung, daß man den Anfang des biblischen Geschichtsbildes, der »invented history, in der prophetischen Literatur sieht, ja keineswegs, daß diese Sichtweise in der

»normal history« Realität gewesen wäre. Die Auffassung besagt lediglich dies, daß es in Israel oder Juda eine Gruppe von Menschen gegeben hat, die sich die Dinge unter dem Namen von historischen oder imaginierten Propheten so zurechtgelegt und in Schriften fixiert haben, welche später zu biblischen Schriften wurden. Daß die Interpretation der Ereignisse von 722 und 587 v. Chr. in der prophetischen Literatur eine theologische Erklärung der historischen Ereignisse ist, liegt auf der Hand, so, wie alle biblischen Schriften voll sind von theologischen Reflexionen und Konstruktionen. Doch dies entbindet uns nicht von der Frage, wo innerhalb der biblischen Literatur die theologischen Konstruktionen ihren Anfang genommen haben. Wenn Davies diesen Anfang bei den »Deuteronomisten« sieht, ist dies eine von mehreren Möglichkeiten. Doch spricht m. E. nach wie vor viel dafür, daß die Anfänge der prophetischen Literatur und ihrer sonderbaren, theologischen Erklärung des Untergangs der beiden Monarchien Israel und Juda älter sind als die theologischen Konstruktionen des Deuteronomiums und der deuteronomistischen Literatur, die die prophetische Literatur (in Teilen) bereits voraussetzen und auf ihre Weise (um-)interpretieren.

Das eigentliche Problem liegt aber auf einer anderen Ebene. Es ist die Frage, wo die theologischen Konstruktionen der »invented history« ihren Ort in der »normal history« haben, auch wenn sie damit nicht identisch sind, oder, anders ausgedrückt, wie die relative Chronologie der biblischen Tradition in die absolute Chronologie der Geschichte Israels und Judas überführt werden kann. In dieser Frage neigen Davies und die übrigen Vertreter der »minimalist school« der verbreiteten Auffassung zu, daß die biblische Literatur nur schwer bis gar nicht literarhistorisch zu differenzieren und insgesamt spät zu datieren sei. Dies führt zu weitgehender Abstinenz von der literar- und redaktionshistorischen Analyse, die als sehr mühsam und zu hypothetisch empfunden und darum als veraltet abgetan wird. Stattdessen nimmt man kulturwissenschaftliche, anthropologische und soziologische Theorien zu Hilfe und meint, auf diesem Wege die Korrelation von biblischer Literatur (»invented history«) und Geschichte (»normal history«) bewerkstelligen zu können. Die »invented history« der biblischen Literatur gilt so als das späte Produkt eines ominösen »kulturellen Gedächtnisses« oder als »Diskurs« verschiedener Stimmen, die allesamt für bestimmte gesellschaftliche Gruppen und deren Interessen in diversen historischen Konstellationen der »normal history« stehen sollen.

Gegen die Anwendung der kulturwissenschaftlichen Nomenklatur, die durchaus hilfreich ist und zwischen klassischer Literarkritik und moderner Literaturwissenschaft vermitteln kann, ist an sich nichts einzuwenden. Problematisch ist jedoch die damit verbundene Erwartung, statt der Geschichte der Literatur die Geschichte von gesellschaftlichen Gruppen und Interessenkonflikten in Israel und Juda rekonstruieren zu können. In methodischer Hinsicht besteht dabei die Gefahr des Zirkelschlusses. Die gesellschaftlichen Gruppen und historischen Konstellationen der »normal history« werden üblicherweise aus dem »kulturellen Gedächtnis« und »Diskurs« der biblischen Literatur, d. h. aus der »invented history«, erschlossen, um anschließend als Rahmen für die Erklärung der »invented history«, d. h. der theologischen Konstruktionen der biblischen Literatur, zu dienen. Wie bei Wellhausen und der traditionellen historischen Rekonstruktion in den Bibelwissenschaften kommt es so zu einer voreiligen, unvorsichtigen Korrelation, um nicht zu sagen Ineinssetzung von literarischem Befund (»invented history«) und historischem Ort (»normal history«).

Aus diesem Grund plädiert dieses Buch dezidiert dafür, die beiden Bereiche zunächst auseinanderzuhalten und für sich zu betrachten. Unabhängig von der Geschichte Israels und Judas (»normal history«) wird die Geschichte der biblischen Literatur (»invented history«) rekonstruiert und in eine relative Chronologie gebracht. Erst in einem weitern Schritt wird gefragt, wie sich die relative Chronologie der biblischen Literatur zum Verlauf der Geschichte Israels und Judas verhält und wo die verschiedenen Stadien und Stimmen der »invented history« ihren Ort in der »normal history« haben, wann die biblische Literatur entstanden ist, wo und von welchen Kreisen sie schriftlich fixiert und tradiert wurde und unter welchen Bedingungen sie in der breiteren Gesellschaft von Israel und Juda historisch einflußreich oder wirksam geworden ist.

Wenn man ehrlich ist, wird man zugeben müssen, daß wir über all diese Fragen – so oder so – nur mehr oder weniger gut begründete Mutmaßungen anstellen können. Einen neuen Zugang erhofft sich dieses Buch darum von der Berücksichtigung der jüdischen Archive, die von Davies und anderen meist nicht in die Rekonstruktion einbezogen werden. Zwar wird – zu Recht – viel Fleiß und Energie darauf verwendet, innerhalb der Bibel und der parabiblischen Literatur zwischen den verschiedenen Positionen – der »Deuteronomisten«, der »Priesterlichen Schule«, der Propheten, der Apokalyptik wie Daniel und Henoch usw. – zu differenzieren und die verschiedenen Standpunkte verschiedenen, miteinander rivalisierenden Gruppen zuzuordnen. Doch die Stimmen von Elephantine, Al-Jahudu oder dem Garizim werden in der Regel überhört, weil sie in der biblischen Literatur nicht erwähnt werden und nur teilweise oder gar nicht ins biblische Schema passen. Sie haben aber gegenüber der biblischen Literatur und unseren diversen – literarhistorischen, kulturwissenschaftlichen oder soziologischen – Rekonstruktionen den Vorteil, daß nur hier der historische, des näheren archäologisch-epigraphische und der literarische Befund erkennbar zusammenfallen. Aus diesem Grund eignen sie sich m. E. in besonderer Weise als Ausgangspunkt der historischen Rekonstruktion.

Gegen dieses Vorgehen ist in manchen Rezensionen der Einwand erhoben worden, daß dieses Buch epigraphische und literarische (biblische) Quellen zu stark auseinanderreiße und eine falsche Gewichtung der beiden Quellenarten vornehme. Ein Rezensent meint, die Bevorzugung der epigraphischen Quellen, in denen die biblische Überlieferung so gut wie nicht vorkommt, sei ein *argumentum e silentio*, und will darum die Lücken unseres Wissens mit der Bibel schließen.[8] Ein anderer weist darauf hin, daß auch die biblischen Quellen wie die epigraphischen Zeugnisse zur israelitischen und judäischen Schreiberkultur gehören, und möchte darum keinen Unterschied machen.[9] Wieder ein anderer stößt sich an der Differenzierung von vor- oder nichtbiblischer Überlieferung und biblischer Tradition in den biblischen Quellen selbst und meint, darin einen logischen Widerspruch oder »Trick« zu erkennen: Was in der Bibel steht, könne doch nicht vor- oder nicht-biblisch sein.[10]

In allen drei Fällen wird m. E. die besondere Eigenart der biblischen Überlieferung nicht hinreichend in Betracht gezogen. Im Unterschied zu den epigraphischen Quellen, die in aller Regel aus einem direkt oder indirekt erschließbaren, eindeutig datierbaren archäologischen Kontext stammen, handelt es sich bei der biblischen Überlieferung um literarische Quellen, deren Herkunft und Datierung unsicher sind und die zudem eine höchst profilierte, in sich differenzierte und komplexe Traditionsliteratur repräsentieren. Daß Anspielun-

---

[8] Eidevall, RBL 08/2014.
[9] Michael Pietsch, ThR 111, 2015, 187–188.
[10] Staubli, bbs 12.2014 http://www.biblische-buecherschau.de/2014/Kratz–Israel.pdf

gen auf diese Literatur in den epigraphischen Befunden fehlen, ist dann signifikant, wenn sich – wie im Falle von Elephantine[11] – neben allerlei administrativen Texten auch literarische Dokumente finden oder – wie im Bittbrief für den Wiederaufbau des Tempels von Elephantine – gerade vom biblischen Befund her (Esr 1–6) Anspielungen zu erwarten wären. Auch in vergleichbaren Fällen, wie der Geschichte Arams, Ammons, Moabs oder Edoms, sind wir ganz und gar auf archäologische und epigraphische Befunde angewiesen, auf deren Basis wir die wenigen literarischen Zeugnisse in den biblischen Schriften oder bei antiken Historikern kritisch überprüfen müssen. Doch wird wohl niemand auf die Idee kommen, die Geschichte der Aramäer und ihres Verhältnisses zu den Assyrern auf der Basis der Ahiqar-Legende[12] zu rekonstruieren und demjenigen, der sich stattdessen an die epigraphischen Zeugnisse hält, den Vorwurf machen, er argumentiere *e silentio*. Ich sehe nicht, daß man im Falle von Israel und Juda methodisch anders verfahren sollte, nur weil wir eine breitere literarische Überlieferung besitzen.

Daß auch die biblische Überlieferung neben den epigraphischen Quellen zur israelitisch-judäischen Schreiberkultur gehört, ist unumstritten. Nur sagt dies nichts über den historischen Quellenwert der biblischen Überlieferung aus. Die Frage ist vielmehr, wo im Rahmen der Schreiberkultur die biblische Tradition ihren Ort hatte. Erst wenn diese Frage geklärt ist, kann der historische Quellenwert sowohl der biblischen Überlieferung als solcher als auch der darin mitgeteilten Nachrichten im einzelnen überprüft werden. Zur Beantwortung dieser Frage gehört auch die interne Differenzierung in der biblischen Tradition selbst zwischen Stücken, die dem

---

[11] S.u. *Archive* II 1.
[12] S.u. im Kapitel über Elephantine, *Archive* II 1.

epigraphischen Befund näher stehen, und solchen, die sich von ihm in formaler und inhaltlicher Hinsicht weiter entfernt haben. Sowohl die Unterscheidung zwischen epigraphischen und literarischen, hier: biblischen Quellen, wie sie übrigens in der allgemeinen Geschichtswissenschaft gang und gäbe ist, als auch die Binnendifferenzierung in der biblische Literatur selbst trägt dem Umstand Rechnung, daß es sich bei ihr um eine besondere Art der literarischen Traditionsbildung handelt. Die biblische Literatur kommt zweifellos aus der israelitisch-judäischen Schreibertradition, baut auf den – hier wie im übrigen Alten Orient – üblichen Mitteln und Erzeugnissen dieser Schreiberkultur auf, partizipiert daran und hat vieles davon auch in sich aufgenommen. Doch sind die Schreiber dieser Literatur mehr und mehr eigene Wege gegangen und haben uns das komplexe Schriftenkorpus hinterlassen, das wir heute »Bibel« nennen, wozu noch sehr viel mehr gehört als nur der Kanon der hebräischen oder auch der etwas volleren griechischen Bibel. Der Einwand, daß das, was in dieser oder jener Bibel steht, nicht vor- oder nichtbiblisch sein könne, verkennt somit die besondere Art und Komplexität der biblischen Überlieferung, berührt aber vor allem Fragen der Terminologie, denen ich mich im Folgenden zuwende.

3. Terminologie

Die Unterscheidung zwischen historischem und biblischem »Israel« und das Verhältnis beider Größen zum Begriff des »Judentums« stellt ein terminologisches Problem von erheblicher sachlicher Tragweite dar. Da es, wie die Rezensionen dieses Buches zeigen, leicht zu Mißverständnissen führen kann, seien hierzu wie auch zur Begrifflichkeit für die biblischen Schriften einige Bemerkungen vorausgeschickt.

Israel und Judentum

Wie die neuere Forschung gezeigt hat, ist für den Zeitraum des ersten Jahrtausends v.Chr., der in diesem Buch behandelt wird, keineswegs ausgemacht, wer oder was Israel ist, oder wer Jude ist und zum Judentum gehört.[13] Die Bezeichnung »Judentum« und verwandte Wortbildungen gehen bekanntlich auf den Landschafts- und Stammesnamen »Juda« und das davon abgeleitete Ethnikon »Judäer« zurück. Quellensprachlich bezeichnet das Ethnikon in erster Linie die Herkunft oder Zugehörigkeit zu der Landschaft, dem Reich oder der späteren Provinz Juda (Jehud, Judäa) im Unterschied zum Reich Israel (Efraim) und zur späteren Provinz Samaria (Samerina). Die Bevölkerung beider Gebiete war soziologisch und genealogisch ähnlich strukturiert, aber geographisch und politisch getrennt. Was sie miteinander verband, ist zum einen die gemeinsame hebräische Sprache, die in der zweiten Hälfte des 1. Jahrtausends v.Chr. vom Aramäischen abgelöst wurde, zum anderen die Verehrung des Gottes Jhwh.[14] Darüber hinaus sind die Jhwh-Verehrer in Israel, Juda und der Diaspora in der biblischen Literatur, aber auch nur hier, durch die Sammelbezeichnung »Israel« als genealogisch und religiös definierte Einheit der zwölf Stämme (unter ihnen Juda) charakterisiert. Nach Gen 29–30 und 32,28 sind die zwölf Stämme mit den Kindern Jakob-Israels identisch und repräsentieren das von Jhwh erwählte Volk Israel, das der dem Mose auf dem Berg Sinai geoffenbarten Tora, dem göttlichen Gesetz verpflichtet ist.

---

[13] Vgl. bes. die Arbeiten von Davies 1992 (2. Aufl. 2015); 2007; 2008; 2011; 2015; ferner Cohen 1999; Mason 2007. Die Arbeit von Weingart 2014 fällt hinter den erreichten Forschungsstand zurück.

[14] Zu dem Gottesnamen vgl. unten *Geschichte* Anm. 48.

Die hebräisch-, später aramäischsprachigen Jhwh-Verehrer in Israel, Juda und der Diaspora gehören somit auf unterschiedliche Weise Israel und dem Judentum an. Je nachdem, welchem Sprachgebrauch man folgt, repräsentieren sie entweder die in Israel und Juda ansässige oder von dort stammende Bevölkerung. Oder sie sind als Volk Jhwhs unter dem Namen »Israel« (im weiteren Sinne der biblischen Überlieferung) zusammengefaßt und repräsentieren insgesamt das »Judentum«, sofern man die genealogische Verbindung unter der biblischen Bezeichnung »Israel« sowie die von der Tora geforderte ausschließliche Verehrung des Gottes Jhwh und die Einhaltung der biblischen Gesetze als typische Merkmale des Judentums ansehen darf. Auch das so definierte Judentum war nie eine einheitliche Größe. In ihm sind verschiedene Gruppen und Richtungen – darunter die Tora-Gemeinde vom Berg Garizim (Samaritaner), die Gemeinschaft von Qumran, die makkabäischen und zelotischen Eiferer oder auch die frühen Christen – zu unterscheiden, die den Namen »Israel« jeweils für sich reservierten und gelegentlich anderen absprachen.

Doch nicht alle Jhwh-Verehrer haben sich gleichzeitig nach ihrer Herkunft und im biblischen Sinne als »Israel« verstanden. Aus diesem Grund unterscheide ich zwischen einem historischen Israel im engeren, d. h. ethnischen, politischen und geographischen Sinne und dem biblischen »Israel« im weiteren, d. h. genealogisch-religiösen Sinne. Das biblische »Israel« meint alle Jhwh-Verehrer oder eine ausgesuchte Gruppe innerhalb des historischen Israel (und Juda), das historische Israel hingegen umfaßt alle Jhwh-Verehrer in Israel, ob sie sich im engeren Sinne als Israeliten oder im weiteren Sinne als Teil des biblischen Volkes »Israel« begriffen. Da aber nicht alle Jhwh-Verehrer von Herkunft Israeliten waren, ist ebenso zwischen dem historischen Juda im ethnischen, politischen und geographischen Sinne und dem Stamm Juda als Teil des biblischen »Israel« zu unterscheiden.

Der Begriff des »Judentums« ist von der ursprünglichen Bedeutung des Begriffs »Juda, Judäer« (im Englischen Judah, Judahites, Judaean) zu unterscheiden. In gewisser Weise entspricht der Begriff »Juda, Judäer, judäisch« dem historischen Israel und der Begriff »Judentum, Jude, jüdisch« dem biblischen »Israel«. In den hebräischen und griechischen Originalquellen wird dieser Unterschied nicht gemacht. Hier kommt es auf den Kontext an, ob »Judäer« die Einwohner von Juda oder die »Juden« insgesamt, d.h. die Jhwh-Verehrer einschließlich der Bevölkerung im ehemaligen Reich Israel und in der Diaspora bezeichnet. Dementsprechend wird in der Forschungsliteratur der Begriff »Judentum« für die gesamte Bevölkerung und Kultur der Jhwh-Verehrer im Land und in der Diaspora seit der Exilszeit verwendet und mit dem Selbstverständnis des biblischen »Israel« gleichgesetzt. Doch auch hier gilt: Nicht alle Jhwh-Verehrer der nachstaatlichen Zeit im Land oder in der Diaspora verstehen sich in gleicher Weise als »Juden«, sei es im ursprünglichen Sinne als »Judäer«, sei es im übertragenen und weiteren Sinne als Nachfahren des Stammes Juda und Teil des biblischen Volkes »Israel«. Um die Unterschiede kenntlich zu machen, differenziere ich – entsprechend der Unterscheidung zwischen historischem und biblischem »Israel« und »Juda« – auch den Begriff des »Judentums« in zwei Kategorien: das »nichtbiblische Judentum« für all diejenigen, die sich ausschließlich als israelitische bzw. samarische oder judäische Jhwh-Verehrer verstanden, und das »biblische Judentum« für diejenigen, die sich – bei aller Verschiedenheit und der großen Bandbreite der Richtungen – daneben oder stattdessen der biblischen Selbstbezeichnung »Israel« bedienten und für ihr Selbstverständnis auf die biblische und von ihr abhängige Überlieferung beriefen.

Hebräische Bibel und Altes Testament

Bevor wir auf die Unterscheidung zwischen »biblisch« und »nichtbiblisch« eingehen, bedürfen zunächst die verschiedenen Bezeichnungen für das, was man unter Bibel versteht, einer kurzen Erläuterung. In den antiken jüdischen und frühchristlichen Quellen ist seit der griechischen Fassung des Buches des Ben Sira (Jesus Sirach) von »Gesetz, Propheten und übrigen Schriften« oder den »(heiligen) Schriften« bzw. der »(heiligen) Schrift« die Rede. Im christlichen Sprachgebrauch hat sich dafür die Bezeichnung »Altes Testament« eingebürgert, die dem Unterschied zum »Neuen Testament« geschuldet ist (2 Kor 3,14), im jüdischen Sprachgebrauch und darüber hinaus ist heute der Begriff »Hebräische Bibel« üblich. Die Begriffe werden in diesem Buch *promiscue* gebraucht, ohne damit irgendwelche konfessionellen oder dogmatischen Implikationen zu verbinden. Dabei ist lediglich zu beachten, daß die Bezeichnung »Hebräische Bibel« allein die hebräischen und teilweise aramäischen (Dan 2–7, Esra 4–7) Bücher des masoretischen Kanons, die Bezeichnung »Altes Testament« darüber hinaus die antiken Übersetzungen mit ihrem erweiterten Bücherbestand der Apokryphen und Pseudepigraphen umfaßt.

Biblisch und nichtbiblisch

Ein größeres Problem stellt die Verwendung des Begriffspaares »biblisch-nichtbiblisch« dar. Außer vom biblischen Israel ist in diesem Buch von biblischer, parabiblischer und nichtbiblischer Literatur sowie von biblischem und nichtbiblischem Judentum die Rede. Auch Ausdrücke wie »rewritten bible« oder »rewritten scripture« für literarische Paraphrasen und Reformulierungen biblischer Stoffe und ganzer Bücher fallen unter diese Kategorie. Man könnte dagegen einwenden, und in manchen Rezensionen ist dies prompt auch eingewandt worden,[15] daß die Verwendung des Begriffs »biblisch« einen Anachronismus darstellte und daher höchst problematisch sei. Der Einwand ist berechtigt. Die Hebräische Bibel oder das Alte Testament im Sinne eines Kanons heiliger Schriften hat es in vorchristlicher Zeit in der Tat noch nicht gegeben. Die Verwendung des Begriffs könnte somit den Anschein erwecken, als würde der spätere Kanon der Bibel zum Maßstab der literatur- und religionshistorischen Rekonstruktion gemacht.

Daß die Gefahr eines solchen Mißverständnisses durchaus real ist, zeigt die Rezension von Thomas Staubli.[16] Er glaubt, in diesem Buch ein »reformatorisches Bild der Religionsgeschichte« entdecken zu können, eine »biblizistische Konstruktion«, geprägt von einem unverbesserlichen protestantischen »Wort- und Textglauben« mit Tendenz zum »Fundamentalismus«, die er auf das »Denkschema« der »Wellhausen-Konstruktion« zurückführt.[17] Ich muß gestehen, daß ich den Vorwurf des »Biblizismus«, ja des »Fundamentalismus« nicht ernsthaft erwartet hätte, doch verrät er vielleicht eher etwas von der Einstellung des Rezensenten. Er hätte sich von

---

[15] Sebastian Grätz, WO 43, 2013, 249–251; Davies, JSS 61, 2016, 535–536; The Expository Times 127, 2016 no. 9, 465–466; vgl. auch Granerød 2016, 21 f.

[16] In bbs 12.2014 http://www.biblische-buecherschau.de/2014/Kratz–Israel.pdf.

[17] Richtig ist der Hinweis von Staubli, daß die im Anhang abgedruckten Karten von Israel und Juda in der Königszeit und der sog. »nachexilischen« Zeit insofern dem Ansatz dieses Buches widersprechen, als sie die biblischen Ortsnamen verwenden und somit nicht die archäologisch-historische Siedlungsgeschichte, sondern die biblische Geographie abbilden. Der Sachverhalt ist pragmatischen Gründen geschuldet und mag um der leichteren Orientierung des Lesers willen vielleicht verzeihlich sein.

diesem Buch eine »evolutivere Sicht« gewünscht und findet diese ausgerechnet bei Yehezkel Kaufmann, dem großen Antipoden Wellhausens, dessen historische Rekonstruktion dem biblischen Narrativ folgt und die entscheidenden Impulse für die Entwicklung der biblischen Religion (Prophetismus, Monotheismus, Gesetz und dergleichen) am Anfang der Religionsgeschichte Israels ansetzt.[18] Den Vorzug dieser Sichtweise sieht Staubli nicht nur darin, daß es für Kaufmann und seine Schule »kein Auseinanderklaffen zwischen dem historischen Israel und dem biblischen gibt«, sondern offenbar auch darin, daß damit die kirchliche bzw. rabbinische Autorität des biblischen Kanons gewahrt bleibt. Denn, so wendet er gegen Wellhausen und die hier vertretene Sicht der historisch-kritischen Analyse der Bibel ein, es müsse gefragt werden, »wer ... das Recht hat, Biblisches von Unbiblischem innerhalb der Bibel nachträglich zu scheiden.«[19] Offenbar ist der Rezensent – aus welchen Gründen auch immer – der Auffassung, daß die Bibel unantastbar und darum dem wissenschaftlichen Zugriff entzogen sei.

So ist die Wahl des Begriffspaares »biblisch-nichtbiblisch« zwar vielleicht nicht ganz glücklich und birgt die Gefahr von Mißverständnissen in sich, doch mangelt es an einer Alternative. Darum halte ich an der Begrifflichkeit fest und will versuchen, so genau wie möglich zu definieren, was damit in diesem Buch gemeint und was nicht gemeint ist. Nicht gemeint ist mit dem Begriffspaar »biblisch-nichtbiblisch« die Orientierung an einem fixen, von einer kirchlichen Lehrinstanz

---

[18] Vgl. Elrefaei 2016.
[19] Die andere Frage, warum die biblische Tradition die vor- und nichtbiblischen Elemente nicht vollkommen ausgeschieden habe, läßt sich leicht beantworten: die Tradition basiert auf diesen (ihr teilweise gegenläufigen, teilweise entgegenkommenden) Elementen, macht sie passend und verleibt sie sich ein. Das ist das Wesen von Tradition (s. u.).

festgelegten und verwalteten Kanon heiliger Schriften, der über Autorität und Legitimität der einen oder anderen Richtung entscheiden würde. Einen solchen Kanon hat es, wie gesagt, in dem fraglichen Zeitraum des 1. Jahrtausends v.Chr. noch nicht gegeben. Gemeint ist also keine Aussage darüber, was Mainstream ist und was davon abweicht. Auch geht es nicht darum, die Vielfalt der Erscheinungsformen Israels und des Judentums nach Maßgabe der – ihrerseits sehr vielfältigen – biblischen Schriften zu definieren und auf die (biblische) Antithese von Orthodoxie und Heterodoxie zu reduzieren. Vielmehr wird das Begriffspaar in einem neutralen und ganz pragmatischen Sinne gebraucht, um Nähe und Ferne zur biblischen und parabiblischen Literatur und dem, was sie – bei aller Binnendifferenzierung – im ganzen ausmacht, zu kennzeichnen.

So werden in diesem Buch als »biblisch« diejenigen Schriften bezeichnet, die in die spätere Hebräische Bibel Eingang gefunden haben und etwa in den Texten vom Toten Meer – nahezu ausschließlich – als autoritativ angesehen, regelrecht zitiert und kommentiert werden. Als »parabiblisch« werden diejenigen Schriften bezeichnet, die sich in irgendeiner Weise auf die »biblischen«, d.h. später biblisch gewordenen Schriften beziehen, von ihnen beeinflußt oder abhängig sind und sie zitieren (Apokryphen und Pseudepigraphen, Texte vom Toten Meer, Literatur des hellenistischen Judentums).[20] Als »nichtbiblisch« werden solche Texte klassifiziert, die sich von

---

[20] Unter diese Gruppe fallen auch die »Enochic Writings«, deren Berücksichtigung Davies in seiner Besprechung (JSS 61, 2016, 535–536; The Expository Times 127, 2016 no. 9, 465–466) vermißt; vgl. unten *Tradition* IV 6. Sie gehören zur Vielstimmigkeit der biblischen und parabiblischen Literatur und sind auch unter sich keineswegs einheitlich, sondern ihrerseits vielstimmig. Was sie grundlegend an dem hier entworfenen Bild ändern sollen, hat sich mir nicht erschlossen.

den »biblischen« und »parabiblischen« Schriften gänzlich unberührt zeigen.

Dementsprechend werden in diesem Buch die Begriffe des »biblischen Israel« und des »biblischen Judentums« für diejenigen Gruppen in Israel (Samaria), Juda (Jehud) und der Diaspora gebraucht, die sich ausdrücklich und erkennbar auf die »biblische« und »parabiblische« Literatur im eben definierten Sinne als ihre Leitüberlieferung berufen. »Nichtbiblisches Israel« oder »nichtbiblisches Judentum« heißen demgegenüber solche Gruppen in Israel, Juda und der Diaspora, die keine Kenntnis von dieser Literatur oder wenigstens keine erkennbare Bindung an sie haben.

Es versteht sich von selbst, daß die beiden Pole, »biblisch« und »nichtbiblisch«, keine geschlossenen Systeme, sondern in sich vielfach differenzierte, komplexe Überlieferungsbereiche darstellen und unterschiedliche Gruppen repräsentieren. Das *eine* Israel oder das *eine* Judentum hat es niemals gegeben, weder in der Geschichte noch in der biblischen Überlieferung, auch wenn letztere durchaus diesen Eindruck erwecken mochte. Doch das »Israel« der vorexilischen Königszeit ist *de facto* etwas anderes als das »Israel« in den biblischen Schriften der nachexilischen Zeit. Das Judentum von Elephantine im perserzeitlichen Ägypten ist etwas anderes als das Judentum in den biblischen Schriften, aber auch anders als das Judentum von Al-Jahudu in Mesopotamien, das Judentum in Samaria und auf dem Berg Garizim oder das Judentum von Alexandria und Leontopolis im hellenistischen Ägypten. Das »Israel« von Qumran, das seinerseits keineswegs einheitlich, sondern vielgestaltig ist und verschiedene Richtungen aufweist, ist etwas anderes als das »Israel« bzw. die verschiedenen Erscheinungsformen »Israels« in den Schriften der hebräischen oder griechischen Bibel. Das »Israel« der Garizim-Inschriften, der Delos-Inschriften oder des präsamaritanischen

Pentateuchs von Qumran ist nicht ohne weiteres identisch mit dem »Israel« des samaritanischen Pentateuchs. Das »Israel« des masoretischen Pentateuchs ist nicht identisch mit dem des präsamaritanischen oder des samaritanischen Pentateuchs, usw.[21]

Doch bei aller Pluralität der Erscheinungsformen »Israels« und des »Judentums« und bei aller Vielfalt der Stimmen innerhalb und außerhalb der biblischen Schriften, scheint es mir angemessen und gerechtfertigt zu sein, zwischen »biblischen« und »nichtbiblischen« Gestalten »Israels« und des »Judentums« zu unterscheiden. Hierfür ist auf die Eigenart der biblischen und parabiblischen Traditionsliteratur zurückzukommen, von der schon oben (unter 2. *Der methodische Ansatz*) die Rede war. Es ist nicht leicht, diese Besonderheit auf den Punkt zu bringen und in ein oder zwei Sätzen zu definieren. Dafür sei auf die folgenden Ausführungen in diesem Buch verwiesen. Zwei hervorstechende und, wie ich meine, signifikante Merkmale seien jedoch auch hier schon genannt.

Zum einen ist die biblische und parabiblische Literatur in höchstem Maße selbstreferenziell. Damit ist gemeint, daß die biblischen und parabiblischen Schriften, Reformulierungen und Kommentare usw. in extremen Maße literarisch aufeinander Beug nehmen, auch wenn sie in der Sache völlig anderer oder gar gegensätzlicher Meinung sind.

Zum anderen zeichnet sich die biblische und parabiblische Literatur durch ein Höchstmaß an (theologischer) Reflexion aus. Diese Literatur bildet nicht nur ab, was ist und von diesen oder jenen Gruppen in den verschiedenen Bereichen der israelitischen und judäischen Gesellschaft praktiziert, erzählt, gebetet, gesungen, gelehrt oder gedacht wurde. Vielmehr läßt sie in die Wiedergabe mit einfließen, was dies alles in der Sicht

---

[21] Zu den Einzelheiten s.u. *Archive* II.

der Schreiber der biblischen Literatur für das Verhältnis des einen Gottes Jhwh zu seinem einen, erwählten Volk »Israel« oder jedem einzelnen in diesem Gottesvolk bedeuten sollte.

Nun verhält es sich keineswegs so, daß die beiden genannten Merkmale, Selbstreferentialität und theologische Reflexivität, nicht auch in der reichhaltigen literarischen Hinterlassenschaft des übrigen Alten Orients vorkämen. Alles andere wäre auch sehr verwunderlich, da die biblische Literatur – entgegen der Auffassung von Thomas Staubli und seinem Gewährsmann Yehezkel Kaufmann – nicht plötzlich vom Himmel gefallen ist und – wenn auch nur *in nuce* – von Anfang an einfach da war.[22] So begegnen in der Literatur des Alten Orients außerhalb Israels und Judas, mit der die biblische Literatur bekanntlich sehr vieles teilt, natürlich auch mehr oder weniger ausgeprägte Ansätze von literarischer Selbstreferentialität und theologischer Selbstreflexion. Doch ist mir kein Ritual, kein Hymnus, keine Chronik, keine Königsinschrift, keine Rechtssammlung, kein Mythos, keine Weisheitslehre, keine Lehrerzählung oder andere literarische Gattung bekannt, in der diese beiden Merkmale in derart extremer, ja radikaler Weise hervorträten. Es ist – bei aller Nähe und Ver-

---

[22] Vgl. Staubli in bbs 12.2014 http://www.biblische-buecherschau.de/2014/Kratz–Israel.pdf. Auch Pietsch, ThR 111, 2015, 187–188, sieht die biblische Tradition als Bestandteil eines Israel-Diskurses an, der mit der Erwähnung des Namens »Israel« auf der Merneptah-Stele im 13. Jh. v. Chr. und der Staatenbildung begonnen habe. Nun leidet es gar keinen Zweifel, daß es in einer Bevölkerungsgruppe oder in einem Staat mit dem Namen »Israel« von jeher einen solchen Diskurs gegeben hat, nur dürfte auch Pietsch der Nachweis schwer fallen, daß dieser Diskurs sich von Anfang an in den Bahnen der biblischen Tradition bewegte, wogegen jede historische Wahrscheinlichkeit spricht. Die Merneptah-Stele zeugt jedenfalls nicht von einem biblischen Israel-Diskurs, sondern allenfalls von einem ägyptischen Diskurs darüber, was Israel ist bzw. nicht mehr ist.

gleichbarkeit – ein quantitativer und qualitativer Unterschied, der die biblische Literatur von der literarischen Hinterlassenschaft des übrigen Alten Orients trennt.

Die Frage bleibt, wie dieser Unterschied, gewissermaßen das Proprium der biblischen und parabiblischen Literatur, zu erklären ist. Mit der Vielfalt der Überlieferungen und den üblichen kulturellen Unterschieden allein kommt man in dieser Frage nicht weiter. Denn die besondere Eigenart der biblischen und parabiblischen Literatur sticht nicht nur im Verhältnis zum übrigen Alten Orient ins Auge. Sie zeigt sich vielmehr auch im Vergleich zu den – zugegebenermaßen spärlichen, aber durchaus vorhandenen – außerbiblischen literarischen Zeugnissen aus Israel und Juda selbst. Nicht zuletzt läßt sich der Unterschied auf der Basis der historischen Analogie schließlich auch in der biblischen Literatur selbst wahrnehmen und mit den Mitteln der literarischen Kritik aufdecken. So zeugen auch die auf dem Wege der historischen Analogie und literarischen Kritik ermittelten, hypothetisch rekonstruierten älteren literarischen Relikte, die Eingang in die biblische Literatur gefunden haben, hier rezipiert und entsprechend verändert und angepaßt wurden, von dem Unterschied zwischen nichtbiblischer und biblischer Literatur in Israel und Juda selbst wie auch im Vergleich zum gesamten Alten Orient.

So stellt sich für das Verhältnis der biblischen und parabiblischen Literatur zur nichtbiblischen Literatur in Israel und Juda sowie den umliegenden Kulturen des Alten Orients dieselbe Frage, die Julius Wellhausen im Blick auf die geschichtliche Entwicklung, wie immer prägnant, formuliert hat: »Warum die israelitische Geschichte von einem annähernd gleichen Anfange aus zu einem ganz anderen Endergebnis geführt hat als etwa die moabitische, läßt sich schließlich nicht erklären. Wol aber läßt sich eine Reihe von Übergängen beschreiben, in denen der Weg vom Heidentum zum vernünftigen Gottesdienst, im Geist und in der Wahrheit, zurückgelegt wurde.«[23] Dabei sollte man sich nicht zu sehr mit den pathetischen Worthülsen des 19. Jahrhunderts wie »Heidentum«, »vernünftiger Gottesdienst, im Geist und in der Wahrheit« usw. aufhalten, die mitunter hübsch und durchaus sprechend sind, heute aber kaum mehr verstanden werden und als überholt gelten.[24] Alle berechtigte Kritik an der Ausdrucksweise ändert nichts an dem kategorialen Unterschied zwischen einer nichtbiblischen Literatur »von einem annähernd gleichen Anfange aus« und der biblischen Literatur, die »zu einem ganz anderen Endergebnis geführt hat« als im gesamten übrigen Alten Orient. Dies schließt eine Binnendifferenzierung im biblischen wie im nichtbiblischen Bereich keineswegs aus. Die internen Differenzen, fließenden Übergänge und die historische Relation der beiden Bereiche zueinander werden in den folgenden Überblicken, so hoffe ich, deutlich werden.

Biblische Tradition

Altes Testament, Hebräische Bibel, biblische und parabiblische Literatur oder wie auch immer man sagen möchte, werden in diesem Buch unter dem Begriff der »Tradition« zusammengefaßt. Mir ist durchaus bewußt, daß der Begriff umstritten ist, weswegen er in manchen Rezensionen auch auf Kritik gestoßen ist. Mit diesem Begriff assoziert man in der Regel eine eintönige, statische und sakrosankte Dogmatik von quasi ontologischem Status, die krampfhaft am Alten und Bewährten festhält und in einem klaren Machtgefälle von oben nach unten diktiert wird. Doch dieses Verständnis ist m.E. ein Mißver-

---

[23] Wellhausen 1914, 33.
[24] Vgl. Jensen, JSJ 47, 2016, 279.

ständnis, um nicht zu sagen ein Zerrbild dessen, was Tradition ausmacht. Treffender scheint mir die Definition von Michael Fishbane zu sein, dem ich mich hier wie schon an anderer Stelle anschließe.[25] Danach bezeichnet Tradition keineswegs eine verkrustete und verstaubte Lehre, sondern einen höchst dynamischen, lebendigen Prozeß der inner-und außerbiblischen Schriftauslegung. Die Tradition erfindet sich dabei im Wechselspiel von *traditum* (das Überlieferte) und *traditio* (das Überliefern) ständig neu bzw. wird von denjenigen, die sich in der Tradition bewegen, neu erfunden, nur daß sie das Neue im Gewand des Alten und Bewährten auftreten lassen.

In diesem Sinne ist Tradition nicht etwa monoton, sondern polyphon und produziert permanent eine Pluralität von verschiedenen, sich auch widersprechenden Standpunkten und Meinungen. Im Selbstverständnis der Tradition freilich, und darin mag der Eindruck der Eintönigkeit sowie ein Unterschied zu modernen Vorstellungen von Pluralität begründet liegen, schließen sich die verschiedenen Standpunkte nicht gegenseitig aus, sondern komplementieren einander und bilden gemeinsam ein großes Ganzes. Dieses Postulat einer umfassenden Einheit bei gleichzeitiger Pluralität und Diversität im tatsächlichen Bestand der Überlieferung scheint mir das Selbstverständnis der biblischen und parabiblischen Literatur am besten zu treffen. Um etwas mehr die Vielfalt der Tradition zu betonen, mag man auch von »Rezeption« oder »Diskus« sprechen. Will man mehr die langfristige kultur- und religionsgeschichtliche Wirkung betonen, mag man von »kulturellem Gedächtnis« sprechen. Im Grunde besagen alle diese Begriffe ungefähr dasselbe wie der Begriff »Tradition«, wenn man Tradition nicht als statische Doktrin, sondern als dyna-

---

[25] Fishbane 1985, 6f.18f; vgl. Kratz 2004a, 126f.

mischen Prozeß versteht, der Pluralität und Diversität der Standpunkte zuläßt und zugleich als Einheit begreift.

Philip Davies findet in dem Begriff der »biblischen Tradition« jedoch einen weiteren »hangover«, diesmal der »großen Idee der deutschen biblischen Theologie des 20. Jahrhunderts«, und hält ihn darum für problematisch.[26] Daran habe ich, offen gestanden, überhaupt nicht gedacht, doch zeigt das Mißverständnis, daß auch an dieser Stelle weiterer terminologischer Klärungsbedarf besteht. Davies stellt die Frage, was genau in diesem Buch unter dem Konzept von »biblischer Tradition« zu verstehen sei: ob es eine historische, literarische oder theologische Kategorie sei, ob es durch Gattung (»genre«) oder Tendenz (»theological perspective«) definiert sei, oder ob es sich um ein Arsenal von überlieferter oder kreierter Erinnerung (»a body of transmitted or created memory«) handele.

Wie aus dem zweiten, mit »Die biblische Tradition« überschriebenen Überblick hervorgeht, ist dabei in erster Linie an eine literarische Kategorie gedacht. Gemeint ist die Entwicklung der biblischen und parabiblischen Literatur. Diese zeichnet sich durch verschiedene Textgattungen und theologische Tendenzen aus und ist ein Sammelbecken überlieferter und konstruierter Erinnerung. Als solches stellt diese Literatur ein historisches Phänomen der Geschichte Israels und Judas dar, welches in Form des späteren biblischen – hebräischen oder griechischen, syrischen, äthiopischen – Kanons heiliger Schriften sowohl im Judentum als auch im Christentum schließlich zu einer theologischen Kategorie geworden ist.

---

[26] Davies, JSS 61, 2016, 535–536: »Indeed, the concept of ‚biblical tradition‘, the great idea of twentieth-century German biblical theology, is no less problematic.« Ähnlich Reed in seiner noch unpublizierten Besprechung (s. o. Anm. 4).

Vermutlich wird diese Antwort Philip Davies nicht zufriedenstellen, da er – genauso wie ich und viele andere – gerne wissen möchte, wo in der Geschichte Israels und Judas die biblische und parabiblische Literatur und die darin formulierten, vielfältigen theologischen Positionen ihren historischen Ort hatten, welche Gruppen dafür verantwortlich waren und wie diese sich zueinander verhielten, bevor die Überlieferung nach und nach ins Griechische übersetzt wurde und seit der Makkabäerzeit zu weiterer Verbreitung und Autorität gelangt ist.[27] Wir wollen wissen, welche historische, soziale und religionsgeschichtliche Realität sich hinter den verschiedenen Israelbildern und Judentümern der biblischen und parabiblischen Literatur verbirgt. Doch wie schon angedeutet, fürchte ich, daß sich auf alle diese – zweifellos berechtigten und wichtigen – Fragen aus der biblischen und parabiblischen Literatur allein keine überzeugenden Antworten werden finden lassen. Die direkte Korrelation von literarischem Befund und historischer Realität ist nicht nur methodisch problematisch, sondern scheitert auch am Material.

Der Verzicht auf diese Korrelation bedeutet allerdings nicht, daß die biblische Tradition in diesem Buch als eine ominöse, von der Realität abgehobene Entität *sui generis*, eine Art göttliche Offenbarung oder Produkt genialer Schriftgelehrter und Theologen in der Abgeschiedenheit ihrer Schreibstube, betrachtet würde. Im Gegenteil: Hinter den biblischen Schriften stehen ganz gewiß gesellschaftliche Gruppen oder religiöse Gemeinschaften, die sich hoch gelehrter, des Lesens, Schreibens und theologischen Denkens kundiger Schreiber bedienten, um ihre Positionen auf der Basis und unter Verwendung älterer Überlieferungen auszuformulieren und schriftlich zu

---

[27] Zu den beiden zuletzt genannten Fragen vgl. Jean Louis Ska, Bib. 96, 2015, 468–471.

fixieren. Der Grund für die Produktion der Schriften ist immer derselbe: Auf der Basis überlieferter Traditionen sollte die eigene Identität neu kreiert und gleichzeitig als althergebrachte, ursprüngliche und von Gott offenbarte Identität bestätigt werden, womit sich die verschiedenen Gruppen Legitimität vor sich selbst, ihrem sozialen Umfeld und ihrem Gott verschaffen. Doch wer diese Gruppen und Gemeinschaften waren, wo und wann sie entstanden sind, wie sie gelebt haben und welche politische, soziale oder religionsgeschichtliche Rolle sie in der Geschichte Israels und Judas gespielt haben, das alles geht aus ihren literarischen Hinterlassenschaften nicht ohne weiteres hervor, ganz gleich, ob wir diese Tradition, Rezeption, Diskurs oder kulturelles Gedächtnis nennen und den mit diesen Begriffen verbundenen Theorien folgen.

Aus diesem Grund scheint es mir nach wie vor sinnvoll zu sein, zunächst den historischen Rahmen der Geschichte Israels und Judas zu rekonstruieren, anschließend die Entstehung und Entwicklung der biblischen Tradition, d. h. der biblischen und parabiblischen Literatur im Kontext der israelitisch-judäischen und altorientalischen Schriftkultur, für sich zu eruieren, um schließlich beides anhand der jüdischen Archive aufeinander zu beziehen, bei denen der historische mit dem literarischen Befund zur Deckung kommt.

4. Weitere Hinweise zur Lektüre und Danksagung

Die hier zusammengestellten drei Überblicke gehen teilweise auf publizierte Beiträge zurück, die für dieses Buch überarbeitet, ergänzt und streckenweise neu formuliert wurden. Der erste Überblick basiert auf einem Abriß der Geschichte Israels und Judas, der in der WBG-Weltgeschichte erschienen ist.[28]

---

[28] Lehmann/Schmidt-Glintzer 2009, 68–91.

Der Text wurde leicht verändert sowie um Quellennachweise, Literatur, einleitende Kapitel und einen Abriß der Religionsgeschichte[29] vermehrt. Der zweite Überblick ist die um Fußnoten erweiterte, hier erstmals auf Deutsch publizierte Fassung eines Beitrags für ein englischsprachiges Handbuch.[30] Ihm ist eine literaturgeschichtliche Skizze beigefügt, die das Ergebnis meiner Analyse der erzählenden Bücher des Alten Testaments zusammenfaßt[31] und hier auf die parabiblische Literatur der hellenistisch-römischen Epoche ausgeweitet wurde. Der dritte Überblick orientiert sich in der Anlage an dem Beitrag für eine Ringvorlesung des Göttinger Graduiertenkollegs »Götterbilder – Gottesbilder – Weltbilder«.[32] Die Darstellung wurde jedoch unter Verwendung diverser Vorarbeiten komplett neu konzipiert und für die englische Ausgabe wie für diese zweite Auflage des Buches um das Kapitel über Al-Jahudu erweitert. Auch die Einführung zu diesem Buch wurde für die zweite Auflage überarbeitet und geht ausführlich auf die Reaktionen in den Rezensionen ein. Ansonsten wurde der Text belassen, wie er war, es wurden lediglich Fehler korrigiert und hier und dort neuere Literatur nachgetragen.

Je nach Interesse oder Bedarf können die drei Überblicke für sich oder im Zusammenhang gelesen werden. Gelegentliche Überschneidungen wurden bewußt in Kauf genommen, um die Konsistenz der einzelnen Stücke zu erhalten und die Zusammenhänge deutlich werden zu lassen. Um die Lektüre zu erleichtern und einen möglichst breiten Leserkreis anzusprechen, wurde auf Zitate in den Originalsprachen der Quellen verzichtet. Hier und dort werden einzelne Begriffe in (ver-

---

[29] Angelehnt an einen Beitrag in Berlejung/Frevel 2009, 31–35.
[30] Rogerson/Lieu 2008, 459–488; zur Disposition vgl. Kratz 2002b, 220–225.
[31] Kratz 2000b, 314–330 (engl. 2005, 309–325).
[32] Kratz/Spieckermann 2006 II, 347–374.

einfacher) Umschrift verwendet, denen aber immer eine deutsche Übersetzung beigegeben ist.

In den Fußnoten wird nur das Allernötigste mitgeteilt. In erster Linie werden Hinweise auf die antiken Quellen in leicht zugänglichen Sammelwerken oder Textausgaben mit deutscher oder englischer Übersetzung gegeben, in denen sich Verweise auf weitere Editionen und die einschlägige Spezialliteratur finden. In zweiter Linie wird eine Auswahl an grundlegender Sekundärliteratur genannt, über die man bei Bedarf auf weiteres kommt. Dem dienen auch die Verweise auf eigene Veröffentlichungen, in denen die in diesem Buch vertretenen Auffassungen näher begründet und die Diskussion mit der Forschung geführt werden. Das Literaturverzeichnis ist dementsprechend zweigeteilt in I. Quellen, auf die Abkürzungen oder Namen in Großbuchstaben verweisen, und II. Übrige Literatur, die mit Verfasser und Erscheinungsjahr in normaler Schrift zitiert wird.

Herrn Dr. Henning Ziebritzki und dem Verlag Mohr Siebeck danke ich für ihr anhaltendes Interesse an diesem Buch und die Anregung zu einer zweiten Auflage. Nach wie vor gebührt denjenigen Dank, die an der ersten Auflage mitgewirkt haben: Harald Samuel für die kritische Lektüre und manchen wichtigen Hinweis, Christian Naegeler, Johannes Müller und besonders Laura Victoria Schimmelpfennig für die engagierte Mitarbeit bei der Korrektur von Manuskript und Fahnen, letzterer auch für die Anregung zu den Anhängen (Karten, Zeittafel, Glossar) und das Stellenregister. In die zweite Auflage sind Hilfeleistungen und Hinweise eingegangen, die ich für die englische Ausgabe von dem Übersetzer, Paul Michael Kurtz, sowie Franziska Ede, Peter Porzig und Reed Carlson erhielt. Auch ihnen allen sei von Herzen gedankt.

Göttingen, im September 2016   Reinhard G. Kratz

Geschichte Israels und Judas

I. Die Voraussetzungen

1. Anfang und Ende

Die Geschichte Israels setzt die Existenz einer Größe mit Namen »Israel« voraus. Je nachdem, seit wann und wie lange diese Größe existierte, reicht die Geschichte Israels. Hinter dieser simplen Feststellung steckt ein großes Problem: Die Frage nach Anfang und Ende der Geschichte des antiken Israel im 1. Jahrtausend v. Chr. Hier gehen die Entwürfe der Geschichte Israels verschiedene Wege.[1]

Mögliche Anfänge sind die Schöpfung der Welt (Gen 1), die Berufung Abrahams (Gen 12), die Geburten der Kinder Jakobs und seine Umbenennung in Israel (Gen 29–32), der Exodus des Volkes Israel (Ex 1), die Existenz der zwölf Stämme Israels im Land (Jos, Ri), die Reiche Israel und Juda (Sam und Kön), das babylonische Exil als Ausgangspunkt der biblischen Geschichtsschreibung (Gen bis Kön, 1–2 Chr, Esra-Neh).

Als Endpunkt wird zumeist die Zerstörung des Jerusalemer Tempels durch die Römer im Jahre 70 n. Chr. mit dem Nachspiel des zweiten jüdischen Aufstands 132–135 n. Chr. ge-

---

[1] Klassische Darstellungen der Geschichte Israels: Wellhausen 1880 und 1914; Noth 1950; Donner 2007–2008; neuere Überblicke: Finkelstein/Silbermann 2007; Berlejung 2009; Frevel 2012; zur Umwelt Noth 1962 und Knauf 1994; zur Diskussion M. Weippert 1993; Hartenstein 2008. Unverzichtbar sind nach wie vor Alt 1953–1959 und Noth 1971.

wählt. Frühere Zäsuren sind das Ende der persischen Epoche im 4. Jahrhundert v. Chr., die makkabäische Erhebung im 2. Jahrhundert v. Chr. oder der Einmarsch des Pompeius und der Beginn der römischen Herrschaft über Palästina im Jahr 63 v. Chr. Gelegentlich wird die Geschichte des antiken Israel – über die Zäsur der Zerstörung des Jerusalemer Tempels im Jahre 70 n. Chr. hinaus – bis zum modernen Staat Israel fortgeschrieben.

Die genannten Möglichkeiten orientieren sich größtenteils an dem literarischen Bestand der Hebräischen Bibel, sei es, daß sie der kanonischen Ordnung, sei es, daß sie der historisch-kritischen Einordnung der biblischen Bücher folgen. Dieses Verfahren erweist sich bei näherer Betrachtung allerdings als höchst problematisch. Es rechnet mit einer kanonischen Sammlung heiliger Schriften, die es in vorchristlicher Zeit noch nicht gab. Meist wird auch nicht bedacht, daß es nicht nur eine, sondern mehrere Fassungen des Alten Testaments gibt und die historischen Zäsuren je nachdem, welcher Fassung man folgt, unterschiedlich ausfallen. Schließlich birgt die starke Fokussierung auf die Hebräische Bibel die Gefahr, daß andere Quellen wie die archäologischen und epigraphischen Zeugnisse, aber auch die älteren, gleichzeitig entstandenen oder jüngeren parabiblischen jüdischen Schriften aus hellenistisch-römischer Zeit, die sogenannten Apokryphen und Pseudepigraphen sowie die Texte vom Toten Meer, völlig ausgeblendet werden. Der biblische Standpunkt zieht unweigerlich eine – methodisch meist nicht reflektierte – Vermischung von Literar- und Ereignisgeschichte nach sich, die historisch-kritische Analyse der biblischen Quellen wird so faktisch bedeutungslos.

Dieser Überblick wählt ein anderes Verfahren. Er setzt bei der ersten außerbiblischen Erwähnung »Israels« um 1200 v. Chr. in der Siegesstele des Pharao Merenptah (1224–1204

I. Die Voraussetzungen

v. Chr.) ein.[2] Dieses »Israel« ist der für uns greifbare Anfang einer historischen Entwicklung, die von der politischen Größe des Königtums von Israel zu der in der biblischen Überlieferung bezeugten religiösen Größe des Volkes Israel führt. Historisch ergibt sich daraus die folgende Epocheneinteilung. Nach einer Beleglücke von ca. dreihundert Jahren, die nur auf indirektem, d.h. hypothetischem Wege überbrückt werden kann und noch zu den Voraussetzungen zählt, bildet die Zeit der beiden Reiche Israel und Juda in der ersten Hälfte des 1. Jahrtausends v. Chr. eine erste historisch nachweisbare Epoche der Geschichte Israels. Sie endet mit dem Untergang der beiden Reiche, Israel 722 v. Chr. und Juda 587 v. Chr., und geht sukzessiv über in die Epoche der beiden Provinzen Samaria und Juda, die, grob gerechnet, die zweite Hälfte des ersten Jahrtausends umfaßt.

Die Darstellung endet mit der Zerstörung des Jerusalemer Tempels 70 n. Chr. und dem zweiten jüdischen Aufstand 132–135 n. Chr. Die Zäsur ist jedoch nicht etwa darum gewählt, weil, wie noch Martin Noth meinte, an Jesus Christus »die Geschichte Israels ihr eigentliches Ende« gefunden hätte.[3] Das ausschlaggebende Kriterium ist vielmehr der Zweite Tempel in Jerusalem, der die Epoche der nachstaatlichen Zeit nachhaltig prägt und mit dessen Zerstörung eine neue Phase, die Epoche des rabbinischen Judentums, begann. Schließlich legt sich diese Zäsur auch darum nahe, weil sie ebenso wie der Anfang der Geschichte Israels durch einen außerbiblischen, historisch authentischen Beleg gesichert ist. Wie die Briefe und Münzen aus der Zeit des zweiten jüdischen Aufstandes

---

[2] TUAT I, 544–552; HTAT, 159–165.
[3] Noth 1950, 386.

belegen, hatte dieser den Wiederaufbau des Tempels und die Wiederaufrichtung des Reiches »Israel« zum Ziel.[4]

Mit dieser Abgrenzung ist zugleich gewährleistet, daß die Darstellung nicht einseitig nur den judäischen Standpunkt einnimmt. Vielmehr schließt die historische Zäsur die vielen anderen Heiligtümer im Land und in der Diaspora (Garizim, Elephantine, Leontopolis) mit ein, die es neben dem Jerusalemer Tempel in nachstaatlicher Zeit gegeben hat und die für ihre Klientel nicht weniger wichtig waren als dieser. Eingeschlossen sind damit auch alle diejenigen Gruppen von Jhwh-Verehrern, die sich zwar dem einen oder anderen Tempel und insbesondere dem Tempel in Jerusalem zugehörig fühlten, aber aus diversen Gründen Distanz hielten oder sich davon allmählich entfernten.

Dazu gehören in gewisser Weise auch der historische Jesus und die frühen Christen. Auch sie sind Teil der Geschichte Israels und des antiken Judentums, wenn auch nur als eine, anfangs noch recht unbedeutende jüdische Gruppe unter vielen. Die Geschichte Jesu beginnt mit seinem Tod, der von einigen als Anfang des Heils Gottes auf Erden erlebt und in entsprechenden Formeln über Tod und Auferstehung gefeiert wurde, aber erst ab dem Ende des 1. Jahrhunderts n. Chr. in den kanonischen und apokryphen Evangelien zu einer umfangreichen Überlieferung über das Leben Jesu führte. Historisch ist darüber ebenso viel oder wenig bekannt wie über die vorchristlichen Wurzeln des rabbinischen Judentums, neben dem sich im späten 1. und im 2. Jahrhundert das frühe Christentum bildete und als eigene Richtung etablierte.

---

[4] S. u. III 3.

2. Die Quellen

Geschichte liegt nicht ohne weiteres vor uns, sondern muß aus Quellen erschlossen und von jeder Generation aufs neue konstruiert werden: »Konstruieren muß man bekanntlich die Geschichte immer ... Der Unterschied ist nur der, ob man gut oder schlecht konstruirt.«[5] Die Konstruktion bewegt sich auf drei Ebenen, die fortwährend bedacht und aufeinander bezogen werden müssen. Die drei Ebenen sind: erstens die Geschichte selbst, also das, was war; zweitens das Bild von Geschichte, das die uns verfügbaren zeitgenössischen oder späteren Quellen von dem, was war, vermitteln; drittens das Bild der Geschichte, das sich der moderne Historiker von dem macht, was war und wie es uns die erhaltenen Quellen vermitteln.

Die Quellen, mit denen wir es in der Geschichte Israels zu tun haben, sind vielfältig und komplex. Man kann zwischen schriftlichen und nichtschriftlichen Quellen unterscheiden. Bei den ersteren kommt der Unterschied zwischen Primär- und Sekundärquellen hinzu.

An schriftlichen Quellen stehen für die Geschichte Israels und Judas im 1. Jahrtausend v. Chr. im engeren Sinne das Alte Testament in seinen verschiedenen Fassungen, die Apokryphen und Pseudepigraphen,[6] die Texte vom Toten Meer[7] und die jüdischen Historiographen, unter ihnen besonders Flavius Josephus, ferner die rabbinische Überlieferung, das Neue Testament, die Kirchenväter sowie christliche und islamische Reiseberichte über Palästina zur Verfügung. Es handelt sich um literarische Quellen, die meist aus späterer Perspektive

---

[5] Wellhausen 1905b, 365; vgl. dazu Kratz 2009b.
[6] APAT; JSHRZ; JSHRZ.NF.
[7] DJD; DSSP; DSSR; DSSSE; MAIER A und B; LOHSE und STEUDEL.

über eine Zeit berichten, die für sie lange zurück liegt. Im Falle der biblischen und parabiblischen Literatur ist des weiteren zu bedenken, daß sie in Jahrhunderten gewachsen ist und ihre Benutzung als historische Quelle eine intensive literarhistorische und tendenzkritische Analyse voraussetzt. Da die literarischen Quellen nicht aus der Zeit stammen, von der sie handeln, werden sie auch Sekundärquellen genannt.

Neben den literarischen Quellen gibt es eine Fülle von epigraphischem Material, Texte in verschiedenen alten Sprachen auf Stein, Tontafeln, Tonscherben (Ostraka), Papyrus und Leder, die sich im Boden Palästinas und seiner Umwelt gefunden haben. Unter diesem Material befinden sich alle möglichen Sorten von Texten: Inschriften, Graffiti, Briefe, Rechts-, Wirtschafts- und Verwaltungstexte und nicht zuletzt literarische Werke. Wichtige Textgruppen sind die kanaanäischen und aramäischen Inschriften,[8] die jüdischen Archive in Babylonien und auf der Nilinsel Elephantine,[9] die Texte vom Toten Meer.[10] Des weiteren gehören die Texte aus der altorientalischen Umwelt Israels und Judas dazu, aus Kleinasien, Ugarit, Syrien, Mesopotamien und Ägypten, die die Geschichte der alten Welt und stellenweise auch die Geschichte Palästinas von der Spätbronzezeit im ausgehenden 2. Jahrtausend v. Chr. bis zur Eisenzeit und den folgenden Epochen im 1. Jahrtausend v. Chr. beleuchten.[11]

Da die epigraphischen Quellen in der Regel aus dem zeitlichen und geographischen Kontext stammen, in dem sie gefunden wurden und von dem sie handeln, spricht man von Primärquellen. Das bedeutet nicht, daß sie in jedem Fall von größerem Wert wären als die literarischen Quellen. Auch die

---

[8] KAI; HAE.
[9] Pearce 2006 und 2011; TAD und LOZACHMEUR.
[10] S.o. Anm. 7.
[11] TGI; TUAT; TUAT.NF; HTAT.

epigraphischen Zeugnisse bedürfen der historischen Kritik und der Interpretation. Doch haben sie im Unterschied zu den literarischen Quellen den Vorteil, daß sie in aller Regel sicher datiert und in einen historischen Kontext eingeordnet werden können. Dies ist im Falle der biblischen und parabiblischen Literatur so gut wie unmöglich und kann nur annäherungsweise auf hypothetischem Wege über die relative Chronologie geschehen.

Zu den Primärquellen gehören auch die nichtschriftlichen Quellen. Dazu zählen in erster Linie die archäologischen Bodenfunde. Sie enthüllen eine durch die Keramik ermittelte relative Stratigraphie, die mit einigem Glück durch Inschriften oder Münzfunde in eine absolute Chronologie überführt werden kann. An den archäologischen Befunden, ergänzt durch Landes- und Realienkunde, lassen sich die Siedlungsgeschichte einer Landschaft oder eines Ortes sowie deren Schicksale wie z. B. Zerstörungen durch Brand oder Erdbeben, aber auch die wechselnde Bauweise, Feldbestellung und Viehwirtschaft, Handel und Gewerbe und andere Lebensgewohnheiten ablesen. Ferner ist die altorientalische Ikonographie, d. h. bildliche Darstellungen auf Reliefs, Siegeln, Münzen und anderen Bildträgern, eine nichtschriftliche Quelle ersten Ranges.

Der Umgang mit den Quellen ist ein schwieriges und heikles Geschäft. Die Quellen, ob Primär- oder Sekundärquellen, sprechen nicht ohne weiteres für sich, sondern bedürfen der Analyse und Interpretation, kurz: der Quellenkritik. Die schriftlichen, und zwar die literarischen wie die epigraphischen Quellen fordern eine literarhistorische, gattungsgeschichtliche, tendenzkritische und historische Untersuchung. Aber auch die nichtschriftlichen, archäologischen oder ikonographischen Quellen verstehen sich nicht von selbst, sondern sind auf die historische Interpretation angewiesen. Die

Bevorzugung der einen gegenüber der anderen Art von Quellen empfiehlt sich nicht. Grundsätzlich sind alle Quellen gleich zu behandeln. Lediglich darauf ist zu achten, daß die verschiedenen Arten von Quellen nicht vorschnell miteinander vermengt werden, etwa so, daß die Lücken der Primärquellen (Archäologie und Epigraphik) leichtfertig durch Sekundärquellen (Altes Testament etc.) aufgefüllt werden oder umgekehrt die Historizität der Sekundärquellen um jeden Preis durch die externe Evidenz von Primärquellen zu erweisen gesucht wird.

Im allgemeinen hat sich für den Umgang mit den Quellen das Verfahren bewährt, bei den archäologischen und epigraphischen Befunden, d.h. den Primärquellen, einzusetzen, die sich einigermaßen sicher datieren und historisch einordnen lassen. Aus ihnen gewinnt man keine kontinuierliche Ereignisgeschichte, sondern sie dokumentieren die Zustände einer Epoche oder langfristige bevölkerungspolitische, ökonomische und politische Entwicklungen und geben hier und dort einmal Einblick in ein isoliertes historisches Ereignis. Mehr als Streiflichter der Geschichte sind von ihnen nicht zu erwarten.

An dem Bild, das sich daraus ergibt, kann man die literarischen Quellen, d.h. die Sekundärquellen, messen, die in der Regel dazu tendieren, einzelne Ereignisse im nachhinein als einheitlichen und kontinuierlichen Geschehenszusammenhang darzustellen. Letzteres gilt im besonderen für die heilige Geschichte in der biblischen Überlieferung. In den literarischen Quellen ist stets auf den Unterschied zwischen der erzählten Zeit und der Zeit des Erzählers zu achten. Die kritische Analyse hat die Aufgabe, die verschiedenen Stadien der Überlieferung freizulegen, von denen sich einige mit dem Bild, das sich aus den archäologischen und epigraphischen Quellen ergibt, korrelieren lassen, andere damit nicht übereinstimmen und somit eine eigene historische Erklärung erfordern. Auf diese Weise ist es möglich, einen volleren, wenn auch nie ganz vollständigen Überblick über die geschichtlichen Vorgänge und Entwicklungen einer Epoche zu gewinnen.

3. Der Schauplatz

Schauplatz der Geschichte Israels und Judas im 1. Jahrtausend v. Chr. ist das »Land Israel«, das in der Bibel auch »Land Kanaan« und in hellenistisch-römischen Quellen »Palästina« (Philisterland) heißt.[12] Das Land ist Teil der syrisch-palästinischen Landbrücke, die sich entlang der östlichen Mittelmeerküste erstreckt und im Westen das Meer, im Osten und Süden die Wüste, im Norden die Gebirge Kleinasiens als natürliche Grenzen hat. Es besteht aus zwei geographischen Zonen: der Küstenebene und einem Kalksteinmassiv, das durch den Jordan und seine Reliktseen in die zwei Hälften des West- und des Ostjordanlandes geteilt und auch in ostwestlicher Richtung durch tektonische Erschütterungen stark zerklüftet ist. Im Ostjordanland ist das ursprüngliche Tafelgebirge am besten erhalten und wird durch Flußläufe und Täler in verschiedene Regionen unterteilt. Das Westjordanland ist noch stärker zerklüftet und gliedert sich in folgende Landschaften: das galiläische Bergland im Norden, das sich südlich an die beiden Gebirgszüge des Libanon und Antilibanon anschließt; die Ebene von Jesreel, die das Land in ostwestlicher Richtung durchschneidet; das zentralpalästinische Gebirge, das siedlungsgeschichtlich in das efraimitische und das judäische Bergland geteilt ist; die westlich vorgelagerte Schefela und der

---

[12] Zur Landeskunde vgl. Noth 1962; Donner 1976; Zwickel 2002.

südliche Abfall zur Wüste. Im Westen liegt die Küstenebene, die nur einmal durch das Karmelgebirge durchbrochen ist.

Die Bedeutung der Geographie für die Lebensbedingungen der Menschen und die politische Entwicklung des Landes ist kaum zu überschätzen. Begehrt und stark besiedelt waren stets die regenreichen, fruchtbaren Gebiete der Küsten- und der Jesreelebene, durch die auch die wichtigsten Straßen führten. Hier hatten die großen Stadtstaaten der Bronzezeit ihren Ort, und hier fanden die Begegnungen – in Friedenszeiten der Handel zu Wasser und zu Lande, in Kriegszeiten die militärischen Aufmärsche – statt, die Palästina mit den Großmächten in Kleinasien, Ägypten und Mesopotamien verbanden und an deren Geschichte teilhaben ließen. Weniger stark besiedelt waren die Bergregionen und die Ränder zur Wüste, in denen das Wasser ablief bzw. der Niederschlag abnahm. Sie wurden im wesentlichen von Halbnomaden mit ihren Kleinviehherden genutzt. Geographie und Klima bargen große Gefahren für die wirtschaftliche Lebensgrundlage, Ackerbau und Viehzucht, in sich. Der Handel gestaltete sich schwierig und war abhängig von den Großmächten als Abnehmern agrarischer und handwerklicher Produkte im Austausch gegen Metalle und Rohstoffe. Auch für politische Zusammenschlüsse bot sich die Geographie nicht gerade an. Neben den Stadtstaaten in den Ebenen hat lediglich die Bildung eines kleinen Flächenstaates im zentralpalästinischen Bergland um Sichem herum eine Tradition, die bis in das 2. Jahrtausend v. Chr. zurückreicht.[13] Doch im wesentlichen war Palästina ein Durchgangsland, dessen Geschichte sich im Wechselspiel

---

[13] HTAT, 125–147, bes. 127 Anm. 306. Zu Palästina im 2. Jt. v. Chr. vgl. HTAT, 29–213; zu den archäologischen Epochen und Befunden H. Weippert 1988; zur Vorgeschichte Israels Lemche 1996.

der Kräfte der dieses Land umgebenden und sie beherrschenden Großmächte bewegte.

4. *Die Anfänge Israels*

Die erste Erwähnung Israels findet sich in einer Siegesstele des Pharao Merenptah (1224–1204 v. Chr.), in der es heißt: »Verwüstet ist Israel, es hat kein Saatgut.«[14] Demzufolge befand sich um 1200 v. Chr. eine Gruppe von Menschen, die den Namen »Israel« trug, im Land Palästina, umgeben von kanaanäischen Städten, die der ägyptische König ebenfalls unterworfen hatte. Ob sich Israel zuvor in Mesopotamien (Gen 11–12) oder in Ägypten aufgehalten hatte (Ex 1), wie es die Hebräische Bibel erzählt, läßt sich den archäologischen Quellen nicht entnehmen, ist jedoch, von Kriegsgefangenen, Söldnern und Nomaden abgesehen, für Israel so viel oder so wenig wahrscheinlich wie für seine kanaanäischen Nachbarn. Auch wenn, wie gelegentlich vermutet,[15] der ägyptische Name des Mose und seine midianitische Verwandtschaft für eine Gründerfigur Israels als unerfindlich anzusehen wären, wäre damit historisch wenig gewonnen; ein Argument für das hohe Alter oder gar die Historizität des Exoduscredos ergibt sich daraus nicht. Ähnlich verhält es sich mit der ebenso »unerfindlichen« Berufung des Heiden Abraham aus Ur in Chaldäa

---

[14] TUAT I, 544–552; HTAT, 159–165. Etwas früher wird bereits Moab, fast zeitgleich Edom in ägyptischen Texten erwähnt; vgl. HTAT, 151 f.165. Zur folgenden Epoche vgl. Fritz 1996; zum inschriftlichen Befund Lemaire 2004.

[15] Smend 1995; Blum 2012; vgl. dazu jedoch Pfeiffer 2013. Die Wahl Abrahams zur Gründerfigur Israels erklärt sich am ehesten aus der Verbindung von Ur- und Vätergeschichte, die Wahl Moses aus dem Exoduscredo, beides setzt bereits den Untergang Israels im 8. Jh. v. Chr. voraus; vgl. Kratz 2000b, 265–269.275–277 (zu Abraham).293–295 (zu Mose) (engl. 2005, 261 ff.270 ff.284 ff); Gertz 2002.

bzw. Haran zum Stammvater Israels, die im Jubiläenbuch, einer Schrift des 2. Jahrhunderts v. Chr., eine nachträgliche Rechtfertigung erfuhr. Auch die Vätertradition erlaubt kaum Schlüsse auf die »Frühgeschichte« Israels vor der ersten inschriftlichen Erwähnung in besagter Stele des Pharao Merenptah. Außerhalb der Bibel ist der Name »Israel« danach erst wieder in einer Inschrift des assyrischen Königs Salmanassar III. (858–824 v. Chr.) sowie in der etwa gleichzeitigen Inschrift des moabitischen Königs Mescha als Bezeichnung eines politischen Gemeinwesens unter König Ahab aus dem Hause Omri belegt.[16] Zwischen diesen beiden Daten, 1200 und 850 v. Chr., liegen die Anfänge der Geschichte Israels.

Die Zeit des 12.–9. Jahrhunderts v. Chr. war eine Phase des politischen, ökonomischen und siedlungsgeschichtlichen Umbruchs, die im größeren Zusammenhang des Auf und Ab der bronzezeitlichen Stadtkulturen in Palästina zu sehen ist. Die politisch instabilen Verhältnisse der Amarnazeit und sporadische Überfälle der von außen eindringenden Seevölker dürften auch das Wirtschaftsleben in Mitleidenschaft gezogen haben. Vielleicht trug auch eine Zunahme der Bevölkerung zur Verschärfung der Lage bei. Eine schon länger anhaltende, durch die genannten Faktoren bedingte Periode der Deurbanisierung führte um 1200 v. Chr. zum völligen Kollaps einstmals blühender Kulturen (Ugarit, Hethiter) und zur Aufgabe der Städte in Palästina. Im Gegenzug kann man in der Eisenzeit I (1150–900 v. Chr.) eine allmähliche Aufsiedlung des Berglandes und der Wüstenränder beobachten. Mit dieser Entwicklung gehen das Aufkommen eines neuen Haustyps (Drei- oder Vierraumhaus) sowie die Einführung neuer Techniken des Ackerbaus und der Vorratshaltung einher.[17]

---

[16] TUAT I, 360–362.646–650; HTAT, 242–248.254–259.
[17] Vgl. H. Weippert 1988, 344–417, bes. 393 ff. Die Datierungen der

Gegen Ende der Eisenzeit I, am Übergang zur Eisenzeit II (900–587 v. Chr.), setzte ein Prozeß der Reurbanisierung ein, aus dem neue politische Gebilde hervorgingen: im Norden die Stadt- und Flächenstaaten der Aramäer, im Westen die Stadtstaaten der Phönizier und Philister, im Westjordanland die kleinen Flächenstaaten Israel und Juda, im Ostjordanland die Staaten Ammon, Moab und Edom.[18]

Die Darstellung der Bibel in den Büchern Genesis-Josua erweckt den Anschein, als sei das ganze Volk Israel – zuerst friedlich, dann kriegerisch – von außen nach Palästina eingewandert und hätte sich gegen die einheimische, kanaanäische Bevölkerung durchsetzen müssen. Dieses Bild suggeriert einen Gegensatz von autochthoner (kanaanäischer) und zugezogener (israelitischer) Bevölkerung, der für die fragliche Zeit und Region so nicht nachweisbar ist. Im Lichte neuerer archäologischer Erkenntnisse und der kritischen Analyse der biblischen Überlieferung bietet sich eine andere Erklärung an: die Annahme einer friedlichen Infiltration des Berglandes, und zwar mehrheitlich nicht von außen, sondern von innen.[19] Die »Landnahme« der Israeliten war demnach Teil eines internen bevölkerungsgeschichtlichen Umschichtungsprozesses, der im Zuge des Umbruchs an der Wende von der Spätbronze- zur Eisenzeit stattfand und bei dem der Gegensatz von Stadt und Land eine wesentliche Rolle spielte. Neben

---

archäologischen Epochen sind Finkelstein 2007 entnommen; Weippert datiert noch etwas anders: Eisenzeit I 1200–1000 v. Chr., Eisenzeit II 1000–587 v. Chr. (IIA 1000–900; IIB 900–850; IIC 850–587).

[18] Vgl. Alt 1953–1959 III, 1 ff. 20 ff. 214 ff; Noth 1971 I, 434 ff; II, 133 ff; Knauf 1994.

[19] Vgl. HTAT, 179–198; dazu M. Weippert 1967; Finkelstein 1988; Finkelstein/Silberman 2007; Finkelstein/Mazar/Schmidt 2007. Mit gewissen Abstrichen hinsichtlich der Herkunft und ethnischen Zuordnung hat sich somit Albrecht Alts Infiltrationshypothese bestätigt; vgl. Alt 1953–1959 I, 89–125 und 126–175.

Phöniziern und »Seevölkern« (Philister) im Westen und den Aramäern im Norden brachte dieser Prozeß diejenigen Bevölkerungselemente hervor, von denen die Besiedlung des Berglands ausging und aus denen sich auch die Führungsschicht in den neuen politischen Gebilden rekrutieren sollte. An dem Vorgang waren sowohl (einheimische) Kulturland- und Bergland-Nomaden, die bereits in den Randzonen lebten, als auch Städter und Bauern beteiligt, die die Not in die Berge trieb, die aber ihre spezifischen Erfahrungen und Fertigkeiten mitbrachten und auf diese Weise zu den kulturellen Neuerungen in den Bergregionen beitrugen.

Es kann nicht ausgeschlossen werden, daß auch Leute von außen hinzustießen. Doch die einzigen, für die dies eindeutig belegt ist, sind die »Seevölker«, die sich aber nicht in den Bergen, sondern in den Städten der Ebenen festsetzten.[20] Sie hat auch die Hebräische Bibel im Blick, wenn sie von »den Philistern« oder »den Kanaanäern« spricht und einen scharfen ethnischen und religiösen Unterschied zwischen Kanaan und Israel macht. Doch dieser Unterschied ist eine literarische Konstruktion, die den Untergang des Reiches Israel um 722 v. Chr. oder des Reiches Juda im Jahre 587 v. Chr. voraussetzt. Es ist die Sicht der heiligen Geschichte, die im nachhinein die eigene kanaanäische Vergangenheit verwirft und in »Israel« von Anfang an das heilige Volk erblickt, das sich von allem Fremden unterscheiden soll. Archäologisch läßt sich bei den Bevölkerungsschichten, die sich im palästinischen Bergland niederließen, jedoch kein Unterschied zwischen Kanaanäern und Israeliten feststellen. Historisch hat sich Israel zuerst mit der Staatengründung als eine gesonderte Größe innerhalb der kanaanäischen Mischbevölkerung hervorgetan.

---

[20] Vgl. HTAT, 199–213.

II. Die beiden Reiche

1. *Der Übergang zur Monarchie*

Die Bevölkerung, die sich in der Eisenzeit I im Bergland Palästinas ansiedelte und allmählich ausbreitete, war in Familien, Sippen und Stämmen organisiert. Über das Leben der Stämme und ihre geographische Verteilung geben in der Bibel die geographischen Listen im Josuabuch und das Buch der Richter Auskunft. Die hier geschilderten Verhältnisse sind jedoch nicht auf die Eisenzeit I beschränkt, sondern passen ebenso gut auf die Zeit vor wie nach der Staatengründung und haben auch nach dem Verlust der politischen Selbständigkeit weiter bestanden. In der Eisenzeit II wurde die tribale Verfassung lediglich vom dynastischen Königtum überlagert.

Um zu verstehen, wie es vom einen zum anderen kam, hat man in der modernen Geschichtsschreibung die historische Analogie der griechisch-altitalischen Amphiktyonie (»Gemeinschaft der Umwohnenden«) bemüht.[21] Israel und seine Nachbarn, so meinte man, seien in vorstaatlicher Zeit in Verbänden zu 6 oder 12 Stämmen um ein gemeinsames, zentrales Heiligtum versammelt und geeint gewesen. Auch wenn die Stämme politisch ein Eigenleben geführt hätten, sei auf diese Weise ein ethnisches und religiöses Gemeinbewußtsein entstanden, das die Voraussetzung für die Bildung des Königtums und auch nach dem Untergang der beiden Monarchien die Grundlage für das Selbstverständnis »Israels« als des einen Volkes des einen Gottes Jhwh gewesen sei. Die Hypothese hält einer kritischen Überprüfung jedoch nicht stand. Sie steht und fällt mit der Existenz eines zentralen Heiligtums, das für diese Zeit nicht nachzuweisen ist. Im übrigen trägt diese Hypothese die Ideale der heiligen Geschichte, die erst

---

[21] Noth 1950, 83–104.

nach dem Ende der Monarchie in Israel und Juda aufgekommen sind, in die Vor- und Frühgeschichte ein.

Der Übergang von der Tribalverfassung zur Monarchie dürfte sehr viel unspektakulärer vor sich gegangen sein. Familien wuchsen zu Sippen heran, die den Sippenältesten unterstanden. Sippen wuchsen zu Stämmen heran, die den Stammeshäuptlingen unterstanden und sich in kriegerischen Konflikten gelegentlich zu Stammesverbänden zusammentaten. Solche Zusammenschlüsse waren nicht das Ergebnis, sondern die Voraussetzung für die Entstehung eines Gemeinbewußtseins, das weder ethnisch noch religiös, sondern in erster Linie geopolitisch, demographisch und militärisch motiviert war. Zur Verstetigung einer solchen sporadischen Stämmekonföderation konnte gelegentlich die tribale in eine monarchische (dynastische) Verfassung übergehen. Die Grenzen zwischen Stammeskönigtümern und staatlich verfaßten Monarchien waren fließend.

In Israel und Juda erfolgte dieser Übergang im Zuge der allgemeinen – von Norden nach Süden fortschreitenden – Reurbanisierung der Region. Die Voraussetzung dafür war ein Machtvakuum. Ägyptens Einfluß auf Palästina nahm kontinuierlich ab, und die neue Großmacht in Mesopotamien, das neuassyrische Reich, war in Syrien gebunden, wo man seit Tiglatpileser I. (1114–1076 v. Chr.) auf die Aramäer traf.[22] Von dort stießen die Assyrer erst im 9. und 8. Jahrhundert v. Chr. weiter nach Süden gegen Israel und Juda vor. Anders als die Nachfahren der Phönizier und »Seevölker« (Philister) im Westen oder die Aramäer und syro-hethitischen Bevölkerungselemente im Norden, die an die bronzezeitliche Kultur der Stadtstaaten anknüpften, bildeten Israel und Juda sowie ihre ostjordanischen Nachbarn kleine Flächenstaaten aus.

---

[22] TUAT I, 356 f.

Doch auch sie knüpften damit an eine bronzezeitliche Tradition an.[23] Einen Unterschied zwischen »kanaanäischem« und »israelitischem« Königtum gab es nicht.

2. Saul, David und Salomo

Nach diversen Anläufen (vgl. z. B. Ri 9) ist es im 10. Jahrhundert v. Chr. offenbar als erstem Saul gelungen, ein Stammeskönigtum auf mittelpalästinischem Boden zu errichten, das in der biblischen Überlieferung den Namen »Israel« trägt. In Juda sind es David und sein Sohn Salomo, die in den Quellen als erste Könige in Erscheinung treten. Nach Salomos Tod differenzierte sich die kanaanäische Staatenwelt weiter aus. Nacheinander entstanden im 10.–9. Jahrhundert v. Chr. die beiden Reiche Israel und Juda, die fortan ihr Eigenleben führten.

Über die drei Gründerfiguren der beiden Monarchien in Israel und Juda sind wir nur unzureichend informiert.[24] Außerbiblische Quellen gibt es so gut wie keine. Lediglich eine aramäische Inschrift vom Tel Dan aus dem 8. Jahrhundert v. Chr. erwähnt das »Haus Davids« und bestätigt damit die Darstellung der Bibel, wonach sich das Königtum in Juda auf David als Dynastiegründer zurückführte.[25] Doch von Saul und Salomo fehlt bisher jede Spur. Die Überreste einer monumentalen Architektur in den Städten Hazor, Megiddo und Geser, die man für Salomo reklamiert hat (vgl. 1 Kön 9,15), werden heute eher in das 9. Jahrhundert v. Chr., teilweise noch

---

[23] S. o. I 3.
[24] Zur Epoche vgl. Dietrich 1997; Finkelstein/Silberman 2006 und 2007; zur Debatte um das davidisch-salomonische Großreich Finkelstein/Mazar/Schmidt 2007; Kratz/Spieckermann 2010.
[25] TUAT.E, 176–179; HTAT, 267–269. Vermutlich ist auch am Ende der Mescha-Stele »Haus David« zu lesen; vgl. HTAT, 248 Anm. 49.

jünger datiert. Auch die Besiedlung nimmt erst ganz allmählich zu, so daß für die Anfänge mit sehr bescheidenen Verhältnissen zu rechnen ist. Im Jahre 926 v. Chr. zog der ägyptische Pharao Schoschenk I. (945–924 v. Chr.) nach Palästina und nahm Megiddo ein, wo er eine Stele hinterließ.[26] In seinen Feldzugberichten ist von Israel und Juda keine Rede.

Ganz anders die historische Erinnerung in der biblischen Überlieferung. Sie läßt den Pharao, der hier Schischak heißt, nach Jerusalem ziehen und Tempel und Palast ausrauben bzw. als Tribut entgegennehmen.[27] Auch sonst weiß die Überlieferung in 1 Sam 1–2 Kön 11 sehr viel mehr über die Anfänge des Königtums in Israel und Juda zu berichten. Doch das meiste beruht auf überkommenen Legenden oder ist frei erfunden und trägt spätere Verhältnisse und Vorstellungen in die Zeit des Anfangs ein. Wie wenig man tatsächlich wußte, zeigt etwa die Angabe der Regierungszeiten Davids und Salomos, für die jeweils vierzig Jahre, also eine Generation, veranschlagt werden (1 Kön 2,11; 11,42), entsprechend der runden Zahl der sagenhaften »Richter« Israels (Ri 3,11; 5,31; 8,28). Die Wissenslücken wurden durch Legendenbildung und theologische Programmatik aufgefüllt.

Von Saul handelt die Erzählung über einen, der auszog, die Eselinnen seines Vaters zu suchen, und das Königtum fand (1 Sam 9–10). Die Erzählung besagt, daß man sich in Israel auf Saul als Begründer einer ersten Dynastie (2 Sam 2,8–10) berief. Sie wurde im Laufe der Zeit zu einer umfangreichen Saul-Überlieferung in 1 Sam 1–14 ausgebaut. Die Überlieferung betont sehr die Übermacht der Philister als Motiv zur Gründung des Königtums. Das Motiv dürfte jedoch stark

---

[26] Vgl. HTAT, 229; ferner TUAT I, 552–557; HTAT, 228–238; TUAT. NF 2, 246–271. Dazu Wilson 2005.
[27] 1 Kön 14,25–26; noch detaillierter 2 Chr 12.

übertrieben sein und trägt dem späteren, theologisch motivierten Vorwurf Rechnung, Israel habe sein wollen »wie alle Völker ringsum« (1 Sam 8,5.20). Eine ältere Tradition bringt den Aufstieg der Sauliden mit einem Sieg über die Ammoniter in Verbindung (1 Sam 11).[28] Beide Versionen sind Versuche, die Anfänge des Königtums im nachhinein zu erklären. Tatsächlich wird es nicht so sehr der Druck von außen, sondern der Drang zur Expansion gewesen sein, der Saul von Gibea und seine Mannen zur Errichtung eines kleinen Stammeskönigtums diesseits und jenseits des Jordan antrieb. Nach Sauls Tod ging das Königtum auf seinen Sohn Isch-Boschet (Eschbaal) über (2 Sam 2,8f), was aber nicht lange hielt. Saul und sein Königtum waren nur eine flüchtige Episode auf dem Weg zur Gründung des Reiches Israel, wenn auch eine, die in der literarischen Tradition Geschichte gemacht hat.

Auch von David und Salomo sind nur Legenden erhalten. Den Kern der Überlieferung bildet eine Sammlung von Erzählungen aus dem Umkreis des Jerusalemer Hofes, die von allerlei Intrigen in der Familie des Königshauses berichten und um die Nachfolge Davids kreisen (2 Sam 11–1 Kön 2). Diese Sammlung ist zum einen in 1 Sam 15–2 Sam 10 mit der Überlieferung über Saul verbunden worden, um David als legitimen Nachfolger Sauls darzustellen; zum anderen wurde sie um die Salomo-Überlieferung in 1 Kön 3–11 erweitert, die den Bau von Palast und Tempel in Jerusalem sowie die – eher für Israel als für Juda typischen – internationalen Handelsbeziehungen mit Phönizien und Ägypten zum Inhalt hat. Im Lichte der archäologischen Befunde und der kritischen Analyse der Texte wird man für die historische Rekonstruktion

---

[28] Die Erzählung wurde verschiedentlich überarbeitet, wovon sowohl die masoretische Texttradition als auch die Handschriften von Qumran (4QSam^a) sowie die griechische Wiedergabe bei Josephus zeugen.

auch hier erhebliche Abstriche von der Überlieferung machen müssen. Was sich in aller Vorsicht sagen läßt, ist vielleicht dies, daß David ein begabter Kriegsherr war, der sich in Juda – nicht zuletzt durch das Mittel der Einheirat – eine Hausmacht aufbaute und zum Rivalen Sauls wurde. Seine Kriegs- und Beutezüge, wofür er eine Truppe von »Kreti und Pleti« (2 Sam 8,18) unterhielt, trug ihm zunächst das Königtum über Juda (Ziklag, Hebron, Jerusalem) und vorübergehend offenbar auch die Herrschaft über das Territorium Sauls ein (vgl. 2 Sam 2–5). In Jerusalem, dem Zentrum des judäischen Stammeskönigtums, scheinen sich unter David und seinem Nachfolger Salomo (wieder) Ansätze einer städtischen Kultur und Verwaltung etabliert zu haben, wie sie bereits in der Bronzezeit bestanden hatten, nur um einiges bescheidener.

Auch David und Salomo waren, historisch betrachtet, nur eine Episode, wenn auch eine, die für die Dynastiebildung nachhaltiger war als Saul. Verglichen mit der Entwicklung im Norden, hinken Juda und Jerusalem jedoch rund hundert Jahre hinterher. In der biblischen Überlieferung wurde das Verhältnis umgekehrt. Hier dient das goldene Zeitalter des davidisch-salomonischen Großreiches »von Dan bis Beerscheba« (2 Sam 3,10) als Folie, vor der sowohl die Anfänge unter Saul verblassen als auch die Geschichte der beiden Reiche Israel und Juda als religiöser und politischer Niedergang erscheinen sollten. Tatsächlich wurde das »davidisch-salomonische Großreich« jedoch erst unter den Hasmonäern in hellenistischer Zeit realisiert.

3. Das Reich Israel

Als 926 v. Chr. Schoschenk I. Palästina bereiste, war man im Gebiet des ehemaligen Königtums Sauls gerade dabei, das Reich Israel zu etablieren. Die Phase der Reichsbildung war noch immer nicht abgeschlossen, und doch setzt in den biblischen Büchern der Könige von nun an die annalistische Überlieferung ein, die die Regierungszeiten der Könige von Israel und Juda sowie einige verstreute historische Nachrichten mitteilt.[29] Auch die außerbiblischen Quellen beginnen von nun an reichlicher zu fließen.

Nach Saul und seinem Sohn Isch-Boschet (Eschbaal) kam es im zentralpalästinischen Bergland zu weiteren Anläufen der Dynastiebildung mit wechselnden Hauptstädten (Sichem, Pnuel, Tirza). In kurzen Abständen folgten Jerobeam (I.) und Nadab ben Jerobeam, Bascha und Ela ben Bascha, Simri, Tibni und schließlich Omri aufeinander.[30] Den Versuchen wurde jedes Mal durch Putsch ein Ende bereitet, bis sich im frühen 9. Jahrhundert v. Chr. der Heerführer Omri durchzusetzen vermochte. Die instabile Situation zeugt von einem Gärungsprozeß, in dem sich die Usurpatoren mit einer Vielzahl von Konkurrenten auseinanderzusetzen hatten: palästinischen Stämmen in der unmittelbaren Umgebung, Aramäern im Norden und Osten, Phöniziern und Philistern im Westen, Judäern im Süden. Angesichts dieser Gemengelage ist es ganz unwahrscheinlich, daß schon der erste der israelitischen Könige nach der Gründergeneration, Jerobeam I. (927–907 v. Chr.), »ganz Israel«, d. h. das gesamte Gebiet zwischen Betel und Dan (1 Kön 12,20.29–30) einschließlich der Ebenen und großen Städte (Jesreel-Ebene, Megiddo, Hazor, Dan, Bet Schean) sowie Teile des Ostjordanlandes beherrscht haben soll. Vielmehr waren die einzelnen Regionen zwischen den rivalisierenden Stämmen heftig umkämpft und fielen erst un-

---

[29] Grundlegend Noth 1943; Jepsen 1953; vgl. Kratz 2000b, 161–174, auf einen Blick 192 f (engl. 2005, 158–170.185); Würthwein 1984, 505–515.
[30] Vgl. 1 Kön 12,20.25.26–30; 14,19 f; 15,25–28.31–34; 16,5 f.8–10.14–18.20–28.

ter den Omriden – vorübergehend – in israelitische Hand. Doch auch danach hörten die Auseinandersetzungen mit den Nachbarn nicht auf.

Nach den vielen gescheiterten Anläufen gelang es schließlich dem Heerführer Omri, eine Dynastie zu begründen, die sich rund vierzig Jahre lang (882–845 v. Chr.) hielt und deren Hauptsitz die Stadt Samaria war. Ihr gehörten die Könige Omri, Ahab, Ahasja und Joram von Israel an.[31] Die Bedeutung der Dynastie kann man daran ermessen, daß sie in den assyrischen Königsinschriften dem Nordreich Israel seinen Namen gab. Hier heißt Israel »das Land des Hauses Omri« oder einfach »Omri« und wird selbst dann noch so genannt, als die Omriden in der Mitte des 9. Jahrhunderts von der nächsten großen Herrscherlinie, der Dynastie Jehu, abgelöst worden waren.[32]

Der Erfolg der Omriden hing mit einer außenpolitischen Entwicklung zusammen, die das Schicksal des Reiches Israel bis an sein Ende bestimmen sollte. Omri und seine Nachfahren profitierten von der assyrischen Expansion nach Westen, die in Syrien begann und zunächst die Aramäer unter Druck setzte. Dies gab den Israeliten die Möglichkeit zur territorialen Ausdehnung nach Norden und Osten und zu einer Politik, die aus einer Mischung von Okkupation und Koalition bestand. Hiervon zeugt die Inschrift des moabitischen Königs Mescha aus der zweiten Hälfte des 9. Jahrhunderts v. Chr., die davon berichtet, daß der König Mescha am Übergang von der Dynastie Omri zur Dynastie Jehu die Israeliten aus seinem Gebiet vertrieb.[33] Um sich selbst vor der assyrischen Expansion zu

---

[31] 1 Kön 16,21–31; 22,39f.52f; 2 Kön 1,1.18; 3,1–3 (8,28f; 9,14ff).

[32] TUAT I, 363.366f.385f; HTAT, 264.274.294f. Daneben heißt Israel in assyrischen Inschriften nach der Hauptstadt »Samaria«. Zur Dynastie Omri vgl. Timm 1982.

[33] KAI 181; TUAT I, 646–650; HTAT, 242–248.

schützen, schlossen sich die Omriden unter Ahab gleichzeitig einer Koalition von Aramäern und Phöniziern an, die sich 853 v. Chr. in der Schlacht von Qarqar den Assyrern unter Salmanassar III. in den Weg stellte.[34] Der politischen Verbrüderung mit den Nachbarn im Norden diente auch die Heirat mit der phönizischen Prinzessin Isebel, die Ahab in der Überlieferung nachträglich einen so schlechten Ruf eingetragen hat (1 Kön 16,31–32).

Doch der Koalition war auf Dauer kein Erfolg beschieden. Interne Konflikte und der massive äußere Druck führten in der Mitte des 9. Jahrhunderts v. Chr. zum Zerwürfnis und in Israel selbst zum Sturz der Omriden durch den Feldhauptmann Jehu. Aus dieser Situation stammt die schon erwähnte Inschrift vom Tel Dan, die die Ermordung Jorams, des letzten israelitischen Königs aus dem Hause Omri, und seines Verwandten, des judäischen Königs Ahasja aus dem »Haus David«, der ein Sohn der Atalja aus dem Hause Omri war (2 Kön 8,18.26), nicht Jehu (so 2 Kön 9–10), sondern dem aramäischen König (Hasael von Damaskus) zuschreibt.[35]

Jehu leitete einen Richtungswechsel in der Außenpolitik Israels ein und sicherte seiner Dynastie auf diese Weise eine erstaunlich lange Lebensdauer von rund einhundert Jahren (845–747 v. Chr.). Ihr gehörten die Könige Jehu, Joahas, Joasch, Jerobeam II. und Secharja an.[36] Statt des Bündnisses mit den Nachbarn unterwarf sich Jehu dem assyrischen König Salmanassar III. und erkaufte sich durch Tributzahlungen seine Gunst.[37] Zwar hielten die Kämpfe mit den Nach-

---

[34] TUAT I, 360–367, hier 360–364; HTAT, 249–265, hier 254–260.
[35] TUAT.E, 176–179; HTAT, 267–269. Zur Dynastie Jehu vgl. Hasegawa 2012.
[36] 2 Kön 9,14–10,17.34–36; 13,1 f.8–11.12 f.24 f; (14,15 f;) 14,23 f.25a. 28 f; 15,8–12.
[37] TUAT I, 363.366.367; HTAT, 264; zum Bildprogramm des »Schwarzen Obelisken« vgl. Keel/Uehlinger 1994.

barn im Norden und Osten aufgrund des Ausbleibens der Assyrer noch eine Weile an, doch als die assyrische Expansion gegen Ende des 9. Jahrhunderts v. Chr. unter Adadnarari III. (810–783 v. Chr.) wieder anlief,[38] trug die Politik Jehus und seiner Nachfolger ihre Früchte. Mit Rückendeckung der assyrischen Großmacht erholte sich das Reich Israel und stieg im 8. Jahrhundert v. Chr. unter Joasch (802–787 v. Chr.) und Jerobeam II. (787–747 v. Chr.) zu politischer und wirtschaftlicher Blüte auf. Einen ähnlichen Weg scheint um 800 v. Chr. auch der aramäische Fürst Zakkur von Hamat gegangen zu sein, der sich durch seine Bündnistreue zu Assyrien einer aramäischen Koalition erwehren und sein Gebiet erweitern konnte,[39] und etwas später auch die Dynastie von Ja'udi/Sam'al, deren Geschichte in den Sendschirli-Inschriften dokumentiert ist.[40]

Der gewaltsame Sturz der Dynastie Jehu läutete das Ende Israels ein. Er wurde durch einen Mann namens Schallum, Sohn des Jabesch, herbeigeführt, der allerdings nur einen Monat auf dem Thron Samarias saß. Aus den Thronwirren ging zwar zunächst wieder ein besonnener Herrscher, Menachem von Israel (747–738 v. Chr.), als Sieger hervor, der die Politik des Hauses Jehu fortsetzte und seinen Tribut an Assyrien entrichtete,[41] doch wurde sein Sohn und Nachfolger Pekachja erneut gewaltsam gestürzt. An seine Stelle trat Pekach, der Sohn Remaljas.[42] Die Ereignisse koinzidieren kaum zufällig mit einem Thronwechsel in Assyrien, dem Herrschaftsan-

---

[38] TUAT I, 367–369; HTAT, 271–277. Zur folgenden Epoche vgl. Schoors 1998.
[39] KAI 202; TUAT I, 626–628.
[40] KAI 24–25.214–221; TUAT I, 628–632.638–640; HTAT, 290.
[41] TUAT I, 371.378.
[42] 2 Kön 15,13–31.

tritt Tiglatpilesers III. im Jahre 745 v. Chr., der seinen Blick sogleich gen Westen richtete.[43] Hier war man sich jedoch unterdessen nicht mehr einig darüber, ob man den Tributforderungen Folge leisten oder – mit Unterstützung Ägyptens – den Aufstand gegen Assur wagen sollte. Das führte zu einem Hin und Her zwischen den Fronten und löste die vielen Königswechsel gegen Ende des Reiches Israel aus.

In den Jahren 734–732 v. Chr. bildete sich in Syrien und Palästina eine antiassyrische Koalition, an der sich Israel nach einem Putsch beteiligte, Juda jedoch nicht. In der von diversen Bündnissen und unterschiedlichen Loyalitäten gekennzeichneten Gemengelage, hat Israel im Verein mit Damaskus offenbar einmal versucht, seine Herrschaft bis nach Juda auszudehnen. Für dieses Ereignis hat sich in der Forschung der Begriff des syrisch-efraimitischen Krieges eingebürgert. Gegen die antiassyrischen Bestrebungen im syrisch-palästinischen Bereich schritt Tiglatpileser III. ein. Im Zuge dessen unterwarf er auch Samaria und verkleinerte das israelitische Herrschaftsgebiet.[44] Nach dem Aufstand des letzten Königs von Israel, Hoschea, der von Tiglatpileser III. selbst eingesetzt worden war, nach dessen Ableben aber die Tributzahlungen eingestellt hatte, wurde Samaria im Jahre 722 (oder 720) v Chr. von Salmanassar V. (727–722 v. Chr.) und/oder Sargon II. (722–705 v. Chr.) ein zweites Mal erobert.[45] Die Bevölkerung Samarias und des Umlandes wurde deportiert, das Gebiet neu besiedelt und einem assyrischen Statthalter unterstellt. Das – ohnehin geschrumpfte – Reich Israel war fortan

---

[43] TUAT I, 370–378; HTAT, 285–295.
[44] Vgl. 2 Kön 17,1–6.21–23; TUAT I, 372.374.377; HTAT, 292–295; dazu Pitard 1987.
[45] TUAT I, 378–387.401 f; HTAT, 296–309, bes. 300–302. Die Quellen sind uneins, welcher der beiden Könige Samaria eingenommen hat und in welchem Jahr dies geschah; vgl. dazu HTAT, 296–298; Becking 1992.

kein Königtum mehr, sondern eine assyrische Provinz, die den Namen der ehemaligen Hauptstadt des Reiches und jetzigen Provinzhauptstadt Samaria (Samerina) trug.

Sowohl die Herrschaft der Omriden als auch die Dynastie Jehu, insgesamt ein Zeitraum von rund 140 Jahren, waren Glanzzeiten für Israel. Unter den Omriden wurde die Hauptstadt Samaria zu einer Residenzstadt ausgebaut und mit Jesreel eine eigene Garnisonsstadt gegründet. Andere Städte und Stützpunkte im Ostjordanland dienten der militärischen Sicherung des Reiches und dem weit verzweigten Handel. Die archäologischen Überreste – Tore und Mauern, Wassersysteme und Befestigungsanlagen, Monumentalbauten – lassen auf eine entwickelte Infrastruktur schließen und setzen die Ausdifferenzierung der Gesellschaft in verschiedene Berufszweige sowie eine entsprechende Bevölkerungsdichte voraus. Jehu und seine Nachfahren konnten trotz aller Verschiedenheit in der außenpolitischen Ausrichtung an diese Entwicklung nahtlos anknüpfen und sie als assyrischer Vasallenstaat ungestört fortsetzen.

Über die Institutionen, die Sozialstruktur und das Alltagsleben in den beiden Reichen Israel und Juda ist außer einigen wenigen Zeugnissen nicht viel bekannt.[46] Der Aufbau der Gesellschaft entsprach den damals üblichen Strukturen einer kleinen Monarchie mit dem König an der Spitze, gefolgt von seinem Clan und der übrigen Aristokratie, dem Militär und der Verwaltung. Die tragenden Institutionen waren Palast und Tempel, die entsprechend ausgebildetes Personal (Schreiber, Priester usw.) beschäftigten. Die Gerichtsbarkeit lag teils bei den Ältesten in den Ortschaften (im Tor), teils beim König. Getrennt nach Stadt und Land fand die weitere Ausdiffe-

---

[46] Vgl. HTAT, 352–364 sowie 365–396; zur sozialen Stratigraphie vgl. HAE II/2, 110 ff.

renzierung der Gesellschaft in Handwerk, Handel und Landwirtschaft statt. Einen kleinen Einblick in die wirtschaftliche Situation des Reiches Israel im 8. Jahrhundert v. Chr. geben die Samaria-Ostraka, die Wein- und Öllieferungen an den Hof bezeugen.[47]

Mit dem politischen und wirtschaftlichen Aufstieg ging der Aufstieg des Gottes Jhwh als Gott des Reiches Israel einher.[48] Jhwh war eine Wetter- und Berggottheit vom Typ des syrischen Baal und aramäischen Hadad, der mit der Zeit auch Züge des höchsten Gottes El und der Sonnengottheit (Schamasch, weiblich Schapsu) annahm. Auf der Ebene der lokalen Kulte in den Familien und an den regionalen Höhenheiligtümern wurde Jhwh zusammen mit seiner Gemahlin Aschera und neben anderen Göttern oder göttlichen Wesen verehrt, die nach dem Zeugnis der Inschriften (Kuntillet ʿAjrud, Mescha, Deir ʿAlla)[49] von dem nordwestsemitischen Pantheon des 2. Jahrtausends v. Chr. in dieser Region noch übrig geblie-

---

[47] HAE I, 79–110 sowie 135–144; TUAT I, 248 f; HTAT, 278–284.
[48] Der alttestamentliche Gottesname erscheint im Alten Testament sowie in außeralttestamentlichen Quellen in verschiedenen Schreibungen (*YH, YHH, YHW, YHWH*) und wird hier, wie in der wissenschaftlichen Literatur heute üblich, in der Langform ohne Vokalisation als »Jhwh«, in der Kurzform mit Vokalisation als »Jah« oder »Jahu« wiedergegeben. Seine ursprüngliche Aussprache ist unbekannt. In der Hebräischen Bibel wird der Name als *ʾadonaj* »Herr« oder (aram.) *schemaʾ* »der Name« bzw. (neben einem *ʾadonaj* »Herr«) als *ælohim* »Gott« gelesen, in der Septuaginta mit *(o) kyrios* »(der) Herr« wiedergegeben. Außerhalb des Judentums ist in älterer Literatur die Aussprache als »Jehova« (nach den Vokalen für *ʾadonaj*), in neuerer Literatur die aus der Kurzform »Jah« oder »Jahu« und griechischen Transkriptionen (*Iouai, Iaoue, Iabe*) historisch rekonstruierte Form »Jahwe« üblich. Zur Religionsgeschichte s. u. IV.
[49] *Kuntillet ʿAjrud*: TUAT II, 561–564; HAE I, 47–64; *Mescha*: KAI 181; TUAT I, 646–650; HTAT, 242–248; *Deir ʿAlla*: KAI 312; TUAT II, 138–147.

ben und in der kanaanäischen Mischbevölkerung beheimatet waren. Vermutlich auf dem Wege der israelitischen Dynastien stieg dieser Jhwh in Gestalt des »Jhwh von Samaria« auch zur Reichsgottheit auf, so wie in Ammon der Gott Milkom oder in Moab der Gott Kamosch.

Erst nach dem Untergang der beiden Reiche wandelte sich Jhwh zu dem einen und einzigen Gott, der keine anderen Götter neben sich duldet und außer dem es keinen anderen gibt. Diesen Gottesbegriff setzt die Hebräische Bibel voraus, die den Gang der Geschichte Israels am Fremdgötter- und Bilderverbot des Dekalogs (Ex 20 und Dtn 5) bemißt und sowohl den Omriden als auch dem Hause Jehu und allen anderen Königen Israels die »Sünde Jerobeams« (1 Kön 12,28–30) als Inbegriff des kanaanäischen Baalskultes zum Vorwurf macht. Elia, der einstige Magier des Wettergottes Jhwh (1 Kön 18,41–46), wird zum Propheten des einen und einzigen Gottes (1 Kön 18–19), der politische Umsturz des Jehu zu einem heiligen Krieg gegen den Baal stilisiert (2 Kön 10,15–28). Neben dem Kult geraten auch der ökonomische Erfolg und die sozialen Verhältnisse insgesamt ins theologische Zwielicht und werden in den Büchern der Propheten Amos und Hosea aufs schärfste verurteilt. Historisch ist diese Sicht der Dinge nicht für das »alte Israel«, sondern für das Judentum von Bedeutung, dem wir die biblische Überlieferung in ihrer uns vorliegenden Gestalt verdanken.

Mit dem Ende der politischen Selbständigkeit im Jahre 722 v. Chr. hörte das Leben im Gebiet des ehemaligen Nordreiches Israel nicht auf.[50] Die hier zurückgebliebene, zugewanderte oder von den Assyrern angesiedelte Mischbevölkerung ist in archäologischen Resten zu greifen und hat sich in der Provinz Samaria eingerichtet. Andere sind in assyrische Dienste ge-

---

[50] Vgl. HTAT, 310–325.

gangen. Wenigstens Teile der Bevölkerung werden sich weiterhin als Israeliten oder Samarier, andere – vor allem im mittelpalästinischen Benjamin – eher als Juda zugehörig und somit als Judäer begriffen haben. Die Kontakte zum Reich Juda, in dem dieselbe Sprache gesprochen und derselbe Gott (Jhwh) nach wie vor als Reichsgott verehrt wurde, dürften nach dem Untergang des Reiches Israel, nicht zuletzt durch Flüchtlinge aus dem Norden, eher zu- als abgenommen haben.

4. Das Reich Juda

Der Süden Palästinas hat sich später entwickelt als der Norden. Nach der sagenhaften Vorgeschichte unter David und Salomo im 10. Jahrhundert v. Chr. weiß selbst die Bibel nicht viel von den Anfängen des Reiches Juda zu berichten. In die Regierungszeit Rehabeams, des Sohnes Salomos, fällt der Feldzug des Pharao Schoschenk I., den die Bibel gegen Jerusalem ziehen läßt, wovon die ägyptischen Zeugnisse aber nichts wissen. In den Exzerpten der Annalen, die sich in den Büchern der Könige finden,[51] ist immer wieder davon die Rede, daß Krieg zwischen Juda und Israel geherrscht habe, in den teilweise auch die Aramäer verwickelt gewesen sein sollen (1 Kön 14,30; 15,7.16). Dabei dürfte es um den Grenzverlauf gegangen sein, bei dem strittig war, zu wem die strategisch und wirtschaftlich wichtige Region Benjamin mit den Grenzposten Mizpa und Geba gehörte. Ähnliche Konflikte scheint es im Westen mit den Philistern und im Süden mit den Edomitern gegeben zu haben, so daß die Ausdehnung des Königtums von Juda anfänglich sehr bescheiden war und sich auf Jerusalem und sein Umland beschränkte. Sehr viel mehr geben die Auszüge aus der Chronik der Könige von Juda für die-

---

[51] 1 Kön 14,21 f.25 f.29–31; 15,1–3.7–11.13 f.16.17–24.

se Zeit nicht her, außer der Information, daß der König Asa seine Mutter vom Amt der Königinmutter abgesetzt habe und »an seinen Füßen« oder – was im Hebräischen »Füße« gelegentlich auch bedeuten kann – an den Genitalien erkrankt gewesen sei (1 Kön 15,13.23).

Das weitere Schicksal des Reiches Juda war von anderen Mächten abhängig. Der Grenzkonflikt mit Israel scheint sich in der Omridenzeit beruhigt zu haben, was auch zur innenpolitischen Stabilisierung beigetragen haben dürfte. Dafür sprechen die langen Regierungszeiten der Könige Asa (908–868 v. Chr.) und Joschafat (868–847 v. Chr.), die auf Rehabeam und Abija folgen.[52] In den Annalen wird ausdrücklich notiert, daß Friede zwischen Joschafat und dem König von Israel geherrscht habe (1 Kön 22,45). Die beiden Königshäuser waren zeitweise miteinander verschwägert.[53] Joram, der Sohn und Nachfolger Joschafats, war mit Atalja, einer Tochter (2 Kön 8,18) oder Schwester (2 Kön 8,26) des Königs Ahab von Israel, verheiratet. Nach dem Tod Ahasjas von Juda, dem Sohn Jorams und der Atalja, wurde Juda vorübergehend sogar von der Omridin Atalja regiert. Bis zuletzt sieht man die Könige der beiden Reiche, Joram von Israel und Ahasja von Juda, in Waffenbrüderschaft gegen die Aramäer kämpfen (2 Kön 8,28–29) und – sei es durch die Hand Jehus oder die Hand des Aramäers Hasael von Damaskus[54] – sterben. Aufs Ganze gesehen scheint Juda zur Zeit der Omriden ein deutlich unterlegener Koalitionspartner des Reiches Israel gewesen zu sein, was der omridischen Bündnispolitik gegen Assyrien entsprach und Juda nicht schlecht bekommen ist.

---

[52] 1 Kön 15,9–24; 22,41–51.
[53] 2 Kön 8,16–29 sowie 9,27.28 f; 11 (V. 1–4.19.20).
[54] 2 Kön 9–10 schreibt die Tat Jehu, die Inschrift (TUAT.E, 176–179; HTAT, 267–269) Hasael zu.

Mit dem Aufstieg der Dynastie Jehu in Israel, die das Haus Omri stürzte und einen Politikwandel einleitete, wendete sich auch in Juda das Blatt. Nach dem gewaltsamen Sturz der Atalja bestieg Joasch, der einzig überlebende Davidide und Sohn Ahasjas, den judäischen Thron.[55] Durch Jehus Abkehr von der antiassyrischen Bündnispolitik gewann Juda – ebenso wie Moab unter dem König Mescha – an politischer Selbständigkeit. Dementsprechend setzen nun wieder die Meldungen über Auseinandersetzungen mit den Nachbarn ein (2 Kön 8,20–22; 12,18–19; 14,7–15.22). Gewaltsame Königswechsel lassen ahnen, daß der politische Kurs nicht unumstritten war, doch verlautet nichts über die Motive. Vielleicht ging es um die Ablösung von Israel. Wiederum sprechen jedoch die langen Regierungszeiten der judäischen Könige, die zeitgleich mit der Dynastie Jehu regierten (Joasch, Amazja, Asarja/Usija, Jotam), für eine Stabilisierung der Verhältnisse. Auch archäologisch läßt sich der Ausbau der judäischen Städte sowie eine rege Wirtschaftstätigkeit in der Öl- und Textilherstellung beobachten. Die Wirtschaft machte sich die Handelszentren und Wege der Philister zunutze, auch wenn die Dimensionen im Süden längst nicht an den Norden heranreichten.[56] An besonderen Vorkommnissen berichten die königlichen Annalen, daß Asarja/Usija mit Krankheit geschlagen gewesen sei und Jotam ein Tor am Tempel gebaut habe (2 Kön 15,5.35).

Die politischen Turbulenzen des ausgehenden 8. Jahrhunderts v. Chr. und den Untergang des Reiches Israel hat Juda schadlos überstanden. Der Grund liegt in der politischen Weitsicht des judäischen Königs Ahas (741–725 v. Chr.).[57] Er ist dem Beispiel Jehus und des aramäischen Königshauses von

---

[55] Zum folgenden vgl. 2 Kön 13,1–2.8–13; 14,1–4.7.18–22; 15,1–7.32–38 (ohne V. 37).
[56] Vgl. H. Weippert 1988, 587 ff. 634 ff.
[57] 2 Kön 16,1–3a.19–20.

Sam'al gefolgt und hat seinen Tribut an den assyrischen König entrichtet. Was sich hinter der Erzählung verbirgt, daß Ahas nach Damaskus gereist sei, um dort seinen Schutzherrn, den assyrischen König Tiglatpileser III., zu treffen, und von dort das (aramäische oder assyrische?) Modell eines Altars mitgebracht habe, den er in Jerusalem für den Kult Jhwhs nachbauen ließ (2 Kön 16), ist schwer zu sagen. Jedenfalls ist er der erste judäische König, der in den assyrischen Inschriften Erwähnung findet.[58] Unter Hiskija (725–697 v. Chr.), dem Sohn und Nachfolger des Ahas, wurde – vermutlich aufgrund der großen Zahl von Flüchtlingen aus dem Norden – der Westhügel Jerusalems besiedelt und die Stadt befestigt.[59] Bei der Wasserleitung, die er gebaut hat (2 Kön 20,20), dürfte es sich um den Schiloach-Tunnel handeln, der das Wasser der Gihon-Quelle in die befestigte Stadt leitete und von dessen Bau eine vor Ort angebrachte Inschrift handelt – eine in sich abgerundete, althebräische Erzählung.[60] Festungsbauten und Königsstempel auf Vorratskrügen lassen darauf schließen, daß Juda unter Hiskija einen wirtschaftlichen Aufschwung erlebte und sich auch territorial ausdehnen konnte.[61]

Der Tod des assyrischen Königs Sargon II. (705 v. Chr.) wird der Anlaß gewesen sein, daß Hiskija die Seiten wechselte und sich den philistäischen Küstenstädten anschloß, die sich gegen Assyrien erhoben und dafür der Hilfe Ägyptens bedienten. Hiskija stellte die Tributzahlungen ein und setzte Padi von Ekron, einen treuen Vasallen der Assyrer, gefangen.

---

[58] TUAT I, 375 in einer Inschrift Tiglatpilesers III. Auch Juda ist damit erstmals erwähnt; vgl. ferner in den Inschriften Sargons II. TUAT I, 381.387; HTAT, 300.307. Zu Juda im 8. und 7. Jh. v. Chr. Schoors 1998.
[59] 2 Kön 18,1–3.7b.8.13–16; 19,36–37; 20,12f.20f; vgl. H. Weippert 1988, 589ff.
[60] KAI 189; HAE I, 178–189; TUAT II, 555f; HTAT, 328f.
[61] Vgl. H. Weippert 1988, 605ff.613ff.

Die assyrische Antwort ließ nicht lange auf sich warten. Auf seinem dritten Feldzug schlug Sanherib (705–681 v. Chr.) den Aufstand nieder.[62] Bei Elteke lieferte er sich eine Schlacht mit Ägypten, befreite das philistäische Ekron und wandte sich danach um 701 v. Chr. Juda und Jerusalem zu. Dabei wurden viele judäische Ortschaften zerstört, darunter das wichtige Verwaltungszentrum Lachisch, von dessen Einnahme ein berühmtes Relief zeugt, das heute im Britischen Museum zu betrachten ist. Jerusalem wurde belagert, aber nicht eingenommen. Hiskija hatte sich unterdessen eines Besseren besonnen und entrichtete wieder den von ihm geforderten Tribut.[63] Die biblische Überlieferung hat aus der Verschonung Jerusalems einen machtvollen Sieg des Gottes Jhwh und seines Propheten Jesaja über den fremden König und seine Götter gemacht (2 Kön 18–20). Doch ganz ungestraft kam Hiskija nicht davon. Teile der judäischen Bevölkerung wurden deportiert, das Königtum wurde verkleinert und auf Jerusalem und sein Umland begrenzt. Die Schefela wurde in das assyrische Provinzsystem eingegliedert und den Königen von Aschdod, Ekron und Gaza unterstellt.

Das 7. Jahrhundert v. Chr. war eine ruhige und gute Zeit für den kleinen Reststaat Juda. Man zahlte seine Tribute an Assyrien und leistete Truppenhilfe gegen Ägypten.[64] Hiskijas Nachfolger, der König Manasse (696–642 v. Chr.), hielt sich auf diese Weise sehr lange auf dem Thron und konnte den Ein-

---

[62] TUAT I, 388–392; TUAT.NF 2, 67–74; HTAT, 326–337.
[63] Nach 2 Kön 18,13–16; 19,36 leistete Hiskija vor Abzug Sanheribs den Tribut, der assyrischen Inschrift zufolge ließ er ihn nach Ninive bringen (TUAT I, 390; HTAT, 333). Gemeint ist in beiden Fällen sicher derselbe Tribut, auf welche Weise er abgeliefert wurde, läßt sich kaum mehr aufklären. Vgl. Gallagher 1999; Grabbe 2003.
[64] TUAT I, 397; HTAT, 339–342.345; zu der Zeit ebd. 338–347 sowie 348–351; Spieckermann 1982.

fluß nach Süden, auf den Negev, wieder etwas ausdehnen.[65] Archäologische Spuren in Jerusalem und dem nahegelegenen Ramat Rahel lassen den Schluß zu, daß Juda unter Manasse einen ebensolchen Aufschwung erlebte wie die benachbarten Philisterstädte in der Schefela, allen voran Ekron.[66] In der biblischen Überlieferung hat ihm diese Blütezeit den Ruf eines verkommenen Götzenanbeters eingetragen (2 Kön 21).

Etwa ab der Mitte des 7. Jahrhunderts v. Chr. begann das assyrische Reich aus inneren Gründen zu schwächeln, wovon in erster Linie Ägypten profitierte, das seinen Einfluß auf Palästina auszudehnen begann.[67] In Juda gewannen die antiassyrischen Kräfte wieder an Einfluß. So kam es unter Amon (641–640 v. Chr.), dem Sohn und Nachfolger Manasses, zu einem Putsch, der den jungen, noch minderjährigen König Joschija auf den Thron Judas brachte.[68] Joschija (639–609 v. Chr.) nahm vermutlich den Tod des assyrischen Königs Assurbanipal (um 630 v. Chr.) zum Anlaß, sich von Assyrien loszusagen und im Zuge einer Renovation des Tempels die Embleme assyrischer Macht, die von seinen Vorgängern am Tempel und im Palast in Jerusalem angebracht worden waren, zu entfernen (2 Kön 23,11–12). Manches in der biblischen Überlieferung scheint darauf hinzudeuten, daß ihm Gebietsgewinne im Negev und in der Schefela und vielleicht sogar

---

[65] 2 Kön 21,1f.17f. Vgl. hierzu die Arad-Ostraka aus dem 8.–6. Jh. v. Chr. (HAE I, 20–22 und passim; HTAT, 352–363) sowie die Ostraka von Hirbet Gazza/Horvat ʿUza (HTAT, 364; Beit-Arieh 2007, 122–187; Naʾaman 2012), die einen gewissen Einblick in die Militärverwaltung im südlichen Juda geben.

[66] Vgl. H. Weippert 1988, 578 ff. 589 ff. 597 ff. 606 f.

[67] Vgl. HTAT, 397–402.

[68] 2 Kön 21,19f.23–26 (Amon); 22,1–2.3–7.9; 23,4a.11f.28–30 (Joschija).

darüber hinaus nach Norden gelungen sind. Doch die Indizien dafür sind schwach und darum nicht unumstritten.[69]

Unterdessen fiel das neuassyrische Reich der Koalition der Babylonier und Meder zum Opfer. Im Jahre 614 v. Chr. wurde die Hauptstadt Assur, kurz darauf (612 v. Chr.) die Residenzstadt Ninive erobert. Als 609 v. Chr. der Pharao Necho II. nach Haran in Nordsyrien zog, um den übriggebliebenen assyrischen Rumpfstaat zu stützen und seine Vorherrschaft auf Palästina gegen das aufstrebende Babylon zu sichern, beging Joschija den jugendlichen Leichtsinn, ihm nach Megiddo entgegenzugehen, sei es in der Absicht, den Vormarsch des Pharao zu stoppen, sei es, um ihn freundlich zu begrüßen, in Verkennung der Lage, daß Necho II. nicht gegen, sondern für Assyrien zu Felde gezogen war. Den Leichtsinn hat der judäische König mit seinem jungen Leben bezahlen müssen (2 Kön 23,29–30). Die biblische Überlieferung hat aus diesem Vorfall geschlossen, daß Joschija für den rechten Glauben, d. h. das Fremdgötter- und Bilderverbot, gestorben sei, und ihm wie auch Hiskija (2 Kön 18,4) eine durchgreifende Kultreform angedichtet, die sich weniger nach außen als vor allem nach innen gegen die eigene, inzwischen zurückliegende und von den Anhängern der biblischen Doktrin strikt abgelehnte Religionsvielfalt richtete (2 Kön 22–23).[70]

Die Ablösung von Assyrien trug Juda somit nicht die erstrebte politische Selbständigkeit, sondern die Vorherrschaft Ägyptens ein.[71] Der Nachfolger Joschijas, Joahas, war kaum drei Monate im Amt, als er von Necho II. abgesetzt, nach

---

[69] Als außerbiblischer Beleg gilt die Inschrift aus einem Fort südlich von Yavneh Yam an der Mittelmeerküste (KAI 200; HAE I, 315–329; TUAT I, 249 f; HTAT, 370–372), doch ist unklar, ob das Fort unter judäischer oder ägyptischer Kontrolle stand.
[70] Vgl. dazu Spieckermann 1982; Pietsch 2013.
[71] HTAT, 397–402.

Ägypten deportiert und durch Eljakim/Jojakim (608–598 v. Chr.) ersetzt wurde.[72] Doch auch die ägyptische Vorherrschaft währte nicht lange. Nachdem Nebukadnezar II. (605–562 v. Chr.) Ägypten in der Schlacht von Karkemisch (605 v. Chr.) besiegt hatte, fiel Palästina in die Hand der Babylonier.[73] In Juda war man sich jedoch uneins darüber, ob man es mit Ägypten oder mit Babylon halten solle.[74] Nach dem gescheiterten Versuch Nebukadnezars II., sich Ägyptens zu bemächtigen (601 v. Chr.), schloß sich Jojakim der proägyptischen Partei an und verweigerte Babylon den Tribut. Dies führte 597 v. Chr. zum ersten Feldzug Nebukadnezars gegen Jerusalem, wo unterdessen Jojachin, der Sohn Jojakims, die Nachfolge auf dem davidischen Thron angetreten hatte.[75] Die Stadt wurde belagert und eingenommen, Teile der Oberschicht wurden nach Babylonien deportiert. Unter ihnen befand sich der König Jojachin, der 562 v. Chr. von dem babylonischen König Amel-Marduk begnadigt und versorgt wurde.[76]

In Juda selbst wurde Mattanja/Zidkija als König eingesetzt.[77] Doch auch er hoffte auf ägyptische Hilfe und verweigerte Babylon den Tribut. Damit war das Ende des Reiches Juda besiegelt. Nebukadnezar II. nahm 587 v. Chr. abermals Jerusalem ein. Der entflohene Zidkija wurde gefangen genommen und mußte mit ansehen, wie seine Söhne vor seinen Augen erschlagen wurden, bevor er selbst geblendet und nach Babylon geführt wurde. Die Stadt und der Tempel wurden geplündert und niedergebrannt, weitere Teile der Bevölkerung

---

[72] 2 Kön 23,31–34.35 (Joahas); 23,36–24,1.5 f.7 (Jojakim).

[73] TUAT I, 401–406; HTAT, 403–424.425–430.

[74] Möglicherweise stammt aus derselben Zeit das Hilfegesuch von Ekron an Ägypten KAI 266; TUAT I, 633f; HTAT, 419f.

[75] 2 Kön 24,8–12.15–17.

[76] 2 Kön 25,27–30; TUAT I, 405 f; HTAT, 425–430.

[77] 2 Kön 24,18–25,7; die Folgen 25,8–10.18–21a.

deportiert. Von den dramatischen Szenen, die sich zwischen den beiden Eroberungen Jerusalems in Juda abspielten, legen Ostraka, die in Lachisch gefunden wurden, ein erschütterndes Zeugnis ab.[78]

Nach der zweiten Einnahme und Zerstörung Jerusalems wurde Juda einem einheimischen Statthalter namens Gedalja unterstellt, der in Mizpa residierte.[79] Er gehörte der probabylonischen Partei an, die gegen den Aufstand war und für die bewährte Politik der Vasallentreue eintrat. Einer der Wortführer dieser Politik war der Prophet Jeremia gewesen, der auch Gedalja beraten zu haben scheint (Jer 40,6). Beide bezahlten ihre politische Haltung mit dem Leben. Gedalja wurde von judäischen Nationalisten unter dem Davididen Jischmael ermordet (Jer 41), Jeremia – der Legende zufolge – nach Ägypten verschleppt (Jer 43). Damit verlor das Reich Juda endgültig seine politische Selbständigkeit und wurde babylonische Provinz.

Das Reich Juda ist etwa zeitgleich mit dem Reich Israel entstanden, hat sich aber langsamer entwickelt und den nördlichen Nachbarn schließlich um rund 130 Jahre überlebt. Es stand stets im Schatten größerer Mächte, zuerst des Reiches Israel, sodann der neuassyrischen, vorübergehend der ägyptischen und schließlich der neubabylonischen Großmacht. Es ging Juda immer dann am besten, wenn es sich in seine Rolle als Vasallenstaat fügte. Die Tribute verliehen dem Reich außenpolitische Sicherheit und trugen zur Steigerung der wirtschaftlichen Produktivität bei.[80] Beides verhalf Juda zu politischem und wirtschaftlichem Aufschwung. Schlecht bekommen ist dem Haus David hingegen das Streben nach politischer

---

[78] KAI 192–199; HAE I, 405–440; TUAT I, 620–624; HTAT, 420–424.
[79] 2 Kön 25,22.25.
[80] Zu Institutionen, Sozialstruktur und Alltagsleben in Israel und Juda s. o. II 3 mit Anm. 46.

Unabhängigkeit, was Gegenmaßnahmen der Großmächte provozierte und wozu dem kleinen politischen Gebilde schlechterdings die Mittel fehlten.

Auch in religionsgeschichtlicher Hinsicht war Juda in gewisser Weise ein Satellitenstaat. Mit Israel teilte Juda den Reichs- und Dynastiegott Jhwh, der auch in der persönlichen Frömmigkeit Einzug hielt.[81] Doch handelte es sich nicht etwa überall um ein und denselben Gott. Der geographischen und politischen Trennung entsprach die Differenzierung in lokale Manifestationen desselben Gottes, wie man es im gesamten Alten Orient kennt.[82] Dasselbe dürfte für die Göttin Aschera und andere göttliche Wesen gelten, die neben Jhwh verehrt und bis ins 6. Jahrhundert v. Chr. auch figürlich dargestellt wurden (Pfeilerfigurinen, Pferd-und-Reiter-Figurinen).[83] Wie Israel war auch Juda von anderen Völkern und ihren Göttern umgeben, mit denen man in ständigem Austausch stand. In der religiösen Bildwelt dominieren zunächst ägyptische und phönizische Einflüsse mit einer starken Tendenz zur Solarisierung.[84] Unter der assyrischen Oberherrschaft kommen

---

[81] Belege dafür sind das Onomastikon (HAE II/1, 53 ff; II/2, 109 f) und einige signifikante Inschriften (Kuntillet ʿAjrud, Hirbet el-Qom; Hirbet Beit Lei; Ketef Hinnom), vgl. HAE I, 47–64.199–211.242–251. 447–456; TUAT II, 556–564; TUAT.NF 6, 305–319; HTAT 365–386. Das im nördlichen Sinai gelegene Kuntillet ʿAjrud, in dem man eine Karawanserei, einen Schulbetrieb, oder ein religiöses Zentrum vermutet hat, weist israelitische und phönizische Einflüsse auf, die auf die Identität der Durchreisenden oder dort Ansässigen schließen lassen, aber – angesichts der Parallelen in Hirbet el-Qom – auch von der religionsgeschichtlichen Entwicklung in Juda selbst zeugen; vgl. Meshel 2012; Blum 2013.

[82] Belegt sind in den Inschriften von Kuntillet ʿAjrud ein »Jhwh von Samaria« und ein »Jhwh von Teman« nebst »seiner Aschera«; vgl. HTAT, 365 f. Die lokalen Epitheta sagen nichts über die Herkunft aus, sondern bezeichnen den Wirkungsbereich der Gottheit; s. u. Anm. 138.

[83] Keel/Uehlinger 2001, 370 ff.390 ff.

[84] Keel/Uehlinger 2001, 199 ff.322 ff.

astrale und lunare Züge hinzu, die sich mit den ägyptisierenden Motiven mischen oder diese mit der Zeit ablösen.

Im Rahmen der biblischen Überlieferung ist von dem internationalen religiösen Symbolsystem der vorexilischen Königszeit in Israel und Juda meist nur in der religiösen Polemik die Rede. Hier wurden nicht nur die älteren israelitischen mit den judäischen Traditionen verquickt. Vielmehr ist der Name »Israel« in der biblischen Überlieferung auf Juda übergegangen und so zum Inbegriff des Gottesvolkes geworden, das einem Gott gehört, neben dem es keinen andern gibt. Aus dieser Perspektive werden die politischen und religionsgeschichtlichen Verhältnisse der Königszeit dargestellt und beurteilt, wie man vor allem am Beispiel Hiskijas, Manasses oder Joschijas sehen kann (2 Kön 18–23). Die theologischen Maßstäbe für diese Darstellung stammen aus dem jüdischen Gesetz, insbesondere dem Buch Deuteronomium, das Vorläufer in der israelitischen und judäischen Rechtstradition besitzt (Ex 21–22), seine jetzige Fassung aber erst nach dem Untergang Judas erhalten hat.

III. Die beiden Provinzen

1. Samaria, Juda und die Diaspora

Samaria, das ehemalige Reich Israel, war bereits seit 722 v. Chr. eine assyrische Provinz. Mit dem Wechsel von der neuassyrischen und ägyptischen zur neubabylonischen Oberherrschaft über Palästina um 600 v. Chr. und dem Fall Jerusalems im Jahre 587 v. Chr. sind sowohl Samaria als auch Juda zu babylonischen Provinzen geworden. Dieser Zustand währte etwa eine Generation, bis im Jahre 539 v. Chr. der Perserkönig Kyros II. aus dem Geschlecht der Achämeniden (559–530

v. Chr.) die Stadt Babylon nahezu kampflos einnahm.[85] Er wurde dort von den Priestern des babylonischen Hauptgottes Marduk als Befreier vom Joch des letzten neubabylonischen Königs Nabonid gefeiert, der den Kult des Mondgottes Sin protegiert und sich durch lange Abwesenheit von der Hauptstadt unbeliebt gemacht hatte. Samaria und Juda, das auf Aramäisch Jehud heißt, wurden sozusagen über Nacht Teil des riesigen Perserreiches, das sich unter Kambyses (530–522 v. Chr.) auch Ägyptens bemächtigte und unter Dareios I. (522–486 v. Chr.) den gesamten Vorderen Orient beherrschte. Nach dem Sieg Alexanders des Großen über den letzten Achämeniden, Dareios III. (336–331 v. Chr.), und den Wirren der Diadochenkämpfe fielen die beiden Provinzen in die Hand der makedonischen Potentaten.

Über das Leben in den beiden Provinzen Samaria und Juda in babylonischer und persischer Zeit ist nur wenig bekannt.[86] Da die Zerstörungen der Babylonier sich in Grenzen hielten, wird man recht bald zum alltäglichen Leben übergegangen sein. Selbst die Zerstörung des Tempels von Jerusalem bedeutete nicht den Abbruch sämtlicher kultischer Aktivitäten, sondern wurde kompensiert durch den alten Altarplatz und andere prominente Kultstätten wie etwa Betel. Die archäologischen Befunde legen die Vermutung nahe, daß man die Einbuße der politischen Selbständigkeit wie auch die großen Gebietsverluste, von denen die Nachbarn im Westen (Phönizier)

---

[85] Zum Übergang von Nabonid zu Kyros und der persischen Zeit vgl. TUAT I, 406–410; TUAT.NF 2, 40f; HTAT, 431–456; dazu Kratz 2004a, 40–54.

[86] Optimistischer urteilen Albertz 2001 sowie Gerstenberger 2005; vgl. zu dieser Epoche im übrigen: Davies/Finkelstein 1984; Galling 1964; Hoglund 1992; Willi 1995; Carter 1999; Grabbe 2004; Kratz 2004a; Williamson 2004; Becking 2011; ferner Kratz 2002c; Lipschits/Blenkinsopp 2003; Lipschits/Oeming 2006; Lipschits u. a. 2007; Lipschits u. a. 2011; Jonker 2011.

und im Süden (Edomiter, Araber) profitierten, im praktischen Leben gut verkraftet hat. So bedeutete auch der Übergang von der babylonischen zu persischen Oberherrschaft für Samaria und Juda keine einschneidende Zäsur. Die politischen und wirtschaftlichen Zentren, die für die Perser von Interesse waren, befanden sich an der Küste. Das samarische und judäische Hinterland hatte seit dem Feldzug des Kambyses nach Ägypten zwar eine gewisse strategische Bedeutung, doch ist erst ab der Mitte des 5. Jahrhunderts eine deutliche Zunahme der Besiedlung und der materiellen Kultur in Samaria und Juda zu verzeichnen.

Während die beiden Provinzen unter babylonischer Herrschaft, soweit wir wissen, mehr oder weniger sich selbst überlassen waren, griffen die Perser, besonders seit Dareios I., sehr viel stärker in die politische Struktur der unterworfenen Gebiete ein. Samaria und Juda erhielten den Status einer persischen Provinz in der Satrapie Transeuphratene (»jenseits des Eufrat«). Die Satrapie war einem Satrapen, die Provinzen einheimischen oder persischen Statthaltern unterstellt, von denen wir einige aus epigraphischen und literarischen Quellen mit Namen kennen.[87] Die interne Verwaltung lag, anders als in den phönizischen Städten an der Küste, die nach wie vor als Königtum verfaßt waren, in den Händen von Leitungsgremien, die aus »Vornehmen« und Priestern bestanden. Berühmtberüchtigt war das persische Post- und Meldewesen, das die Kommunikation zwischen den verschiedenen staatlichen Stellen organisierte und gleichzeitig kontrollierte. Die Einführung des Münzwesens diente der ökonomischen Effizienz. Offizielle Amtssprache im Westen des persischen Reiches war das Aramäische, das bald auch zur Landessprache in Samaria und Juda wurde und das Hebräische mehr und mehr ver-

---

[87] Vgl. HTAT, 457–514 sowie unten *Archive* II.

drängte. Hebräisch blieb jedoch die Sprache der heiligen Schriften.

Über die allgemeinen Verhältnisse hinaus sind nur wenige herausragende Ereignisse aus der Geschichte der beiden Provinzen Samaria und Juda bekannt. Vermutlich war es der strategischen Bedeutung der Provinzen geschuldet, daß Jerusalem unter Dareios I. zwischen 520–515 v. Chr. – andere denken an Dareios II. (424–404 v. Chr.)[88] oder auch an Artaxerxes I. (465–425 v. Chr.)[89] – wieder einen Tempel erhielt (Esra 5–6).[90] Daneben wurde auch in der Provinz Samaria auf dem Berg Garizim bei Sichem ein neuer Tempel gegründet, der zum Zentrum der religiösen Gemeinschaft der Samaritaner geworden ist.[91] Auch er dürfte wie der Tempel zu Jerusalem kaum ohne die Erlaubnis der persischen Behörden erbaut worden sein. Ebenfalls der strategischen Bedeutung der Provinz Juda war die Mission des Nehemia geschuldet, eines judäischen Mundschenks des persischen Königs Artaxerxes I., der nach Jerusalem entsandt wurde, um die Stadtmauer wiederaufzubauen.[92] Die Mission steht vermutlich in Zusammenhang mit Unruhen in Ägypten und anderen Landesteilen, die das in den Krieg mit Griechenland verwickelte Perserreich schwer erschütterten. Der Mauerbau fügt sich ein in das Bild, das die archäologischen Funde vermitteln, wonach Samaria und Juda in der zweiten Hälfte der Perserzeit einen gewissen politischen und wirtschaftlichen Aufschwung erlebten.

---

[88] Dequeker 1993.
[89] Edelman 2005.
[90] Daß der Tempelbau unter einem König mit Namen Dareios (am ehesten Dareios I.) erbaut wurde, geht auch aus der Datierung der Orakel Haggais hervor. Vgl. Kratz 2004a, 89 ff; Hallaschka 2011.
[91] Vgl. Magen 2008 sowie unten *Archive* II 4.
[92] Neh 1,1a; 2,1–6.11–18; 3,38; 6,15.

III. Die beiden Provinzen

Neben den beiden Provinzen gewannen in babylonischer und persischer Zeit judäische Siedlungen außerhalb des Mutterlandes in der babylonischen und ägyptischen Diaspora zunehmend an Bedeutung. Die nach Babylonien deportierten Bevölkerungsteile wurden dort in ethnischen Gemeinschaften angesiedelt und richteten sich in der Diaspora ein. Archive einer solchen Siedlung, die *al-Jahudu* »Stadt Judas« heißt und vermutlich in der Region östlich oder süd-östlich von Babylon lag, und andere Dokumente aus Babylonien belegen über mehrere Generationen hinweg ein hohes Maß an ökonomischer und rechtlicher Integration, ohne daß man seine judäische Herkunft und Identität verleugnet hätte.[93] Was aus der königlichen Familie des Jojachin geworden ist, die vom babylonischen Hof versorgt wurde, ist nicht bekannt.

Eine ähnliche Situation begegnet auch in den privaten und öffentlichen Archiven von Jeb, einer judäischen Militärkolonie auf der Nilinsel Elephantine (bei Assuan), aus der Zeit um 400 v. Chr.[94] Die Kolonie hatte den offiziellen Status einer »judäischen Garnison« und betrieb einen eigenen, der Gottheit Jahu (= Jhwh) geweihten Tempel, der vor der Eroberung Ägyptens durch Kambyses 525 v. Chr. erbaut worden war, um das Jahr 410 v. Chr. von Ägyptern im Verein mit persischen Militärs zerstört wurde und nach langen und verwickelten diplomatischen Verhandlungen wieder aufgebaut werden durfte. In diese Verhandlungen waren auch die führenden Kreise der Provinzen Samaria und Juda eingebunden. Aus den Dokumenten geht hervor, daß es rege briefliche und personelle Kontakte zwischen dem Mutterland und den Kolonien in der Diaspora gegeben hat. Größere Rückkehrwellen sind

---

[93] Vgl. Pearce 2006 und 2011; s. u. *Archive* II 2.
[94] Vgl. TAD und LOZACHMEUR; Porten 1968; Von Pilgrim 1998; 2003; 2013 sowie unten *Archive* II 1.

allerdings nicht nachzuweisen und historisch auch wenig wahrscheinlich.

Die biblische Überlieferung in den Büchern Esra und Nehemia sowie in den Büchern der Propheten Ezechiel, Jesaja (ab Jes 40), Haggai und Sacharja zeichnet ein vollkommen anderes Bild. Sie konzentriert sich ganz auf die Situation in Juda und imaginiert einen großen Strom von Heimkehrern aus der babylonischen Gefangenschaft (Gola), der für »ganz Israel« oder das wahre »Israel« steht. Den Wiederaufbau des Tempels zu Jerusalem verbindet die Überlieferung mit den Namen eines gewissen Scheschbazzar, des Davididen Serubbabel und des Priesters Jeschua, doch ist ihre Rolle bei der Restauration der Provinz Juda alles andere als klar. Scheschbazzar tritt nur in Zusammenhang mit dem in seiner Echtheit umstrittenen Kyros-Erlaß aus dem Jahr 539 v. Chr. in Erscheinung, der den Bau des Tempels und die Rückkehr der Juden aus dem babylonischen Exil erlaubt (Esra 1 und 6; Jes 44,28; 45,1.13). Serubbabel und Jeschua dienen dazu, die zeitliche Lücke zwischen dem Kyros-Erlaß und dem Bau des Tempels unter Dareios zu füllen (Esra 2–4; 5,1–2; Hag 1–2; Sach 3–4). In Esra 5–6 aber sind nur die »Ältesten der Juden (Judäer)« für den Bau verantwortlich, und bei der Fertigstellung ist von Scheschbazzar, Serubbabel und Jeschua keine Rede mehr (Esra 6,13–15). Die diplomatischen Umstände, die zu dem Tempelbau geführt haben, lassen sich anhand der Papyri von Elephantine erahnen, die von einem analogen Fall handeln.[95] In der biblischen Überlieferung ist daraus eine heilige Geschichte geworden, in der das Jahr 539 v. Chr. zum Heilsdatum geworden ist. Dieses Jahr, in dem Kyros II. Babylon eingenommen hat, markiert in

---

[95] TUAT I, 254–258; TUAT.NF 3, 362–364; HTAT, 475–484.

der biblischen Sicht die Wende vom Gericht zum Heil Gottes für »Israel«, wobei das Heil in der Rückkehr zu den alten Verhältnissen vor dem Exil besteht. Aufgrund der biblischen Darstellung könnte man auf den Gedanken kommen, es habe einen fehlgeschlagenen Versuch einer Restauration des davidischen Königtums unter Dareios I. mit Serubbabel als Königspratendenten gegeben, doch sind die Indizien nur sehr schwach. Es mag sein, daß vereinzelt auch Mitglieder der königlichen Familie und so auch Serubbabel von den Persern zur Verwaltung der Provinz Juda mit herangezogen wurden, doch haben sich erst im nachhinein im Rahmen der biblischen Überlieferung gewisse messianische Hoffnungen mit ihnen verbunden (Hag 2,20–23; Sach 4).

Auch die Mission Nehemias hat in der biblischen Überlieferung ihre literarischen Spuren hinterlassen. Außer dem Mauerbau wachsen dem Nehemia hier umfangreiche Aufgaben einer politischen, sozialen und religiösen Erneuerung zu. Er erhält den Titel eines Statthalters von Juda, der sich der Feindschaft des Statthalters von Samaria (Sanballat) und anderer Nachbarn (Araber, Ammoniter und Aschdoditer) zu erwehren hat, um seinen Auftrag an dem Gottesvolk »Israel« zu erfüllen (besonders Neh 1; 5 und 13). An seiner Seite steht die Figur des Priesters und Schreibers Esra, der ebenfalls von einem persischen König mit Namen Artaxerxes entsandt wird, um Spenden des Königs für den Tempel in Jerusalem zu überbringen und das jüdische Gesetz, die Tora des Mose, unter den Juden in Juda und ganz Transeuphratene bekannt zu machen und konsequent anzuwenden (Esra 7–10; Neh 8). Wieder bieten die Papyri von Elephantine eine gewisse Analogie, insofern auch sie von einem judäischen Gesandten namens Hananja berichten, der um 400 v. Chr. im Einvernehmen mit den persischen Behörden und führenden Kreisen der Provinzen Samaria und Juda nach Elephantine gereist ist, um judäische

Angelegenheiten zu regeln.[96] Doch von der Tora des Mose, die seinen Auftrag bestimmt hätte, ist dabei nirgends die Rede. In den Büchern Esra und Nehemia wird man demgegenüber der Entstehung eines Judentums ansichtig, das sich ausdrücklich auf die Tora des Mose und andere Überlieferungen beruft, die in die spätere Hebräische Bibel eingingen, und das ich darum das »biblische Judentum« nenne. Wie im Falle des Tempelbaus ist auch hier der historische Kern, die Mission Nehemias (Mauerbau), zum Ausgangspunkt einer heiligen Geschichte geworden, die den Aufbau eines Gottesstaates nach Maßgabe der Tora des Mose schildert.

Die Darstellung in den Büchern Esra und Nehemia, insbesondere die aramäischen Dokumente in Esra 4–7 sowie die Memoiren des Nehemia, tragen perserzeitliches Kolorit und fügen sich bestens in den Rahmen der achämenidischen Reichsideologie ein, von der die persischen Königsinschriften zeugen.[97] Dies erweckt den Eindruck, als seien die biblischen Quellen historisch zuverlässig und bildeten die Geschichte Israels in der Perserzeit einigermaßen wahrheitsgetreu ab. Die Echtheit der aramäischen Dokumente im Esrabuch ist jedoch überaus fraglich, und sowohl die kritische Analyse der biblischen Quellen als auch der Vergleich mit den archäologischen und epigraphischen Befunden mahnen zur Vorsicht. In den Dokumenten aus der babylonischen Diaspora wie auch in den Papyri von Elephantine aus dem Bereich der ägyptischen Diaspora findet sich jedenfalls keinerlei Spur des biblischen Judentums. Im Gegenteil: Sowohl die religiösen und rechtlichen Verhältnisse in der judäischen Garnison auf Elephantine als auch die Literatur, die dort gefunden wurde, unter anderem die aramäische Fassung der berühmten Behistuninschrift

---

[96] TUAT I, 253; HTAT, 479 f sowie TUAT.NF 3, 360 f.
[97] Vgl. TUAT I, 419–450.

Dareios I., haben mit der biblischen Überlieferung nichts zu tun. Die Zustände dort hätten auf der ganzen Linie das Mißfallen eines Esra oder Nehemia finden müssen, haben aber unter den führenden Kreisen in Samaria und Juda offenbar niemanden gestört. Und auch die wenigen Funde in Palästina selbst zeigen in kultureller wie in religiöser Hinsicht ein recht buntes Bild, in dem sich außer kanaanäischen, phönizischen, ägyptischen und mesopotamischen Motiven zunehmend auch persische und griechische Einflüsse bemerkbar machen.

Leider wissen wir über die Trägerkreise der biblischen Überlieferung so gut wie nichts. Sie müssen der gelehrten Elite von Schreibern und Priestern angehört haben, die im offiziellen Schulbetrieb oder in Schreiberfamilien herangebildet wurde, scheinen sich aber jedenfalls innerlich von der herrschenden Klasse distanziert zu haben. Unter Berufung auf die biblische Tradition polemisieren sie gegen die herrschende Realität der kulturellen und religiösen Vielfalt. Wo diese Überlieferung entstanden und tradiert worden ist, wer für sie verantwortlich war und wie sie in hellenistischer Zeit zur religiösen Leitüberlieferung sowohl des palästinischen Judentums (in Samaria wie in Juda) als auch des Judentums in der babylonischen und ägyptischen Diaspora geworden ist, ist und bleibt ein Rätsel.[98] Was wir sehen, ist nur das Resultat – das biblische Judentum, das im nachhinein in die Geschichte Israels von der Schöpfung bis zum Untergang der Reiche Israel und Juda in vorexilischer Zeit (Gen–Kön, Chr) sowie in die daran anschließende Geschichte der Provinzen Samaria und Juda in »nachexilischer«, d.h. persischer Zeit projiziert worden ist (Esra und Neh, für das Überleben in der babylonischen Gola Dan 1–6).[99]

---

[98] Dazu ausführlicher unten *Archive*.
[99] Vgl. dazu Kratz 2000b (engl. 2005) sowie unten *Tradition*.

2. Das hasmonäische Königtum

Der Übergang von der persischen zur makedonischen Herrschaft über Palästina brachte eine Reihe von Veränderungen für Samaria und Juda mit sich, und zwar nicht nur was den Namen der Provinz Juda (Jehud) anbelangt, die von nun an auf Griechisch *Ioudaia* und auf Lateinisch Judäa heißt.[100] Wieder einmal wurden die Gebiete der beiden Provinzen zum Zankapfel zwischen den Mächten, den Ptolemäern in Ägypten und den Seleukiden in Syrien und Mesopotamien, die um das Erbe Alexanders und die Vorherrschaft über Palästina stritten. Sodann waren die beiden Provinzen dem Einfluß hellenistischer Herrscherhäuser ausgesetzt, die den schon länger in Gang befindlichen Prozeß der Hellenisierung Palästinas stark vorantrieben. Damit verbunden war schließlich ein wirtschaftlicher Aufstieg, der sich in der Zunahme der Bevölkerungsdichte, in der Wiederbesiedlung alter sowie in der Gründung neuer Städte bemerkbar machte und zu sozialen Umschichtungen und Zerwürfnissen führte. Politisch behielten die beiden Provinzen zunächst ihren alten Status und waren in dem Verwaltungsbezirk »Syrien und Phönizien« bzw. »Koilesyrien (und Phönizien)« (entsprechend der persischen Satrapie Transeuphratene) zusammengefaßt, der seinerseits in Hyparchien oder Eparchien (entsprechend den persischen Provinzen) untergliedert war. Im 2. Jahrhundert v. Chr. gewann Judäa seine politische Unabhängigkeit wieder. Aus dem makkabäischen Aufstand gingen nacheinander das hasmonäische Reich unter seleukidischer und das herodiani-

---

[100] Zur hellenistischen Epoche vgl. Davies/Finkelstein 1989; Schürer 1973–1987; Maier 1990; Haag 2003; Schäfer 2010; ferner Bickermann 1937; Tcherikover 1961; Hengel 1973 und 1976; Ders. mit H. Lichtenberger in Hengel 1996, 295–313; Bunge 1971; 1975; 1979; Fischer 1980; Bringmann 1983; Bar-Kochva 1989; Gruen 1998 und 2002.

sche Königtum unter römischer Oberherrschaft hervor, das nominell bis zum Tod Agrippas II., d.h. bis gegen Ende des 1. Jahrhunderts n. Chr., bestand.

Die ökonomischen Veränderungen haben Samaria und Juda vor allem während des 3. Jahrhunderts v. Chr. zu spüren bekommen, in dem die Ptolemäer über Palästina herrschten. Nach dem Zeugnis des jüdischen Historiographen Flavius Josephus, der unsere literarische Hauptquelle für die hellenistisch-römische Epoche ist, soll Ptolemaios I. , seit dem Tod Alexanders 323 v. Chr. in die Diadochenkämpfe verwickelt und von 306–285 v. Chr. König von Ägypten, im Jahre 301 v. Chr. unter anderem auch Jerusalem eingenommen und Teile der Bevölkerung nach Ägypten deportiert haben.[101] Von seinen Nachfolgern wurde das Land mit harter Hand regiert und durch das System der Steuerpacht regelrecht ausgepreßt.[102] Während einige, wie etwa die Familie der Tobiaden,[103] davon profitierten, wurden andere in die Armut getrieben und kamen so vermutlich auch mit den Anhängern des biblischen Judentums in Kontakt, die der hellenistischen Fremdherrschaft kritisch gegenüberstanden und dem Gerechten das Heil, dem Ungerechten das Gericht Gottes in Aussicht stell-

---

[101] Josephus, Ant XII 1.1, 1–10; Ap I 22, 208–211 (nach Agatharchides von Knidos 2. Jh. v. Chr.). Von Deportationen berichtet auch Arist 12 ff (JSHRZ II/1, 46 f), von der freiwilligen Übersiedlung des Hohepriesters Hiskija berichtet Josephus in Ap I 22, 186–189 (nach Hekataios von Abdera = Pseudo-Hekataios, JSHRZ I/2, 154 f). Auch von Alexander dem Großen wird bei Josephus (Ant XI 8.4–5, 325 ff) und in rabbinischen Quellen (bJom 69a) ein Einzug in Jerusalem überliefert, doch gehört der Bericht in das Reich der Legende. Des weiteren soll Ptolemaios III. Euergetes Jerusalem einen Besuch abgestattet und ein Opfer dargebracht haben (Ap II 5, 48).

[102] Einen Einblick in das Wirtschaftsleben vermitteln die Zenon-Papyri; vgl. TUAT.NF 1, 314–316; ferner TUAT.NF 2, 370–372.

[103] Josephus, Ant XII 4.2 ff, 160 ff.

ten. Die sozialen Verwerfungen leiteten eine politische und schließlich auch religiöse Parteienbildung im Judentum ein.

In religiösen Dingen scheinen sich die Ptolemäer kaum eingemischt zu haben, führten jedoch den hellenistischen Herrscherkult ein. Neben den angestammten, zunehmend hellenisierten Kulten und Tempeln in Samaria und Juda muß in dieser Zeit auch das biblische Judentum allmählich an Boden gewonnen haben. Über die Wege seiner Verbreitung im Land und in der Diaspora wissen wir leider nichts. Durch Kriegsgefangene, Söldner und ihre Nachzügler oder auf anderen Wegen wurde die biblische Überlieferung nach Alexandria, der Hauptstadt des Ptolemäerreiches, exportiert. Hier entwickelte sich im Laufe der hellenistischen Zeit eine blühende jüdische Gemeinde, die keinen Tempel, sondern eine Synagoge unterhielt und damit begann, die Hebräische Bibel ins Griechische zu übersetzen.[104] Doch noch im 2. Jahrhundert v. Chr. scheinen die biblischen Schriften nicht sehr bekannt gewesen zu sein, weswegen der Schiftgelehrte Ben Sira zur Feder griff und ein Kompendium der biblischen Tradition schrieb, das gegen Ende des 2. Jahrhunderts von seinem Enkel ins Griechische übersetzt wurde.

Die Hellenisierung des Judentums setzte bereits in der Perserzeit ein und breitete sich von der Küste über Samaria nach Juda aus. Hier hat sie vor allem in seleukidischer Zeit deutlich zugenommen. Durch steuerliche und andere Privilegien sicherte sich der seleukidische König Antiochos III. (223–187 v. Chr.) die Unterstützung weiter Teile der Jerusalemer Oberschicht, die zwischen Ptolemäern und Seleukiden schwankte, je nachdem, von wem man sich die größeren politischen und wirtschaftlichen Vorteile versprach. Darüber

---

[104] Vgl. Arist (JSHRZ II/1, 35 ff); Josephus, Ant XII 2.1 ff, 11 ff sowie unten *Archive* II 6.

kam es zu heftigen Auseinandersetzungen innerhalb der judäischen Eliten, die auch das politisch wichtige Amt des Hohepriesters zum Gegenstand hatten. Die Einsetzung von Olympiodoros als Aufseher über die Tempel in Koile-Syrien und Phönizien unter Seleukos IV. (187–175 v.Chr.), wovon eine griechische Stele und die Legende in 2 Makk 3 zeugen, gehört wohl in diesen Zusammenhang.[105] Dies und außenpolitische Umstände, die das Seleukidenreich schwächten und ein Machtvakuum in Juda erzeugten,[106] ließen die innerjudäischen Streitigkeiten um den politischen Kurs und das Amt des Hohepriesters nicht zur Ruhe kommen.

Unter Antiochos IV. (175–164 v.Chr.) führte der Streit zur Absetzung des Hohepriesters Onias III., dem zunächst sein Bruder Jason und anschließend Menelaos folgte, ein Mann, der nicht aus der hohepriesterlichen Linie der Zadokiden stammte. Ihnen wird in der Überlieferung die Einleitung einschneidender Reformen zugeschrieben, die Jerusalem in eine griechische Polis umwandeln sollten.[107] Die außenpolitischen Aktivitäten Antiochos IV. und seine Feldzüge gegen Ägypten ließen auch in Jerusalem zwischen Jason und Menelaos (und den Tobiaden) den Streit um den politischen Kurs wieder auf-

---

[105] Vgl. Schäfer 2010, 40–42, Ameling 2012.
[106] Verantwortlich dafür war nicht zuletzt das Auftreten Roms auf der Bühne der Weltgeschichte. 197/6 v.Chr. unterlag Philipp V. von Makedonien, 190–188 v.Chr. mußte sich Antiochos III. in der Schlacht bei Magnesia sowie im Frieden von Apamea unterwerfen.
[107] 1 Makk 1,11–15 (JSHRZ I/4, 299f); 2 Makk 4,7ff (JSHRZ I/3, 215ff); Josephus, Ant XII 5.1, 241. Menelaos wird von Josephus – wohl aus apologetischen Gründen – zum Bruder des Jason und damit zum Oniaden erklärt (Ant XII 5.1, 231ff); doch vgl. 2 Makk 4,23, wonach Menelaos Bruder des Templevorstehers Simon war, der nach 2 Makk 3,4 (mit der wohl ursprünglichen Lesart) immerhin aus dem Priestergeschlecht Balgea (Bilga), mit der vermutlich sekundären griechischen Lesart aus dem Geschlecht »Benjamin« stammte.

brechen, so daß Antiochos wiederholt in Jerusalem militärisch intervenierte und schließlich eine umfassende Reform anordnete. Wie Samaria wurde auch Jerusalem zu einer hellenistischen Militärkolonie ausgebaut und durch einen Altaraufsatz dem griechischen Gott Zeus geweiht.[108] Von den Gegnern der Reform und Anhängern des biblischen Judentums wurde das Vorgehen des Königs als Kultfrevel und der Altaraufsatz für den »Herrn des Himmels« (ba'al schamajim) Zeus als »Greuel der Verwüstung« (schiqquts [me]schomem) gebrandmarkt.[109] Tatsächlich dürfte es sich bei den Reformen um die konsequente Fortführung der längst im Gange befindlichen und von weiten Teilen des samarischen und judäischen Judentums mitgetragenen Hellenisierung gehandelt haben, bei deren Durchsetzung aufgrund der politischen Dimension der kultischen Belange auch militärische Mittel eingesetzt wurden.

Gegen Antiochos IV. und seine judäischen Parteigänger erhob sich allerdings breiter Widerstand, an dem verschiedene Gruppen beteiligt waren und der in erster Linie politische und wirtschaftliche Gründe hatte. Hyrkanos, ein Sproß aus der Familie der Tobiaden, die seit dem 3. Jahrhundert mit den Ptolemäern paktierten, zog sich ins Ostjordanland zurück und baute in Araq el-Amir östlich von Amman eine Palast- oder Tempelanlage, die man noch heute besuchen kann. Der

---

[108] 1 Makk 1; 2 Makk 5–6; Dan, bes. 11,28–31; Josephus, Bell I 1.1, 31 ff; Ant XII 5.1, 237 ff. Die Polemik gegen Antiochus IV. und die »Hellenisten« gipfelt in dem Vorwurf, sie hätten die Tora des Mose außer Kraft gesetzt. Doch dieser Vorwurf wird nur für Juda und Jerusalem erhoben. Bei den Samaritanern, denen in der judäischen Polemik vorgeworfen wird, sie hätten ihren Tempel freiwillig dem Gott Zeus geweiht (2 Makk 6,2; Josephus Ant XII 5.5, 257 ff), ist von der Tora nicht die Rede. Vielleicht war sie vorher an beiden Heiligtümern noch gar nicht in Geltung oder für alle verbindlich.

[109] 1 Makk 1,54; 2 Makk 6,5; Dan 9,27; 11,31; 12,11.

Rest der Tobiadenfamilie hatte schon zu Zeiten Antiochos III. die Seiten gewechselt und hielt es fortan mit den Seleukiden. Die Oniaden, eine Priesterfamilie aus dem Geschlecht der Zadokiden, die bis dahin den Hohepriester gestellt hatte und mit den Tobiaden verschwägert war, waren ebenfalls seit dem 3. Jahrhundert v. Chr. mit den Ptolemäern verbunden. Nachdem sie unter dem Hohepriester Simon II. (um 200 v. Chr.)[110] zeitweise die Seiten gewechselt und sich unter Antiochos III. den Seleukiden angenähert hatten, wandten sie sich unter Antiochos IV. teilweise wieder von ihnen ab, was einen Bruch innerhalb der Familie bedeutete. Der Nachfolger Simons II., Onias III., der im Jahre 174 v. Chr. seines Amtes enthoben und durch seinen Bruder Jason ersetzt worden war, oder sein Sohn, Onias IV.,[111] wich nach Ägypten aus und gründete mit Unterstützung der Ptolemäer in Leontopolis (bei Heliopolis) einen Tempel, der bis 73 n. Chr. in Betrieb war.[112]

Eine andere Priesterfamilie, die des Mattathias und seiner Söhne aus dem Geschlecht Joarib (hebr. Jojarib) und der Familie des Hasmon in dem kleinen Örtchen Modeïn,[113] rief zum bewaffneten Kampf gegen Antiochos IV. und seine judäischen Parteigänger auf. Ihr Aufstand war die Keimzelle des Königtums der Hasmonäer. Als Anführer tat sich besonders Judas mit dem Beinamen Makkabaios (hebr. *maqqæbæt* »der Hammer«) hervor, nach dem die Aufständischen benannt werden.[114] Die Gründe für den Aufstand der Makkabäer dürf-

---

[110] Zu ihm vgl. Sir 50 (JSHRZ III/5, 630 ff).
[111] Vgl. Josephus, Bell I 1.1, 33; VII 10.2, 423 (Onias III.) bzw. Ant XII 5.1, 237; 9.7, 387; XIII 3.1, 62 (Onias IV.).
[112] Josephus, Bell I 1.1, 33; 9.4, 190; VII 10.2–4, 421–436; Ant XII 9.7, 387 f; XIII 3.1 ff, 62 ff; 10.4, 284–287; XX 10.3, 236 f; vgl. dazu Noy 1994; Ameling 2008 sowie unten *Archive* II 6.
[113] 1 Makk 2,1; Josephus, Bell I 1.3, 36; Ant XII 6.1, 265; zum Priestergeschlecht Jojarib vgl. 1 Chr 24,7; Neh 12,6.
[114] 2 Makk 5,27.

ten ebenfalls hauptsächlich (religions-)politischer und wirtschaftlicher Natur gewesen sein.[115] Aus der Sicht einer traditionellen Priesterfamilie war die Vertreibung der Zadokiden aus dem Amt des Hohepriesters zweifellos ein Sakrileg, das die soziale Ordnung durcheinanderbrachte. Die willkürliche Besetzung des Amtes mit Anhängern der hellenistischen Reform, die sich auf dubiosen Wegen politische Macht und wirtschaftlichen Vorteil verschafften, tat ein Übriges. Es steht zu vermuten, daß die Aufständischen zu den Verlierern der proseleukidischen Macht- und Fiskalpolitik gehörten und darum aufbegehrten.

Darüber hinaus bediente sich die makkabäische Revolte, wie aus den literarischen Quellen hervorgeht, der religiösen Rhetorik des biblischen Judentums und führte den Kampf im Namen des biblischen Gottes und seines Gesetzes, sei es, daß das biblische Judentum unter den Priestern schon Fuß gefaßt hatte, sei es, daß man es für den Aufstand instrumentalisierte und auf diese Weise popularisierte. Im biblischen Judentum, dessen Anhänger in den Quellen »die Frommen« (*Asidaioi, Hasidim*) heißen,[116] hegte man seit jeher nationale und vor allem religiöse Vorbehalte gegen die Seleukiden und die mehr oder weniger von allen Parteien betriebene Hellenisierung des Judentums. Indem sich die Makkabäer diese Vorbehalte zu eigen machten, wurden sie zu Vorkämpfern für die Sache des biblischen Judentums. In den literarischen Quellen, die ausnahmslos den Standpunkt der Aufständischen wiedergeben und folglich mit kritischem Vorbehalt gelesen werden müssen, dominiert daher als entscheidendes Motiv für den Aufstand der Vorwurf der religiösen Überfremdung und Außerkraftsetzung der Tora, die als die althergebrachte

---

[115] Vgl. Haag 2003, 53 ff. 73 f Anm. 71; Schäfer 2010, 51–56.
[116] 1 Makk 2,42; 7,13.

jüdische Tradition ausgegeben wird, welche es gegen die kulturellen und religiösen Verirrungen des Hellenismus zu verteidigen galt.

Wie verschieden die Motive der am Aufstand Beteiligten tatsächlich waren, zeigte sich sehr bald, als im Jahre 164 v. Chr. die Hauptziele, die Rückgängigmachung der Kultreform und die Wiedereinweihung des Tempels, erreicht waren[117] und bald darauf mit Alkimos zeitweilig wieder ein Zadokide das Amt des Hohepriesters bekleidete.[118] Von diesem Moment an nehmen die verschiedenen Gruppen des Judentums in hellenistisch-römischer Zeit, von denen Josephus berichtet, allmählich Kontur an.[119] Die meisten Priester am Jerusalemer Tempel (die späteren Sadduzäer), denen weiterhin ein Parteigänger Antiochos' IV. (Menelaos) und nach ihm der Zadokide Alkimos als Hohepriester vorstand, aber auch die Anhänger eines gemäßigten biblischen Judentums (die späteren Pharisäer) gaben sich mit dem Ergebnis zufrieden und gingen zur Tagesordnung über. Sie wetteiferten untereinander um Einfluß und Macht am Tempel und später im hasmonäischen Königtum. Die Makkabäer setzten den bewaffneten Kampf um die nationale Souveränität fort und beriefen sich dafür auf die biblische Tradition. Die radikalen Vertreter des biblischen Judentums, »die Frommen«, hielten sich dagegen sowohl von der Priesterschaft am Tempel als auch von den Makkabäern (und späteren Hasmonäern) fern und warteten auf das Eingreifen Gottes. Für sie war der makkabäische Aufstand nur »eine kleine Hilfe« gewesen (Dan 11,34).

Zum Kreis der radikalen »Frommen« gehört auch die Gemeinschaft von Qumran, deren Schriften in den Höhlen am

---

[117] 1 Makk 4,36 ff; 2 Makk 10,1 ff.
[118] 1 Makk 7,5 ff; 2 Makk 14,3 ff; Josephus, Ant XII 9.7, 385.
[119] Josephus, Bell II 8, 117–166; Ant XIII 5.9, 171–173; XVIII 1.2–6, 11–25; vgl. dazu Wellhausen 1874; Stemberger 1991.

Toten Meer gefunden wurden[120] und die gerne mit der bei Josephus und anderen antiken Historikern erwähnten Gruppe der »Essener« in Verbindung gebracht oder gar identifiziert wird.[121] Die Gruppe von Qumran bezeichnete sich selbst als »die Gemeinschaft« (*ha-Jachad*) oder auch als »der neue Bund« und bestand aus kleineren Vereinigungen im ganzen Land, die sich zu einem Leben nach den Vorschriften der Tora des Mose verpflichteten. Zu diesem Zweck überlieferte und studierte man die biblischen und parabiblischen Schriften und verfaßte eigene Werke. Die Wurzeln dieser Gemeinschaft reichen vermutlich bis ins 3. und frühe 2. Jahrhundert v. Chr. zurück, so daß man in ihr eine der Trägergruppen der biblischen Überlieferung und frühe Vertreter des biblischen Judentums erkennen kann.

Während des makkabäischen Aufstandes hatten »die Frommen« zusammen mit den Makkabäern und Teilen der unter sich verfeindeten Priesterschaft aus unterschiedlichen Motiven eine Art Einheitsfront gegen Antiochos IV. und seine Parteigänger gebildet. Was sie verband, waren die Überzeugungen des biblischen Judentums, die sie entweder von Hause aus mitbrachten oder als propagandistisches Mittel gegen ihre Feinde übernahmen und die auch nach der Auflösung der Einheitsfront in sämtlichen Gruppen mehr oder weniger strikt in Geltung blieben. Auf diese Weise breitete sich das biblische Judentum, dem auch die Gemeinschaft der Samarita-

---

[120] Vgl. DJD; DSSP; DSSR; DSSSE; in dt. Übersetzung MAIER A und B; LOHSE; STEUDEL; dazu Stegemann 2007; Vanderkam 1998 bzw. 2010 sowie unten *Archive* II 3.

[121] Zu den Essenern vgl. außer Josephus (s. Anm. 119), Philon (Quod omnis probus liber sit 75–91 und Apologie nach Euseb, Praeparatio Evangelica VIII, 11), Plinius der Ältere (Naturalis historia V 17,4), Dion Chrysostomos (bei Synesios von Cyrene I,5) und Hippolyt (Adversus haereses 9,18–28). Vgl. Dupont-Sommer 1960, 24–43.

ner, die Gemeinde von Alexandria in der ägyptischen Diaspora sowie vermutlich auch die eine oder andere Gemeinde in der babylonischen Diaspora anhingen, rasch aus und wurde – trotz der Vielfalt seiner Richtungen – zum tragenden Fundament des antiken wie des späteren rabbinischen Judentums.

Die Makkabäer kamen in ihrem Krieg gegen das Seleukidenreich, das durch äußere und innere Umstände stark geschwächt war, rasch voran und eroberten weite Teile Palästinas westlich und östlich des Jordan.[122] Nach dem Tod des Hohepriesters Alkimos und einem siebenjährigen Interim übernahm im Jahre 152 v. Chr. Jonatan, der Bruder und Nachfolger des Judas Makkabaios, selbst das Amt des Hohepriesters. Er wie auch sein Bruder und Nachfolger Simon Makkabaios wurden von dem seleukidischen König in ihrem Amt bestätigt und legten damit den Grundstein für das (makkabäisch-) hasmonäische Königtum. Ihre Nachfolger, Johannes Hyrkanos I. (134–104 v.Chr.) und Aristobulos I. (104–103 v.Chr.), beanspruchten neben dem Amt des Hohepriesters die Königswürde und begründeten damit das hasmonäische Reich, das unter Alexander Jannaios (103–76 v.Chr.) seine größte territoriale Ausdehnung erreichte.[123] Damit hatte sich zum ersten Mal nach 587 v. Chr. wieder ein Königtum auf judäischem Boden etabliert, dessen Herrschaftsgebiet sich (vermutlich zum ersten und einzigen Mal) in den biblischen Grenzen des »davidisch-salomonischen Großreiches« bewegte.

Das hasmonäische Königtum war durch und durch hellenisiert, schrieb sich jedoch den Kampf gegen die Hellenisierung des Judentums auf die Fahnen. Mit Gewalt ging es gegen die alten, biblischen Feinde »Israels« vor und setzte in seinem

---

[122] 1 Makk 5 ff; Josephus, Ant XII-XIII.
[123] Die Entwicklung läßt sich an den Münzprägungen ablesen; vgl. TUAT.NF 2, 323–326; vgl. auch 1 Makk 13,41 f.

Herrschaftsbereich die (Re-)Judaisierung in Form von Beschneidung und Tora-Observanz durch.[124] Das Heiligtum der samarischen Jhwh-Verehrer auf dem Berg Garizim, das Jerusalem Konkurrenz machte, wurde – vermutlich unter Berufung auf das Gebot der Kultzentralisation (Lev 17; Dtn 12) – zerstört, was allerdings die Bedeutung des Kultortes für die sich ausbreitende Gemeinschaft der Samaritaner nicht minderte, sondern im Gegenteil erhöhte.[125] Umgekehrt wurden aber auch Vertreter des biblischen Judentums wie die Pharisäer, die sich an der Personalunion von Hohepriester und König sowie an der Abkunft des Hohepriesters aus hasmonäischem (nicht zadokidischem) Geschlecht stießen, zeitweilig verfolgt und getötet.[126] Darf man Josephus Glauben schenken, suchten Hasmonäer und Pharisäer jedoch den Ausgleich und haben sich unter Salome Alexandra (76–67 v.Chr.), der Witwe Aristobulos' I. und Alexander Jannaios' sowie Nachfolgerin auf dem hasmonäischen Thron, wieder versöhnt. Da sie als Frau das Amt nicht bekleiden konnte, setzte Alexandra den einen ihrer beiden Söhne, Hyrkanos II., als Hohepriester, den anderen, Aristobulos II., als Feldherrn ein. Nach dem Tod ihrer Mutter stritten die beiden Brüder um die Nachfolge. Innenpolitisch machten sie sich den schwelenden Machtkampf zwischen Pharisäern und Sadduzäern zunutze. Außenpolitisch und militärisch wurde Hyrkanos von Antipatros, dem Statthalter von Idumäa und Vater des späteren Königs Herodes,

---

[124] Josephus, Ant XIII 9.1, 257 f (Bell I 2.6, 63); 11.3, 318 f; zur Bedeutung Hyrkans Ant XIII 10.7, 299 f.
[125] Josephus, Bell I 2.6, 63; Ant XIII 9.1, 255 f; zur Geschichte des Garizim in römischer und byzantinischer Zeit vgl. Magen 2008, 243–273.
[126] Josephus, Bell I 4.3, 88 ff; Ant XIII 15.5, 372 ff; 14.2, 379 ff; 4QpNah I,5 f; zur Aussöhnung Josephus, Bell I 5.2, 110 ff; Ant XIII 15.5, 401 ff.

und von Aretas, dem König von Idumäa, Aristobulos hingegen von dem römischen Gesandten Scaurus unterstützt. Als jedoch im Jahre 63. v. Chr. der römische Feldherr Pompeius in das Geschehen eingriff und Jerusalem einnahm, wechselte er die Seiten und setzte Hyrkanos II. wieder in sein Amt als Hohepriester ein. Der Königstitel blieb ihm jedoch versagt.[127]

3. Das herodianische Königtum

Von nun an befand sich Palästina unter römischer Oberherrschaft und unterstand dem Statthalter Gabinius, der die Verhältnisse neu ordnete und eine Restaurationspolitik einleitete.[128] Die Rivalität zwischen Hyrkanos und Aristobulos hielt jedoch an. Beide Seiten bekriegten sich und buhlten um die Gunst Roms, wo sie zwischen die Fronten des Bürgerkrieges unter Pompeius und Caesar gerieten. Nach dem Tod des Pompeius (48 v. Chr.) lag ihre Zukunft in den Händen Caesars. Seinerseits von den Parthern hart bedrängt, die Antigonos, einen Sohn Aristobulos II., zum König über das hasmonäische Reich kürten, entschied sich Caear für einen seiner Bundesgenossen: Herodes den Großen, Sohn des Idumäers Antipatros, der Hyrkanos II. unterstützt hatte. Herodes war über seine Frau Mariamne mit dem hasmonäischen Königshaus verschwägert, so daß in ihm und seinen Nachfahren das hasmonäische Reich weiterlebte. Er bestieg 37 v. Chr. den Thron und regierte als »verbündeter König« (*socius rex*) Roms über fast ganz Palästina, mit Ausnahme der freien Städte der »Dekapolis«. Die baulichen Überreste seiner glanzvollen Herrschaft, allem voran die Grundmauern des nach römischem

---

[127] Josephus, Bell I 7.4, 148 ff; Ant XIV 4.4 f, 69 ff.
[128] Vgl. zu dieser Epoche Schürer 1973–1987; Maier 1990; Schäfer 2010 sowie Eck 2007. Hauptquelle ist Josephus (Bell I 8.1 ff, 159 ff und Ant XIV 4.5 ff, 77 ff).

Vorbild umgebauten Tempels in Jerusalem, sind bis heute an Ort und Stelle zu besichtigen. Nach seinem Tod wurde das Königtum unter seinen Söhnen und Enkeln aufgeteilt, von denen nur einer, Agrippa I. (41–44 n. Chr.), noch einmal das gesamte Territorium seines Großvaters von dem römischen Kaiser Caligula (37–41 n. Chr.) zugesprochen bekam. Zuvor war Judäa bereits im Jahr 6 n. Chr. als eigene Verwaltungseinheit gezählt und römischen Präfekten mit Sitz in Cäsarea unterstellt worden, von denen Pontius Pilatus zweifelhafte Berühmtheit erlangt hat und sprichwörtlich geworden ist. Nach dem Zwischenspiel unter Agrippa I. bekam dessen Sohn, Agrippa II., zwar einige Teile des herodianischen Erbes im Norden Palästinas zugewiesen, doch wurden sämtliche Gebiete faktisch von römischen Prokuratoren verwaltet und gingen nach dem Tod Agrippas II. (vermutlich um 95 n. Chr.) endgültig in die Provinzen Syria und Judäa ein.

Über die Situation in der Diaspora in hellenistisch-römischer Zeit ist verhältnismäßig wenig bekannt, über die später zu so großer Bedeutung gelangte babylonische Diaspora erstaunlicherweise noch weniger als über die ägyptische. Die Hellenisierung ist überall weit fortgeschritten, auch dort, wo die Tora des Mose und andere biblische Überlieferungen als Fundament der jüdischen (und samaritanischen) Identität gepflegt und zugleich der griechisch-römischen Welt durch Übersetzung und Auslegung verständlich gemacht wurden. Wie in Palästina Hasmonäer und Herodianer den Seleukiden und Römern, so leisteten in Ägypten die Oniaden den Römern Militärhilfe. Hier wie dort gab es Tempel, an denen der Opferkult praktiziert wurde, und mehrere Synagogen und Lehrhäuser, in denen gebetet sowie die biblische Überlieferung vorgelesen und studiert wurde.[129]

---

[129] S. u. *Archive* II 6.

Immer wieder liest man in den Quellen jedoch auch von politischen Unruhen, die sich gegen die römische Herrschaft regten. Unter Caligula, dessen Gunst Agrippa I. die Ausweitung seines Machtbereichs in Palästina verdankte, kam es im Jahre 38 n. Chr. in Alexandria zu einem Aufstand, der sich an der Forderung des Kaiserkultes entzündete.[130] Er war der Anfang von Unruhen, die auch Palästina erfaßten, das seit 44 n. Chr. römischen Prokuratoren unterstellt war, und sich in den zwei jüdischen Aufständen der Jahre 66–74 und 132–135 n. Chr. entluden, zwischenzeitlich sogar auf die ägyptische und babylonische Diaspora übergriffen (115–117 n. Chr.).

Die beiden Aufstände in Palästina gingen von Gruppen aus, die sich selbst Zeloten (»Eiferer«) nannten und von ihren Gegnern »Banditen« oder »Sikarier« (Dolch-Kämpfer) genannt wurden.[131] Sie distanzierten sich sowohl von den etablierten Ständen der sadduzäischen Priester und pharisäischen Schriftgelehrten als auch von radikal denkenden jüdischen Gruppierungen wie der Gemeinschaft von Qumran, der Täufer- oder der Jesusbewegung und zettelten eine national-religiöse Revolte im Stil der Makkabäer an. Der erste Aufstand endete mit der Zerstörung des Tempels in Jerusalem 70 n. Chr., wovon bis heute der Titusbogen in Rom zeugt, sowie mit der Verfolgung und Vernichtung der Flüchtlinge in den Verstecken und Fluchtburgen am Toten Meer, von denen die letzte Bastion, Masada, zum Symbol des jüdischen Widerstandes geworden ist. Gleichzeitig wurde auch der Tempel in Leontopolis geschlossen. Am Fuße des Berges Garizim wurde die römische Stadt Flavia Neapolis (Nablus) gegründet, die nach dem zweiten jüdischen Aufstand einen Zeustempel auf dem

---

[130] Philon, In Flaccum; Legatio ad Gaium; Josephus, Ant XVIII 8.1, 257 ff.
[131] Es handelt sich um die vierte »Partei« neben Pharisäern, Sadduzäern und Essenern, die Josephus beschreibt (s. o. Anm. 119).

ehemaligen Kultplatz der samarischen Jhwh-Verehrer und späteren Samaritaner erhielt.

Der Anführer des zweiten Aufstandes trug den Namen Schimʻon Bar Kosiba, der von wohlmeinenden Zeitgenossen im messianischen Sinne als Bar Kokhba (»Sternensohn«), von anderen nach seinem Scheitern als Bar (Ben) Koziba (»Lügensohn«) gedeutet wurde. Von ihm haben sich Briefe und Münzen gefunden, die erkennen lassen, daß der Aufstand auf die Wiederaufnahme des Opferkultes in Jerusalem und die Wiederherstellung der politischen Souveränität »Israels« zielte.[132] Auch dieser Aufstand wurde brutal niedergeschlagen, Jerusalem danach endgültig zu einer römischen Stadt umgewandelt, die kein Jude mehr betreten durfte, und das gesamte »Land Israel« westlich und östlich des Jordan zur konsularischen Provinz *Syria Palaestina* erklärt. Doch Bar Kosiba kam ohnehin zu spät. Längst hatten sich abseits von Jerusalem die Kräfte formiert, aus denen das rabbinische Judentum[133] und als ein Seitenzweig das Christentum hervorgehen sollten.

IV. Religionsgeschichtliche Skizze

Nach dem Durchgang durch die Geschichte Israels, der die religionsgeschichtliche Entwicklung nur am Rande streifte, mag es hilfreich sein, sich diese noch einmal im Zusammenhang vor Augen zu halten. Ich füge daher einen kurzen Abriß der Geschichte des Kultus an.

---

[132] TUAT.NF 2, 328–330; 3, 377–381; YADIN B.
[133] Vgl. Schäfer 2010, 160–170.

IV. Religionsgeschichtliche Skizze

1. Israelitisch-judäische Religion

Der Kult ist die praktische Seite der Religion. Das lateinische Wort *cultus*, abgeleitet von dem Verbum *colere*, bezeichnet den Dienst für die Götter in allen seinen Vollzügen. Der Gottesdienst ist an feste Orte und Zeiten gebunden, äußert sich in ritualisierten Handlungen und Sprechakten und verlangt ein entsprechend ausgebildetes Personal. Das alles ist für den altorientalischen Raum reichlich und anschaulich dokumentiert.[134] Kultplätze und Tempel galten als die Wohnung der Götter, wo der Verkehr mit ihnen stattfinden und praktiziert werden konnte. Götterbilder repräsentierten die Gegenwart der Götter und waren Gegenstand der Verehrung. Auf Altären in Privathäusern und an den öffentlichen Kultplätzen wurden zu besonderen Anlässen und an den Festtagen Opfer dargebracht, um die Götter zu nähren und gnädig zu stimmen. In der Familie war das Familienoberhaupt, im Stamm der Stammesführer, im Staat der König oberster Priester. Letzterem unterstanden die verschiedenen Klassen der Priester, die an den Tempeln alle möglichen Dienste von der Tempelaufsicht bis zum Altardienst versahen.

Der Kult in den vorexilischen Monarchien Israels (ca. 1000–722 v. Chr.) und Judas (1000–587 v. Chr.) ist nicht ausführlich dokumentiert.[135] Aus den wenigen archäologischen,

---

[134] Vgl. für den Alten Orient Ringgren 1979; Hutter 1996; Görg 2007; Haas/Koch 2011; für Syrien-Palästina Haider u. a. 1996; Niehr 1998.

[135] Vgl. Keel/Uehlinger 2001 sowie Renz 2009b; dazu die wichtigen Beiträge von M. Weippert 1997; Köckert 1998; 2005; 2009; 2010; zur Diskussion Janowski/Köckert 1999; Hartenstein 2003. Nach wie vor lesenswert ist Wellhausen 1905a. Zwischen Israel und Juda gab es zweifellos auch in religionsgeschichtlicher Hinsicht regionale Unterschiede (vgl. Köckert 2010), die aber nicht sonderlich ins Gewicht fallen und spätestens seit dem Untergang Israels, vermutlich schon früher (vgl. Kuntillet ʿAjrud und Hirbet el-Qom) und jedenfalls in nachexilischer Zeit durch

epigraphischen und ikonographischen Zeugnissen, die sich gefunden haben, geht jedoch hervor, daß er sich kaum von dem seiner altorientalischen Nachbarn unterschied, mit Ausnahme der Dimensionen. Anders als die Großreiche in Kleinasien, Mesopotamien und Ägypten oder die Großstadt Ugarit am Ende des 2. Jahrtausends v. Chr. bildeten Israel und Juda wie die angrenzenden Nachbarn (Aram, Ammon, Moab, Edom, Philister), die sich im 1. Jahrtausend im syrisch-palästinischen Raum etablierten, nur verhältnismäßig kleine Stadt- oder Flächenstaaten. Dementsprechend waren auch die kultischen Einrichtungen und Aktivitäten eher bescheiden. Ein anderes Bild ergibt sich aus der biblischen Überlieferung.[136] Sie hat die Religionsgeschichte Israels und Judas zur Voraussetzung und bildete erst allmählich die Besonderheiten heraus, die Israel gegenüber anderen Völkern des Alten Orients auszeichnen. Der folgende Überblick gibt einen knappen Abriß der religions- und theologiegeschichtlichen Entwicklung, die dahin führte, und leitet so zum nächsten Kapitel über die Entstehung der biblischen Literatur über.

Der Kult in den syrisch-palästinischen Kleinstaaten konzentrierte sich in der Regel auf nur eine Gottheit, allenfalls ein Götterpaar oder eine Trias von Vater, Mutter und Kind. In Israel und Juda waren dies der Gott »Jhwh und seine Aschera«, ein Götterpaar, von dem es aller Wahrscheinlichkeit auch bildliche Darstellungen gab.[137] Woher der Gott Jhwh kommt, ist genauso unmöglich zu sagen und vielleicht auch müßig zu fragen wie bei den meisten anderen Göttern der Nachbarstaa-

---

eine Durchmischung nivelliert wurden (vgl. Elephantine und vielleicht den Papyrus Amherst 63, dazu unten *Archive* II 1).

[136] Vgl. Albertz 1996–97; Keel 2007; Tilly/Zwickel 2011.

[137] Einschlägig für das Folgende sind die Inschriften von Kuntillet ʿAjrud, Hirbet el-Qom, Hirbet Beit Lei, Ketef Hinnom; s. o. Anm. 81 und vgl. besonders Renz 2009b; HAE II/1, 91–93.

ten.¹³⁸ Seinem Wesen nach handelt es sich bei Jhwh um den Typ des syrisch-palästinischen Wettergottes, der mit der Zeit solare, astrale und lunare Züge ägyptisch-phönizischer und mesopotamischer Prägung annahm.¹³⁹ Jhwh war Dynastie- und Staatsgott und zugleich persönlicher Gott. Im familiären Rahmen und im Ahnenkult dürften neben ihm und »seiner Aschera« weitere numinose Wesen, unter aramäischem und assyrischem Einfluß zunehmend auch astrale Mächte eine Rolle gespielt haben, von denen wir aber nichts Näheres wissen. Auch die Götterbilder weisen eine große Vielfalt auf. Außer dem Hauptgott und dem Götterpaar waren theriomorphe, symbolische und anikonische Objekte Gegenstand kultischer Handlungen.

An den über das Land verstreuten Kultstätten trat die Hauptgottheit in verschiedenen lokalen Manifestationen in Erscheinung, als der Jhwh von Samaria, der Jhwh vom Zion usw.¹⁴⁰ Die Kultplätze und mit ihnen die gesamte Religion Israels und Judas lassen sich nach soziologischen Gesichtspunkten in drei Ebenen differenzieren: den staatlichen, den regionalen und den familiären Kult.¹⁴¹ Der vom König unter-

---

¹³⁸ Die erste inschriftliche Erwähnung des Gottesnamens Jhwh findet sich in den Inschriften von Kuntillet ʿAjrud und in der Mescha-Inschrift aus dem 9. Jh. v. Chr. Wie die geographische Bezeichnung »Schasu-Land Jhwh« in den Soleb-Texten und in Amara-West genau aufzufassen ist und ob sie etwas für die Frage nach der Herkunft des Gottes Jhwh austrägt, ist unsicher; vgl. HTAT, 183 f mit Anm. 39 sowie Pfeiffer 2005, 261 f; Ders. 2013.
¹³⁹ Vgl. grundlegend Keel/Uehlinger 2001.
¹⁴⁰ S. o. Anm. 82.
¹⁴¹ Zu den im folgenden erwähnten Einrichtungen, dem Personal und den Funktionen des Kults vgl. die einschlägigen Artikel in Berlejung/Frevel 2006: Tempel/Heiligtum (385–389); Altar (79–81); Bild (114–116); Ahnen (77 f); Priester und Prophet (341–345); Ritus/Ritual (353 f); Heiligkeit (242 f); Reinheit/Unreinheit (348–351); Fest (184–186); Sabbat (354 f); Opfer (331–333); Gebet (198–200); Klage, Lob/

haltene, überregionale Staatskult fand an zentralen Kultstätten mit Tempel, Altar und fester Priesterschaft statt (*bajt* »Haus« oder *hekhal* »Palast, Tempel«). Hier waren neben den Priestern auch die Propheten und andere Kultbeamte tätig, gelegentlich auch Frauen, die vor allem unter den Propheten und im Zusammenhang von Trauerzeremonien, hingegen nicht unter den Opferpriestern begegnen. Für regionale Kultveranstaltungen der Familien und Sippenverbände, etwa das Schlachtopfer mit dazugehörigem Kultmahl, waren die sogenannten Höhenheiligtümer mit oder ohne Altar und ohne feste Priesterschaft bestimmt (*bamot* »Höhen«). Der private Hauskult fand innerhalb der Familien und Sippen statt. Staatlicher, regionaler und privater Kult unterschieden sich in der Ausstattung und den Dimensionen, soweit wir sehen aber nicht in den religiösen Praktiken oder theologischen Vorstellungen.

Die konkreten Kultpraktiken waren an bestimmte Anlässe und feste Zeiten gebunden. An den Tempeln muß man zwischen dem Alltagskult und dem Kult zu bestimmten Festtagen (Neumond und Sabbat) und Festzeiten unterscheiden. Auch im regionalen Kult bestimmten regelmäßige oder außerordentliche Opferfeste und der agrarische Festkalender, im privaten Kult die familiären und persönlichen Anlässe wie Hochzeiten, Todesfälle oder andere Übergangsstadien mit entsprechenden Riten (z. B. Beschneidung) den Rhythmus. Im Zentrum aller kultischen Handlungen stand das Opfer, die Gabe an die Gottheit, die auf vielfältige, im Ritus festgelegte Weise dargebracht wurde. Begleitet wurde das Opfer von Gebeten, die je nach Anlaß Klagen und Bitten oder Lob und

---

Dank (273–275; 308 f); Trauer (396–398). Einen weiteren Kultplatz aus vorexilischer Zeit scheint man jüngst auf dem westlich von Jerusalem gelegenen Tel Motza (vgl. Jos 18,26) gefunden zu haben, wie die IAA im Dezember 2012 meldete.

Dank enthielten, in der privaten Frömmigkeit auch ohne das Opfer auskamen.

Insbesondere an den zentralen Heiligtümern, den Tempeln, an denen Priester den Altardienst versahen, herrschten strenge Regeln, was den Kontakt zur Gottheit und die göttlichen Bereiche anbelangt. Die Priester hatten über die verschiedenen Zonen der Heiligkeit zu wachen und gaben Auskunft über rein und unrein. Nur sie konnten den Kontakt zur Gottheit vermitteln, die diversen Anliegen der Kultteilnehmer vor die Gottheit bringen und, wenn es nötig war, Sühne verschaffen. Außer der Kontaktaufnahme mit der Gottheit diente der von ihnen vollzogene und aufrechterhaltene Kult der Stabilisierung der natürlichen und politischen Ordnung. Damit war die Schaffung von Identität in dem von der Gottheit gegründeten und vom König und seinen Beamten verwalteten Staatswesen verbunden. Der offizielle Tempelkult hatte somit auch eine Ausstrahlung in die anderen Bereiche der regionalen und privaten Frömmigkeit und das ganze Leben im israelitischen und judäischen Gemeinwesen.

Unter den archäologischen Zeugnissen für den vorexilischen Kult in Israel und Juda fehlt eine literarische Überlieferung so gut wie ganz: Priesterordnungen und Liturgien, Opferrituale, Hymnen und Gebete, im Kult rezitierte Mythen und Epen, Vorschriften für Abgaben und Zuteilungen, Spendenlisten, Abrechnungen etc. sind kaum erhalten. Vieles dürfte in mündlicher Überlieferung weitergegeben worden und folglich verloren gegangen sein. Reste davon sind jedoch in die biblische Literatur eingegangen. Es handelt sich um alte Opferrituale in der priesterlichen Schicht des Pentateuchs, Hymnen, Bitt- und Dankrituale in den Psalmen, Einzelsprüche in den Propheten sowie Angaben über die kultischen Einrichtungen und Verhältnisse der alten Zeit, z. B. den Altarbau oder den Festkalender, wie sie sich in einem alten Rechtsbuch

(Ex 20,22–23,19), in der Erzählüberlieferung (bes. in Gen, Ri und 1–2 Sam) sowie vereinzelt in der Weisheitsliteratur (Sprüche) finden.[142] Die Überlieferungssplitter können für die Rekonstruktion der vorexilischen Kult- und Religionsgeschichte herangezogen werden, sofern sie mit den archäologischen Zeugnissen aus Israel und Juda und den Rahmenbedingungen in der altorientalischen, des näheren syrisch-palästinischen Welt des 1. Jahrtausends v. Chr. übereinstimmen.

2. Biblische Tradition

Das Gros der biblischen Überlieferung stammt jedoch nicht aus der vorexilischen Königszeit. Es verdankt sich der schriftgelehrten Arbeit jüngerer Generationen, die auf den Trümmern der 722 und 587 v. Chr. beendeten israelitischen und judäischen Geschichte und des zerstörten Tempels von Jerusalem einen neuen Kult und im Laufe der Zeit eine neue Religion, die Religion des biblischen Judentums, begründeten. Diese hat sich – nach gewissen Ansätzen in der Zeit zwischen 722 und 587 v. Chr. – in der Zeit des Zweiten Tempels von Jerusalem (520 v. Chr.–70 n. Chr.) formiert und war geeignet, auch die Krise des Kults zu überstehen, die durch die Zerstörung im Jahre 70 n. Chr. und die damit einhergehende Einstellung des Opferdienstes eingetreten war.

Es ist das Verdienst des Alttestamentlers und Orientalisten Julius Wellhausen, auf den Spuren von W. M. L. de Wette die entscheidenden Wendepunkte erkannt und in der Überlieferung entdeckt sowie in seinen »Prolegomena zur Geschichte Israels« anhand der Entwicklung der literarischen Tradition die Kult- und Religionsgeschichte Israels und Judas auf der einen, des Judentums auf der anderen Seite in Grundzügen

---

[142] S. u. *Tradition*.

zutreffend rekonstruiert zu haben.[143] Hinsichtlich des Gottesverständnisses, das die Geschichte des Kults bestimmte, haben die Propheten eine Wende eingeleitet. Im Kult selbst markiert den Wendepunkt das Buch Deuteronomium, und hier insbesondere das Gebot der Kulteinheit in Dtn 12 (V. 13 ff). Danach darf es für Israel und Juda nur noch ein zentrales Heiligtum geben, an dem die Opfer dargebracht werden und Jhwh kultisch verehrt wird. Schlachtungen in den Ortschaften bleiben unter bestimmten Bedingungen, vor allem der Tabuisierung des Blutes, erlaubt, verlieren aber ihre Bedeutung als Opfer »für Jhwh«. Der Einheit des Kultortes korrespondiert die Einheit der Gottheit Jhwh in dem berühmten »Höre Israel« von Dtn 6,4, das die Unterscheidung von lokalen Manifestationen der Hauptgottheit (»Jhwh von Samaria« etc.) aufhebt.

Die programmatische Forderung der Kultzentralisation wird aufgrund von 2 Kön 22–23 gerne in die Zeit des Königs Joschija in das ausgehende 7. Jahrhundert v. Chr. datiert, setzt wahrscheinlich aber schon den Verlust des Königtums, d.h. das Datum 587 v. Chr., voraus. Die Regelung trägt dem Umstand Rechnung, daß es danach keine verbindliche Mitte mehr gab, die die verstreuten, orientierungslos gewordenen Glieder des Volkes in Israel und Juda zu einen vermochte. An die Stelle des Königs, der die Einheit des Volkes und den Zusammenhalt der an verschiedenen Orten praktizierten Kulte stiftete, tritt der eine Kultort, an dem nicht der König, sondern die eine Gottheit im Zentrum steht. Nach diesem Maßstab ist in den Büchern Samuel–Könige die Geschichte vom Aufstieg und Fall des israelitisch-judäischen Königtums erzählt.

---

[143] Wellhausen 1905b; vgl. auch die religionsgeschichtliche Skizze in Wellhausen 1905a.

Sowohl die Forderung der Kulteinheit im Deuteronomium als auch die davon abgeleitete Darstellung der Geschichte des israelitisch-judäischen Königtums in Samuel–Könige sind ein theologisches Programm im Rahmen der biblischen Tradition. Seit wann und inwieweit dieses Programm in die Realität umgesetzt wurde, entzieht sich unserer Kenntnis. Eindeutige Belege für die konkrete Umsetzung dieses Programms in die religiöse Praxis im Rahmen von frommen Zirkeln wie der Gemeinschaft von Qumran, an den Tempeln von Sichem (Garizim) und Jerusalem sowie in den Synagogen im Land und in der Diaspora finden sich erst in hellenistisch-römischer Zeit. Bis dahin kann man die religions- oder richtiger theologiegeschichtliche Entwicklung lediglich anhand der Literargeschichte der biblischen Tradition nachvollziehen, die aber nicht ohne weiteres mit der Religionsgeschichte Israels in exilisch-nachexilischer Zeit identifiziert werden kann.[144] Die Religion des »alten Israel«, d.h. die angestammte, vorbiblische Gestalt der Religion Israels und Judas, ist nicht nur auf die vorexilische Zeit der beiden Monarchien beschränkt, sondern hat es durch die gesamte Geschichte der beiden Reiche wie der beiden Provinzen gegeben. Das nachstaatliche, biblische Judentum löst das »alte Israel« nicht einfach ab, sondern hat sich daneben entwickelt, zunächst in der biblischen Literatur und anschließend im Leben.

In der vom Deuteronomium inspirierten, daher deuteronomistisch genannten Literatur ist aus dem anfänglichen theologischen Programm der Reichs- und Kulteinheit das Ideal der Kultreinheit geworden. Danach darf es außer dem einen Jhwh und dem einen Kultort auch keine anderen Götter

---

[144] Zur Unterscheidung vgl. Kratz 2002b; zu den archäologischen, epigraphischen und ikonographischen Befunden Cornelius 2011; Frevel 2013 sowie unten *Archive* II 4 und 5.

mehr geben. Daraus wiederum folgt die Forderung der Zerstörung aller Heiligtümer, Gottesbilder und sonstigen Zeichen göttlicher Präsenz im Land, die, auch wenn sie Jhwh galten, als Requisiten eines kanaanäischen Fremdkults gedeutet und behandelt werden. Von der Reinigung ist auch der Kult Jhwhs in Jerusalem betroffen. Sämtliche kultische Installationen und Bräuche, die auch nur von Ferne an die »anderen Götter« erinnern, sollen abgeschafft werden.

Das Ideal der Kultreinheit wird programmatisch wiederum in Dtn 12 (V. 1 ff. 29 ff) u. ö. im deuteronomischen Gesetz erhoben und an vielen Stellen in der erzählenden Literatur in den Büchern Genesis–Könige und darüber hinaus im Alten Testament wiederholt.[145] Es setzt das Erste Gebot und bald auch das davon abgeleitete Bilderverbot im Dekalog (Ex 20, davon abhängig Dtn 5) voraus. Nachdem die prophetische Überlieferung nach den Erfahrungen von 722 und 587 v. Chr. dem Verhältnis Jhwhs zu seinem Volk Israel den institutionellen und damit auch den kultischen Rahmen genommen und es von der verpaßten Umkehr abhängig gemacht hatte, ist im Ersten Gebot in Anlehnung an das »Höre Israel« positiv formuliert, worauf es nunmehr ankommt: die Bindung an den Gott, der Israel aus Ägypten herausgeführt hat, unter Ausschluß der »anderen Götter«.

Das deuteronomisch-deuteronomistische Ideal der Kulteinheit und Kultreinheit bildet wiederum die Voraussetzung für die priesterliche Überlieferung im Pentateuch (Priesterschrift) und im übrigen Alten Testament (Ez, Chr, Esra–Neh). Sie geht davon aus, daß es nur einen einzigen Gott und ein legitimes, zentrales Heiligtum gibt. Viel Mühe wird in der biblischen Überlieferung auf die Beschreibung des dem einen und

---

[145] Bes. Ex 23,20 ff sowie Ex 32–34; Jos 23–24; Ri 2,6–3,6; 2 Kön 17 sowie 2 Kön 22–23.

einzigen Gott angemessenen Heiligtums verwendet. In der Priesterschrift wird der Baubericht des in die Wüste projizierten Zeltheiligtums im weltgeschichtlichen Zusammenhang geboten. Das Heiligtum (Ex 25–40) krönt das Schöpfungswerk Jhwhs, das mit der Erschaffung von Himmel und Erde beginnt (Gen 1), und löst die Verheißung des Bundes an Abraham und seinen Samen ein (Gen 17). In den Büchern Levitikus und Numeri schließen sich die Kultgesetze an, die auf älteren, aber neu interpretierten, stark überarbeiteten und fortgeschriebenen Ritualtexten basieren und in das theologische System des Sühnekults gebracht sind. In Ez 40–48 ist die Vision des neuen Tempels von dem Gedanken des Wiedereinzugs der Herrlichkeit Jhwhs und späten Reinheits- und Heiligkeitsvorstellungen beherrscht. 1–2 Chronik und Esra–Nehemia bringen den ersten (vorexilischen) und den zweiten (nachexilischen) Tempel in Deckung und rekapitulieren die in Genesis–Könige erzählte Geschichte Israels aus der Perspektive des Zweiten Tempels und nach Maßgabe der in der biblischen Überlieferung aufgestellten theologischen Grundsätze.

Überall ist das Gesetz, die Tora des Mose oder Tora Jhwhs, die entscheidende Referenzgröße, an der sich die Sicht der Geschichte Israels (und der Welt), die Vorstellungen von persönlicher Frömmigkeit und Lebensführung und eben auch die Vorschriften für den Kult orientieren. In der Überlieferung, auf der das biblische Judentum basiert, wandelte sich die Religion Israels und Judas in eine »Religion des Gesetzes« (J. Wellhausen), sprich: in die jüdische Religion.

3. *Jüdische Religion*

Das Gesetz hatte noch einen langen Weg vor sich, bis es allgemeine Anerkennung fand und zur religiösen Praxis wurde.

IV. Religionsgeschichtliche Skizze   73

Die biblische Tradition war auch in der nachexilischen Zeit, der Epoche des Zweiten Tempels, keineswegs überall bekannt und für alle Teile des Judentums verpflichtend. Dies geht aus vielen Belegen innerhalb und außerhalb der biblischen Überlieferung hervor. Es sei nur an die harsche biblische Kritik am Fremdgötterkult im Land erinnert, die den vorexilischen Propheten seit Mose in den Mund gelegt wird und bis in nachexilische Zeit nicht verstummt, oder an die Zustände, gegen die die biblische Tradition Esra und Nehemia einschreiten läßt. Außerhalb der biblischen Überlieferung spricht die Existenz der Tempel auf der Nilinsel Elephantine im 6.–5. Jahrhundert v. Chr. und im ägyptischen Leontopolis vom 2. Jahrundert v. Chr. bis in das 1. Jahrhundert n. Chr. für sich.[146]

Wie der Kult am Zweiten Tempel von Jerusalem aussah, wissen wir nicht, es sei denn aus zweiter und dritter Hand. Unsere Kenntnis beruht nicht auf authentischen Quellen, sondern auch hier auf der literarischen Tradition. Schon während der Zeit des Zweiten Tempels von Jerusalem und endgültig nach seiner Zerstörung im Jahre 70 n. Chr. setzte sich freilich die Sammlung der biblischen Schriften und mit ihr die mosaische Religion, das biblische Judentum, als maßgebliche, sozusagen orthodoxe Form des Judentums durch.

Ein wichtiger Schritt auf diesem Wege war neben der Überlieferungsbildung, die den praktizierten Kult und seine ihm eigene (nichtbiblische) Theologie in die biblische Tradition überführte, die Entstehung verschiedener jüdischer Gruppierungen. Eine dieser Gruppen hat ihren Ursprung in den Kreisen der samarischen Jhwh-Verehrer, die uns in Inschriften aus hellenistischer Zeit begegnen. Sie haben im Gebiet des ehemaligen Nordreichs, der Provinz Samaria, auf dem Berg Garizim bei Sichem einen Tempel unterhalten, der für die

---

[146] S. o. Anm. 94 sowie 112.

Zeit seit dem 5. Jahrhundert v. Chr. archäologisch nachgewiesen ist.[147] Aus den Jhwh-Verehrern vom Garizim ist die Gemeinschaft der Samaritaner hervorgegangen, die mit Jerusalem um den »Ort, den Jhwh erwählen wird« bzw. »erwählt hat« (Dtn 12) in Streit geriet. Im Unterschied zum übrigen biblischen Judentum erkannten die Samaritaner ausschließlich die Tora des Mose, den Pentateuch, als heilige Schrift an. Andere, wie die Gemeinschaft von Qumran oder die frühen Christen, haben sich neben dem Jerusalemer Tempelkult oder als Alternative dazu formiert und auf der Grundlage der biblischen Schriften – neben der Tora auch Propheten, Psalmen u. a. – auch eine eigene Überlieferung hervorgebracht.

Die Gruppenbildung wurde vermutlich durch äußere Anlässe initiiert oder wenigstens vorangetrieben.[148] Nach dem Wiederaufbau des Tempels von Jerusalem und der Restauration der Provinz Juda in persischer Zeit, brachen in spätpersischer und vor allem in hellenistischer Zeit politische, soziale und zunehmend auch religiöse oder theologische Konflikte zwischen rivalisierenden Interessengruppen in und außerhalb des Landes auf. Sie kulminierten in der durchgreifenden, hellenistisch geprägten Reform des Kultus unter dem seleukidischen König Antiochos IV. (175–164 v. Chr.), der nicht ohne Unterstützung einflußreicher und wohl auch weiter Kreise der judäischen Bevölkerung einen Aufsatz für den griechischen Gott Zeus Olympios auf den Brandopferaltar im Jerusalemer Tempel anbringen ließ und das jüdische Gesetz außer Kraft gesetzt haben soll. Ähnliches wird auch für den Tempel auf dem Berg Garizim berichtet, auch wenn hier – anders als im Falle Jerusalems – von einer Außerkraftsetzung des mosaischen Gesetzes nicht die Rede ist, was zweierlei bedeuten

---

[147] S. o. Anm. 91.
[148] Zum folgenden vgl. oben III 2.

kann: Entweder haben die Seleukiden aus uns unbekannten Gründen die beiden Heiligtümer unterschiedlich behandelt oder die Tora hat hier wie dort noch nicht die entscheidende Rolle gespielt, die ihr von der judäischen Polemik gegen Antiochus IV. in der biblischen (Dan) und parabiblischen Literatur (Makk, Josephus u. a.) zugeschrieben wird.

Gegen die Maßnahmen des seleukidischen Königs und der beteiligten Eliten am Jerusalemer Tempel erhob sich der Widerstand einer Gruppe von Aufständischen, die der priesterlichen Familie des Hasmon aus dem nördlich von Jerusalem gelegenen Ort Modeïn entstammten und nach dem Beinamen eines ihrer Anführer, Judas Makkabaios, auch die »Makkabäer« heißen. In ihrem bewaffneten Kampf erreichten sie, daß die Reform rückgängig gemacht werden mußte. Sowohl die Jerusalemer Priester aus zadokidischem Geschlecht, die späteren Sadduzäer, als auch weite Teile die Gruppe der »Frommen« (*Hasidim*), aus denen die späteren Pharisäer hervorgingen, gaben sich mit dem Erreichten zufrieden.

Nicht so die Makkabäer. Sie wollten mehr und kämpften erfolgreich weiter gegen die seleukidische Besatzungsmacht. Aus diesem Kampf ging das hasmonäische Königtum hervor, in dem der König gleichzeitig der Hohepriester war. Nach Alkimos, dem 159 v. Chr. verstorbenen letzten Hohepriester aus zadokidischem Geschlecht, wurde im Jahr 152 v. Chr. Jonatan, der Bruder des Judas Makkabaios, der erste der hasmonäischen Hohepriester. Die Hasmonäer hatten das Amt bis in herodianische Zeit inne und bereiteten dem samaritanischen Tempel auf dem Garizim ein Ende; um 110 v. Chr. wurde er von Johannes Hyrkanos I. zerstört.

Hintergrund der Auseinandersetzungen war der Kampf um das Amt des Hohepriesters, bei dem es primär um politische und wirtschaftliche Interessen ging. So wurde unter Antiochos IV. die (traditionell ptolemäerfreundliche, seit dem

Herrschaftswechsel teilweise aber mit den Seleukiden kooperierende) Familie der Oniaden, die seit Generationen den Hohepriester stellte, aus dem Amt vertrieben. Nach der Absetzung Onias III. 174 v. Chr. gründete er selbst oder sein Sohn Onias IV. um 160 v. Chr. einen Tempel im ägyptischen Leontopolis (bei Heliopolis). Dieser Tempel hat rund 200 Jahre bestanden und wurde erst nach der Zerstörung des Jerusalemer Tempels von Jerusalem im Jahre 70 n. Chr. im Zuge der jüdischen Kriege von den Römern geschlossen.

Einen anderen Weg ist die religiöse Bewegung gegangen, die uns in den Texten vom Toten Meer (Qumran) begegnet und sich selbst »die Gemeinschaft« (*ha-Jachad*) nennt.[149] Von der modernen Forschung ist diese Gemeinschaft mit der aus Josephus und anderen antiken Quellen bekannten Gruppe der Essener identifiziert worden, was nicht ganz falsch sein dürfte, aber historisch zu differenzieren ist. Die Wurzeln dieser Bewegung gehen wohl schon in die Zeit vor der makkabäischen Revolte zurück. Ihre religiöse und lebenspraktische Orientierung an der Tora und den übrigen biblischen Schriften wurde von den Makkabäern bzw. Hasmonäern im Kampf für ihre politischen Ziele erfolgreich eingesetzt und haben so zur Verbreitung und Etablierung des biblischen Judentums am Tempel zu Jerusalem beigetragen. Die Gemeinschaft von Qumran selbst hat sich jedoch von den führenden Kreisen in Jerusalem distanziert und eine Art Gegenkult zu Jerusalem gegründet. Theoretisch und programmatisch hielt man am Tempelkult in Jerusalem fest, praktisch wurden jedoch Alternativen entwickelt, um fern vom Tempel am Kult der Engel im Himmel zu partizipieren.

Nicht vom Tempelkult in Jerusalem abgetrennt, sondern eng mit ihm verbunden war die frühe christliche Gemeinde.

---

[149] S. o. Anm. 120.

IV. Religionsgeschichtliche Skizze

Der äußere Anlaß zu ihrer Bildung waren der Tod Jesu am Kreuz und eine Erfahrung besonderer Art, die sich in dem Glauben an seine Auferstehung manifestierte. Beides brachte die frühen Christen in Konflikt mit ihrer eigenen Herkunft aus dem Judentum. Zwar nahmen sie wie selbstverständlich am Tempelkult teil oder hielten – etwa durch Kollekte und Abgaben – die Verbindung dazu und sahen in dem Evangelium von Tod und Auferstehung Jesu noch keine Konkurrenz zum Kult als der praktischen Seite der Religion und hergebrachten Form der Gottesverehrung. Doch schon sehr bald wurde deutlich, daß das Evangelium in Konkurrenz zum Gesetz des Mose stand, insbesondere dadurch, daß es sich nicht nur an die Juden, sondern auch an die Völker wandte, für die das Gesetz des Mose keine Bindekraft besaß. Dadurch entfernten sich die frühen Christen zunehmend von ihren eigenen Wurzeln, dem jüdischen Kult und dem Judentum insgesamt.

Der erste, der dies in aller Schärfe erkannt und prägnant zum Ausdruck gebracht hat, war der Apostel Paulus. An die Stelle des Gesetzes als Weg zu Gott setzte er den Glauben an Jesus Christus, in dem er als erfüllt ansah, was man sich vom Gesetz versprach. Der Kult und seine Ordnungen werden nicht abgelehnt, aber in ihrer Heilsbedeutung nivelliert. Die Evangelien zeichneten diese theologische Einsicht nachträglich in das Leben Jesu von seiner Geburt bis zum Tod ein. Als Jude geboren und nach dem Gesetz aufgewachsen, weiß sich der Jesus der Evangelien als der Christus, der über dem Gesetz und den Ordnungen des Kults steht und sich im Angesicht des kommenden Gottesreichs auch darüber hinwegsetzt, um auf diese Weise zu erreichen, was auf ihre Weise auch Gesetz und Kult versprechen: die unbedingte und unmittelbare Nähe Gottes. Vom Kult blieben die theologischen Sprachmuster und Vorstellungswelten, die als Bilder und Symbole Eingang in die neutestamentliche Christologie, Ekklesiologie und Ethik sowie in die Eschatologie fanden.

Die Gruppenbildung im hellenistisch-römischen Judentum einschließlich der frühen Christen bedeutete zwar eine Zersplitterung des Judentums, trug jedoch zu dessen Profilierung und Überleben bei. Die Gemeinschaft von Qumran wie die frühe Christenheit machten zur Zeit des Zweiten Tempels vor, was dem Judentum im ganzen noch bevorstand: die Transformation der jüdischen Religion in eine Form religiösen Denkens und Lebens jenseits des praktizierten Kults. Nach der Zerstörung des Tempels 70 n. Chr. und dem zweiten jüdischen Aufstand unter Bar Kokhba[150] stellte sich diese Aufgabe auch dem übrigen Judentum. Dieses schied verschiedene Richtungen, darunter die samaritanische, die essenische, die apokalyptische und die christliche Richtung, aus und machte sich an das Werk der Sammlung und Auslegung seiner normativen Überlieferung. In ihr ist und bleibt die Tora, im weiteren der hebräische Kanon der biblischen Bücher, die Grundlage, die das Judentum mit allen seinen Gruppierungen teilt. Darüber hinaus geht die auf die mündliche Tradition zurückgeführte Überlieferung der Rabbinen, in der der Kult nach wie vor einen zentralen Stellenwert einnimmt. Außer den praktischen Ordnungen für einen fiktiven oder zukünftigen Tempelkult behalten die kultischen Gesetze, Sprachmuster und Vorstellungen auch hier ihre Bedeutung für die Neugestaltung des Gottesdienstes wie des Lebens in tempelloser Zeit.

---

[150] S. o. III 3.

Die biblische Tradition

I. Die Voraussetzungen

1. *Israelitisch-judäische Schriftkultur und biblische Tradition*

Die biblische Tradition war Israel und Juda nicht in die Wiege gelegt. Sie hat die israelitisch-judäische Schriftkultur zur Voraussetzung, die vor allem in inschriftlichen Zeugnissen, aber auch in literarischen Resten innerhalb des Alten Testaments zu greifen ist. Von der israelitisch-judäischen Schriftkultur übernahm die biblische Überlieferung Gewohnheiten, Kenntnisse und literarische Hinterlassenschaften der Schreiber. Gleichzeitig schlug sie mit dem, was sie übernahm oder im Anschluß daran selbständig produzierte, einen eigenen, im Alten Orient einzigartigen Weg ein. Gattung und Inhalt der biblischen Bücher sprengen den Rahmen der üblichen Schriftkultur. Aus dem Schreiber wurde der Schriftgelehrte und aus der israelitisch-judäischen Schriftkultur die biblische Tradition.

Ohne die biblische Tradition wäre es Israel und Juda wohl ebenso ergangen wie ihren Nachbarn. Mit ihrem politischen Ende wären die beiden Reiche und späteren Provinzen sowie ihre einstige Schriftkultur untergegangen und der Vergessenheit anheimgefallen, bis der Zufall der Archäologie das eine oder andere wieder zutage gefördert hätte. So aber ist das Erstaunliche geschehen, daß Israel und Juda in der Erinnerung der biblischen Tradition bis heute überlebt haben. Der Übergang der israelitisch-judäischen Schriftkultur in die biblische

Überlieferung gleicht einer *metabasis eis allo genos*, dem Übergang in einen anderen Aggregatzustand der Religions- und Literaturgeschichte, und begründet die jüdische Tradition im Alten Testament. Das Phänomen läßt sich historisch kaum erklären. Anhand der Unterschiede zu den epigraphischen und literarischen Resten der alten Schriftkultur lassen sich jedoch die Stationen benennen, an denen die Weichen für die Entstehung der biblischen Überlieferung und ihre Geschichte gestellt wurden.

Aufgrund der Komplexität des Materials ist es nahezu unmöglich, die einzelnen Stationen exakt zu datieren und in eine geschichtliche Folge zu bringen. Dennoch wurden die Weichen nicht alle auf einmal gestellt. Der Übergang in die biblische Tradition hat sich in Etappen vollzogen, wobei das Ende des Reiches Israel (722 v. Chr.) und das Ende des Reiches Juda (587 v. Chr.) sicher die beiden wichtigsten, wenn auch nicht die einzigen Zäsuren waren. So, wie sich die israelitisch-judäische Schriftkultur von den Anfängen in der vorexilischen Königszeit bis in die nachexilische Zeit der beiden Provinzen erstreckte, so fanden auch die Übergänge in die biblische Tradition parallel dazu in vor- wie in nachexilischer Zeit statt. Den Anfang machten die Propheten im ausgehenden 8. und noch einmal im frühen 6. Jahrhundert v. Chr.; nach und nach folgten die anderen Überlieferungsbereiche: die Erzählung, das Recht, der Kult, Psalmen und Weisheit.

Die besondere Art der biblischen Literatur erfordert eine besondere Art der Darbietung des Stoffs. Da die biblische Literatur zum überwiegenden Teil nur aufgrund der internen Textrelationen und nicht nach geschichtlichen Ereignissen datiert werden kann, empfiehlt es sich nicht, die Darstellung nach einzelnen Jahrhunderten oder den Phasen der – assyrischen, babylonischen, persischen, ptolemäischen, seleukidischen und römischen – Fremdherrschaft über Palästina zu gliedern. Es bietet sich vielmehr eine Disposition des Stoffs an, die den einzelnen Überlieferungsbereichen folgt und für jeden Bereich gesondert den Übergang von der israelitisch-judäischen Schriftkultur in die biblische Tradition beschreibt, möglichst präzise datiert und sich dafür wie für alles weitere an den sehr viel näher liegenden internen Zäsuren der Geschichte Israels und Judas orientiert.[1] Dies bedeutet freilich nicht, daß man auf eine literaturgeschichtliche Synthese im historischen Zusammenhang gänzlich verzichten müßte. Eine entsprechende Skizze findet sich am Ende dieses Überblicks.

2. Schreiber und Schreiberschulen

Wie im ganzen Alten Orient hat sich auch in Israel und Juda die Schriftkultur mit der Entstehung des Königtums entwickelt.[2] Hof- und Tempelwirtschaft sowie der Handel machten den Aufbau einer Bürokratie notwendig. Außer Priestern, Propheten, Rechtsgelehrten und Soldaten brauchte es den Schreiber, der innerhalb und außerhalb des Hofes die Geschäfte führte. Buchhaltung und Korrespondenz sowie die Abfassung, Aufzeichnung und Archivierung wichtiger politischer, juristischer, ökonomischer, religiöser und nicht zuletzt literarischer Dokumente zählten zu seinen Aufgaben.

Vieles spricht dafür, daß zur Ausbildung der Schreiber Schulen eingerichtet wurden. Die Ausbildung fand aber auch in darauf spezialisierten Schreiberfamilien statt, die ihr Wissen von Generation zu Generation weitergaben. Hier wie dort wurde nicht nur das Lesen und Schreiben beigebracht, son-

---

[1] Vgl. Kratz 2002b.
[2] Vgl. Lemaire 1981; Knauf 1994, 221–237; Carr 2005; Van der Toorn 2007; Hezser 2001; Renz 2009a; Rollston 2010.

dern eine möglichst umfassende Bildung vermittelt, die die Absolventen befähigte, den Dienst bei Hof oder am Tempel zu versehen. Die angehenden Schreiber wurden mit den Traditionen und Literaturen ihrer Kultur vertraut gemacht und zum richtigen Verhalten im Umgang mit sich selbst und anderen Menschen erzogen. Die Bildungsgehalte wurden im Rahmen der sogenannten Weisheit gesammelt und tradiert.

Inwieweit die Schreiber- oder Weisheitsschulen in die Breite wirkten und außer den künftigen Staatsdienern weitere Kreise der Oberschicht ausbildeten, läßt sich nur schwer sagen. Wenigstens für den Handel und das Rechtswesen, die nicht vollkommen zentralistisch organisiert waren, muß man dies annehmen. Dennoch blieb die Fähigkeit des Lesens und Schreibens als Grundlage der umfassenden Bildung auf eine kleine Minderheit professioneller Schreiber und anderer Berufsgruppen beschränkt. Dementsprechend gering ist auch die Verbreitung der Literatur zu veranschlagen. Die Zahl privater Bibliotheken dürfte anfänglich gering gewesen, in nachstaatlicher Zeit aber gewachsen sein.

Professionelle Schreiber sind epigraphisch sowohl für die vor- wie für die nachexilische Zeit belegt und uns dem Namen nach bekannt.[3] Auf sie und ihresgleichen läßt sich die Abfassung der in Israel und Juda wie auch in der Diaspora gefundenen inschriftlichen Zeugnisse zurückführen. Daß die Schreiber auch biblische Bücher aufgezeichnet, abgeschrieben oder gar selbst verfaßt hätten (Jer 36; Bar 1,1 ff), ist außerhalb der Bibel selbst und der von ihr beeinflußten Literatur nirgends erwähnt. Da die Schreiber in Schulen oder professionellen Schreiberfamilien ausgebildet wurden und in aller Regel in staatstragenden Ämtern tätig waren, die biblischen Schriften dagegen Hof und Tempel in vorexilischer Zeit wie

---
[3] Vgl. Jamieson-Drake 1991; Schams 1998; Vanderhooft 2011.

auch den Institutionen und Eliten des Landes in nachexilischer Zeit eher reserviert bis feindlich gegenüberstehen, ist damit kaum zu rechnen. So legt sich der Schluß nahe, daß es sich bei den Verfassern und Kopisten der biblischen Bücher um Menschen handelte, die zwar aus den Schreiberschulen und dem gehobenen Beamtentum stammten, sich davon aber wenigstens innerlich, vielleicht auch äußerlich distanziert hatten und ihre eigenen Wege gingen.

Zum selben Ergebnis führt der Vergleich zweier jüdischer Archive, die archäologisch nachgewiesen sind: Elephantine und Qumran.[4] Weder die kommunalen noch die privaten Archive der jüdischen Kolonie von Elephantine aus dem 5. Jahrhundert v. Chr. enthalten irgendeinen Hinweis auf biblische Bücher. Im Gegenteil, die Literatur, die hier gelesen wurde, beschränkt sich, soweit wir sehen, auf die aramäische Fassung der berühmten Behistuninschrift des persischen Königs Dareios I. und auf »die Worte eines mit Namen Ahiqar«, eine nichtisraelitische Weisheitsschrift, die ihre Spuren im apokryphen Tobitbuch hinterlassen hat.[5]

Demgegenüber haben sich, mit Ausnahme von Ester, Abschriften oder zumindest Zitate sämtlicher Bücher des hebräischen Kanons sowie Reste damit verwandter parabiblischer Literatur in den Höhlen von Qumran gefunden, dem Aufbewahrungsort von Schriften einer jüdischen Gemeinschaft in hellenistisch-römischer Zeit, die sich vom Kult am Jerusalemer Tempel losgesagt und einen eigenen Schulbetrieb gegründet hat. In der Gemeinschaft von Qumran wurden die Schreibarbeiten des alltäglichen Lebens und die Korrespondenz erledigt, aber eben auch die biblischen und parabibli-

---

[4] S. u. *Archive* II 1 u. 3.
[5] Tob 1,21–22; 2,10; 11,19 (GII 11,18); 14,10.

schen Bücher mehrfach abgeschrieben sowie eigene Schriften verfaßt.

Seit wann biblische und parabiblische Bücher auch im Archiv des Jerusalemer Tempels sowie in den Synagogen des Mutterlandes und der Diaspora lagerten und dort studiert oder in kultischen Vollzügen verwendet wurden, wissen wir nicht. Erste Anzeichen für eine weitere Verbreitung sind die griechische Übersetzung des jüdischen Gesetzes, der Tora, vielleicht Mitte des 3. Jahrhunderts v. Chr. (Aristeasbrief) und das Zeugnis für die drei Teile des späteren Kanons – Tora, Propheten und übrige Schriften – im Buch des Ben Sira sowie möglicherweise im Lehrschreiben 4QMMT.[6]

3. Schrift und Schriftträger

Während der ersten Hälfte des 1. Jahrtausends v. Chr. bedienten sich die Schreiber der althebräischen Schrift. Sie ist eine lokale Variante der phönizischen Schrift, einer Alphabetschrift, die sich im Übergang von der Spätbronze- zur Eisenzeit aus diversen Vorläufern entwickelt hat.[7] Das althebräische Alphabet begegnet uns zum ersten Mal auf einer Stele des moabitischen Königs Mescha und ist ab dem 8. Jahrhundert auch für Israel und Juda inschriftlich belegt. In der zweiten Hälfte des 1. Jahrtausends wurde es von der aramäischen

---

[6] Vgl. Sir 44–49 und Prolog 1.8–10.24–25 (JSHRZ III/5, 505 f.614 ff); 4QMMT (4Q397 14–21,10 = 4Q398 14–17,5; sicher bezogen sind das »Buch des Mose« und die »Bücher der Propheten«, unsicher ist die Lesung eines anschließenden »und in David«, was für die Psalmen stehen könnte).

[7] Zu Sprachen und Schriften vgl. Noth 1962, 180 ff.200 ff; Knauf 1994, 190–221; zu Materialien und Schreibpraktiken Tov 1997, 162 ff und 2012, 191 ff; 2004; zum inschriftlichen Befund Jamieson-Drake 1991; Renz 2009a; Rollston 2010 sowie HAE.

I. Die Voraussetzungen 85

Quadratschrift, einer Weiterentwicklung der altaramäischen Variante der Alphabetschrift, verdrängt.

Auch die ältesten uns erhaltenen Bibelhandschriften, die Fragmente vom Toten Meer (Qumran und Umgebung), sind mehrheitlich in der bis heute gebräuchlichen aramäischen Quadratschrift geschrieben. Einige wenige Handschriften, Inschriften und Münzlegenden sowie die Schreibung des Gottesnamens mit althebräischen Buchstaben in hebräischen und griechischen Bibelhandschriften beweisen jedoch, daß auch das althebräische Alphabet bis weit in nachchristliche Zeit hinein nicht ganz aus der Mode kam. In der Überlieferung des samaritanischen Pentateuchs[8] lebt es bis heute weiter.

Als Schreibunterlagen wurden Stein, Ton, Holz, Metall, Papyrus und Leder gebraucht. Die Wahl des Materials hing davon ab, für welche Zwecke man schrieb und was man sich leisten konnte. Stein eignete sich vor allem für Monumental- und Grabinschriften. Im Alltagsleben war Ton verbreitet. Tongefäße, Henkel und Bullen wurden – vor oder nach dem Brennen – ihrer Funktion entsprechend beschriftet, Tonscherben (Ostraka) dienten dem Abrechnungswesen und dem Briefverkehr. Holz wurde vor allem in Form einer mit Wachs überzogenen Holztafel zur Aufnahme eines Diktats oder im Unterricht gebraucht. Eher dekorativen Zwecken diente die Beschriftung von Metall.

In der zweiten Hälfte des 1. Jahrtausends v. Chr. setzten sich als wichtigste Schriftträger Papyrus und Leder (später Pergament) durch, auf die der Text mit Tinte aufgetragen wurde. Wie die übrigen Schreibstoffe war auch der Papyrus lange vorher in Gebrauch. Zwar ist bisher nur ein einziger althebräischer Papyrus, ein Palimpsest aus dem 7. Jahrhundert,

---
[8] Dazu s. u. *Archive* II 4.

bekannt (Wadi Murabbaʻat).⁹ Doch Tonbullen, die als Verschluß dienten und auf der einen Seite ein Siegel, auf der anderen den Abdruck eines Papyrus aufweisen, sind ein indirekter Beleg für die Verwendung dieses Schreibstoffs in der Königszeit. Papyrus und Leder waren sowohl für den alltäglichen Gebrauch als auch für die Archivierung und Überlieferung geeignet. Kürzere Texte, Verträge oder Briefe, wurden auf einzelne Bögen, längere Schriftstücke, insbesondere literarische Werke, auf Rollen geschrieben, zu denen die Bögen zusammengefügt (geklebt oder genäht) wurden. Die Bögen waren in Kolumnen und Zeilen aufgeteilt, die gelegentlich von den Schreibern vorgezeichnet und anschließend beschrieben wurden.

Papyrus und Leder sind auch die Materialien, auf denen die biblischen Bücher überliefert wurden. Aus der vorexilischen Zeit sind keine Bibelhandschriften erhalten. Die ältesten uns bekannten Zeugen sind die Fragmente vom Toten Meer, die aus der Zeit zwischen dem 3. Jahrhundert v. Chr. und dem 1. Jahrhundert n. Chr. datieren. Sie sind mehrheitlich auf Leder geschrieben. Das Material bot sich schon der Länge der Texte wegen an. Eine Rolle hatte einen durchschnittlichen Umfang von 8–10 Metern, konnte aber auch wesentlich kürzer oder länger sein. In Qumran enthält eine Rolle in der Regel eine biblische Schrift oder Schriftengruppe (Dodekapropheton, vermutlich auch den Pentateuch). Aus der Zeit nach Qumran sind Fragmente hebräischer Handschriften erst wieder aus dem 6.–8. Jahrhundert n. Chr. (Geniza von Altkairo), vollständige Abschriften seit dem 9. Jahrhundert bekannt. Sie sind nun mehrheitlich nicht mehr als Rolle, sondern, wie der griechische Bibeltext, in Form des Kodex geschrieben.

---

⁹ HAE I, 283–287; HTAT, 366 f.

Im Unterschied zu den meisten auf Stein, Ton, Holz, Metall, aber auch Papyrus und Leder geschriebenen Dokumenten des 1. Jahrtausends v. Chr. sind die biblischen und parabiblischen Schriften, die in Qumran gefunden wurden oder auf anderem Wege auf uns gekommen sind, in mehreren, stellenweise voneinander abweichenden und von den Schreibern durch Text- oder Materialausbesserung sorgsam gepflegten Abschriften belegt. Während der Rest in Vergessenheit geriet, haben sich die biblischen und parabiblischen Handschriften kontinuierlich vermehrt.

4. Vorbiblische Schriftzeugnisse

Von den Erzeugnissen der israelitisch-judäischen Schriftkultur haben sich nur wenige Beispiele erhalten. Hierzu zählen zum einen die in Palästina und außerhalb gefundenen hebräischen und aramäischen Inschriften, zum anderen die spärlichen Relikte, die in die biblische Überlieferung Eingang gefunden haben.[10] Erstere sind authentische Zeugnisse der israelitisch-judäischen Schriftkultur, letztere lassen sich nur hypothetisch durch literarkritische Analyse identifizieren, wobei die authentischen Schriftzeugnisse den Maßstab abgeben.

4.1 Bei den Inschriften handelt es sich, wie kaum anders zu erwarten, zum allergrößten Teil um *Dokumente der Wirtschaft und Verwaltung*: Abrechnungen, Listen und Briefe (Samaria, Arad, Horvat ʿUza, Lachisch, Elephantine, Wadi

---

[10] Die Inschriften finden sich gesammelt in KAI; HAE; in Auswahl SMELIK; TUAT und HTAT. Vgl. dazu Renz 2009a. Zu den »Resten der altisraelitischen Literatur« im Alten Testament vgl. auch Levin 2001, 27–48.

Daliyeh)[11] sowie, zeitlich und geographisch weit gestreut, Siegel, Stempel und Gewichte.[12] Im Alten Testament sind solche Dokumente, die aus dem Alltagsleben stammen, so gut wie nicht vertreten. Lediglich bei einigen Listen wie denen der Söhne Davids (2 Sam 3,2–5; 5,14–16), der Beamten Davids (2 Sam 8,15–18) oder der Gaue Salomos (1 Kön 4,1–19) wird vermutet, daß alte Überlieferungen zugrunde liegen oder als Vorbild gedient haben. Ansonsten aber ist die biblische Überlieferung den alltäglichen Geschäften weit entrückt.

4.2 Größere Aufmerksamkeit hat im Alten Testament das *Rechtswesen* auf sich gezogen. Wie dem Bittgesuch eines Landarbeiters auf dem Ostrakon von Yavneh Yam zu entnehmen ist,[13] wurde das Recht vor Ort gesprochen: von den »Ältesten« bei den Versammlungen der Vollbürger »im Tor« oder, wie hier, von königlichen Beamten. Der Landarbeiter ist von seinem Arbeitgeber um sein Obergewand gebracht worden und klagt höheren Orts sein Recht ein: »Mein Herr, der Oberste, möge hören!« Fälle wie dieser wurden nach einfachen Rechtsgrundsätzen, dem Recht der Entsprechung (*ius talio-*

---

[11] *Samaria*: HAE I, 79–110 sowie 135–144; TUAT I, 248f; HTAT, 278–284; *Arad*: HAE I, 20–22; TUAT I, 251f; HTAT, 352–363; *Horvat ʿUza (Hirbet Gazza)*: HTAT, 364; Beit-Arieh 2007, 122–187; Naʾaman 2012; *Lachisch*: KAI 192–199; HAE I, 405–440; TUAT I, 620–624; HTAT, 420–424; *Elephantine*: TAD und LOZACHMEUR; *Wadi Daliyeh*: DJD 24 und 28; DUŠEK A. S. u. *Archive*.

[12] HAE II/2, 79–445 sowie die Übersicht in HAE II/1, 4ff.9ff.17ff.

[13] KAI 200; HAE I, 315–329; TUAT I, 249f; HTAT, 370–372. Für das Recht in vorexilischer Zeit ist vielleicht auch das Ostrakon von Hirbet Qeiyafa einschlägig, das, sollten die vorgeschlagenen Lesungen zutreffen, den weit verbreiteten Grundsatz der Fürsorgepflicht für die sozial Schwachen (*personae miserae*) vertritt; vgl. zur Diskussion Rollston 2011; Achenbach 2012; Demsky 2012; zum archäologischen Kontext Finkelstein/Fatalkin 2012.

I. Die Voraussetzungen

nis) oder dem Grundsatz der angemessenen Entschädigung, entschieden und als Präzedenzfälle behandelt. Daraus entwickelte sich mit der Zeit eine ausgefeilte Kasuistik, die in Sammlungen von Rechtssätzen (*Mischpatim*) nach dem Schema »wenn – dann« Eingang fand.

Eine solche Sammlung, für die es auch altorientalische Beispiele gibt, ist im sogenannten Bundesbuch überliefert (Ex 21,1–22,19). In ihr sind Fälle aus dem Zivilrecht zusammengestellt und vor allem Ersatzleistungen und Körperverletzungen im nachbarlichen Zusammenleben, dem Umgang mit dem »Nächsten«, geregelt. Doch blieb die Sammlung die Ausnahme. In der Regel beruhte die Rechtspraxis auf Gewohnheitsrecht und kann daher nur aus Einzelfällen erschlossen werden. Einen Einblick in das Vertragsrecht bei Eheschließung und Grundstücksübertragung gewähren z. B. die Familienarchive von Elephantine.[14]

Die einzig erhaltene ältere Sammlung israelitischer Rechtssätze im Bundesbuch wurde entweder zu Ausbildungszwekken oder – wie im Kodex Hammurapi – im Namen und zum Ruhme des Königs als des von Gott beauftragten obersten Hüters von Recht und Gerechtigkeit zusammengestellt. Im Rahmen der biblischen Überlieferung, in der Mose zum Gesetzgeber *par excellence* avancierte und die Gesetzeskorpora vermehrt wurden, verlor das Recht seinen ursprünglichen Sitz im Leben. Es wurde in den Rang einer göttlichen Offenbarung erhoben und dementsprechend theologisch ausgebaut. Im Zuge dessen erhielt auch der Rechtsfall des Landarbeiters auf dem Ostrakon von Yavneh Yam eine neue Bedeutung: Die Frage ist nun nicht mehr, ob dem Landarbeiter der Mantel zu Recht oder zu Unrecht genommen wurde, sondern der soziale Status des Armen, der im Alten Orient seit jeher

---

[14] Porten 1968; Azzoni 2001; Muffs 2003; Botta 2009.

und überall unter dem besonderen Schutz des Rechts stand. Und: Gott selbst wird die Klage des Armen erhören, damit dieser seinen Mantel wiederbekommt, ehe die Sonne untergeht (Ex 22,25f; Dtn 24,12f.17f; Am 2,8ff).

4.3 Aus dem Bereich der Religion haben sich vor allem *Grab- und Votivinschriften* erhalten (Kuntillet 'Ajrud, Hirbet el-Qom, Hirbet Beit Lei, Silwan, Ketef Hinnom, En Gedi).[15] Sie zeigen ein deutlich anderes theologisches Profil der Religion Israels und Judas, als es das Alte Testament, insbesondere das Erste Gebot, vorsieht. Außer Jhwh, dem lokal differenzierten Hauptgott, kennen sie Aschera als segenspendende göttliche Kraft, die neben Jhwh und anderen Göttern (El, Baal) verehrt wurde. Man sieht in den Inschriften daher meist Zeugnisse der Volksreligion, die von der offiziellen oder althergebrachten Jhwh-Religion abweichen. Zur Marginalisierung des epigraphischen Befunds besteht jedoch kein Grund. Die dominante Stellung Jhwhs, die auch in der Namengebung des 8. und 7. Jahrhunderts v.Chr. zum Ausdruck kommt,[16] und manche Formulierung, wie die des aaronitischen Segens Num 6,24–26 in einer der Inschriften von Kuntillet 'Ajrud[17] und auf den beiden (jüngeren) Silberamuletten von Ketef Hinnom,[18] legen einen anderen Schluß nahe. Die Grenzen zwischen Tempeltheologie und Volksreligion waren in der

---

[15] *Kuntillet 'Ajrud*: HAE I, 47–64; TUAT II, 561–564; TUAT.NF 6, 314–319; HTAT, 365f; *Hirbet el-Qom*: HAE I, 199–217; TUAT II, 556–558; HTAT, 367f; *Hirbet Beit Lei*: HAE I, 242–251; TUAT II,559f; *Silwan*: HAE I, 261–265; TUAT II, 558f; HTAT, 369; *Ketef Hinnom*: TUAT.NF 6, 311–314; HAE I, 447–456; *En Gedi*: HAE I, 173–175; TUAT II, 561; dazu HAE II/1, 2f.89–93; Renz 2009b.

[16] Vgl. HAE II/1, 53ff; II/2, 109f.

[17] HAE I, 62.

[18] S.o. Anm. 15. Zum Segen Jhwhs vgl. Leuenberger 2008 sowie die wichtige, vordeuteronomische Stelle Ex 20,24.

vorexilischen Königszeit und, denkt man an Elephantine, auch später noch fließend. Die Scheidung von Orthodoxie und Heterodoxie in der biblischen Überlieferung, die den Segen von Jhwh allein erwartet (vgl. Gen 12,1–3), entspringt der nachträglichen theologischen Reflexion.

4.4 Segens- und Fluchformeln in Inschriften und auf Amuletten berühren einen weiteren wichtigen Bereich der Religion: *Magie und Mantik.* Der Glaube an verborgene göttliche Kräfte und die Möglichkeit, sie mit magischen Mitteln zu beeinflussen, gibt sich in den epigraphischen und ikonographischen Zeugnissen auf vielfache Weise zu erkennen. Doch nur selten sind in den Inschriften die zuständigen Fachleute erwähnt, die die Kunst der Magie und die damit zusammenhängende Wahrsagekunst beherrschen: Priester und Propheten.[19] Auch sie hat es in Israel und Juda gegeben.

In der Feldpost eines Untergebenen an seinen Vorgesetzten, dem Lachisch-Ostrakon Nr. 3, wird aus dem Brief eines königlichen Beamten ein judäischer Prophet zitiert.[20] In der angespannten Situation der Belagerung Jerusalems durch die Babylonier um 597 v. Chr. hatte der anonyme Prophet – wohl im Namen des Reichsgottes Jhwh – zur Vorsicht gemahnt: »Hüte dich!« – sei es, daß er den König vor einem feindlichen Überfall warnen (vgl. 2 Kön 6,9), sei es, daß er ihm die Angst nehmen und den Beistand Jhwhs gegen seine Feinde zusichern wollte (vgl. Jes 7,4). So dürftig das Zeugnis auch sein mag, es fügt sich bestens in das Bild ein, das man aus den altorientalischen Parallelen (Mari-Briefe, Neuassyrische Pro-

---

[19] Vgl. HAE II/2, 115; HTAT, 382 f. »Priester« (*khn* für die judäischen, *kmr* für die ägyptischen) sind auch in den Papyri von Elephantine genannt (PORTEN/LUND, 154 f.159 f).

[20] HAE I, 412–419; HTAT, 421 f; vgl. auch Ostrakon Nr. 16 und vielleicht Nr. 6 (Konjektur), dazu NISSINEN, 212–218.

phetien, Zakkur-Inschrift) gewinnt.[21] Propheten waren in der Regel Kultbeamte, die im Namen des Reichsgottes für den amtierenden König arbeiteten, ihn in politischen, militärischen, kultischen oder ethischen Angelegenheiten berieten und deren Botschaften in Briefen mitgeteilt und auf diesem oder anderen Wegen archiviert wurden. In den Quellen von Mari ist gelegentlich auch von spontanen Eingebungen an beliebige Personen die Rede, die sich danach an den Hof wenden und ihm die ihnen zuteil gewordene Offenbarung mitteilten. Prophetie war im Alten Orient und so auch in den Königreichen Israel und Juda ein Mittel der Politik und Propaganda.

Doch hatten die Propheten nicht immer nur Gutes zu vermelden. Aus dem näheren Umkreis Israels stammen die Worte Bileams, des Sohnes Beors, des Sehers der Götter, aus Deir 'Alla im Lande Gilead.[22] Er ist kein anderer als der Bileam der Bibel (Num 22–24), nur daß man ihm hier noch in seiner ursprünglichen Umgebung und in seiner Zeit, um 700 v. Chr., begegnet, bevor er von der biblischen Überlieferung für Israel vereinnahmt wurde. Die Inschrift war mit roter und schwarzer Tinte auf eine getünchte Wand geschrieben. Im Sinne des Wortes hat Bileam mit ihr den Teufel an die Wand gemalt, eine schreckliche, von den Göttern beschlossene Katastrophe, die er seinen Leuten unter Tränen ankündigt. Aus den schlecht erhaltenen Resten geht nicht eindeutig hervor, welchen Anlaß die Unheilsankündigungen und Flüche hatten und zu welchem Zweck sie aufgeschrieben wurden. Am ehesten lassen sie sich als Warnung und Mahnung zur Besserung verstehen, um die erzürnten Götter, Schagar und Aschtar bzw. Schamasch

---

[21] *Mari-Briefe*: NISSINEN, 13 ff; TUAT II, 83–93; *Neuassyrische Prophetien*: PARPOLA; NISSINEN, 97 ff; TUAT II, 56–82; *Zakkur-Inschrift*: KAI 202; TUAT I, 626–628; NISSINEN, 203–207. Vgl. zum Phänomen der Prophetie im Alten Orient Kratz 2003b, 21–28; 2011a, 3 ff; Stökl 2012.

[22] NISSINEN, 207–212; TUAT II, 138–148; KAI 312.

(die Lesung ist unsicher), El und die Versammlung der Schaddin (vgl. Num 24,4.16), zu beschwichtigen und die bevorstehende oder zur Zeit der Niederschrift vielleicht auch schon überstandene Katastrophe durch Einwirken des Sehers mit Fasten und Weinen abzuwenden. Die Inschrift erinnert etwas an die altorientalische Omenwissenschaft, eine andere Form der Mantik, bei der es um das Erkennen und die Deutung von guten und schlechten Vorzeichen ging.

Im Alten Testament haben sich nicht nur die Gattungen und Redewendungen, sondern auch Reste der alten israelitischen und judäischen Prophetie erhalten. Der Phänomenologie der klassischen altorientalischen Prophetie stehen die *Prophetenlegenden* in den Büchern Samuel–Könige am nächsten. Hier begegnet man den Königsmachern und politisch-militärischen Beratern des Königs (Samuel in 1 Sam 9–10; Natan in 1 Kön 1–2; Elischa in 2 Kön 3,11 ff; Jesaja in 2 Kön 18–20) ebenso wie den mit magischen Kräften ausgestatteten Wundertätern (Elia und Elischa in 1 Kön 18,41–46; 2 Kön 4). Doch nicht alle Erzählungen haben einen alten literarischen Kern, der in die Königszeit zurückreicht. Manche sind erst später unter Rückgriff auf alte Muster gebildet. Sie alle wurden nachträglich im Geist der – deuteronomistischen – Redaktionen überarbeitet, die den Büchern Samuel und Könige ihre vorliegende Gestalt gaben.

Die *Sprüche der Propheten* sind in den Büchern der Propheten gesammelt. Aber auch hier sind nur einige wenige authentische Worte auszumachen, die zur Hinterlassenschaft der israelitisch-judäischen Schriftkultur gezählt werden können. Aus der Zeit des sogenannten syrisch-efraimitischen Krieges um 730 v. Chr. stammen die Heilsorakel des Propheten Jesaja, der den Feinden Judas im Norden, Aram und Israel, den Untergang prophezeite (Jes 7,4.7–9; 8,1–4; vielleicht auch 17,1–3), ganz so, wie rund ein Jahrhundert später der Prophet Nahum den Assyrern. Parolen von beiden Fronten des syrisch-efraimitischen Krieges scheinen auch in Hos 5,8–11 eingegangen zu sein. Das authentische Spruchgut des Propheten Hosea ist jedoch in Hos 6,8–7,7 verarbeitet und beklagt den drohenden Untergang des Reiches Israel, der 722 v. Chr. wahr geworden ist. Denselben Anlaß haben die Bildworte (Am 3,12; 5,2.3.19) und Wehe-Rufe (Am 5,18; 6,1 ff; vgl. 3,12; 4,1; 5,7) des Propheten Amos in Am 3–6, die das Ende Samarias als unausweichlich hinstellen, sei es, daß sie es – aus israelitischer Perspektive – beklagen und vielleicht doch noch abwenden, sei es, daß sie es – aus judäischer Perspektive – begrüßen und gewissermaßen herbeizwingen sollten. Eindeutig aus der Sicht der Betroffenen sind die ältesten Worte des Propheten Jeremia gesprochen, Klagen über den sich abzeichnenden Untergang Judas 597–587 v. Chr., die voller Anteilnahme aus dem Inneren des Propheten herausbrechen (Jer 4,7.11.13.19–21; 6,1.22–23). In den Klagen redet Jeremia, nicht Jhwh. Er ist darüber erschrocken, was er kommen sieht und hört. Was es ist, deutet er nur an, doch soviel ist klar: Es ist nicht Jhwh, der Juda und Jerusalem für ihre Sünden bestraft, sondern eine ungeheure Kriegsmaschinerie, die auf sie zumarschiert, der ominöse »Feind aus dem Norden«. Den Klagen Jeremias kann man das Wort Zefanjas über den »Tag Jhwhs« zur Seite stellen (Zef 1,14–16), das an die verkehrte Welt in den Unheilsvisionen Bileams von Deir 'Alla erinnert.

Nachdem alles vorbei war und es die Königreiche Israel und Juda nicht mehr gab, hatten die Propheten ihr soziales Umfeld und damit ihre Bedeutung verloren. Einige haben sich jedoch noch hier und da zu Wort gemeldet. Die einen hielten, wie etwa der Prophet Hananja in Jer 28,10–12, bis zuletzt an den herkömmlichen Traditionen fest und kündeten im Namen Jhwhs vom Sieg über die Feinde. Andere erhoben erst dann wieder die Stimme, als klar war, wer das Land künftig regieren und die Pflege des Tempels übernehmen würde. Unter dem Datum des 2. Jahres eines Königs Dareios (vermutlich Dareios I.) sind zwei Orakel überliefert, die zum Wiederaufbau des Tempels aufrufen und vom Einzug der Herrlichkeit Jhwhs künden (Hag 1,1.4.8 und 1,15b/2,1.3.9a). Aus der Zeit des Zweiten Tempels hören wir kaum mehr von Propheten, was nicht bedeutet, daß es sie nicht gegeben hätte (vgl. Neh 6,7.10–14; Sach 13). Doch schon länger wehte der prophetische Geist nicht mehr in den Propheten selbst, sondern in der schriftlichen Überlieferung, die unter ihrem Namen zirkulierte und gerade zur Zeit des Zweiten Tempels kräftig anwuchs.

4.5 Die epigraphischen Funde gewähren uns bedauerlicherweise keinen Einblick in die literarische Überlieferung von Priestern und anderem Kultpersonal an den Tempeln von Israel und Juda.[23] Aufgrund der altorientalischen Parallelen wären Götterlisten, Opferrituale, Festkalender, Hymnen und Gebete sowie Göttermythen zu erwarten. Doch außer einigen Aufschriften auf Kultgeräten ist bisher nichts zutage getreten. So ist man ganz auf das Alte Testament angewiesen.

Überlieferungen der Opferpriester kann man hinter den Opfergesetzen (Lev 1–7) und Reinheitsvorschriften (Lev 11–15) der Tora vermuten. Auch das Altargesetz in Ex 20,24–26 und der Festkalender in Ex 23,14–17 dürften auf alter kultischer Überlieferung aus der Königszeit beruhen.

Hymnen und Gebete sind im Psalter zu finden. Die alten Hymnen, wie Ps 29, Ps 93 oder die Reihe der Partizipien in der Grundschicht von Ps 104 (V. 2b–4.10a.13a.14b.15.32, mit Rahmen in V. 1.33), zeichnen sich dadurch aus, daß sie nahe-

---

[23] Das Wenige, das sich gefunden hat, ist in HAE II/1, 26–28 aufgeführt.

zu ungebrochen in kanaanäischer Tradition stehen. In poetischer Kurzfassung geben sie den Mythos vom Königtum Gottes wieder, der vom Kampf der Götter und Gewalten – des Wettergottes und »Herrn der ganzen Erde« (Baal bzw. Jhwh) gegen die chaotischen und zerstörerischen Kräfte des Meeres (Jam) und des Todes (Mot) – um die Herrschaft über die Götter und die ganze Erde handelt (vgl. Ps 97,9). Die Hymnen berühren sich mit der Eigentumsdeklaration in einer der Inschriften von Hirbet Beit Lei, dem Lobpreis in der Höhleninschrift von En Gedi und der Theophanieschilderung in einer (phönizischen) Wandinschrift von Kuntillet ʿAjrud.[24] Der Jhwh von Samaria und der Jhwh von Jerusalem unterschieden sich demzufolge in nichts von dem Baal von Ugarit und dem Baal oder Hadad der Phönizier und der Aramäer. Alte Gebete sind das Klagelied (z. B. Ps 13) und das Danklied des Einzelnen (z. B. Ps 118,5.14.17–19.21.28). Bei ihnen handelt es sich um die Wortteile eines mit Opfern verbundenen Rituals, das in den Texten des Danklieds angedeutet, uns aber nicht weiter bekannt ist. Auch in ihnen hat die kanaanäische Mythologie Pate gestanden, insofern die Gottheit den Beter stets aus dem Tod ins Leben führt. Im ugaritischen Baal-Epos ist Motu, der Tod, der zweite Feind nach dem Meeresgott Jammu, mit dem der Wettergott Baal um das Königtum ringt.

4.6 Eine lokale Besonderheit stellt die *hebräische Erzählung* dar. Göttermythen, d. h. Erzählungen aus der Sphäre der Götter, die die Verhältnisse auf Erden erklären – wie der Baal-Zyklus in Ugarit, Atramchasis und Enuma Elisch in Mesopotamien[25] –, sind im Alten Testament keine überliefert. Den altorientalischen Mythen am nächsten stehen die Vorlagen

---

[24] S. o. Anm. 15. Zu Kuntillet ʿAjrud 4.2 vgl. Blum 2013, 21–39.
[25] TUAT III.

der Urgeschichte in Gen 1–11: die kainitische Anthropogonie in Gen 2–4, die Fluterzählung in Gen 6–9 und die noachitische Völkertafel in Gen 10. Ansonsten steht die hebräische Erzählkultur eher in der (nordwestsemitischen) Tradition der Heldenlegenden, wie man sie etwa aus dem Gilgamesch-Epos[26] kennt, und hat sich auf die Verhältnisse in verschiedenen sozialen Milieus, in der Familie (Gen), im Stamm (Ri) oder am Königshof (Sam und Kön), konzentriert. Erst nachträglich wurden die Einzelerzählungen zu größeren Erzählzyklen und übergreifenden Geschichtsdarstellungen verbunden und im Zuge dessen zum Mythos der Geschichte Gottes mit seinem Volk Israel, d. h. zur heiligen Geschichte (*historia sacra*) umgestaltet.

Mit Ausnahme vielleicht der Urgeschichte war die hebräische Erzählüberlieferung allerdings nicht im priesterlichen, sondern im höfischen Milieu angesiedelt. Die hier tätigen Schreiber hatten neben dem alltäglichen Geschäft, von dem die Ostraka zeugen (Samaria, Arad, Horvat ʿUza, Lachisch), in erster Linie die *königlichen Annalen* oder richtiger *Chroniken* zu führen. Ihnen scheinen die Angaben über Regierungswechsel und -zeiten entnommen zu sein, auf denen die Chronologie der Königebücher beruht. Im Zusammenhang damit werden, wie in solchen Königschroniken üblich, gelegentlich besondere Ereignisse, Feldzüge und Baumaßnahmen kurz erwähnt.

Diese Episoden sind der Ausgangspunkt für *Geschichtserzählungen*, die zunächst separat entstanden sind und nachträglich in das annalistische Rahmenschema der Königebücher eingeschaltet wurden (z.B. 1 Kön 20 und 22; 2 Kön 3; 9–10). Den Übergang vom einen zum anderen kann man an

---

[26] TUAT III, 646–759.

drei Inschriften studieren:[27] der Stele des Königs Mescha, gewissermaßen der moabitischen Version von 2 Kön 3;[28] der Inschrift von Tel Dan, der aramäischen Version von 2 Kön 9–10;[29] sowie der Schiloach-Inschrift, dem einzigen epigraphischen Beleg althebräischer Prosa, der sich sowohl durch seine Kürze als auch dadurch auszeichnet, daß in der kunstvoll erzählten Episode weder der König noch Jhwh eine Rolle spielen.[30]

4.7 Eng mit dem Hof verbunden war die *Weisheit*, die geistige Heimat und Schule der Schreiber. Hier wurden sämtliche Traditionen und Wissensbestände der israelitischen und judäischen Kultur, soweit sie nicht von Fachleuten wie Chronisten, Priestern und Propheten gepflegt wurden, aufgezeichnet, bearbeitet und gelehrt. Und hier dürften auch die Erzählüberlieferungen gesammelt und in eine literarische Form gebracht worden sein.

Wie das Beispiel der aramäischen Version des Ahiqar zeigt, die in Elephantine gelesen wurde, verstand sich die Weisheit sowohl auf das Erzählen als auch auf das Versemachen.[31] In geschliffenen Sprichwörtern und diversen poetischen Gattungen sind die Phänomene und Ordnungen der Natur sowie das menschliche Verhalten und seine Psychologie analysiert und auf den Begriff gebracht. Beispiele finden sich in den älteren Sammlungen des Proverbienbuchs,[32] von denen Spr

---

[27] Zum Geschichtsbewußtsein der Inschriften vgl. Kratz 2007a (engl. 2009).
[28] KAI 181; TUAT I, 646–650; HTAT, 242–248.
[29] TUAT.E, 176–179; HTAT, 267–269.
[30] KAI 189; HAE I, 178–189; TUAT II, 555 f; HTAT, 328 f.
[31] TAD C 1.1; JSHRZ.NF 2/2.
[32] Spr 10,1–22,16; 22,17–24,22 und 24,23–34; 25–29.

22,17–24,22 eine ägyptische Parallele besitzt.[33] Auch die Naturschilderung in den Gottesreden des Hiobbuchs (Hi 38–41) steht in dieser Tradition.

Lehrerzählungen wie die Ahiqar-Erzählung geben Beispiele für die angewandte Weisheit und die oft verschlungenen, am Ende aber erfolgreichen Lebensläufe von Weisen. Im Alten Testament wird diese Gattung von der Jotamfabel Ri 9 und der Josefserzählung Gen 37–50 repräsentiert. Daneben gibt es jüngere Textvertreter, in denen aus dem exemplarischen Weisen der exemplarische Fromme geworden ist und zunehmend auch die Leiden des weisen Frommen an Gott und der Weisheit bedacht sind (Dan, Hi). Doch auch in den älteren Erzählüberlieferungen, die aus anderen Milieus stammen, ist nicht selten die Erzählkunst der Weisheit am Werk.

II. Übergänge in die biblische Tradition

Nach den Voraussetzungen, die nicht auf das Frühstadium der Literaturgeschichte beschränkt werden dürfen, sondern während der gesamten Zeit der beiden Monarchien Israel und Juda wie auch der beiden Provinzen Samaria und Juda gegeben waren, wenden wir uns nun den Wegen in die sich bildende biblische Überlieferung zu. Die Darstellung folgt aus den oben genannten Gründen nicht der Chronologie der altorientalischen Reiche, sondern den Zäsuren und Phasen der israelitisch-judäischen Geschichte, und behandelt die verschiedenen Überlieferungsbereiche zunächst nicht parallel, sondern jeden Bereich für sich. Diese Vorgehensweise ist dem Sachverhalt geschuldet, daß jeder Bereich seine eigene, in sich höchst

---

[33] TUAT III, 222–250. Vgl. Schipper 2005.

komplexe und im Vergleich zeitlich oft versetzte Entwicklung durchlaufen hat. Eine durchaus wünschenswerte Synchronisation und Korrelation der literarhistorischen Befunde ist daher in vielen, wenn nicht den meisten Fällen praktisch unmöglich.

Das Hauptgewicht der Darstellung wird auf dem Übergang der Überlieferung in die biblische Literatur liegen, d. h. auf dem Moment, in dem die Transformation der vorausgesetzten Quellen im Rahmen der biblischen Tradition einsetzt. Diese Transformation kann man behelfsmäßig als »Theologisierung« bezeichnen. Damit ist nichts anderes gemeint als die fortschreitende theologische Reflexion der angestammten Überlieferung und der ihr von Hause aus eigenen theologischen oder sonstigen ideologischen Implikationen sowie die Überführung in die theologischen Konzeptionen der biblischen Literatur mit ihren verschiedenen – prophetischen, geschichtstheologischen, rechtlichen, kultischen und weisheitlichen – Schwerpunkten.

Die Übergänge in die biblische Tradition folgen keinem festen Schema und lassen sich nicht etwa auf einen chronologischen (vor- versus nachexilisch) oder inhaltlichen Dualismus (säkular versus theologisch, historisch versus fiktiv, israelitisch versus jüdisch) reduzieren. Sie belegen vielmehr nur die allgemein anerkannte Einsicht der kritischen Bibelwissenschaft, daß die biblische Literatur in allen ihren Bestandteilen historisch gewachsen ist und sich einem langen Fortschreibungs- und Auslegungsvorgang verdankt. Des weiteren geben gerade die Übergänge zu erkennen, daß die biblische Literatur die Realität, von der sie redet, und die Überlieferung, die sie voraussetzt und verarbeitet, nicht einfach abbildet oder wiedergibt, sondern im nachhinein literarisch gestaltet und deutet, d. h. in (theologisch) reflektierter Gestalt und entsprechender Brechung darbietet. Doch sowenig die oben skizzierten Voraussetzungen der biblischen Literatur auf einzelne Epochen oder Phasen der Geschichte Israels und Judas beschränkt werden können, lassen sich auch die Übergänge in die biblische Literatur in nur eine Epoche datieren oder monokausal erklären. Der Vorgang hat in den verschiedenen Überlieferungsbereichen nicht überall zur gleichen Zeit begonnen und sich im übrigen chronologisch und inhaltlich sehr unterschiedlich entwickelt.

1. Vom Heil zum Unheil: Die prophetische Überlieferung

Der Hauptunterschied zur alten Schriftkultur besteht im Gottesbild des Alten Testaments. Es trägt die Züge einer Offenbarungsreligion und entspringt der theologischen Reflexion: Jhwh hat Israel zu seinem Volk erwählt und fordert von Israel eine bewußte Entscheidung für oder gegen ihn. Das bedeutet, daß die Beziehung nicht selbstverständlich ist, sondern eigens gestiftet wurde und an Bedingungen geknüpft ist. Aus der angestammten, fraglos vorausgesetzten Synthese von Jhwh und seinen Verehrern in Israel und Juda, von der die Relikte der alten Schriftkultur zeugen, ist im Alten Testament ein exklusives, auf Glauben und Bekennen gegründetes Gottesverhältnis geworden. Soweit wir sehen, hat dieses Gottesbild seine Wurzeln in der prophetischen Überlieferung.

Der Übergang ist an der theologischen Interpretation der alten – mündlich und schriftlich überlieferten – Prophetenorakel abzulesen.[34] Diese Interpretation vollzog eine Kehre im

---

[34] Zum folgenden vgl. Kratz 2003b; 2011a; ferner Becker 1997; de Jong 2007 zu Jesaja; Levin 1985, 153 ff; Pohlmann 1989; K. Schmid 1996, 330 ff zu Jeremia; Klein 2008 zu Ezechiel; Vielhauer 2007 zu Hosea; Hallaschka 2011 zu Haggai und Sacharja; Nogalski 1993a und 1993b; Wöhrle 2006 und 2008; Albertz u. a. 2012 zu den Zwölf Propheten; Steck 1991 und 1996 zum *corpus propheticum*.

Gottesbild, indem sie Jhwh, den Reichsgott Israels und Judas, zum Feind der beiden Monarchien erklärte und aus den einstigen Hof- oder Kultpropheten Unheilspropheten machte, die nicht Gott und dem König, sondern einzig und allein Jhwh verpflichtet waren.

So wurden die Heilsorakel des judäischen Propheten Jesaja (Jes 7,4.7–9; 8,1–4; 17,1–3) im literarischen Kontext, zuerst in der sogenannten Denkschrift des Jesaja (Jes 6–8), zu Unheilsorakeln umformuliert. Wie dem Reich Israel (und Aram) als dem Feind Judas wird nun auch Juda selbst der Untergang prophezeit, den das Volk durch mangelndes Vertrauen in seinen Gott provoziert und Jhwh selbst beschlossen hat. Beide Reiche, Israel und Juda, trifft das Gericht, das Jhwh über sein Volk verhängt hat (Jes 6; 7,9b; 8,5–8). Die Denkschrift Jes 6–8 war der Ausgangspunkt für die Entstehung des Buches Jesaja: für die ringförmig angelegte Komposition »der Vision« bzw. »des Wortes über Juda und Jerusalem« (Jes 1,1; 2,1) in Jes 1–12 ebenso wie für den sogenannten assyrischen Zyklus, Jes 28–32, der um das Schicksal Zions kreist und eine Fortschreibung von Jes 5–10 darstellt, für die Völkerorakel Jes 13–23 wie für das Szenarium des Weltgerichts in Jes 24–27 und 33–35.

In demselben Sinne wurden auch die Worte des Hosea in Hos 4–9 und des Amos in Am 3–6 zusammengestellt und theologisch gedeutet. Aus den Ankündigungen kommenden Unheils über Israel wurden Ansagen des göttlichen Gerichts. Aus den Klagen wurden Anklagen und Begründungen für das Gericht, aus den beklagten Mißständen und dem angeprangerten Fehlverhalten Sünden gegen Gott. Und bei alldem sind die politischen Grenzen zwischen den Monarchien Israel und Juda aufgehoben. Israel steht für das Ganze des Volkes Gottes, das implizit oder explizit auch Juda mit umfaßt. Der Untergang der beiden Reiche bedeutet das von Jhwh erklärte Ende für sein Volk Israel. Die Tradition denkt in beiden Büchern,

Hosea und Amos, intensiv über dieses Ende nach. Die theologische Reflexion hat sich vor allem in den später zugefügten Rahmenteilen, den Ehegeschichten und geschichtstheologischen Reflexionen in Hos 1–3 und 9–14 sowie dem Völker- und dem Visionszyklus in Am 1–2 und 7–9 (vgl. auch Am 4,6ff), niedergeschlagen.

Die Konsequenzen für das Gottesbild liegen auf der Hand. Jhwh ist nicht länger der Reichsgott der beiden Monarchien, lokal differenziert in den Jhwh von Samaria und den Jhwh von Juda-Jerusalem. Er wird vielmehr als der eine Gott des einen Gottesvolkes gesehen, der im Gericht sein wahres Wesen und seinen Willen offenbart. Vom Ende Israels her erschließen sich Vergangenheit und Zukunft der Gottesbeziehung: Was in der theologischen Deutung der Propheten zum Bruch geführt hat, ist der Maßstab, nach dem sich das Gottesvolk schon in der Vergangenheit hätte richten müssen und in Zukunft richten muß. Die Wiederherstellung des zerbrochenen Gottesverhältnisses setzt die Umkehr des Volkes voraus.

Der Anlaß für die theologische Neuinterpretation der prophetischen Orakel ist der unbedingten Unheilsprophetie des Alten Testaments selbst unschwer zu entnehmen. Es ist der Untergang Samarias und des Reiches Israel 722 v. Chr., der wenigstens bis 701 auch Juda drohte und die Überlieferer dazu veranlaßte, Jhwh und Israel jenseits der politischen Gegebenheiten zu denken und zu glauben. Dasselbe wiederholte sich rund einhundert Jahre später noch einmal anläßlich des Untergangs Jerusalems 597–587 v. Chr. So wurden auch die Klagen des Propheten Jeremia (Jer 4,7.11.13.19–21; 6,1.22–23) – wohl nach dem Vorbild der älteren Überlieferung – nachträglich zu Voraussagen des göttlichen Gerichts an (Israel und) Juda umgeschrieben (Jer 4–6; vgl. bes. 4,5–6 mit 6,1.22). Und auch hier bildet eine Kernüberlieferung, die Lieder über den »Feind aus dem Norden« in Jer 4–6, den Ausgangspunkt für die literarische Entwicklung des Buches: die Zufügung von weiterem Spruchgut, die Symbolhandlungen und Prosareden, die Leidenserzählungen und persönlichen Konfessionen des Propheten, und nicht zuletzt die umfangreichen Völkerorakel, die in der griechischen Fassung des Buches in der Mitte, in der hebräischen Fassung am Ende stehen.

Überall setzt die prophetische Überlieferung mit der theologischen Neuinterpretation der authentischen Orakel im Sinne der unbedingten Gerichtsprophetie ein. Trotz der politischen Niederlagen hielten die Überlieferer an Jhwh als dem Gott Israels fest und gaben dafür das Volk und den Gott der Reiche Israel und Juda preis. An die Stelle der rivalisierenden Reichsgötter trat der Gott der »beiden Häuser Israels« (Jes 8,14) und an die Stelle der beiden Reiche Israel und Juda das Gottesvolk Israel. An die Deutung des Unterganges Israels und Judas als Strafe Gottes schließt sich in allen Büchern ein Prozeß der Auslegung und Aktualisierung an. Die umfangreichen Fortschreibungen malen das Gericht in unterschiedlichen Farben aus und führen immer neue Gründe für die Abkehr Jhwhs von seinem Volk an. Mit der Zeit kommen Völkerorakel und Heilsorakel für Israel hinzu, die in manchen Büchern sogar die Oberhand gewinnen (Jes 40–66; Hag 1–2; Sach 1–8). Sie knüpfen an die alte, vorexilische Tradition der Heilsprophetie oder an rezente Orakel der alten Art (z. B. Hag 1,1.4.8 und 1,15b/2,1.3.9a) an, setzen aber durchgängig den Untergang der beiden Reiche und die literarische Tradition der Gerichtsprophetie voraus.

Auf diese Weise sind nach und nach die Bücher der drei großen und zwölf kleinen Propheten entstanden. Sie lassen sich nicht eindeutig bestimmten Epochen zuordnen, da sie über Jahrhunderte gewachsen sind, bis die Fortschreibung innerhalb der Bücher, von Einzelheiten abgesehen, Anfang des 2. Jahrhunderts v. Chr. zum Stillstand kam. Lediglich der Anfang der Überlieferung bzw. ein *terminus a quo* läßt sich dem Inhalt nach bestimmen. So war das Ende des Reiches Israel unter Assur im ausgehenden 8. Jahrhundert v. Chr. der Auslöser der prophetischen Überlieferung in den Büchern Jesaja, Hosea und Amos. Das Ende des Reiches Juda unter Babylon setzte im 6. Jahrhundert v. Chr. einen zweiten Schub in Gang, der mit der Überlieferung im Buch Jeremia begann und sich hier wie auch im Buch Ezechiel, einer Art *Midrasch* über die prophetische Überlieferung, fortsetzte. Die nächste Zäsur markiert der Wiederaufbau des Zweiten Tempels in Jerusalem, vermutlich unter Dareios I. 520–515 v. Chr., der den Anstoß für die Überlieferung in den Büchern Haggai, Sacharja und Maleachi gab. Zwischen den Zeiten bewegen sich Joel, Obadja, Jona, Micha, Nahum, Habakuk und Zefanja, die – teils mit, teils ohne einen älteren Kern aus assyrischer oder babylonischer Zeit – das Ende der Reiche Israel und Juda reflektieren und das Ende der Welt erwarten. Zum überwiegenden Teil stammen sie aus persisch-hellenistischer Zeit, in der auch die übrigen Bücher noch kräftig bearbeitet wurden und ihre vorliegende Gestalt erhielten.

2. *Vom Staatsvolk zum Gottesvolk: Die erzählende Überlieferung*

Mit dem Gottesbild der prophetischen Überlieferung verbindet sich die Vorstellung vom Volk Jhwhs. Die bunt gemischte Bevölkerung, die in den Reichen Israel und Juda durch das Band der Monarchie zusammengehalten wurde, sieht die prophetische Überlieferung im Gericht Gottes vereint. So entstand die höhere Einheit des Gottesvolkes »Israel«, eine ideelle Größe, die die politischen Grenzen überschreitet und einen theologischen Anspruch darstellt.[35] Dieser Anspruch wurde in der historischen Realität nie eingelöst, umso mehr aber in der biblischen Literatur erhoben. Auf der Grundlage der prophetischen Botschaft vom Ende der Gottesbeziehung unternahm man es, den Anfang dieser Beziehung, die Gründungsgeschichte des Gottesvolkes, zu erfinden, um eine positive Perspektive für die Zukunft zu gewinnen. Hierfür wurden Einzelerzählungen aus diversen Überlieferungsbereichen in Israel und Juda gesammelt und zu Erzählzyklen und Geschichtswerken zusammengefaßt, die die Geschichte Gottes mit seinem Volk Israel erzählen. So wurden der Mythos von der ursprünglichen Reichseinheit der beiden Monarchien und der Mythos vom vorstaatlichen Israel geboren.[36]

Die Entwicklung setzte schon in vorexilischer Zeit ein, und zwar zwischen dem Ende Samarias 722 und dem Fall Jerusalems 597 bzw. 587 v. Chr. Aus dieser Zeit dürften drei Erzählwerke stammen, von denen jedes auf seine Weise eine Ursprungslegende Israels bietet und gleichzeitig das Verhältnis zu Juda klärt: Die Legende von den Anfängen des Königtums und des davidischen Reiches in 1 Sam 1–1 Kön 2, die vorpriesterschriftliche (jahwistische) Ur- und Vätergeschichte in Gen 2–35 und die Exodus-Landnahme-Erzählung in Ex 2–Jos 12.

Auf die Anfänge des Königtums rekurriert die Komposition in 1 Sam–1 Kön 2. Sie setzt sich aus älteren Quellen zusam-

---

[35] Vgl. Kratz 2000c.
[36] Zum folgenden vgl. Kratz 2000b (engl. 2005) sowie den Rückblick in 2011d mit Hinweisen auf die neuere Literatur. Grundlegend für die Analyse sind nach wie vor Wellhausen 1899 und 1905; Noth 1943 und 1948; ferner Rendtorff 1976; Blum 1984 und 1990; Levin 1993 für den Pentateuch; Dietrich 1972 und 1987; Veijola 1975 und 1977; Aurelius 2003b für das sog. Deuteronomistische Geschichtswerk; Willi 1972; Williamson 1977; Japhet 1989 für die Chronik; Willi 1995; Schwiderski 2000; Grätz 2004; Pakkala 2004 und Wright 2004 für Esra-Nehemia.

men, die ihrerseits eine längere Wachstumsgeschichte hinter sich haben: einer Überlieferung aus dem Hause Saul in 1 Sam 1–14 und der Thronfolgegeschichte aus dem Hause David in 2 Sam 11–1 Kön 2. Über das Scharnier 1 Sam 14,52 und das Verbindungsstück 1 Sam 16–2 Sam 5 (8–10) werden David und Saul zusammengeführt und das Haus David, das Südreich Juda, zum legitimen Nachfolger des Hauses Saul, des Nordreichs Israel, erklärt. Auf diese Weise bilden Israel und Juda sowohl auf staatlicher Ebene als auch als Volk eine Einheit unter dem Dach der davidischen Dynastie.

Auf die Anfänge des Volkes rekurriert die Ur- und Vätergeschichte in Gen 2–35.[37] Sie setzt sich aus diversen, ursprünglich separaten Überlieferungen eines subnationalen, familiären Milieus zusammen. Diese sind genealogisch und geographisch miteinander verknüpft, nationalisiert und mit dem israelitisch-judäischen Reichsgott Jhwh in Verbindung gebracht, um die Einheit Israels und Judas zu begründen. Eine Vorstufe dazu bildete die ältere Komposition in Gen 26–35, die aus einer Verbindung der südpalästinischen Isaak/Esau-Überlieferung in Gen 26–27 mit der nordpalästinischen Jakob/Laban-Überlieferung in Gen 29,16–32,2 hervorgegangen ist. Sie war das Vorbild für die Redaktion, die Jakob zum Stammvater Israels (Gen 32,28 f) und zum Vater Judas (Gen 29,35) erklärt und im Gewand der Familiengeschichte die Genese der syrisch-palästinischen Kleinstaaten darstellt. Dreh- und Angelpunkt dieser Redaktion ist das Scharnierstück Gen 12,1–3, das einen Bogen von der Urgeschichte zur Jakoberzählung spannt und die leitende Perspektive formuliert, in der sich das aus Abraham hervorgegangene Volk Jakob-Israel

---

[37] Zur Unterscheidung von Erzvätern und Exodus vgl. K. Schmid 1999.

im Verhältnis zu Juda und den übrigen Nachbarn nach 720 v. Chr. sehen soll.

Ebenfalls auf die Anfänge des Volkes rekurriert die Exodus-Landnahme-Erzählung in Ex 2–Jos 12.[38] Doch anders als die beiden eben besprochenen Werke vertritt sie einen exklusiv israelitischen Standpunkt. Nukleus der Komposition sind die israelitischen bzw. benjaminitischen Kriegserzählungen in Ex 14; Jos 6 und 8, die ebenso wie das Mirjamlied in Ex 15,20f Jhwh als Kriegsgott verherrlichen. Durch die Vorschaltung der Moseberufung in Ex 2–4 und die verbindenden Zwischenglieder eines Wüstenitinerars entstand die Erzählung von der Herausführung Israels aus Ägypten und der Landnahme unter Mose, Mirjam und Josua. Letzterer ist über die literarische Verbindung von Num 25,1a (in Schittim) / Dtn 34,5–6 (Tod des Mose) / Jos 2,1ff bzw. 3,1ff (Aufbruch von Schittim) mit dem Exodus verbunden. Der redaktionelle Plan ist von dem Gedanken bestimmt, daß das staaten- und heimatlos gewordene Israel, das Volk Jhwhs, von außen ins Land gekommen und darum etwas ganz Besonderes sei. Mit Juda und den anderen Nachbarn fühlen sich die Israeliten der Exodus-Landnahme-Erzählung – im Unterschied zur Ur- und Vätergeschichte – offenbar nicht »verwandt«, sondern behaupten ihre Eigenständigkeit. Das Exoduscredo wird erst nach 587 v. Chr. an das mittlerweile ebenfalls staatenlos gewordene Brudervolk Juda abgegeben.

Alle drei Erzählwerke, die auf den Niedergang der israelitischen Monarchie reagieren, bewegen sich mit ihren Aussagen noch in den Bahnen der vorexilischen Schriftkultur in Israel und Juda. Was sie unterscheidet, sind nicht so sehr die Inhalte, sondern der Umstand, daß die geschilderten Lebensverhältnisse und Vorstellungen ihren institutionellen Rahmen

---

[38] Zur Exoduserzählung vgl. Gertz 2000; weiterführend Berner 2010.

und damit ihre Geltung eingebüßt haben. Was vorher selbstverständlich war, bedarf nunmehr einer besonderen Begründung und Legitimation im geschichtlichen Zusammenhang. Und was begründet und legitimiert wird, bezieht sich nicht nur auf eines der beiden Reiche, sondern verbindet Israel und Juda zu einer Einheit jenseits der politischen Systeme. Das einigende Band ist nicht länger die Monarchie, sondern die Idee des einen Gottes, die die im Reichskult praktizierte Monolatrie verabsolutiert und dem ehemaligen Reichsgott transzendente Züge verleiht.

Wie die Bücher der Propheten sind auch diese drei Erzählwerke im Laufe des 7. Jahrhunderts und vor allem nach dem Fall Jerusalems 597 bzw. 587 v. Chr. vielfach überarbeitet und ergänzt worden. Die tiefgreifendste Veränderung haben sie mit der sukzessiven Einarbeitung der Gesetzeskorpora – des Bundesbuchs in Ex 20–23, des Deuteronomiums, des Dekalogs (Ex 20; Dtn 5), des Heiligkeitsgesetzes (Lev 17–26) – im Bereich des Pentateuchs und mit den davon inspirierten (deuteronomistischen und nachdeuteronomistischen) Redaktionen in den Büchern Josua–Könige erfahren. Das Gesetz und die darauf basierenden Bearbeitungen schließen die diversen Ursprungslegenden des Königtums (Sam–Kön) und des Volkes Israel (Gen, Ex Jos) zu einer einzigen, großen Geschichtserzählung zusammen. Für den Zusammenhang ist nicht relevant, ob die einzelnen Bücher (Schriftrollen) als Teile eines »Werkes« galten oder nicht. Entscheidend ist, daß jedes »Buch« in Genesis bis Könige so formuliert ist, daß es den größeren Erzählzusammenhang voraussetzt und dabei nicht auf irgendwelche, uns unbekannte Überlieferungen, sondern eindeutig auf die Geschichtserzählung verweist, die uns im Alten Testament vorliegt.

Diese große Geschichtserzählung diente ihrerseits als Vorlage für weitere Fassungen der Geschichte des Volkes Israel sowie des Königtums in Israel und Juda. Diese datieren alle in persische und hellenistische Zeit. Die Entstehung des Volkes, soweit sie im Bereich Genesis–Josua erzählt ist, ist Gegenstand der sogenannten Priesterschrift.[39] In straffer Form, gegliedert durch programmatische Gottesreden (Gen 1; 17 etc.), Genealogien (Gen 5 etc.) und Itinerare (Gen 12,4b–5; 13,6.11b–12; 19,29 etc.), gibt sie die Ur- und Vätergeschichte und die Exoduserzählung wieder, ursprünglich von der Schöpfung der Welt (Gen 1) bis zur Gründung eines Heiligtums am Sinai (Ex 24,15b–18; 25–40), dem fiktiven Urbild und literarischen Ideal des Zweiten Tempels von Jerusalem. Das »Gesetz« von Genesis–Könige ist hier durch den »Bund« ersetzt: den Bund mit Noach, der das Überleben der Weltbevölkerung garantiert (Gen 9), und den Bund mit Abraham und Sara sowie dem Volk Israel, der das Gottsein Jhwhs für Israel garantiert (Gen 17; Ex 6,7) und der im Heiligtum erfahren und rituell vermittelt wird (Ex 25,8; 29,45f; 40,34). Erst nachträglich wurde das priesterliche Gesetz (Lev und Num) implementiert, wie auch umgekehrt das Gesetz in Exodus-Könige als »Bund« bezeichnet wird (Ex 24; 34; Dtn 28,69 etc.). Solche und andere Angleichungen rühren daher, daß die Priesterschrift, die ursprünglich als selbständige Schrift konzipiert war, in die nichtpriesterschriftliche Erzählung vom Ursprung Israels integriert wurde.

Selbständig geblieben ist die Neufassung der Königtumsgeschichte in der Chronik (1–2 Chr), die die Geschichte von Adam bis Saul in Stammbäumen rekapituliert (1 Chr 1–9) und anschließend die Bücher Samuel und Könige reformuliert und im Zuge dessen auslegt. In der Grundschrift wird der Stoff als Geschichte des judäischen (davidischen) Königtums gefaßt und durch allerlei Eingriffe und Sonderüberliefe-

---

[39] Vgl. Pola 1995.

rungen im priesterschriftlichen Sinne als Kultlegende des Jerusalemer Heiligtums geformt. Das Werk findet seine Fortsetzung in der Geschichte Judas und des Zweiten Tempels unter persischer Herrschaft in den Büchern Esra und Nehemia, die zusammen mit 1–2 Chronik das sogenannte Chronistische Geschichtswerk bilden.

Mit beiden Literaturwerken, der Priesterschrift und dem Chronistischen Geschichtswerk, begegnet im Alten Testament zum ersten Mal das Phänomen der *rewritten bible*, das sich bereits im Deuteronomium als der Reformulierung des Bundesbuches (Ex 20–23) ankündigt und außerhalb der Hebräischen Bibel, in den Apokryphen und Pseudepigraphen sowie in den Texten vom Toten Meer, weit verbreitet ist.

3. Vom Recht zum Gesetz: Die legislative Überlieferung

Mit dem Gottesbild der prophetischen Überlieferung hat sich nicht nur die Rolle Israels, sondern auch der Wille Jhwhs geändert. Der Beschluß, die Gottesbeziehung zu beenden, weil Israel an seinem Gott schuldig geworden ist, impliziert einen Willen Jhwhs, den zu erfüllen über Leben und Tod des Gottesvolkes entscheidet. In der prophetischen Überlieferung ist vor allem gesagt, was Jhwh nicht will. Die Sozial- und Kultkritik der Propheten zählt die Gründe für das göttliche Gericht auf. Hier werden Mißstände genannt, die es zwar zu allen Zeiten gab, von der prophetischen Überlieferung aber zur Sünde gegen Gott erklärt wurden. Im Umkehrschluß ließ sich daraus der Wille Gottes ableiten: Gutes und nicht Böses tun (Am 5,14f), Hingabe und Gotteserkenntnis statt Schlacht- und Brandopfern (Hos 6,6; vgl. Mi 6,8). Doch der Wille Gottes stand noch in keinem Buch. Um ihn in Zukunft erfüllen und damit dem Gericht entgehen zu können, bedurfte es der positiven Ausführung und Fixierung dessen, was in Jhwhs

Augen gut ist und worin sich Hingabe und Gotteserkenntnis konkret äußern. Die Lücke wurde mit dem Recht gefüllt, dessen Kodifizierung als göttliche Willensoffenbarung auf Jhwh selbst und die Mittlerschaft des Mose zurückgeführt und so im theologisch qualifizierten Sinne zum Gesetz wurde. Nicht das zum Gesetz mutierte, theologisierte Recht, sondern die Propheten sind der Ursprung des Gesetzes und der Theologisierung des Rechts.[40]

Die Theologisierung des Rechts nimmt – anschließend an die prophetische und die erzählende Überlieferung vermutlich noch im 7. Jahrhundert v. Chr. – ihren Anfang in der Bearbeitung der alten Sammlung von Rechtssätzen (*Mischpatim*) in Ex 21,1–22,19 und ihrem Einbau in die Exoduserzählung Ex 2–Jos 12.[41] Die Bearbeitung fügte, der Sozial- und Kultkritik der Propheten folgend, soziale und kultische Gesetze hinzu und gab dem Ganzen einen neuen Rahmen. An der Spitze steht das Altargesetz (Ex 20,24–26), am Ende der Festkalender (Ex 23,14–17). Besonderes Kennzeichen dieser Bearbeitung ist die Stilisierung als Jhwh-Rede und die Anrede einer 2. Pers. Sg., womit im Rahmen der Erzählung Mose auf dem Sinai, in einem weiteren Sinne das Volk oder jeder einzelne im Volk angesprochen ist. Inhaltlich handelt es sich nicht um Neuheiten. Neu ist allein der paränetische Stil, der die rechtlich geregelte Solidarität mit dem Nächsten und die üblichen kultischen Pflichten gegenüber Jhwh als Gottesrecht ausweist. Die Einbettung in die Exoduserzählung trägt das Ihre dazu bei: Das auf dem Gottesberg in der Wüste Sinai, einer Zwischenstation auf dem Weg Israels aus Ägypten ins

---

[40] Zum folgenden vgl. Kratz 2000a; 2000b, 99–155 sowie 155ff (engl. 2005, 95–152.153ff); 2012; ferner Crüsemann 1992; Otto 1994; Köckert 2002.

[41] Zum Bundesbuch vgl. Otto 1988; Schwienhorst-Schönberger 1990; Osumi 1991; Houtman 1997.

gelobte Land, offenbarte Gottesrecht drückt der Ursprungslegende Israels den Stempel des Gesetzes auf. Das Rechtsbuch, aufgrund von Ex 24,4–8 Bundesbuch genannt, in dem Gott selbst seinen Willen mitteilt, ist damit gewissermaßen zur Gründungsurkunde des auserwählten Gottesvolkes geworden.

Der nächste Schritt auf dem Weg zur Ausbildung des Gesetzes fand im Deuteronomium statt, einer Reformulierung des Bundesbuchs Ex 20–23, die stilistisch und sachlich an die 2.-Pers.-Sg.-Bearbeitung anschließt. Die ursprüngliche Fassung in Dtn 12–26 ist ganz und gar von der Idee der Kultzentralisation beherrscht und will die von den Erzvätern in der Genesis begründete und vom Altargesetz des Bundesbuchs in Ex 20,24 sanktionierte Vielheit der Kultstätten, wie sie in der Königszeit sowohl in Israel als auch in Juda üblich war, beseitigt wissen.[42] Die mit 587 v. Chr. verlorengegangene Mitte Judas, Königtum und Tempel in Jerusalem, wird durch den einen »Ort, den Jhwh erwählen wird« (Dtn 12,14), ersetzt, um der drohenden Auflösung des Zusammenhalts des Volkes zu wehren. Der Rahmen in Dtn 6,4–6 (»Höre Israel«) und 26,16 fügt der Einheit der Kultstätte in Juda die Einheit Jhwhs und mit der Anrede »Israel« die Einheit des Gottesvolkes aus Israel und Juda hinzu. Wie das Bundesbuch wird auch das Deuteronomium in die Exoduserzählung aufgenommen. Dem dient seine Historisierung, die bereits in der Erwählungsformel für den »Ort, den Jhwh erwählen wird« anklingt und Mose als Sprecher einführt. Seinen literarischen Ort findet das Deuteronomium zwischen der Ankunft in Schittim (Num 25,1a), der letzten Station der Wüstenwanderung, wo Mose zu reden

---

[42] So der Konsens der Forschung seit Wellhausen. Otto 1999 u. a. finden den Anfang dagegen in dem Ausschließlichkeitsgebot von Dtn 13 mit Fluch und Segen in Dtn 28 und seinen neuassyrischen Parallelen. Zur Diskussion vgl. die Hinweise in Kratz 2010a; 2011d, 39.

beginnt (Dtn 5,1a + 6,4–6 + 12,13 ff–26,1 ff.16), und dem Tod des Mose (Dtn 34,1a.5 f), an den sich der Aufbruch von Schittim ins gelobte Land unter Führung Josuas anschließt (Jos 2,1 ff bzw. 3,1 ff). So tut Mose im Lande Moab, unmittelbar vor der Überquerung des Jordan und der Landnahme, dem Volk das Gesetz kund, das ihm Jhwh auf dem Gottesberg offenbart hat, und bringt bei der Gelegenheit die als nötig empfundenen Veränderungen an.

Weitere Veränderungen brachte in spätbabylonischer oder frühpersischer Zeit der Dekalog.[43] Er wurde zuerst – nach dem Vorbild des »Höre Israel« in Dtn 6,4–5 als dem Prolog der Gesetzessammlung Dtn 12–26 – in Ex 20 als Prolog vor das Bundesbuch eingeschrieben und anschließend in Dtn 5 nachgetragen. Wie die Kodifizierung des Bundesbuchs als Wille Gottes, ist auch die Formulierung des Dekalogs sowohl aus prophetischen Quellen (vgl. Hos 4,2) als auch aus dem Recht, nämlich dem theologisch bearbeiteten Bundesbuch selbst, gespeist. Von nun an war nicht mehr die Kulteinheit (Dtn 12,13 ff), auch nicht die Einheit Jhwhs (Dtn 6,4), sondern das Erste Gebot und die Ausschließlichkeit Jhwhs das Hauptgebot des alttestamentlichen Gesetzes. Es war nur noch ein kleiner Schritt zu dem monotheistischen Bekenntnis, das in persischer Zeit aufgekommen und in Jes 40–55 zum ersten Mal expliziert worden ist. Der Glaube an den einen und einzigen Gott verbietet nicht nur die Verehrung der »anderen Götter«, sondern leugnet deren Existenz.

Die Entwicklung vom Bundesbuch über das Deuteronomium zum Dekalog ist wiederum in der priesterschriftlichen Gesetzgebung vorausgesetzt. Wie das Deuteronomium eine Novelle des Bundesbuches ist, so ist das sogenannte Heiligkeitsgesetz in Lev 17–26 eine Novelle des Deuteronomiums

---

[43] Vgl. Kratz 1994 sowie 2005.

unter den Vorzeichen des Ersten Gebots und des priesterlichen Ideals der Heiligkeit.[44] Das Heiligkeitsgesetz und weitere Gesetze wurden vermutlich in die noch selbständige Priesterschrift eingefügt. Dabei war nicht nur die Kategorie der Heiligkeit, sondern auch der Gedanke der Sühne leitend. Der gesamte Opferkult, aus dem die Rituale und Vorschriften stammen, wurde im Rahmen der Priesterschrift als Sühnekult interpretiert.[45] Mit der Inkorporation der Priesterschrift in die nichtpriesterschriftliche Erzählung nahm die Gesetzgebung im Bereich von Levitikus und Numeri weiter zu und strahlte auch auf die älteren Gesetze – Dekalog, Bundesbuch und Bundeserneuerung am Sinai in Ex 20–24; 32–34 sowie das Deuteronomium im Lande Moab – aus. Sie wurden in einer Mischung aus deuteronomistischer und priesterlicher Sprache vielfach überarbeitet und ergänzt. Auf diese Weise entstand die weit überdimensionierte Sinaiperikope in Ex 19– Num 10, die, der historischen Fiktion nach, im Deuteronomium rekapituliert wird und die weitere Gesetzgebung in der Wüste (Num 15; 18–19) sowie in den Gefilden Moabs (Num 26–36) nach sich zog. Mit der Abtrennung des Pentateuchs als der Tora des Mose bzw. der Tora Jhwhs, dem späteren Kanonteil Tora, kam der Prozeß der Theologisierung des Rechts im Alten Testament zu seinem Abschluß. Er setzte sich außerhalb des Alten Testaments fort, etwa in der Tempelrolle von Qumran, die das Deuteronomium in eine Gottesrede auf dem Berg Sinai verwandelt und so der Abschiedsrede des Mose im Lande Moab göttliche Legitimation verleiht.

Der Prozeß spielte sich jedoch nicht nur im Bereich des Pentateuchs ab, sondern hatte auch Auswirkungen auf die üb-

---

[44] Vgl. Cholewinski 1976; Stackert 2007.
[45] Vgl. Janowski 2000; Eberhart 2002. Zu dem mit der Theologisierung von Recht und Kultus einhergehenden Bild von Priestern und Leviten vgl. Samuel 2013.

rigen erzählenden Bücher in Josua–Könige. So entstand auf der Grundlage des ursprünglichen Deuteronomiums und seines Hauptgebots, der Forderung der Kultzentralisation, um 560 v. Chr. eine erste Fassung des sogenannten Deuteronomistischen Geschichtswerkes in 1 Sam 1–2 Kön 25. Dieses Werk setzt sich zusammen aus der älteren Erzählung über die Anfänge des Königtums in 1 Sam 1–1 Kön 2 und einer synchronistischen Chronik der Könige von Israel und Juda im Bereich von 1–2 Könige, die der erste Deuteronomist unter Verwendung älteren Materials aus Israel und Juda geschaffen und im Sinne des Deuteronomiums theologisch kommentiert hat. Angesichts der anfänglichen Reichseinheit unter David erscheint darin die bis 720 v. Chr. andauernde Zweistaatlichkeit als Verstoß gegen das deuteronomische Gebot der Kultzentralisation. Der Bruch der Reichs- und Kulteinheit wird als »Sünde Jerobeams« bezeichnet. Die »Sünde Jerobeams« führt zuerst Israel, das sich ihrer *per se* schuldig gemacht hat, und danach Juda, wo die »Höhen« von der Übertretung des Zentralisationsgebotes zeugen, in den Untergang.

Nach der Einfügung des Dekalogs in das Gesetz (Ex 20 bzw. Dtn 5) wurde das Erste Gebot der Maßstab, an dem sich das Gottesvolk »Israel« aus Israel und Juda messen lassen mußte. Dies hatte weitreichende literatur- und theologiegeschichtliche Folgen. Unter dem Vorzeichen des Ersten Gebots wurde erstmals die Gründungslegende des Volkes Israel, die Exoduserzählung Ex 2–Jos 12, mit der Geschichte des Königtums, der Grundschrift des Deuteronomistischen Geschichtswerks in 1 Sam 1–2 Kön 25, zu einem fortlaufenden Erzählzusammenhang verbunden. Als Bindemittel dient das Richterbuch, eine Sammlung alter Heldenerzählungen, deren älteste Redaktion zwar ebenfalls deuteronomistisch genannt werden kann, aber das Erste Gebot bereits voraussetzt und also jünger ist als das ursprüngliche Deuteronomium und die erste deuteronomistische Redaktion in Samuel–Könige. Aus den ehemals eigenständigen Erzählwerken in (Genesis) Exodus–Josua und 1 Samuel–2 Könige wurde die Großerzählung der Geschichte Israels. Von nun an und erst recht seit der Inkorporation der Priesterschrift und des priesterlichen Gesetzes in Genesis–Numeri nahm die sekundäre, über lange Zeit tätige spät- oder nachdeuteronomistische, vielfach auch priesterlich beeinflußte Redaktionstätigkeit im Bereich von Genesis–Könige ihren Lauf. Sie hielt an, bis die Großerzählung in einzelne Bücher und die Kanonteile Tora (Gen–Dtn) und Vordere Propheten (Jos–Kön) aufgeteilt wurde.

4. *Vom Königtum Gottes zum Gottesreich: Die Psalmenüberlieferung*

Obwohl Hymnen und Gebete wie die Orakel der Propheten und die alten Rechtssätze zum ältesten Bestand der israelitisch-judäischen Literatur gehören, hat sich die biblische Tradition ihrer erst verhältnismäßig spät angenommen. Die entscheidenden Weichen für die Entstehung des Alten Testaments wurden, wie wir sahen, nach dem Ende des Reiches Israel zuerst in der prophetischen Überlieferung, anschließend in der Erzähl- und Rechtsüberlieferung gestellt. Der Übergang der Hymnen und Gebete in die biblische Tradition setzte allem Anschein nach erst nach dem Ende des Reiches Juda und der Zerstörung des Tempels von Jerusalem ein.

Der Übergang ist vor allem in solchen Psalmen zu beobachten, in denen ein alter Kern erhalten ist.[46] Die Beispiele sind nicht sehr zahlreich, doch ist die Kritik auf diesem Feld auch noch nicht sehr weit fortgeschritten. Von den Hymnen

---

[46] Zum folgenden vgl. Spieckermann 1989; Köckert 2000; Kratz 2003a; 2004c; Müller 2008.

ist vor allem die Gruppe der Jhwh-König-Psalmen (Ps 29; 47; 93–99) gut erforscht. Danach können Ps 29 und 93 als alte, insgesamt intakte Textvertreter gelten, die Jhwh als König und machtvollen Sieger über das Chaos besingen. Dennoch haben die beiden Hymnen einige wenige, signifikante Ergänzungen erfahren. Die Ergänzungen bringen das Gottesvolk (Ps 29,10–11) und das Gesetz (Ps 93,5) ins Spiel und verleihen dem Mythos vom Königtum Gottes den Charakter eines persönlichen (Ps 93,2) bzw. nationalen Bekenntnisses (Ps 29,11).

Den alten Mythos kann man auch hinter den übrigen Exemplaren der Jhwh-König-Psalmen sowie manchen anderen, ihnen nahestehenden Hymnen der Zionstheologie vermuten, die allerdings sehr viel stärker bearbeitet wurden. Die Bearbeitungen gehen in verschiedene Richtungen: Sie erklären den einstigen Wettergott, den Herrn der ganzen Erde und König über die Götter, unter ägyptischem und mesopotamischem Einfluß zum Schöpfer und Erhalter der Welt (Ps 104), Retter Israels und Richter über alle Völker (Ps 48; 96; 98); sie tragen die Geschichte Israels und Judas ein (Ps 47; 95; 99) oder lassen nur eine Auslese in Israel am Heilshandeln des Königsgottes partizipieren (Ps 97; vgl. Ps 24,3–6; 104,35); den Stellvertreter des himmlischen Königs auf Erden, den irdischen (davidischen) König, stilisieren sie zum Messias oder zum Vorbild des Frommen (Ps 2; 18; 21,8; 72). Die Bearbeitungen leben von Zitaten oder Anspielungen auf die übrige biblische Literatur und können unter den Schlagworten der Universalisierung, Nationalisierung, Individualisierung und Eschatologisierung des zugrundeliegenden Mythos vom Königtum Gottes verbucht werden.

Dieselben Tendenzen läßt auch die Form- und Überlieferungsgeschichte der Klage- und Danklieder erkennen. So etwa wurde das alte Dankschema in Ps 118 (V. 5.14[.15–16].17–19.21.28) in V. 1–4 und 29 sowie V. 22–27 kollektiviert, in V. 6–13 individualisiert und in V. 15a.20 auf die Gruppe der Gerechten bezogen. Die Rettung des Beters aus Todesnot und Feindeshand ist so zu einem Ereignis geworden, das nicht nur im öffentlichen Lobpreis »erzählt« werden soll (V. 17.19), sondern die versammelte Tempelgemeinde selbst betrifft. Das ursprüngliche, am Tempel praktizierte Klage- und Dankritual wurde damit in zweifacher Hinsicht transformiert: Der einzelne Beter und sein Schicksal stehen zum einen für die Leidensgeschichte des Gottesvolkes Israel, zum anderen für die Leiden eines jeden Gerechten und Frommen in Israel.

Beide Tendenzen haben sich nicht nur in Bearbeitungen älterer Vorlagen, sondern auch in neuen Gattungen und Neuschöpfungen von Psalmen niedergeschlagen. Die Kollektivierung von Klage und Dank fand ihren Ausdruck in der neuen Gattung der Klagelieder des Volkes. In ihnen ist die nationale Katastrophe von 587 v. Chr. Anlaß zu Klage und Bitte geworden (Ps 44; 74; 137; vgl. Klgl 1 f). Gottes Gegenwart und Hilfe werden nicht mehr im (zerstörten) Tempel, sondern in der Erinnerung an die Geschichte Gottes mit seinem Volk Israel gesucht (Ps 74,2–3). Die geschichtliche Reminiszenz regte dazu an, über die Schuld des Volkes am Untergang nachzudenken (Ps 78; 79; 106), ist aber auch Mahnung und gibt neue Hoffnung (Ps 77; 81); gelegentlich hat sie sich im reinen Gotteslob der Geschichtspsalmen verselbständigt (Ps 68; 105; 114; 135–136). In diesen Psalmen ist die Heilsgeschichte an die Stelle des alten Mythos vom Königtum Gottes getreten oder hat sich mit ihm vereint.

Die andere Tendenz, die Individualisierung oder Verinnerlichung (Spiritualisierung) der Klage- und Danklieder des Einzelnen, rückt die persönliche Gottesbeziehung in den Vordergrund. Hier sind die mythologischen Bilder und Vorstellungen der alten Hymnen und Gebete zu theologischen Metaphern der Existenz des frommen Individuums geworden. Für den Gerechten sind die Gottlosen innerhalb und außerhalb Israels die Feinde. Seine Not ist die Anfechtung, seine Rettung die Gewißheit des Glaubens. Einzelne Gattungsmerkmale der Klage- und Danklieder gewinnen besondere Bedeutung und verselbständigen sich in neuen Dichtungen. In der Auseinandersetzung mit den Feinden, den Gottlosen, nimmt die forensische Sprache deutlich zu. Der Fromme beteuert seine Unschuld und bittet um gerechte Vergeltung (Ps 26). Umgekehrt nimmt gegenüber Gott das Sündenbewußtsein des Beters zu. Der Beter bekennt seine Sünden, ist zur Umkehr bereit und bittet um Vergebung seiner Sünden (Ps 51). Beides ist gegründet in dem tiefen Vertrauen zu Gott, das sich in den sogenannten Vertrauensliedern, einer Ausführung des Bekenntnisses der Zuversicht im Klagelied (vgl. Ps 13,6), ausdrückt (Ps 23). Die Gottesbeziehung gestaltet sich in diesen Texten sehr unmittelbar, in anderen ist sie durch die Tora vermittelt (Ps 1; 119).

Kollektivierung, Nationalisierung und Individualisierung basieren ihrerseits auf der Universalisierung des Mythos vom Königtum Gottes, die nicht nur in den Hymnen, sondern ebenso in den individuellen Gebeten begegnet (vgl. Ps 22; 103). Auch die Universalisierung hat sich nicht nur in Bearbeitungen älterer Vorlagen, sondern in neuen Dichtungen Ausdruck verschafft. Es sind Psalmen, die vielfach nicht als Einzeltexte, sondern für den literarischen Zusammenhang des Psalters geschaffen wurden, der auf weite Strecken von der Universalisierung der Gottesvorstellung geprägt ist. Nach dem Vorbild der Tora, auf die gleich zu Beginn in Ps 1 verwiesen wird, ist der Psalter durch doxologische Abschlüsse (Ps 41,14; 72,18 f; 89,53; 106,48) in fünf Bücher unterteilt und im vierten und fünften Buch durch doxologische Formeln sowie

Toda- und Halleluja-Psalmen strukturiert.[47] In dieser Struktur spiegelt sich die lange Entstehungsgeschichte des Psalters. Einzelpsalmen und ihre Bearbeitung führten zu kleineren Sammlungen und über verschiedene Stufen zum vorliegenden Psalter. Eine dieser Ausbaustufen war die Anfügung der Sammlung der Jhwh-König-Psalmen Ps 93–99 an den Grundstock in Ps 2–89. In dem redaktionellen Abschluß dieser Sammlung, Ps 100, deutet sich das theokratische Konzept an, das die Komposition des Psalters von da an über diverse Zäsuren und ehemalige Abschlüsse in Ps (103–)106/107, Ps 117/118, Ps 135/136 bis zum Ende beherrscht: Das Königtum Gottes über alle Götter, alle Völker, Israel und die Gerechten mündet ein in das Reich Gottes, in dem alle Kreatur versorgt ist und die Frommen erhört und behütet werden (Ps 145 sowie 146–150).

5. Vom Weisen zum Frommen: Die weisheitliche Überlieferung

Wie die Hymnen und Gebete haben auch die Sprüche der Weisen und weisheitlichen Lehrerzählungen erst verhältnismäßig spät den Weg in die biblische Überlieferung gefunden. Man spricht auch hier, wie beim Recht, von einer fortschreitenden »Theologisierung« der Weisheit, ein Begriff, der eigentlich auf sämtliche Überlieferungsbereiche, Propheten, Erzählungen, Recht, Opferrituale, Kultlyrik und eben auch auf die Weisheit zutrifft. Der Vorgang der Theologisierung läßt sich im Vergleich der im Alten Testament aufgenommenen Weisheitsschriften, namentlich Proverbien, Hiob und Kohelet, mit Händen greifen.[48] Er ist aber auch in den Prover-

---

[47] Vgl. Kratz 2004a, 255–279.280–311; 2004b; 2011b.
[48] Vgl. H. H. Schmid 1966; Von Rad 1970; Witte 2010a, 432 ff.445 ff. 469 ff.

bien zu beobachten, und zwar nicht nur im Verhältnis der älteren Sammlungen ab Kap. 10 zu den jüngeren Lehrreden in Spr 1–9, sondern in der Spruchüberlieferung selbst. Doch auch hier ist wie beim Psalter die Kritik noch nicht sehr weit fortgeschritten in dem Bemühen, das ältere Spruchgut von der jüngeren theologischen Kommentierung zu unterscheiden.[49]

Das Wissen und das Standesideal der alten Weisheit sind in den Sprüchen und Spruchsammlungen in Spr 10,1–22,16; 22,17–24,22 und 24,23–32; 25–29 zusammengefaßt. Wie das alte Recht, die Sammlung der *Mischpatim* in Ex 21–22, sind auch solche Sammlungen noch in vorexilischer Zeit wohl zu Ausbildungszwecken in den Weisheitsschulen der Schreiber entstanden. Der Übergang in die biblische Überlieferung setzt mit der theologischen Glossierung dieser Spruchsammlungen ein. Dabei lassen sich wenigstens drei Tendenzen erkennen.

Eine erste Tendenz besteht in der Verbindung von Weisheit und Gottesfurcht. Spr 24,21 lehrt, daß die Gottesfurcht neben der Furcht vor dem König eine weisheitliche Tugend unter vielen sei. Diese Sicht der alten Weisheit ist der Ausgangspunkt für jüngere Ergänzungen, die theologische Maßstäbe einführen: Gottesfurcht und Gottvertrauen werden zur Grundlage älterer weisheitlicher Lebensregeln erklärt (vgl. Spr 15,33 mit 18,12; 22,4 mit 21,21); diverse Maßstäbe werden mit der religiösen Maxime ersetzt (vgl. Spr 14,26f mit 13,14; 23,17f mit 24,13f); der Glaube an Gott wird so zum Grundprinzip der Weisheit (vgl. noch Spr 10,27; 16,20; 20,22; 21,30f; 28,5.25; 29,25f).

---

[49] Beispielhaft Wilke 2006; für die ältere Weisheit vgl. Delkurt 1993; Hausmann 1995.

Eine zweite Tendenz zeigt sich in der Einführung des Gegensatzes von Gerechten und Gottlosen. Ausgangspunkt sind die vielen Gegensätze, die in den Sprüchen der alten Weisheit bedacht werden, besonders der Gegensatz von arm und reich. Aus dem sozialen Konflikt wird in den jüngeren Sprüchen ein religiöser Gegensatz, der das Ideal der alten Weisheit theologisch relativiert (vgl. Spr 10,16 mit 10,15; 11,18f mit 11,16f). Am Ende ist der »Arme« der Gerechte (vgl. Ps 37) und der Reiche der Frevler (vgl. Ps 49). Doch der religiöse Antagonismus wird auch auf andere Themen bezogen, z. B. auf das weite Feld des rechten Redens und Schweigens (vgl. Spr 10,11 mit 10,10; 10,20 mit 10,19; 15,28 mit 15,23); ebenso auf den zentralen Zusammenhang von Tun und Ergehen, der als gerechte Vergeltung ausgelegt wird (vgl. Spr 11,23 mit 13,12; 11,30f; 12,7 mit 11,29).

Eine dritte Tendenz besteht schließlich in der Problematisierung der Erkenntnisfähigkeit des Menschen. In der alten Weisheit wird die Möglichkeit der Erkenntnis, bei allem Wissen um Überraschungen (Spr 14,12), wie selbstverständlich vorausgesetzt (vgl. Spr 20,5). In einer Reihe von Sprüchen tut sich jedoch ein Graben auf zwischen den Wegen und Planungen Gottes in den gesichteten Phänomenen und der Erkenntnisfähigkeit des Menschen: Spr 16,9; 19,21; 20,24. Die Sprüche scheinen alle ungefähr dasselbe zu sagen zu wollen, getreu dem Motto: Der Mensch denkt, Gott lenkt. Sieht man jedoch genauer hin, entdeckt man gewisse Variationen, die der Skepsis der späten Weisheit den Weg bereiten. Am Ende steht die Lenkung Gottes, die zu begreifen der Mensch nicht imstande ist.

Die drei Tendenzen in der theologischen Bearbeitung der Sprüche zeigen Probleme an, die in den jüngeren Weisheitsschriften der persischen oder hellenistischen Zeit breit traktiert werden. So gehen die Lehrreden in Spr 1–9 von der Gottesfurcht als dem Anfang und Grundprinzip der Weisheit aus (Spr 1,7; 2,1 ff). Mit der Personalisierung der Weisheit in Spr 8 machen sie einen ersten Vorstoß zur Lösung des Vermittlungsproblems (vgl. noch Hi 28; Sir 24). Die Schöpfung als solche und die in ihr sichtbaren Phänomene reichen dazu offenbar nicht mehr aus. Von einer Selbstoffenbarung der Schöpfung kann hier keine Rede sein. Als Vermittlung der Erkenntnis der Welt setzt sich die Tora durch.[50]

Die Bewährung der Gottesfurcht und die Anfechtung des Gerechten durch die Erfahrung persönlichen Leids bedenken auf verschiedenen theologischen (und literarischen) Ebenen je auf ihre Weise die Hiobnovelle in Hi 1–2 und 42 sowie die Dialoge des Hiobbuchs. In der Hiobnovelle wird das Ideal der Gottesfurcht von Gott selbst im Pakt mit dem Satan auf eine harte Probe gestellt. In den Dialogen geraten die theologischen Schulmeinungen ins Wanken. Sie werden durch die Erscheinung Gottes und seine Antworten auf Hiobs Anklagen in den Gottesreden Hi 38–41 relativiert. Sowohl Hiob, der leidende Gerechte, als auch seine Freunde, die Tröster und Vertreter der reinen weisheitlichen Lehre, werden in ihre Schranken verwiesen.

Bei Kohelet schließlich gerät alles in den Sog des Zweifels: die Gottesfurcht, die gerechte Vergeltung und die Fähigkeit zur Erkenntnis. Kohelets Versuch, das biblische Gottesbild mit der hellenistischen Popularphilosophie und dem Schicksalsglauben zu vereinen, führt ihn an die Grenzen der jüdischen Frömmigkeit und Theologie.[51] Als Ergebnis seiner geistigen Bemühungen, zu ergründen, was unter der Sonne geschieht, empfiehlt er das *carpe diem* (Koh 9,7 ff), nicht etwa,

---

[50] Vgl. Schipper 2012.
[51] Vgl. Schwienhorst-Schönberger 1996.

weil es Gott nicht gäbe, sondern weil dieser sich der Erkenntnis entzieht.

Gegen diese abgeklärte, nicht unfromme, aber kritische Haltung des Kohelet ist nicht nur in dem Buch selbst Protest laut geworden (Koh 12,9–14). Wie ein Anti-Kohelet liest sich das Buch des Ben Sira, das nur deswegen nicht in den biblischen Kanon gelangt ist, weil es den Namen des Verfassers nennt und dieser nicht in der Zeit zwischen Mose und Artaxerxes, sondern erkennbar später gelebt und geschrieben hat. Hier werden die Ideale der alten Weisheit wieder zum Leben erweckt und mit der aus der biblischen Überlieferung gespeisten jüdischen Frömmigkeit untermauert. Weisheit und Tora werden in eins gesetzt (Sir 24) und sind für Ben Sira sowohl in der Schöpfung als auch in der Schrift offenbart.

Nicht ganz so einfach macht es sich das jüngste Buch des hebräischen Kanons, das Buch Daniel. Es ist aus den älteren, weisheitlichen Lehrerzählungen Dan 1–6 hervorgegangen, die beispielhaft demonstrieren, wie sich jüdische Weisheit und standhafte Frömmigkeit in der Diaspora bewähren. Doch im Zuge der kulturellen und religiösen Umwälzungen und der innerjüdischen Verwerfungen in hellenistischer Zeit, besonders während der Regierungszeit Antiochos' IV. in der Mitte des 2. Jahrhunderts v. Chr., wurde das Konzept von den Überlieferern des Danielbuches aufgegeben. Die nach und nach angefügten Visionen in Dan 7–12 verlegen die Lösung des Problems an das Ende der Zeiten, in denen sich realisieren wird, was in der Schrift verheißen und im Himmel längst beschlossene Sache ist. Statt zu resignieren und sich mit dem *carpe diem* zu begnügen oder auf gängige Schulmeinungen und die Heilige Schrift zu verweisen, haben die Frommen und »Einsichtigen« des Danielbuchs noch einen langen Leidensweg vor sich und gelangen erst bei der Auferstehung im allgemeinen Gericht ans Ziel (Dan 12,1–3).

III. Die Bücher des Alten Testaments

Nachdem wir uns die Entwicklungen in den einzelnen Überlieferungsbereichen klar gemacht haben, wenden wir uns nun den einzelnen Büchern des Alten Testaments und ihrer Sammlung im Rahmen der Hebräischen Bibel zu.[52] Von der »Bibel« oder einem »Kanon« kann man frühestens ab dem späten 1. Jahrhundert n. Chr. sprechen.[53] Davor hat es einzelne Bücher und Sammlungen von Büchern (bzw. Rollen) gegeben, denen eine mehr oder weniger große Autorität zugebilligt wurde. Relativ früh ist in der biblischen Überlieferung selbst von der Tora des Mose die Rede, womit zunächst das Buch Deuteronomium (Dtn 1,5), in einem weiteren Sinne bald auch der ganze Pentateuch gemeint war. Auch die Prophetenbücher, das *corpus propheticum*, und die Psalmen scheinen ab dem frühen 2. Jahrhundert v. Chr. eine besondere Wertschätzung neben der Tora des Mose erfahren zu haben.[54] Alles andere sind Schriften, die nach und nach kanonischen Rang erlangten.

Neben den Schriften der Hebräischen Bibel entstand in hellenistisch-römischer Zeit eine Fülle parabiblischer Literatur, d. h. eine Überlieferung, die in der einen oder anderen Weise auf die biblischen Bücher bezogen ist oder ihnen nahesteht: die sogenannten Apokryphen und Pseudepigraphen, die Texte vom Toten Meer und die Schriften des hellenistischen Judentums.[55] Auch diese Schriften setzen noch keine »Bibel« und keinen »Kanon« voraus, auch wenn manche Be-

---

[52] Zum folgenden vgl. Steck 1988.
[53] 4 Esra 14 (JSHRZ V/4, 400 ff); Josephus Ap I 7,37–41; bBaba batra 14b–15a.
[54] Sir 44–49 (JSHRZ III/5, 614 ff).
[55] Vgl. Stone 1984; Mulder/Sysling 1988; Maier 1990; Schürer 1973–1987 III sowie unten IV 6.

zeichnungen wie »Apokryphen und Pseudepigraphen« oder der englische Begriff *rewritten bible* bzw. *rewritten scripture* (Jubiläenbuch, Tempelrolle, Genesis-Apokryphon u.a.) dies suggerieren. Die Bezeichnungen dürfen jedoch nicht dazu verleiten, einen Unterschied zwischen biblischen und nichtbiblischen Büchern zu machen.

Wie die Bibelhandschriften von Qumran zeigen, war der Text der biblischen Bücher noch im Fluß.[56] Anonymität oder Pseudepigraphie der sogenannten *rewritten-bible*-Texte unterscheiden sich in nichts von den anonymen Überlieferungen oder Namenszuweisungen in den Schriften der Hebräischen Bibel. Der Anspruch auf Inspiration und Offenbarung wird auch in den parabiblischen Schriften nicht weniger erhoben als in den biblischen, eher noch verstärkt oder ausdrücklich betont (vgl. Jubiläenbuch, Tempelrolle). Und selbst die eindeutig auf die eigene Gruppe bezogenen Schriften der Gemeinschaft von Qumran,[57] die sich von der Hebräischen Bibel ableiten und sich auf sie berufen oder sie in Form des Kommentars, der zwischen Text und Interpretation unterscheidet, auslegen, haben für die Gruppe selbst keine geringere Autorität als die biblischen Schriften, auf die sie sich beziehen, nicht zuletzt, weil sie gar nichts anderes sagen wollen als die biblischen Schriften auch.

Ihre besondere Stellung aber beziehen die biblischen Schriften gerade dadurch, daß sich jüngere Schriften auf sie beziehen, sie zitieren, paraphrasieren, nachahmen oder kommentieren. Erst dieser Schriftgebrauch läßt die Schriften gewissermaßen »kanonisch« werden. Ihre wachsende Autorität und die Autorität der Schriften, die sich auf sie beziehen, be-

---

[56] Vgl. Tov 1997 und 2012; Lange 2009.
[57] DJD; DSSP; DSSR; DSSSE; in dt. Übersetzung MAIER A und B; LOHSE; STEUDEL.

dingen sich gegenseitig. Göttliche Abkunft, d.h. Inspiration und Offenbarung, nehmen beide Gruppen in gleichem Maße für sich in Anspruch. Ausnahmen sind diejenigen Schriften, die in hellenistischer Manier den Namen des Verfassers nennen (Ben Sira, Philon von Alexandrien, Flavius Josephus). Sie markieren ausdrücklich einen Abstand zur biblischen Vorlage und stellen die Autorität des gelehrten Verfassers und Lehrers in den Dienst der Auslegung des biblischen Zeugnisses.

1. Das Gesetz (Tora)

Die Entstehung des Alten Testaments ist ein Prozeß, der sich über Jahrhunderte erstreckte, vom ausgehenden 8. bis ins 2. Jahrhundert v.Chr., genaugenommen bis um 100 n.Chr., als der hebräische Kanon in allen seinen Teilen nahezu vollständig fixiert war. Die Auswahl und Abtrennung der drei Teile des Kanons bedeuteten den Abschluß der literaturgeschichtlichen Entwicklung, die, soweit wir sehen, seit der hellenistischen Zeit sehr in die Breite ging und sich danach in der jüdischen und christlichen Traditionsliteratur fortsetzte.

Die Sammlung, die als erste erkennbar autoritative Geltung erlangte, war der Kanonteil *Tora*. Er umfaßt die fünf Bücher Mose, den sogenannten Pentateuch (Gen, Ex, Lev, Num und Dtn). Die »Tora des Mose« bzw. »Tora Jhwhs (Gottes)« wird bereits in den biblischen Büchern selbst als Referenzgröße angeführt, wobei nicht immer sicher ist, ob darunter schon der ganze Pentateuch zu verstehen ist. Aufgrund der äußeren Bezeugung[58] kann man jedoch davon ausgehen, daß dies seit der hellenistischen Zeit der Fall war und die Abtrennung des

---

[58] Septuaginta, Samaritanischer Pentateuch, Sir (JSHRZ III/5, 481 ff), Arist (JSHRZ II/1, 35 ff), 4QMMT, Apokryphen und Pseudepigraphen (APAT, JSHRZ).

Pentateuchs als Tora folglich in spätpersischer Zeit erfolgt sein muß.

Die Abtrennung ist künstlich. Der Erzählfaden der heiligen Geschichte reicht von der Schöpfung der Welt in Gen 1 bis zum Ende des judäischen Königtums in 2 Kön 25. Es handelt sich um den sogenannten Enneateuch, d. h. eine Komposition, die sich aus neun Büchern zusammensetzt (Gen, Ex, Lev, Num, Dtn, Jos, Ri, Sam, Kön). Der Enneateuch ist durch die Verbindung der älteren Ursprungslegenden Israels in Genesis–Josua mit der Geschichte des Königtums in Samuel–Könige entstanden, die durch das Richterbuch (Ri) miteinander verkoppelt und im Bereich von Genesis–Numeri durch die Priesterschrift aufgefüllt wurden. Dem Enneateuch ging somit auf der einen Seite ein sogenannter Hexateuch voraus, d. h. eine Komposition, die aus sechs Büchern besteht bzw. sich im Rahmen der sechs Bücher in Genesis–Josua (Gen, Ex, Lev, Num, Dtn, Jos) bewegt. Auf der anderen Seite liegt ihm in Samuel–Könige ein Werk zugrunde, das als Nukleus oder Grundschrift des in der Forschung so genannten »Deuteronomistischen Geschichtswerkes« gelten kann. Erst das Richterbuch bindet beides unter dem Vorzeichen des Ersten Gebots zusammen. Die genetische Reihenfolge lautet also: Hexateuch – Enneateuch – Pentateuch.

Anders als in herkömmlichen Einleitungen üblich haben wir bisher von der bekannten Quellenhypothese abgesehen, wonach sich der Pentateuch aus vier Quellen zusammensetzt: den drei parallelen Erzählwerken des Jahwisten (J), des Elohisten (E) und der Priesterschrift (P) in Genesis–Numeri sowie dem Buch Deuteronomium (D). Nach der neueren Pentateuchforschung[59] kann lediglich für die Priesterschrift und das Deuteronomium von einer gesicherten, konsensfähigen

---

[59] Vgl. dazu Kratz 2011d; zur Diskussion Dozeman u. a. 2011.

Textbasis ausgegangen werden. Alles andere, der nichtpriesterschriftliche Text in Genesis–Numeri, herkömmlich auf die Quellenschriften J, E und JE (Jehowist) verteilt, steht derzeit wieder zur Disposition. In diesem Textbestand liegen verschiedene Textbestandteile ineinander: ein älterer, aus Einzelüberlieferungen zusammengesetzter und redaktionell hergestellter Erzählfaden und Zufügungen aller Art, von quellenhaften Einzelstücken (Fragmenten) bis hin zu vor- wie nachdeuteronomischen sowie vor- wie nachpriesterschriftlichen Ergänzungen.

Wie die Forschungsgeschichte lehrt, will es nicht recht gelingen, auf den nichtpriesterschriftlichen Textbestand die Quellenhypothese anzuwenden und die beiden Quellen J und E und ihre Redaktion JE säuberlich zu trennen.[60] Andererseits vermögen aber auch die Argumente nicht zu überzeugen, wonach dieser Textbestand eine literarische Einheit bilden soll und in Gänze einem späten, gar nachpriesterschriftlichen, »jahwistischen« Redaktor zuzuschreiben sei.[61] So empfiehlt es sich, von den älteren Entstehungsmodellen abzusehen und im nichtpriesterschriftlichen Text von Genesis–Numeri zwischen alten Einzelüberlieferungen, ihrer ersten redaktionellen Verknüpfung zu einem Erzählfaden und jüngeren Ergänzungen zu differenzieren. Im übrigen erscheint es mehr als fraglich, ob die Redaktion, die für die Komposition der Ur- und Vätergeschichte in der Genesis verantwortlich ist, mit der Redaktion der Exoduserzählung identisch ist. Die Exoduserzählung wiederum reicht entgegen der seit Martin Noth[62] üblichen Abgrenzung nicht nur von Exodus–Numeri, sondern schließt, wie bis dahin von allen und auch von Julius Well-

---

[60] Es gibt freilich nach wie vor andere Stimmen; vgl. Kratz 2011d, 46 sowie den Beitrag von Baruch Schwartz in Dozeman u. a. 2011, 3–16.

[61] Van Seters 1983; 1992; 1994; 2006.

[62] Noth 1943 und 1948.

hausen[63] angenommen, die Landnahme im Buch Josua als das natürliche Ende der Erzählung mit ein.[64]

Erst die jüngeren Ergänzungen überblicken den ganzen Zusammenhang von Genesis, Exodus–Josua, Richter und Samuel–Könige, d. h. den Enneateuch. Sie sind aber auch für die Abtrennung bzw. zunehmende Verselbständigung der Bücher verantwortlich. Die Bücher erhielten gegen Ende der produktiven Phase der Textüberlieferung in der Regel einen Rahmen, der Anfang und Ende markiert und zugleich über das Buch hinaus auf den größeren Erzählzusammenhang verweist.[65] So war es möglich, die einzelnen Bücher auf separaten Rollen zu überliefern, ohne daß der Zusammenhang der heiligen Geschichte verloren ging.

Auf dieselbe Weise erfolgte auch die Abtrennung des Pentateuchs als Tora. Dtn 34,10–12 nimmt den Tod des Mose zum Anlaß, um ihn und seine Geschichte für einzigartig zu erklären. Der Hinweis auf die Väterverheißungen (Dtn 34,4) läßt erkennen, daß dabei der gesamte Pentateuch unter Einschluß der Genesis im Blick ist. Der Pentateuch gewinnt damit einen eigenen, besonderen Stellenwert, auch wenn mit der Einsetzung Josuas (Dtn 31,1 ff; 34,9) zugleich auf die Fortsetzung der Geschichte Israels jenseits der Tora verwiesen wird. Mose wird zum Inbegriff einer Epoche, die von der Schöpfung bis an die Grenze des verheißenen Landes reicht. Es ist nur konsequent, daß er im Jubiläenbuch, einer Reformulierung von Gen 1–Ex 15,[66] zum Verfasser auch der Ur- und Vätergeschichte wird. In dieser »mosaischen« Epoche ist von Jhwh

---

[63] Vgl. Wellhausen 1899.

[64] Vgl. Kratz 2000a; 2000b, 289–291 (engl. 2005, 282 f); 2002a; Gertz 2002.

[65] Vgl. Gen 50/Ex 1, Num 36,13/Dtn 1–3; Dtn 31–34/Jos 1; Jos 24/Ri 1–2; Ri 17–21, bes. 21,25/1 Sam 1–3; 2 Sam 21–24/1 Kön.

[66] JSHRZ II/3, 273 ff.

alles eingerichtet, was in alle Zukunft gelten soll. Das zeigt sich einmal an der unmittelbaren Fortsetzung der Geschichte Israels bis zum Untergang Judas, in der Israel am Anspruch der Tora gescheitert ist. Die Gründungsgeschichte ist aber gleichzeitig für alle Zeiten gemeint, womit die »mosaische« Epoche im Pentateuch zum Maßstab und die weitere Geschichte in Josua–Könige, die Vorderen ebenso wie die Hinteren Propheten (Jes–Mal) und die übrigen Schriften, zum Exempel werden.

2. Die Propheten (Nebiim)

Die Abtrennung des Pentateuchs als Tora hatte die Isolierung der Bücher Josua–Könige zur Folge. Im hebräischen Kanon werden sie als Vordere Propheten geführt, denen sich als die sogenannten Hinteren Propheten die prophetischen Bücher (Jes, Jer, Ez und die zwölf kleinen Propheten) anschließen. Die Zusammenstellung hat die Theorie des Chronisten zur Voraussetzung, die auch von Josephus geteilt wird, daß jede Epoche ihren Propheten hatte und die Propheten die Chronisten ihrer Zeit waren.[67] So wurden die Geschichtsschreiber zu Propheten und die Propheten zu Geschichtsschreibern erklärt. Als Geschichte der Heiligen ist der Kanonteil Propheten im »Lob der Väter« (Sir 44–49) für das frühe 2. Jahrhundert v. Chr. bezeugt; der Prolog zur griechischen Übersetzung des Buches Ben Sira, das Lehrschreiben 4QMMT und das Neue Testament nennen ihn beim Namen.

Die Vorderen Propheten werden seit Martin Noth als Teil des sogenannten Deuteronomistischen Geschichtswerkes betrachtet, das die Bücher Deuteronomium–Könige umfaßt und nach der neueren Forschung verschiedene Wachstums-

---

[67] Zur Theorie vgl. Kratz 2004a, 157–180; Josephus Ap I 7, 37–41.

stufen, eine blockweise Aufstockung oder durchgehende Ergänzungen oder beides zugleich, durchlaufen haben soll.[68] Die Hypothese setzt voraus, daß es ursprünglich zwei Fassungen der Landnahmeerzählung gegeben und mit der einen die Quellenschriften des Tetrateuchs (Gen–Num) geendet, mit der anderen das Deuteronomistische Geschichtswerk in Deuteronomium–Josua begonnen habe, bevor die beiden literarischen Größen zusammengeschlossen wurden und dabei die Landnahmeerzählung des Tetrateuchs restlos verlorenging. Sieht man jedoch von dem Dogma der Quellenhypothese ab und rechnet mit der Überlieferung, die uns erhalten ist, stellt sich der Sachverhalt anders dar. Der Blick wird frei für die redaktionelle Verbindung von Num 25,1a (Ankunft in Schittim) und Jos 2,1 ff bzw. 3,1 ff (Aufbruch von Schittim), die durch eine einfache Notiz vom Tod des Mose nach Art von Dtn 34,5 f überbrückt wurde und das Gerüst der ältesten Exoduserzählung bildet. Zieht man weiter in Betracht, daß die älteste, am Deuteronomium und dem Maßstab der Kultzentralisation orientierte deuteronomistische Redaktion nur in den Büchern Samuel–Könige zu greifen ist, ergibt sich von selbst, daß man zwischen den Überlieferungen des Hexateuchs und der – vom Deuteronomium abhängigen – deuteronomistischen Grundschrift in Samuel–Könige zu unterscheiden hat, die erst das spätdeuteronomistische Richterbuch und die sekundäre deuteronomistische Bearbeitung im Enneateuch zu einer Großerzählung, der *historia sacra* Israels, zusammenführen.[69]

---

[68] Noth 1943; Jepsen 1953; zum sog. Schichtenmodell vgl. Smend 1978 sowie die Arbeiten von Dietrich 1972 und 1987 sowie Vejola 1975 und 1977; zum sog. Blockmodell etwa H. Weippert 1972; Nelson 1981; Provan 1988; McKenzie 1991 und dagegen ausführlich Aurelius 2003, 21 ff. Zur Diskussion vgl. Witte u. a. 2006; Schmid/Person 2012.

[69] Vgl. Kratz 2000b (engl. 2005); Müller 2004, 75 ff. 78 ff.

Nach der künstlichen Abtrennung der Tora wurden die Bücher Josua–Könige durch die literarische Klammer in Jos 1,7f und Mal 3,22–24 mit den Prophetenbüchern im Kanonteil *Nebiim* vereint und unter dem neuen Vorzeichen wieder an die Tora des Mose angebunden. Vordere und Hintere Propheten gelten danach nicht nur als prophetisch inspirierte Schriftsteller der heiligen Geschichte, sondern sind zugleich als Lehrer des Gesetzes verstanden, die das Volk Israel zum Gehorsam gegen Gott und seine Gebote, die Tora des Mose, aufrufen und vor den Folgen des Ungehorsams warnen.

Wie die Vorderen hatten auch die Hinteren Propheten ihre eigene Geschichte, bevor sie zusammen mit den Geschichtsbüchern den zweiten Teil des hebräischen Kanons bildeten.[70] Die Bücher der Propheten wurden zunächst einzeln überliefert. Literarische Querbeziehungen zwischen den einzelnen Büchern lassen jedoch darauf schließen, daß sie in nächster Nähe entstanden sind und mit der Zeit aneinander angeglichen wurden. Literarische Kompositionen bildeten sich zuerst im Jesajabuch, das sich aus zwei Büchern, dem Ersten Jesaja in Jes 1–39 und dem Zweiten Jesaja in Jes 40–66, zusammensetzt, und im Zwölfprophetenbuch, das seinerseits aus Teilsammlungen (wie z.B. der Bücherfolge Hos – Am – Mi oder Hag – Sach – Mal) hervorgegangen ist. Gemeinsam bilden die Propheten Jesaja, Jeremia, Ezechiel und das Zwölfprophetenbuch das *corpus propheticum*.

Die Anzahl der prophetischen Bücher dürfte kaum zufällig und nicht höher gewesen sein als man sie heute im Alten Testament vorfindet. Nicht von ungefähr umfaßt das *corpus propheticum* drei große und zwölf kleine Propheten, was an die drei Erzväter und die zwölf Stämme Israels denken läßt. Darüber hinaus sind die Bücher des *corpus propheticum* durch

---

[70] Zum folgenden vgl. bes. Steck 1991.

ein ausgeklügeltes Überschriftensystem aufeinander bezogen. Zweimal, einmal in den drei großen und noch einmal in den zwölf kleinen Propheten, wird die Zeit von König Usija im 8. Jahrhundert v. Chr. bis zum Zweiten Tempel im ausgehenden 6. Jahrhundert v. Chr. durchlaufen.[71]

Für sich gelesen, deckt das *corpus propheticum* damit die wichtigsten Epochen der Geschichte Israels ab, von der assyrischen bis in die persische Zeit, mit Rückblicken auf frühere Epochen von der Schöpfung bis in die Zeit der Propheten und Ausblicken auf die Vollendung der Welt. In vielen Ausschnitten ist stets das Ganze im Blick, die Totalität des Gottesvolkes Israel wie die Totalität der Völkerwelt. Beiden wird gesagt, was Gott mit ihnen vorhat und was er von ihnen verlangt. Die Einheit Gottes bürgt für die Einheit seines vielfältigen, mitunter widersprüchlichen Tuns sowie für die Einheit und Zielgerichtetheit der von ihm gelenkten, wechselvollen Geschichte.

Das Überschriftensystem und die damit verbundene prophetische Schau der Geschichte machte das *corpus propheticum* anschlußfähig für die Geschichtsbücher in Josua–Könige, zumal sich die Epochen teilweise überschneiden und es darum auch zu Textentsprechungen in den Vorderen und Hinteren Propheten gekommen ist.[72] Durch die literarische Klammer Jos 1,7f/Mal 3,22–24 und Hinweise auf die »Tora« in den Prophetenbüchern ist auch um das *corpus propheticum* im Rahmen des Kanonteils »Propheten« der Zaum des Gesetzes gelegt.

---

[71] Jes 1,1//Hos 1,1; Am 1,1 und Mi 1,1 (von Usija bis Hiskija); Jer 1,1–3//Zef 1,1 (von Joschija bis Zidkija); Ez//Hag und Sach (Exil und Zweiter Tempel).
[72] 2 Kön 18–20//Jes 36–39; 2 Kön 24f//Jer 52.

3. Die Schriften (Ketubim)

Der dritte Kanonteil »Schriften« weist keine klare Ordnung auf, sondern ist ein Sammelsurium von Büchern, die nach Maßgabe der jüdischen Kanontheorie aus der Masse der Schriften aus hellenistisch-römischer Zeit ausgewählt wurden. Es handelt sich um Bücher, die nach eigenen Angaben oder entsprechenden Traditionen in der Zeit zwischen Mose und dem persischen König Artaxerxes (Esra–Nehemia) entstanden sind.[73] Bereits der Prolog zur griechischen Übersetzung des Ben Sira spricht gegen Ende des 2. Jahrhunderts v. Chr. neben Tora und Propheten von den »übrigen Büchern« und deutet damit eine dritte Gruppe »kanonischer« Bücher an. Doch es dauerte noch bis zum 1. Jahrhundert n. Chr. und teilweise noch länger, bis man sich auf den jetzigen Bestand geeinigt hatte.

Keimzelle des dritten Kanonteils ist der Psalter, der sich selbst in vielen Überschriften auf David zurückführt und vielleicht schon in 4QMMT, jedenfalls im Neuen Testament (Lk 24,44) neben Tora und Propheten genannt ist. Wie der Kanonteil »Propheten« ist auch der Psalter durch Ps 1 und das Zitat von Jos 1,7f in Ps 1,2f auf die Tora bezogen.[74] Nach den Propheten als den Lehrern des Gesetzes folgen im dritten Kanonteil die Lehren des Gesetzes für ein toragemäßes Leben.

In diesem Sinne wurden nach dem Psalter die Weisheitsschriften, Hiob, Proverbien und Kohelet, sowie die Bücher Rut, Ester und Daniel aufgenommen. Proverbien und Kohelet empfahlen sich darüber hinaus durch ihre pseudo-salomonische Verfasserschaft, die auch für die Aufnahme des Hohenliedes verantwortlich gewesen sein dürfte. Die Wahl von Rut dürfte durch den davidischen Stammbaum in 4,17–22 begün-

---

[73] Josephus, Ap I 7, 40.
[74] Vgl. Kratz 2004a, 284–286.

stigt worden sein. Mit den in der Tradition dem Propheten Jeremia zugeschriebenen Klageliedern (Klgl) und den Büchern Daniel, Esra, Nehemia und Chronik wurde, wie auch im zweiten Kanonteil »Propheten«, die Geschichte des Ersten und des Zweiten Tempels von Jerusalem berücksichtigt, die den Normen der Tora folgt. Zwischen den Lebenslehren der Psalmen und Weisheitsschriften (Hi, Spr) und den historischen Büchern (Dan, Esra–Neh, Chr) bilden die Bücher Rut (Passa), Hoheslied (Wochenfest), Kohelet (Laubhüttenfest), Klagelieder (9. Ab zum Gedenken an die Zerstörung Jerusalems) und Ester (Purim) die Gruppe der fünf »Rollen«, *Megillot*, die bestimmten Festtagen zugeordnet sind, an denen sie vorgelesen werden.

4. Apokryphen und Pseudepigraphen

Bis hierher haben wir uns auf den hebräischen Kanon des Alten Testaments und seine Entstehung beschränkt. Das Alte Testament ist jedoch auch in einer griechischen Fassung, der sogenannten Septuaginta (LXX), überliefert.[75] Ihre Geschichte begann mit der Übersetzung der Tora, die nach der Legende des Aristeasbriefs auf Wunsch des Königs Ptolemaios II. Philadelphos (285–246 v. Chr.) und durch Vermittlung des Hofbeamten Aristeas von einer Delegation von 72 Priestern aus Jerusalem, sechs aus jedem der zwölf Stämme Israels, in 72 Tagen für die Bibliothek in Alexandria angefertigt worden sein soll.[76]

Wie auch immer man über den historischen Wert der Legende denkt, ein Körnchen Wahrheit dürfte sie enthalten. Der Vormarsch der griechischen Sprache und Kultur in Ägypten

---

[75] Vgl. Hengel/Schwemer 1994; Kreuzer u. a. 2012.
[76] JSHRZ II/1, 35 ff.

wie auch in Syrien und Palästina machte eine Übertragung der heiligen Schriften ins Griechische notwendig. Unter den heiligen Schriften verstanden die Übersetzer zunächst allein die Tora. Sie war und blieb das Vorbild für die Übersetzung der übrigen Bücher, die in einem langen Prozeß, der sich bis ins erste nachchristliche Jahrhundert hinzog, nach und nach folgten. Die ältesten handschriftlichen Zeugnisse, griechische Fragmente der Bücher des Pentateuchs und der Zwölfprophetenrolle aus vorchristlicher Zeit, stammen aus Ägypten sowie Qumran und Umgebung.[77] Im 2. Jahrhundert n. Chr. wurde die Septuaginta die Bibel der Christen und ist uns seither nur noch aus christlichen Handschriften bekannt.

Die Septuaginta zeichnet sich durch eine andere Anordnung und einen erweiterten Bestand an biblischen Büchern aus. In ihr sind die drei Teile des hebräischen Kanons umgestellt und die Bücher neu verteilt. Im ersten Teil sind alle Geschichtsbücher aus Tora, Vorderen Propheten und Schriften zusammengestellt.[78] An zweiter Stelle stehen die poetischen Schriften;[79] am Schluß folgen die prophetischen Bücher.[80] Darüber hinaus findet man im ersten Kanonteil die Bücher 1 Esra (nach der Zählung der Vulgata 3 Esra), Judit, Tobit, 1–2 Makkabäer (in manchen Handschriften auch 3 Makk und 4 Makk) sowie die Gebetseinlagen und anderen Zusätze im Buch Ester, im zweiten Teil einen zusätzlichen Psalm (Ps 151) sowie die Weisheit Salomos und das Buch des Ben Sira (in ei-

---

[77] Vgl. Rahlfs/Fraenkel 2004, 170–178 (P. Fouad 266).241 f (P. Rylands 458); Lange 2009, 36.335.

[78] Genesis-Richter, Rut, 1 Samuel–2 Könige (= 1–4 Königtümer), 1–2 Chronik (= Paralipomena), Esra-Nehemia (= 2 Esra), Ester.

[79] Psalmen, Sprüche (= Proverbia), Kohelet (= Ecclesiastes), Hoheslied, Hiob, ferner Weisheit Salomos, Sirach, Psalmen Salomos.

[80] Hintere Propheten (in anderer Reihenfolge als in MT), Klagelieder (= Threni) und Daniel.

nigen Handschriften auch die Oden Salomos sowie die Psalmen Salomos) und im dritten Teil das Buch Baruch, den Brief Jeremias (Bar 6) sowie die Zusatzstücke zum Buch Daniel (Susanna, Bel und der Drache, Gebete in Dan 3).

Die zusätzlichen Schriften und Textstücke gehen entweder auf eine aramäische oder hebräische Urschrift zurück oder sind ursprünglich griechisch verfaßt. Sie alle sind in der einen oder anderen Weise von den Schriften des hebräischen Kanons abhängig. Es handelt sich um Paraphrasen oder Nachahmungen sowie Ergänzungen, die die biblischen Bücher den Anforderungen und dem Geschmack der hellenistischen Zeit anpaßten. Sie weisen auf die Vielfalt der jüdischen Literatur in hellenistisch-römischer Zeit, wozu neben den in die Septuaginta eingegangenen und vielen anderen Apokryphen und Pseudepigraphen auch die jüdisch-hellenistischen Schriftsteller sowie die Schriften vom Toten Meer zählen.[81]

Auch die Hebräische Bibel gehört in diesen breiten Strom der jüdischen Literatur. War ihre Kenntnis anfänglich auf schriftgelehrte Eliten und also eher überschaubare Kreise begrenzt, fand sie in der hellenistischen Zeit immer größere Verbreitung und regte zu weiterer literarischer Produktion an. Wie die in Qumran gefundenen vielen Abschriften und die literarischen Bezugnahmen insbesondere auf die Tora und die Propheten, aber auch auf die Psalmen zeigen, schälten sich diese im Rahmen des biblischen Judentums sehr bald als Kernbestand einer autoritativen Leitüberlieferung heraus. Nur für die »übrigen Schriften« mußte eine Auswahl getroffen werden, die durchaus unterschiedlich ausfallen konnte und in Einzelfällen sowohl in der rabbinischen wie in der christlichen Diskussion länger umstritten war. Der dritte Teil des hebräischen Kanons, *Ketubim* »Schriften«, und der erwei-

---

[81] S. u. IV 6.

terte Bücherbestand der Septuaginta repräsentieren zwei verschiedene Wege, auf denen die Entstehung der Hebräischen Bibel bzw. des Alten Testaments zum Abschluß kam.

IV. Literaturgeschichtliche Skizze

Zum Abschluß dieses Überblicks über die Entstehung der biblischen Tradition sei der Versuch unternommen, die literargeschichtlichen Befunde, soweit sie dies erlauben, miteinander zu korrelieren und im historischen Zusammenhang nachzuzeichnen. Als Leitlinie soll uns dabei die Geschichte der erzählenden Überlieferung in Genesis–Könige sowie Chronik, Esra–Nehemia dienen, bei der es am ehesten gelingt, die relative in eine absolute Chronologie zu überführen. Doch auch hier sind nur Schätzungen und ungefähre Angaben möglich, die sich an den markantesten Einschnitten und großen Epochen der Geschichte Israels und Judas – wie der staatlichen und nachstaatlichen Epoche oder der vor- und nachmakkabäischen Zeit – orientieren.[82] Genauere Datierungen sind kaum möglich, da wir über die Relation der vielen Schichten untereinander und ihr Verhältnis zur Zeitgeschichte zu wenig wissen. Das verbreitete Verfahren, vom Inhalt oder von den – tatsächlichen bzw. vermuteten – altorientalischen Analogien und traditionsgeschichtlichen Einflüssen auf die Datierung alttestamentlicher Texte zu schließen, erweist sich bei genauerer Betrachtung als Kurzschluß. Auf diese Weise läßt sich im günstigsten Fall ein *terminus a quo* ermitteln, aber schwerlich eine Literaturgeschichte schreiben.[83]

---

[82] Für die hier vorausgesetzte Analyse vgl. Kratz 2000b (engl. 2005); damit weitgehend übereinstimmend Gertz 2010.

[83] Vgl. J. Wellhausen in Bleek 1886, 1f; Smend 1978, 9. Anders K. Schmid 2008 und Carr 2011, die die biblischen Texte nach weltpoliti-

1. Historisches und biblisches Israel

Die Zurückhaltung vor einer allzu genauen Datierung der biblischen Schriften hat aber auch einen Grund, der in der Natur der Sache liegt und ins Zentrum dieses Buches führt. Die biblische Literatur ist von einem Begriff von Israel und seinem Gott Jhwh bestimmt, der in Spannung zu den historischen Größen der beiden Reiche und späteren Provinzen Samaria und Juda und der in ihnen praktizierten Jhwh-Religion steht. Oder anders gesagt: Das Israel der biblischen Tradition ist nicht das Israel der Geschichte. So, wie man im Neuen Testament den historischen Jesus und den kerygmatischen Christus unterscheidet, so muß man im Alten Testament das historische und das biblische Israel unterscheiden.

Die Differenz hat bereits Wilhelm Martin Leberecht de Wette gesehen oder wohl eher gefühlt,[84] bevor sie Julius Wellhausen mit seiner Unterscheidung zwischen dem »alten Israel« und dem »Judentum« auf den Punkt brachte.[85] Martin Noth verwischte den Unterschied wieder etwas, indem er die im Alten Testament artikulierten Auffassungen des nachstaatlichen Judentums vom alten Israel, dem Israel »in der Sprache des Bekennens und Glaubens«, als historische Gegebenheiten in die vorstaatliche Frühzeit projizierte.[86] Da es in dieser Frühzeit das Volk Israel aber noch nicht gab, ist von der Vorstellung Abschied zu nehmen, daß alles, was Israel zu dem macht, was es im Alten Testament nach dem Willen Gottes ist oder sein sollte, wenigstens der Sache nach schon am Anfang komplett oder *in nuce* vorhanden war.

---

schen Epochen datieren; vgl. zu den Problemen dieses Verfahrens Witte 2010b; B. Sommer in Dozeman u. a. 2011, 85–108.

[84] De Wette 1806–1807.
[85] Wellhausen 1905b, 1.336 ff. u. ö.
[86] Vgl. Noth 1950, 169 sowie die Programmatik ebd., 9–15. Dagegen wegweisend Davies 1992 und 2007.

Archäologie und Überlieferungsgeschichte weisen in die genau entgegengesetzte Richtung. Was das Israel und den Jhwh des Alten Testaments ausmacht und das Verhältnis des Gottes Jhwh zu seinem Volk Israel nach dem biblischen Zeugnis bestimmt, ist das Ergebnis eines langen, leidvollen Reifungsprozesses, in dem das Israel der Geschichte allmählich in die »Sprache des Bekennens und Glaubens« überging und die im Vergleich mit den altorientalischen Analogien hervorstechenden Besonderheiten, das sogenannte »Proprium« des Alten Testaments, sich entwickelten.

Die im Alten Testament erzählte heilige Geschichte Israels darf daher nicht mit dem historischen Israel verwechselt werden. Aber auch die Geschichte der biblischen Überlieferung ist nicht einfach mit der Geschichte Israels und Judas identisch. Das bedeutet keineswegs, daß alles nur literarische Fiktion wäre. Von den ältesten bis zu den jüngsten literarischen Schichten sind historische Kenntnisse und Reste authentischer Überlieferung in das Alte Testament eingegangen. Nur sind sie in keinem Fall unmittelbar zu greifen. Alles ist durch die biblische Überlieferung vermittelt, die die historischen Sachverhalte, Erfahrungen und älteren Überlieferungen im nachhinein im Lichte Gottes reflektierte und interpretierte.

Wenn nicht alles täuscht, sind es vor allem die – weniger materiell als mental – einschneidenden historischen Zäsuren von 722 und 597–587 v.Chr., die den Übergang in die biblische Tradition evozierten. Sie forderten dazu heraus, die Verbindung zur abgebrochenen eigenen Geschichte wie zum eigenen Gott nicht zu verlieren und in der Erinnerung auf eine neue, für die Zukunft tragfähige Grundlage zu stellen. Doch selbst in solchen Überlieferungen, die von den Abbrüchen der israelitischen und judäischen Geschichte noch nichts wissen und die Verhältnisse der vorexilischen Königszeit spiegeln, hat man es nicht mit historischen Protokollen zu tun, die die

Vergangenheit oder den *status quo* dokumentieren, sondern mit Deutungen, die den *status quo* und die Identität einer Gruppe, einer Region oder eines politischen Systems anhand der – nach dem eigenen Ideal zurechtgelegten – Vorgeschichte definieren.

Das Alte Testament ist daher nicht die Primärquelle der Geschichte und Religionsgeschichte Israels und Judas, sondern eine Quelle für die Geistes- und Theologiegeschichte in Israel und Juda, in Resten für die Zeit vor, in der Hauptsache für die Zeit nach den historischen Zäsuren von 722 und 587 v. Chr., als die Überlieferung in die »Sprache des Bekennens und Glaubens« überging. Erst in dieser Zeit wurde Jhwh zum einen und einzigen Gott Israels und Israel zum einen und einzigen Volk Jhwhs.

2. Die Epoche der beiden Reiche

Für die Zeit vor 722 v. Chr. und 587 v. Chr., als Israel und Juda zwei unabhängige Reiche inmitten der syrisch-palästinischen Staatenwelt der ersten Hälfte des 1. Jahrtausends v. Chr. waren, lassen sich eine ganze Reihe von Einzelerzählungen und Erzählkränzen reklamieren, die einmal selbständig zirkulierten und in die Komposition von Genesis-Könige eingegangen sind.[87] Aus dem israelitischen Norden oder Mittelpalästina stammen Jakob und Laban in Gen 29–31, der Jhwh-Krieg in Ex 14, Bileam in Num 22–24, Josua und die Kriege Jhwhs in Jos 6 und 8, die Lokalhelden in Ri 3–16, Samuel und Saul in 1 Sam 1–14, Auszüge aus den »Tagebüchern« der Könige von Israel und Einzelüberlieferungen (wie z. B. 1 Kön 18,41 ff;

---

[87] Für den möglichen Textbestand der im folgenden genannten – vorbiblischen – Überlieferungen vgl. die Vorschläge in Kratz 2000b, 315 f (engl. 2005, 310 f Anm. 322 f).

2 Kön 4; 9–10) in den Büchern der Könige. Aus dem Süden stammen Lot in Gen 19, Isaak und Esau in Gen 26–27, David und Salomo in 2 Sam 11–12 + 1 Kön 1–2, Abschalom in 2 Sam 13–20, David-Abschalom-Salomo in 2 Sam 11–1 Kön 2, Auszüge aus den »Tagebüchern« der Könige von Juda und Einzelüberlieferungen (wie 2 Kön 11) in den Königsbüchern. Nicht sicher lokalisieren lassen sich die kainitische Anthropogonie in Gen 2–4, die noachitische Völkertafel in Gen 10 und das Mirjamlied in Ex 15,20 f, nicht sicher ausgrenzen die ganz mit dem literarischen Kontext verwobenen Traditionen von Abraham und Sara (Gen 12–13), Josef in Ägypten (Gen 39–41), Mose in Midian (Ex 2) und mancherlei Überlieferungssplitter (wie z. B. Jos 10,12 f), die auf allen literarischen Ebenen immer wieder einmal begegnen.

Die verschiedenen Typen von Erzählungen – Vätererzählungen, Jhwh-Kriegserzählungen, Heldenlegenden, Königs- und Prophetenerzählungen, königliche Chroniken – repräsentieren nicht etwa verschiedene historische Epochen, auf die man die singulären Episoden nur hochzurechnen bräuchte, um – wie es die späteren Redaktoren machten und moderne Historiker ihnen gelegentlich nachmachen – aus ihnen den Gang der Geschichte Israels zu rekonstruieren. Vielmehr sind sie als ungefähr gleichzeitig zu betrachten. Sie alle spiegeln die sozial- und religionsgeschichtlichen Verhältnisse der frühen, mittleren oder späten Königszeit und führen sie paradigmatisch auf punktuelle Ereignisse, oft Begebenheiten des »Anfangs« oder eines kritischen Übergangs, zurück. Nur bewegen sich die Erzählungen auf unterschiedlichen soziologischen Ebenen und spiegeln daher dieselben Verhältnisse aus unterschiedlichem Blickwinkel mit ganz unterschiedlichen Interessen. Die Anfänge der Menschheit und die Vätererzählungen der Genesis bewegen sich im Umfeld der Sippe, der Familie und Familienverbände, die ihnen verwandten Heldenerzählungen des Richterbuchs im Umfeld von Stämmen, Ortschaften und Regionen, die Jhwh-Kriegserzählungen, die Ursprungslegenden des Königtums in Israel und in Juda sowie die Auszüge aus den königlichen Chroniken im Umfeld der Monarchie.

Die verschiedenen soziologischen Ebenen, die sich an dem Handlungsgefüge und den darin vorausgesetzten Lebensumständen zu erkennen geben, entsprechen den drei Bereichen der Familien-, Orts- und Staatsreligion, wie sie für die vorexilische Königszeit typisch sind.[88] Die in den Erzählungen vorausgesetzten Lebensumstände und die geschilderten religiösen Phänomene sind sehr bescheiden und kleinräumig, die Erzählweise ist knapp und auf das Wesentliche konzentriert. Die Kargheit der Darstellungsmittel deckt sich mit dem inschriftlichen Befund und den historischen Analogien im syrisch-palästinischen Raum. Sie hat in den kargen politischen und kulturellen Verhältnissen der syrisch-palästinischen Kleinstaaten der ersten Hälfte des 1. Jahrtausends v.Chr. ihren Grund, die an die Größenordnung der altorientalischen Kulturnationen Ägyptens und Mesopotamiens nicht im entferntesten heranreichten, je länger desto mehr aber an ihnen partizipierten.

Unter den Quellen der vorexilischen Königszeit befinden sich nicht nur Erzählungen, sondern auch ein Hymnus (Ex 15,21b) und eine Sammlung von Rechtssätzen, die *Mischpatim* im ältesten Bundesbuch (Ex 21,1–22,19). Das erinnert daran, daß die vorexilische Überlieferung Israels und Judas durchaus vielfältig war. Die Erzählungen gehörten vermutlich nicht einmal zu den prominentesten und ältesten Überlieferungen. Weit prominenter und älter war die an Hof und Tempel beheimatete Gebrauchsliteratur. Darunter sind in er-

---

[88] S.o. *Geschichte* IV.

ster Linie Aufzeichnungen über die politische, militärische und vor allem wirtschaftliche Verwaltung des Hofes, über die Tagesgeschäfte also, zu verstehen, die wir aber nicht mehr besitzen. Ein kümmerlicher Überrest sind die Annalennotizen in den Königsbüchern. Des weiteren fallen darunter: Festkalender und Opferrituale, die in das Gesetz eingingen; Tempelgesänge wie die »kanaanäischen« Hymnen oder das Klage- und Dankschema des Einzelnen, die sich im Psalter erhalten haben; die alte Spruchweisheit, die noch einer genauen literarischen Abgrenzung gegenüber jüngeren Zuwächsen harrt; die israelitische oder judäische Prophetie, die in den Prophetenbüchern des Alten Testaments versteckt ist, der Art nach aber eher dem Bild der Prophetenerzählungen in den Büchern Samuel und Könige und insbesondere dem Typus des »Falschpropheten« entsprach.[89]

Wie Priester und Propheten amteten auch die Richter sowohl in den Ortschaften, hier im Rahmen der Torgerichtsbarkeit, als auch an Hof und Tempel in der Hauptstadt. Die Kodifikation des Rechts, die in Ex 21–22 nur eine bescheidene Auswahl bietet, dürfte ebenso wie die Kodifikation der Spruchweisheit zu Ausbildungszwecken am Hof erfolgt sein, Opferrituale, Hymnen und Gebete haben ihren natürlichen Ort im Tempel. Neben diesem Bestand an alter Überlieferung nehmen sich die alten Erzählungen bescheiden aus, was kaum verwundert angesichts der Tatsache, daß nur wenige Eliten des Lesens und Schreibens kundig waren. Soweit nicht auch sie in den Umkreis von Hof und Tempel gehören, sind die Erzählungen wahrscheinlich in den Gruppen entstanden, von denen sie erzählen, und über die mündliche Überlieferung in die Hände von Leuten gefallen, die daraus Literatur machten.

---

[89] Beispiele zu allen diesen Überlieferungsbereichen s. o. I 4.

IV. Literaturgeschichtliche Skizze

Die vorexilischen Überlieferungen zeichnen sich dadurch aus, daß sie in einer gewissen Naivität die bestehenden politischen, sozialen, wirtschaftlichen und religionsgeschichtlichen Verhältnisse voraussetzen und (noch) nicht zum Thema machen. Theologische oder sozialrevolutionäre Utopien wie das Exoduscredo und Vorstellungen vom einen und einzigen Gott, der das Volk Israel eint und gegen andere Völker abgrenzt, liegen ihnen ganz fern. Das Leben, das sich in ihnen spiegelt, spielt sich in regional begrenzten ethnischen und sozialen Relationen ab. Nationales Gemeinbewußtsein wird, wenn nötig, praktiziert, nicht expliziert, es sei denn gegen Feinde von außen. Jhwh ist, wie das Onomastikon hier und in den Inschriften bestätigt, Reichsgott und zugleich persönlicher Gott, führt Kriege und kümmert sich allein oder, wie wir aus den Inschriften wissen, gemeinsam mit »seiner Aschera« um das Wohl derer, die ihn verehren. In den Hymnen und Gebeten trägt er die Züge der westsemitischen Hauptgötter El und Baal, ist König der Götter und Herr der Erde, besiegt das Meer, spendet den Regen und ist für die Errettung aus der Sphäre des Todes verantwortlich. In den Erzählungen dominieren menschliche Intrigen und übermenschliche Wunder. Rechtssätze, Weisheitssprüche und selbst Prophetenorakel berufen sich nicht auf externe Autoritäten wie den König oder die Gottheit und legitimieren sich aus sich selbst.

Die alte Überlieferung wirkt auf uns Heutige in manchem vielleicht profan, ist aber durch und durch religiös geprägt, nur, daß Religiosität und Frömmigkeit nicht eigens reflektiert oder expliziert werden. Solange ein König für Frieden nach innen und außen sorgte, Weisheitslehrer die Eliten schulten, Priester, Propheten und Richter ihres Amtes walteten, die Ernte erträglich war und sich das Leben in den Familien, Stämmen und Ortschaften unter dem einigenden Dach der Monarchie sowie nach den eigenen Regeln und Gebräuchen entfalten konnte, bestand kein Anlaß, sich Gedanken zu machen, wer oder was Israel, Juda oder Jhwh sei oder sein sollte. Israel und Juda waren das Volk Jhwhs wie Moab des Volk des Gottes Kamosch. Jhwh war der Gott Israels und der Gott Judas wie Kamosch der Gott Moabs.

3. Das Ende Israels

Die Verhältnisse änderten sich, als gegen Ende des 8. Jahrhunderts v. Chr. Tiglatpileser III. die Bühne der Geschichte betrat und sich anschickte, von Norden her Stück für Stück die aramäischen Stadtstaaten, anschließend den Flächenstaat Israel dem assyrischen Weltreich einzuverleiben.[90] Von seinen Nachfolgern marschierte Sanherib bis vor die Tore Jerusalems, wo um 700 v. Chr. der assyrische Eroberungszug aus ungeklärten Ursachen erlahmte. Nach der endgültigen Unterwerfung der Hauptstadt Samaria um 722 v. Chr. und der Integration in das assyrische Provinzsystem gab es Israel, das Reich im Norden Palästinas, nicht mehr. Bis zum Jahre 701 v. Chr. mußte man auch in Juda und Jerusalem dasselbe Schicksal befürchten, doch kam man noch einmal mit dem Schrecken und einer Verkleinerung des Herrschaftsgebiets auf die Hauptstadt Jerusalem und Umland davon. Soweit sie nicht deportiert wurden, lebten die Israeliten von nun an entweder in ihren alten Gebieten in der assyrischen Provinz Samaria oder als Zuzügler im Gebiet des Reiches Juda, sei es an der ehemaligen, früher umkämpften Grenze zu Benjamin oder in der Hauptstadt Jerusalem, die sich nach Westen ausdehnte. Eine nicht unbeträchtliche Zahl muß auch nach Ägypten entkommen sein, wo sich über die Jahre eine jüdi-

---

[90] S. o. *Geschichte* II 3–4.

sche Diaspora bildete, von der wir aber erst sehr viel später hören.

Was nach der assyrischen Invasion aus den Aramäern in Syrien wurde, wissen wir nicht. Die Invasion, die hier sehr viel früher einsetzte, betraf immer nur einzelne (Stadt-)Staaten, während andere wie Zakkur von Hamat oder die Könige von Ja'udi/Sam'al aus der Präsenz der Assyrer Profit schlugen und sich als loyale Vasallen noch eine Weile hielten. Daher wird man vielleicht annehmen dürfen, daß mit dem Ende der Eigenstaatlichkeit des einen Stadtstaates das Leben des anderen nicht mit einem Mal aufhörte. Unter der assyrischen Fremdherrschaft verlief es, mit oder ohne eigenen König, in den gewohnten Bahnen. Auch der Reichsgott Baal oder Hadad, der hier und da eine militärische Niederlage einstecken mußte, überlebte die assyrische Invasion, sei es in den noch von ihm allein beherrschten aramäischen Kapitalen, sei es in vertraglich geregelter Koalition mit den Göttern des assyrischen Imperiums.

Nicht sehr viel anders dürfte es in Israel und Juda gegen Ende des 8. Jahrhunderts v. Chr. zugegangen sein. Die Propheten Jhwhs in Israel sahen das Unheil wohl kommen und stimmten die Klage an, die Propheten Judas wünschten es für Aram und Israel, die sich gegen Assur und gegen Juda verschworen hatten, im Namen Jhwhs herbei. Nachdem das Unheil eingetreten war und als Gefahr über Juda schwebte, wird man sich mit der assyrischen Fremdmacht so bald wie möglich arrangiert haben, was bis zum Niedergang Assurs im ausgehenden 7. Jahrhundert hielt und danach von der nächsten, diesmal von Babylon ausgehenden Invasion überholt wurde.

Doch es gab auch andere Reaktionen auf den Fall des Reiches Israel. Sie betrafen die Beziehung von Israel zu Juda, die beide denselben Gott, Jhwh, zum Reichsgott hatten. Zwar trat Jhwh in vorexilischer Zeit wie andere Götter unter verschiedenen Namen in Erscheinung, als Jhwh von Samaria, Jhwh von Teman und wohl auch Jhwh von Juda/Jerusalem, und es war durchaus nichts Ungewöhnliches, wenn in seinem Namen Israeliten und Judäer gegeneinander Krieg führten oder Koalitionen eingingen. Doch nun war der Fall eingetreten, daß derselbe Gott von denselben Gegnern in Israel besiegt wurde und in Juda unbesiegt blieb, was ebenfalls nichts Unmögliches, aber für einige offenbar unverständlich war und so den Anstoß zur Reformulierung des Verhältnisses von Jhwh und Israel gab. In der werdenden Prophetenüberlieferung (Jesaja, Hosea, Amos) erklärte man sich die Sache so, daß Jhwh selber für die Liquidierung seines Reiches und seines Volkes verantwortlich sei, und suchte die Gründe dafür bei Israel.[91] Aus der prophetischen Warnung vor der Katastrophe wurde die Ansage eines von Jhwh herbeigeführten, totalen Gerichts, aus der Klage über chaotische Zustände die Anklage und Begründung für das in Israel schon eingetretene und Juda noch bevorstehende Gericht. Unter dem Eindruck des Untergangs Israels und angesichts der nach Süden ausgreifenden assyrischen Expansion taucht so in der biblischen Prophetenüberlieferung zum ersten Mal, jedenfalls erstmals explizit, der Gedanke der Einheit Jhwhs und seines Volkes auf, der die Gegensätze zwischen Israel und Juda transzendiert.

Das von den Propheten im Namen des Gottes Jhwh verkündete totale Gericht gab das Volk Israel dem Untergang preis, damit der Gott Israels überlebte. Für die überlebenden Israeliten, ob sie sich in den israelitischen Gebieten der assyrischen Provinz Samaria oder in Juda aufhielten und hier wie dort Jhwh weiter verehrten, stellte sich die Sache etwas anders dar.

---

[91] S. o. II 1.

Für sie mußte eine Zukunft Jhwhs und des Volkes Israel jenseits der Staatlichkeit gefunden werden. Man fand sie, indem man die von den Propheten aufgedeckte Einheit Jhwhs und des Volkes in die Vorgeschichte der zwei Reiche projizierte, um daraus eine Perspektive für die Gegenwart und die Zukunft zu gewinnen. Davon legen die drei Erzählwerke Zeugnis ab, die im Laufe des 7. Jahrhunderts v. Chr. entstanden sein könnten und von denen jedes auf seine Weise eine Ursprungslegende Israels bietet, die auch das Verhältnis zu Juda klärt: Die Legende von den Anfängen des Königtums und des davidischen Reiches in 1 Sam 1–1 Kön 2, die vorpriesterschriftliche Ur- und Vätergeschichte in Gen 2–35 und die Exodus-Landnahme-Erzählung in Ex 2–Jos 12.[92]

Aus der Ursprungslegende des Hauses Saul in 1 Sam 1–14 und der Thronfolgegeschichte des Hauses David in 2 Sam 11–1 Kön 2, die über den Scharniervers 1 Sam 14,52 und das Zwischenstück 1 Sam 16–2 Sam 5 (8–10) miteinander verbunden wurden, ging die Erzählung über die Anfänge des Königtums hervor. In ihr wird das Haus David, das Südreich Juda, zum legitimen Nachfolger des Hauses Saul, des Nordreichs Israel, erklärt. Die Erzählung vertritt einen judäischen Standpunkt, ist aber peinlich darauf bedacht, etwaige Zweifel an der Legitimität und Zuständigkeit des Hauses David für Israel zu zerstreuen. Israel und Juda bilden auf diese Weise eine Einheit.

Die Einheit des Volkes aus Israel und Juda ist auch das Anliegen der Ur- und Vätergeschichte in Gen 2–35, die sich aus der südpalästinischen Isaak-Esau-Überlieferung in Gen 26–27 und der nordpalästinischen Jakob-Laban-Überlieferung in Gen 29–31 (29,16–32,2a) zusammensetzt. In ihr wird Jakob

---

[92] S. o. II 2. Zur Analyse vgl. Kratz 2000b, die Angabe des möglichen Textbestandes ebd., 320 f (engl. 2005, 323 Anm. 20–22).

zum Stammvater Israels und Vater Judas erklärt. Die Genese der syrisch-palästinischen Kleinstaaten, allesamt Vasallen Assurs, wird im Gewand der Familiengeschichte dargestellt. Das redaktionelle Konzept stellt den Reichsgott Jhwh und sein segensreiches Wirken für und durch die Erzväter für die Welt ins Zentrum (Gen 12,1–3). Man kann daher von einer »jahwistischen« Ur- und Vätergeschichte sprechen. Sie vertritt ein restauratives Konzept, das die herkömmliche Lebenswelt und Lebensweise der Familie und ihr religiöses Brauchtum, woher die Stoffe stammen, an die Stelle der Monarchie und den einen, an den vielen Heiligtümern Israels und Judas verehrten Reichsgott Judas an die Stelle vieler persönlicher Götter und anderer Nationalgottheiten (Arams, Moabs, Ammons, Edoms und der Philister) setzt.

Anders als die Erzählung von den Anfängen des Königtums in 1 Sam 1–1 Kön 2 und die Ur- und Vätergeschichte vertritt die Exodus-Landnahme-Erzählung in Ex 2–Jos 12 einen israelitischen und eher exklusiven Standpunkt. In dieser Erzählung lebt implizit die alte Antagonie von Israel und Juda aus der Zeit vor 722 v. Chr. unter den Bedingungen des 7. Jahrhunderts fort. Der redaktionelle Plan hebt dementsprechend auf die Besonderheit Israels gegenüber Juda und allen anderen Nachbarstaaten ab. Das Exoduscredo wird erst nach 587 v. Chr. auch auf Juda übertragen.

Einen Schritt in diese Richtung bedeutete die Bearbeitung und Aufnahme der alten Sammlung von Rechtssätzen, den *Mischpatim* in Ex 21–22, in den Kontext der Exodus-Landnahme-Erzählung Ex 2–Jos 12.[93] Die Bearbeitung, die Kult- und Sozialgesetze hinzufügt, wandelt das alte Recht in eine Gottesrede um und drückt durch die Einbettung des Bundes-

---

[93] S. o. II 3. Für den möglichen Textbestand vgl. Kratz 2000b, 322 Anm. 23 (engl. 2005, 323 f Anm. 23).

buchs in den Kontext der Exodus-Landnahme-Erzählung den Anfängen Israels den Stempel des Gesetzes auf. Auf diese Weise wird das Bundesbuch in Ex 20–23 zur Gründungsurkunde des auserwählten Volkes Gottes.

Sämtliche Erzählwerke, die auf den Untergang des israelitischen Königtums von 722 v. Chr. reagieren, fassen die beiden Reiche Israel und Juda zu einer Einheit jenseits der Staatlichkeit zusammen und geben dieser Einheit des Volkes »Israel« eine neue, eigens begründete und göttlich legitimierte Identität. Sie alle bewegen sich allerdings noch auf dem Boden der vorexilischen, israelitisch-judäischen Jhwh-Religion. Am weitesten hat sich die Exodus-Landnahme-Erzählung von diesem Standpunkt entfernt. Mit einem hohen Grad an theologischer Reflexion verdichten sich in ihr die Erfahrungen von vagabundierenden Halbnomaden und Outlaws (in altorientalischen Quellen *Hapiru* genannt) zum Ursprung des Volkes Israel. Während die Gründungslegende des Königtums in 1 Sam 1–2 Kön 2 sowie die Ur- und Vätergeschichte der Genesis den *status quo* ihrer Zeit sanktionieren, sieht die Exodus-Landnahme-Erzählung in dem Volk Jhwhs aus dem Niemandsland der Wüste eine Alternative dazu. Im übrigen müssen im 7. Jahrhundert v. Chr. Roß und Reiter Ägyptens ein Thema gewesen sein (vgl. Ex 15,21), was mit dem Schwinden des assyrischen Einflusses und der vorübergehenden Vorherrschaft Ägyptens über Palästina in dieser Zeit zusammenhängen könnte (vgl. 2 Kön 23,29f).

4. Das Ende Judas

Nach dem Aufstieg des neubabylonischen Reiches unter Nebukadnezar verlor in den Jahren 597 und 587 v. Chr. auch Juda sein Zentrum, das Königtum und den Tempel in Jerusalem.[94] Wieder sahen die Propheten, namentlich Jeremia, das Unheil kommen und stimmten die Klage an. Und wieder stand das Überleben des Reichsgottes Jhwh und seiner teilweise nach Babylon deportierten, teilweise im Land zurückgebliebenen Verehrer auf dem Spiel. Juda und die Judäer wären vermutlich wie ihre ostjordanischen Nachbarn allmählich in der Bedeutungslosigkeit versunken oder ganz in Vergessenheit geraten, hätten nicht die Propheten und die drei Erzählwerke aus der Zeit zwischen 722 und 597/587 v. Chr. vorgearbeitet und die Perspektive einer Existenz Jhwhs und seines Volkes aus Israel und Juda jenseits der Staatlichkeit eröffnet. So aber lag es nach 587 v. Chr. nahe, daß die Schreiber der Prophetenbücher auch diesmal wieder das Volk schuldig und Jhwh frei sprachen: Das Gericht, das einst Israel traf, hatte nun auch Juda getroffen. Und genauso legte es sich nahe, nach dem Vorbild der Ur- und Vätergeschichte (Gen 2–35), der Exodus-Landnahme-Erzählung (Ex 2–Jos 12) und der Ursprungslegende des Königtums in 1 Sam 1–1 Kön 2 den Verlust der staatlichen und kultischen Mitte dadurch zu kompensieren, daß Juda in der Einheit des staatenlosen Gottesvolkes Israel aufging.

Die Ur- und Vätergeschichte konnte mit einigen wenigen Retuschen appliziert werden, geriet aber – wahrscheinlich der vielen Altäre wegen (s. u. zum Deuteronomium) – bald etwas ins Hintertreffen, bis Deuterojesaja und die Priesterschrift die Väter wieder für sich entdeckten. Wie vorher die Israeliten, waren seit 587 v.Chr auch die Judäer inmitten von Aramäern, Ammonitern, Moabitern, Edomitern und Philistern oder was von ihnen übriggeblieben war, ganz auf sich, die Familienbande und den ganz zum persönlichen Gott gewordenen Reichsgott Jhwh, gestellt. Sie konnten sich darum ohne weite-

---

[94] S. o. *Geschichte* II 4.

res in der jahwistischen Staatenfamilie wiederfinden. Abraham, der in Juda beheimatete Erzvater, avancierte auf diesem Weg zur Identifikationsfigur. Irgendwann begann man wahrzunehmen, daß es auch außerhalb des Landes Jhwh-Verehrer und Abkömmlinge von Israeliten und Judäern gab. In den Überlieferungskreisen von Gen 2–35 dachte man dabei zuerst nicht an die babylonische, sondern an die ägyptische Diaspora und schrieb die Vätergeschichte in Gen 37–45 entsprechend fort: Jakob-Israel lebt nicht nur in Juda, sondern auch in Josef weiter, der nach Ägypten verkauft wurde.[95]

Auch das israelitische Exoduscredo wurde, wie die lange Nachgeschichte zeigt, rezipiert und auf Juda übertragen. Die Judaisierung setzte mit dem Einbau des Urdeuteronomiums, einer Reformulierung des Bundesbuchs, in die Exodus-Landnahme-Erzählung Ex 2–Jos 12 ein.[96] Die Einbettung in den literarischen Kontext erfolgte durch die Historisierung des Urdeuteronomiums, das Mose zum Sprecher hat (Dtn 5,1a + »Höre Israel« in 6,4–6 + 12,13 ff). Es wird zwischen der Ankunft in Schittim (Num 25,1a) und dem Tod des Mose mit anschließendem Aufbruch von Schittim unter Führung Josuas (Dtn 34,1a.5 f; Jos 2,1; 3,1) eingefügt. Die Einheit des Volkes »Israel« aus Israel und Juda wird – gegen die Ur- und Vätergeschichte sowie das Altargesetz in Ex 20,24 und als Kompensation für die verlorene Mitte von Königtum und Tempel in Jerusalem – um die Einheit der Kultstätte (Dtn 12) und die Einheit der Gottheit Jhwh (Dtn 6,4–6; 26,16) ergänzt. So läßt das Deuteronomium Mose das ihm auf dem Gottesberg geoffenbarte Gesetz, sprich das Bundesbuch von Ex 20–23, im Lande Moab vor dem Volk proklamieren und trägt bei

---

[95] Für den möglichen Textbestand vgl. Kratz 2000b, 324 Anm. 24 (engl. 2005, 324 Anm. 24).
[96] S. o. II 3. Für den möglichen Textbestand vgl. Kratz 2000b, 324 Anm. 25 (engl. 2005, 324 Anm. 25).

dieser Gelegenheit das spezifisch deuteronomische Anliegen ein: die Zentralisation des von »Israel« geübten Kults am erwählten, wohlweislich nie beim Namen genannten, einen Kultort.

Auf den Schultern des deuteronomischen Zentralisationsgebots und des Buches Deuteronomium stehen die vielen Autoren, die zugleich Redaktoren waren und die wir aufgrund ihrer Abhängigkeit vom Deuteronomium die Deuteronomisten nennen. Der erste Deuteronomist schrieb um 560 v. Chr. die Gründungslegende des einen israelitisch-judäischen Königtums in 1 Sam 1–Kön 2 fort und fügte in Gestalt einer »synchronistischen Chronik« in 1–2 Könige die Geschichte der Könige von Israel und Juda hinzu.[97] Auf dem Hintergrund der anfänglichen Einheit des Reiches in 1–2 Samuel wird darin die bis 722 v. Chr. andauernde Zweistaatlichkeit als Verstoß gegen die Forderung der Kultzentralisation interpretiert. Der Bruch der Reichs- und Kulteinheit, die »Sünde Jerobeams«, der sich Israel *per se* schuldig macht und von der in Juda die »Höhen« zeugen, führt zuerst Israel und danach Juda in den Untergang. Ob der erste Deuteronomist auf eine Erneuerung des davidischen Königtums hoffte, ist nicht ganz deutlich, aber wahrscheinlich. Ihm zufolge überleben Israel und Juda, die Jhwh der »Sünde Jerobeams« wegen dem Gericht anheimfallen ließ, in dem letzten davidischen König, der im babylonischen Exil lebt und begnadigt wird. Zum ersten Mal gerät damit die babylonische Gola ins Blickfeld der theologischen Tradition.

Mit der Zeit stellte sich heraus, daß weder unter der spätbabylonischen noch unter der persischen Fremdherrschaft mit einer Erneuerung des davidischen Königtums zu rechnen

---

[97] Für den möglichen Textbestand vgl. Kratz 2000b, 325 Anm. 26 (engl. 2005, 324 Anm. 26).

war. Die biblische Überlieferung zog daraus die Konsequenz und gründete die Existenz »Israels« ganz auf das Gottesverhältnis: Jhwh, der König der Götter und Herr der Erde, wurde zum König über Israel und die Welt, aus dem einen wurde der einzige Gott, der das Volk Israel erwählt und zum unbedingten Gehorsam verpflichtet hat, nicht nur am erwählten Ort, sondern in der ganzen Welt, überall, wo Juden leben. Im Rahmen der von Exodus-Josua reichenden Erzählung schlug sich diese Entwicklung in der Einfügung des Dekalogs in Ex 20 und danach in Dtn 5 nieder.[98] Von nun an war nicht mehr die Kultzentralisation, sondern das Erste Gebot, d. h. die Ausschließlichkeit Gottes, der Maßstab, an dem sich das Gottesvolk »Israel« aus Israel und Juda messen lassen mußte.

Unter diesem Vorzeichen wurde die vom Gesetz beherrschte Exodus-Landnahme-Erzählung in Ex 2–Jos 12, die Geschichte des von Jhwh erwählten Volkes Israel, mit der Grundschrift des deuteronomistischen Werkes in Samuel-Könige, der Geschichte des von Jhwh verworfenen israelitisch-judäischen Königtums, verbunden. Die Brücke bildet die eigens dafür erdachte, aus einer Sammlung alter Heldenerzählungen konstruierte Richterzeit, für die eine späte deuteronomistische Redaktion in Josua und Richter verantwortlich ist.[99] Auf diese Weise wuchs die Exodus-Landnahme-Erzählung in Exodus-Josua, eine Art »Hexateuch« (noch ohne Gen), zum »Enneateuch« (Ex–Kön) an, in dem eine sekundäre, noch über lange Zeit tätige spät- und nachdeuteronomistische, stellenweise nachpriesterschriftliche Bearbeitung ihren Lauf nahm.

Mehr oder weniger gleichzeitig vollzog sich eine ähnliche Entwicklung in anderen Bereichen der biblischen Überliefe-

---

[98] S. o. II 3. Vgl. zu den möglichen Textabschlüssen Kratz 2000b, 326 Anm. 27 (engl. 2005, 324 Anm. 27).
[99] Für den möglichen Textbestand vgl. Kratz 2000b, 326 Anm. 28 (engl. 2005, 324 Anm. 28).

rung, etwa in den Psalmen, hier besonders den Thronbesteigungspsalmen (Ps 93–99),[100] oder in der allmählich keimenden Heilsprophetie. Exemplarisch hierfür ist der Zweite Jesaja (Jes 40–66),[101] mit dem bezeichnenden Unterschied, daß, abgesehen von einigen späten Ausgleichsbemühungen, das königlich erwählte Gottesvolk Jakob-Israel hier nicht auf das Gesetz verpflichtet, sondern unmittelbar von Jhwh als dem König der Welt und Richter der Völker regiert wird. Jhwh ist der einzige Gott und neben ihm kein anderer, doch nicht Mose, sondern Israel ist sein Prophet.

Die Entwicklung steht der Ur- und Vätergeschichte näher als der Exodus-Landnahme-Erzählung. Aber auch sie ist in Deuterojesaja und vielen Psalmen rezipiert. Das Exoduscredo, das die Geschichte des Volkes und das Gesetz zum Inhalt hat, nimmt darin mythische und eschatologische Züge an (vgl. auch Ex 15). Schöpfung, Erzväter und Exodus sind gewissermaßen Exempel der von Jhwh seit Urzeiten garantierten, einst im Kult zelebrierten Präsenz des ewigen Heils. Auf derselben Linie liegt die vorpriesterschriftliche Verbindung von Ur- und Vätergeschichte einschließlich Josef (Gen 2–45) und Exodus-Landnahme-Erzählung (Ex 2–Jos, erweitert um Ri + Sam–Kön), die im zweiten Teil der Josefsgeschichte in Gen 45–50 und am Übergang zur Exoduserzählung in Ex 1 literarisch zu greifen ist.[102] Der deuteronomistischen Geschichte des Scheiterns geht die Schöpfung der Menschheit und die Verheißung an die Väter voran, die sich mit der Herausführung aus Ägypten bis und mit Ex 15 zu Stationen des uranfänglichen Heils verbinden, bevor das Gesetz den Stein in den Weg legt, über den Israel stolpern sollte. Im Aufriß der

---

[100] S. o. II 4.
[101] Dazu Kratz 1991a; 2011a.
[102] Eine vorpriesterschriftliche Verbindung wird gelegentlich bestritten; vgl. jedoch Berner 2010, 10–48.

heiligen Geschichte folgen die Vergegenwärtigung des Heils und der Aufweis der Schuld anhand des Gesetzes aufeinander. Von Hause aus handelt es sich um zwei gegensätzliche Positionen. Die Dualität bestimmte auch weiterhin die nachexilische Theologiegeschichte.

5. Die Epoche der beiden Provinzen

Der Herrschaftsantritt des Kyros in Babylon im Jahre 539 v.Chr. brachte nicht die von manchen ersehnte Wende zum Heil. Die viel wichtigeren historischen Zäsuren waren der Wiederaufbau des Tempels in Jerusalem, vermutlich zwischen 520–515 v.Chr. unter Dareios I., und der Mauerbau unter Artaxerxes I. in der zweiten Hälfte des 5. Jahrhunderts. Zu beidem haben sich zwar keine authentischen, den Ereignissen aber recht nahe stehende Überlieferungen erhalten: die Tempelbauchronik in Esra 5–6 und die Nehemiadenkschrift in Neh 1–6.[103] Die Initiative zum Bau des Tempels ging demnach von der im Land lebenden Bevölkerung aus, für den Mauerbau war Nehemia, einer aus der babylonischen Gola, der es zum Mundschenk des persischen Königs gebracht hatte, verantwortlich. Beides war nur mit der Zustimmung der persischen Könige möglich, die den Aufbau der Provinz Juda aus strategischen Gründen gemäß der von ihnen praktizierten, seit Dareios I. in den achämenidischen Königsinschriften nachzulesenden Herrschaftsideologie förderten. An den Gnadengaben der persischen Könige schieden sich die Geister. Die

---

[103] Die ursprüngliche Nehemiadenkschrift nach Wright 2004, 340: Neh 1,1a.11b; 2,1–6.11.15.16a.17.18b; 3,38; 6,15. Zur aram. Tempelbauchronik in Esra 5–6 vgl. Kratz 2000b, 56 ff (engl. 2005, 52 ff). An authentischer Überlieferung aus der Zeit des Tempelbaus lassen sich nur zwei (datierte) Orakel des Propheten Haggai nennen: Hag 1,1*+1,4.8; 1,15b/2,1+2,3.9b; vgl. Kratz 2004a, 87 ff; Hallaschka 2011.

einen gaben sich damit zufrieden und sahen darin die Erfüllung des Heils. Andere mochten Jhwh nicht ganz in den Wirkungen der persischen Politik aufgehen lassen und werteten Tempel- und Mauerbau nur als Angeld des von Gott zugesagten Heils. Wieder andere ignorierten beides, bekannten ihre Sünden und warteten beharrlich auf das heilvolle Eingreifen ihres Gottes. Dies und die sozialen Verwerfungen infolge der Fremdherrschaft in persischer und hellenistischer Zeit führten auf die Dauer zu Spaltungen im Volk, theologisch ausgedrückt zur Scheidung von Gerechten und Frevlern.[104]

In der erzählenden Literatur des Alten Testaments findet sich von allem etwas. Zu denen, die den Bau des Zweiten Tempels begrüßten, ihm aber eine weitergehende theologische Programmatik gaben, gehört der Verfasser der Priesterschrift.[105] Was sich in Deuterojesaja, einigen Geschichtspsalmen und der Verbindung der Ur- und Vätergeschichte mit der Exodus-Landnahme-Erzählung schon andeutete, erscheint hier in ausgereifter Gestalt. Schöpfung, Erzväter und Exodus bilden einen Mythos zur Vergegenwärtigung des Heils. In gewisser Weise hat sich darin der Anfang der heiligen Geschichte von Genesis-Könige verselbständigt. Die Erschaffung der Welt zielt auf den Bund mit Noach, der das Überleben der Welt garantiert. Erzväter und Exodus, subsumiert unter die Generationenfolge (*Toledot*) Jakob-Israels, verschmelzen im Bund mit Abraham, der das Gottsein Gottes für Israel garantiert. An die Stelle des Gesetzes, an dem das Volk scheitert, tritt die Gründung des Heiligtums am Sinai, wo das Gottsein Gottes erfahren und rituell vermittelt wird (Gen 1–Ex 40). Erst in einem zweiten Schritt wurde auch das Gesetz in diesen

---

[104] Zu den theologiegeschichtlichen Konstellationen in persischer Zeit vgl. Kratz 1991b; 2004a, 187–226.
[105] Für den möglichen Textbestand vgl. Kratz 2000b, 328 Anm. 30 (engl. 2005, 324 Anm. 30).

Rahmen integriert, ohne daß die Priesterschrift dadurch ihren besonderen Charakter verloren hätte (Gen–Num).

Die Priesterschrift wurde als selbständige Schrift neben dem Erzählzusammenhang in Genesis–Könige konzipiert und war offenbar als eine Art Leseanweisung für den ersten Teil der heiligen Geschichte gedacht. Sie setzt die Kenntnis des vorpriesterschriftlichen Texts in Genesis–Numeri voraus und projiziert den Neuanfang, der dem Untergang des Königtums und dem Verlust des Tempels folgen soll, in die Zeit der Anfänge und Gründung Israels vor der Landnahme. »Israel« und das Verhältnis des Gottesvolkes zu Jhwh sind hier ganz in die Sprache des »Glaubens und Bekennens« (M. Noth) eingegangen, die parallel dazu – in den spätdeuteronomistischen Ergänzungen – auch in die nichtpriesterschriftliche Darstellung der heiligen Geschichte in Genesis–Könige Eingang findet.

So lag es trotz oder gerade wegen der unterschiedlichen theologischen Prägung nahe, die Priesterschrift in den literarischen Zusammenhang des Enneateuchs einzuarbeiten. Aufgrund der – in der Forschung unter dem Stichwort »Reichsautorisation« verhandelten[106] – Geneigtheit der Achämeniden, kulturspezifische Einrichtungen und Gesetze, besonders Tempel und Kult betreffend, gelegentlich durch Institutionen oder Repräsentanten der Zentralmacht sanktionieren zu lassen, mag der theologisch motivierte Vorgang gewissermaßen auch politisch in der Luft gelegen haben. Vom König selbst oder seinem Statthalter regelrecht dekretiert wurde er jedoch, soweit wir wissen, nicht. Der Schritt zog eine Fülle von literarischen Ergänzungen nach sich, die sich sprachlich und theologisch zwischen Priesterschrift und Deuteronomismus bewegen, mal mehr priesterlich, mal mehr deuteronomistisch

---

[106] S. u. *Archive* II 5.

und zuweilen eine Mixtur von beidem sind. Es versteht sich von selbst, daß man sie nur schwer auseinanderhalten kann. Es wird die Aufgabe der künftigen Forschung sein, geeignete Kriterien zu finden, die in diesem Bereich eine Unterscheidung von vor- und nachdeuteronomistischen sowie vor- und nachpriesterschriftlichen Ergänzungen erlauben. Nicht alles, was nicht eindeutig deuteronomistisch ist, ist vordeuteronomistisch, und nicht alles, was spät- oder nachdeuteronomistisch und nicht priesterschriftlich ist, ist automatisch vorpriesterschriftlich.

Die Datierung der Priesterschrift ist höchst unsicher und nur vermutungsweise möglich.[107] Darf man sie nicht weit von dem Wiederaufbau des Tempels, vermutlich unter Dareios I. um 500 v. Chr., oder auch etwas später ansetzen, ergibt sich für die Vereinigung mit dem vorpriesterschriftlichen Hexateuch (Gen–Jos) sowie für die (spät- oder nachdeuteronomistischen und nachpriesterschriftlichen) Ergänzungen in Genesis-Könige eine Datierung im 5.–4. Jahrhundert v. Chr., stellenweise darüber hinaus bis in hellenistische Zeit. Der Prozeß geht mit der Abtrennung und griechischen Übersetzung des Pentateuchs (Gen–Dtn) als der Tora des Mose seinem Ende zu. Die Bücher Josua-Könige, die Vorderen Propheten, verbinden sich mit den im Laufe des 3. Jahrhunderts

---

[107] Die exilisch-nachexilische Datierung von P ist seit J. Wellhausen weitgehend Konsens der Forschung, blieb aber – vor allem aus sprachlichen Gründen – nie unumstritten. Vielleicht liegt die Lösung in der Unterscheidung zwischen älterem Material, das besonders in den sekundären Teilen von P (Opferrituale, Reinheitsgesetze u. a. m.) Verwendung gefunden hat und teilweise bis in die Zeit des Ersten Tempels zurückreichen kann, und dem heilsgeschichtlichen Entwurf in P^G, der den erzählerischen und theologischen Rahmen für die Systematisierung und Neuinterpretation des älteren Materials abgibt und aus der Zeit des Zweiten Tempels stammen dürfte.

v. Chr. noch einmal stark anwachsenden Prophetenschriften, den Hinteren Propheten, zum Kanonteil *Nebiim* »Propheten«.

Daneben keimt bereits der dritte Kanonteil *Ketubim* »Schriften«. Sein Herzstück ist der Psalter, der, von dem einen oder anderen Psalm abgesehen, etwa um 200 v. Chr. fertig war und in Qumran fleißig abgeschrieben wurde. Auch die Weisheitsschriften (Hi, Spr, Koh) nehmen im 3. und 2. Jahrhundert v. Chr. allmählich Gestalt an.[108] In ihnen ist die bittere Erfahrung am lautesten zu vernehmen, daß es dem Frevler gut und dem Gerechten schlecht geht, doch glauben sie an eine gerechte Vergeltung. Da Gott als verborgen erfahren wird und immer mehr in die Ferne rückt, werden vermittelnde Zwischengrößen – wie die Gottesfurcht, die personalisierte Weisheit, die Tora – immer wichtiger. Und was die Weisheit im Diesseits sucht, finden Daniel und die Apokalyptik im Jenseits.[109]

In dieser literarischen und theologischen Gemengelage bewegt sich auch das Chronistische Geschichtswerk, das um die Mitte des 4. Jahrhunderts v. Chr. zu entstehen beginnt. Den Anfang macht das Exzerpt der judäischen Königtumsgeschichte aus Samuel–Könige in der Grundschicht von 1–2 Chronik, ein Dokument, das nicht ohne Stolz die Vorgeschichte der nachmaligen persischen Provinz Juda beschreibt.[110] Das Exzerpt, das gelegentlich auch schon in chronistisches Sondergut übergeht, legt allergrößten Wert darauf, daß die Geschichte der Könige von Juda nach dem von den Propheten vertretenen Prinzip der Vergeltung verlaufen ist. Jeder bekommt das, was ihm, gemessen am Gesetz und dem

---

[108] S. o. II 5.
[109] Vgl. Kratz 1991b sowie 2004a, 227–244.
[110] Für den möglichen Textbestand vgl. Kratz 2000b, 330 Anm. 32 (engl. 2005, 325 Anm. 32); vgl. dazu ferner 2004a, 157–180.

Vorbild von David und Salomo, zusteht, der Fromme Ehre und Macht, der Sünder seine gerechte Strafe.

Der konsequent judäische Standpunkt der Chronik legte eine Verbindung mit der Gründungslegende der persischen Provinz Juda in der Nehemiadenkschrift nahe, die mittlerweile um die Sanballat-Stücke und die Statthalterschaft Nehemias ergänzt worden war.[111] Bindeglied ist die Tempelbauchronik Esra 5–6, die über das redaktionelle Scharnier in Esra 1–4 an die Chronik angebunden und über den Abschluß in Esra 6,16–18 mit dem ebenfalls sekundär angefügten Ende der Nehemiadenkschrift in Neh 12 abgeglichen wurde. Tempel und Mauer im Reich der Perser wurden so zum »nachexilischen« Äquivalent von Reich und Tempel unter David und Salomo und den übrigen judäischen Königen in vorexilischer Zeit.

Der literarische Zusammenhang gab im weiteren die Matrize für umfängliche Ergänzungen ab, die in der Chronik wie auch in Esra–Nehemia die Genealogien der Stämme Israels, das Gesetz und den gesamten kultischen Apparat eintrugen. Damit wurde das chronistische Geschichtswerk auf den Stand von Adam bis Nehemia, literarisch gesprochen von Genesis–Maleachi, gebracht. Unter diesen Eintragungen ragen in der Chronik die »genealogische Vorhalle« in 1 Chr 1–9 und die Stiftungen Davids in 1 Chr 22–29 heraus, in Esra-Nehemia die Einschreibung Esras in Esra 7–8, die sich in Esra 9–10 und Neh 8–10 fortsetzt und Esra zum Inbegriff der Torafrömmigkeit stilisiert.[112] Esra, der Priester und Schreiber, wird so zur Identifikationsfigur des biblischen Judentums. Nicht von un-

---

[111] Vgl. zur Analyse von Nehemia Wright 2004.
[112] Für den möglichen Textbestand der verschiedenen Stadien der Esraüberlieferung vgl. Kratz 2000b, 330 Anm. 34–36 (engl. 2005, 325 Anm. 34–36); zur Figur Esras Kratz 2008; zur Diskussion Grätz 2004; Pakkala 2004.

gefähr sieht die Tradition – Josephus und 4 Esra 14 – in ihm den letzten Propheten nach Mose, der die kanonischen Schriften vollendet oder nach dem Diktat Gottes geschrieben haben soll. Andere setzten nicht auf Esra, sondern rechneten von Mose bis Elia, dessen Wiederkunft man erwartete (Mal 3,22–24; Sir 48,1–11; Lk 1,17). In Mk 9,2–8 scheint es soweit zu sein, doch zu Mose und Elia tritt Jesus Christus als Dritter im Bunde hinzu.

6. Ausblick auf die parabiblische Überlieferung

Bevor es soweit war und Jesus Christus als Dritter im Bunde hinzutrat, vergingen allerdings noch etwa 200 bis 300 Jahre. In dieser Zeit ist die Masse der jüdischen Schriften aus hellenistisch-römischer Zeit entstanden.[113] Schon die Entstehung der biblischen Überlieferung reicht bis in hellenistische Zeit, d.h. bis ins 2. Jahrhundert v.Chr. hinein. Daneben beginnt der Strom der parabiblischen Überlieferung in den Apokryphen und Pseudepigraphen des Alten Testaments, den Texten vom Toten Meer und der Literatur des hellenistischen Judentums.

Bis auf wenige Ausnahmen, wie etwa den Schriften des jüdischen Philosophen Philon von Alexandrien oder des jüdischen Historiographen Flavius Josephus, sind die genaue Herkunft und Abfassungszeit dieser Literatur nicht bekannt oder nur ungefähr zu eruieren. Aus diesem Grund ist auch bei ihr eine literaturgeschichtliche Darstellung im eigentlichen Sinne nicht gut möglich. Die Ordnung des Materials nach Gattun-

---

[113] S.o. III 4 und vgl. zum folgenden die Überblicke in Stone 1984; Mulder 1988; Maier 1990; Schürer 1973–1987 III; für die Qumrantexte DJD, DSSP, DSSR, DSSSE, in dt. Übers. MAIER A und B; LOHSE; STEUDEL; für die Apokryphen und Pseudepigraphen APAT, JSHRZ und JSHRZ.NF; für Philon und Josephus die einschlägigen Ausgaben.

gen trägt – mit Ausnahme vielleicht von poetischen Texten – nicht allzu viel aus. Darum scheint es mir sinnvoller zu sein, auch für die parabiblische Literatur des hellenistisch-römischen Zeitalters den Überlieferungsbereichen zu folgen, die man im Alten Testament unterscheiden kann. Dies bietet sich vor allem deswegen an, weil sich diese Literatur durchweg auf die biblische Überlieferung als literarische und theologische Referenzgröße bezieht.

6.1 Einen großen Aufschwung hat in hellenistisch-römischer Zeit die im weitesten Sinne als historiographisch zu bezeichnende *erzählende Literatur* genommen. Hier lassen sich drei Arten des Umgangs mit der *historia sacra*, der heiligen Geschichte in der biblischen Überlieferung, beobachten: Reformulierungen, Komplettierungen und Fortschreibungen. Alle drei Arten begegnen schon in der Hebräischen Bibel selbst und ebenso in der Septuaginta, den Texten vom Toten Meer und der übrigen jüdischen Überlieferung dieser Zeit.

Biblisches Vorbild für die Reformulierung der heiligen Geschichte, wofür sich der Begriff der *rewritten bible* eingebürgert hat, ist die Chronik, die die Geschichte von Adam (Gen 1–3) bis Zidkija (2 Kön 25) rekapituliert. Wie die Chronik und ihre biblischen Vorlagen sind auch die parabiblischen Reformulierungen anonym verfaßt und decken verschiedene Perioden der heiligen Geschichte ab, wobei die Grenzen zwischen Abschrift und Reformulierung fließend sind.[114] Dies ist nur bei den jüdischen Historiographen und Exegeten, deren Namen oder Pseudonyme für die Zeit seit dem 3. Jahrhundert

---

[114] Reworked Pentateuch 4Q158 (DJD 5), 4Q364–367 (DJD 13); Genesis Apocryphon 1QapGen (FITZMYER; MACHIELA); Pseudo-Jubiläen 4Q225–227 (DJD 13); Commentary on Genesis A 4Q252 (DJD 22); Jubiläenbuch (JSHRZ II/3, 273 ff; DJD 1, 3, 13, 23 und 36); 1 (bzw. 3) Esra (JSHRZ I/5, 375 ff); Liber Antiquitatum Biblicarum (JSHRZ II/2, 87 ff).

v. Chr. auftauchen,[115] und Josephus Flavius in seinen »Jüdischen Altertümern« anders. Hier tritt der Autor in Erscheinung, der seine Quellen kritisch sichtet und kommentiert[116] und die heilige Geschichte teilweise bis in die eigene Zeit weiterführt. Eine eigene Art der Reformulierung stellen dramatische und epische Nachdichtungen des biblischen Erzählstoffes dar.[117]

Komplettierungen der heiligen Geschichte bieten innerhalb der Hebräischen Bibel das Büchlein Rut für die Zeit der Richter (ursprünglich vielleicht der Erzväter), Dan 1–6 für die Geschichte der babylonischen Gola, um die Lücke der jeremianischen siebzig Jahre von 2 Chr 36/Esra 1 zu füllen, und Ester für die persische Gola unter Xerxes. Hier wie auch in den parabiblischen Beispielen[118] schließen sich die Schriften an bestimmte Situationen oder Personen der biblischen Geschichte an und verfolgen außer den eigenen Interessen, die in die Darstellung einfließen, das Ziel, die heilige Geschichte auszugestalten und – ebenso wie bei den Reformulierungen – um haggadisches, legendenhaftes Material zu bereichern,

---

[115] Eupolemos, Theophilos, Philon der Ältere, Kleodemos Malchos, Artapanos, Pseudo-Hekataios sowie die Exegeten Aristobulos, Demetrios und Aristeas. Vgl. JSHRZ I/2, 89ff; III/2, 257ff.

[116] Die Kommentierung begegnet auch in 4Q252.

[117] Auf die Vätergeschichte rekurrieren die Epiker Philon und Theodotos in ihren Gedichten auf Jerusalem und Sichem, auf den Exodus der Tragiker Ezechiel. Vgl. JSHRZ IV/3, 113ff.135ff.154ff.

[118] Tobit (JSHRZ II/6, 871ff; 4Q196–200); Judit (JSHRZ I/6, 427ff); Zusatzstücke der Septuaginta in Daniel (JSHRZ I/1, 63ff) und Ester (JSHRZ I/1, 15ff); Pagengeschichte in 1 (bzw. 3) Esra 3–4 (JSHRZ I/5, 397ff); Gebet des Manasse (JSHRZ IV/1, 15ff); Leben Adams und Evas/Apokalypse des Mose (JSHRZ II/5, 736ff); Joseph und Aseneth (JSHRZ II/4, 576ff); ferner sämtliche Pseudepigraphen, die sich des Namens einer Gestalt der biblischen Geschichte bedienen (s. im folgenden). Das einschlägige Material aus Qumran, sofern es sich nicht um *rewritten bible* handelt, ist in DSSR 3 und 6 gesammelt.

das nicht in der Vorlage enthalten ist. Es handelt sich um separate Werke, die sich jedoch mit ihren je eigenen geschichtstheologischen, paränetischen oder didaktischen Anliegen gewissermaßen in die biblische Geschichte einschreiben.

Dasselbe gilt von den Fortschreibungen, wofür die Bücher Esra und Nehemia das biblische Beispiel sind, dem viele weitere folgten.[119] Auch sie suchen den Anschluß an die heilige Geschichte, bewegen sich aber nicht nur in dem Rahmen von Adam (Gen 1–3) bis Artaxerxes (Esra–Neh), sondern führen sie bis in die eigene Gegenwart der hellenistisch-römischen Zeit fort.

6.2 Das Rückgrat der biblischen Geschichte ist, wie wir oben sahen, das Gesetz, die Tora des Mose. Auch aus dem Überlieferungsbereich *des Rechts* stammen weitere Reformulierungen, die die literarhistorische Entwicklung in den biblischen Gesetzeskorpora (Bundesbuch, Deuteronomium, Priesterschrift, Heiligkeitsgesetz) mehr oder weniger nahtlos fortsetzen. Eine solche Fortsetzung stellt die sogenannte Tempelrolle aus Qumran dar. Sie trägt der biblischen Fiktion Rechnung, wonach das Buch Deuteronomium eine Rekapitulation der Offenbarung Gottes auf dem Sinai (Ex 19–Num 10) und in der Wüste (Num 10 ff) sei, und liefert gewissermaßen für das Deuteronomium die göttliche Rede an Mose auf dem Sinai nach.[120] Daß bei dieser Gelegenheit auch neues gesetzliches

---

[119] 1 Makk (JSHRZ I/4, 287 ff); Jason von Kyrene und 2 Makk (JSHRZ I/3, 165 ff); 3 Makk (APAT I, 119 ff); Damaskusschrift CD (LOHSE); Aristeasbrief (JSHRZ II/1, 35 ff); jüdische Historiker und Exegeten (I/2; III/2, 257 ff); Josephus (Bellum, Antiquitates, Vita); synoptische und apokryphe Evangelien. In gewisser Weise zählen dazu auch die Geschichtssummarien in Gebeten (Neh 9, Dan 9) und Apokalypsen (Zehn-Wochen-Vision, Tiervision in 1 Hen; Dan 7–10 bis hin zur Apokalypse des Johannes).

[120] Vgl. STEUDEL; ferner die Ausgaben YADIN A; DSSP 7.

Material eingeführt wird, versteht sich von selbst.[121] Anknüpfend an das biblische Gesetz und seine Offenbarung auf dem Sinai formuliert sodann die Gemeinschaft von Qumran ihre Gesetze und Regeln für ihr tägliches Leben aus.[122] Mit der Zeit entwickelt sich daraus eine Tradition der Auslegung biblischer Gesetze, die sogenannte *Halacha*.[123] Spuren dieser Entwicklung begegnen auch in Tobit oder im Jubiläenbuch, von denen sich in Qumran Fragmente gefunden haben.

6.3 Auf dem Boden der Tora und der heiligen Geschichte haben sich die *Kultlyrik* und die Weisheit weiterentwickelt, die ihrerseits die historiographische und gesetzliche Überlieferung beeinflußten. So finden sich vermehrt poetische Gebetseinlagen in historiographischen Werken.[124] Daneben begegnen innerhalb und außerhalb der Psalmenüberlieferung apokryphe Psalmen und ganze Sammlungen, die sich nach biblischem Vorbild mit den Namen David und Salomo verbinden, aber auch ohne die Zuschreibung eines Pseudonyms auskommen.[125] Ob die Psalmdichtungen für den liturgischen oder individuellen Gebrauch gedacht waren, läßt sich ebenso

---

[121] Auf ähnliche Weise trägt das Jubiläenbuch, in dem Mose in der Offenbarungsszene von Ex 19–24 die Geschichte von Gen 1–Ex 15 diktiert bekommt, das mosaische Gesetz in die vormosaische Geschichte ein.

[122] So vor allem in der Gemeindeordnung *Serekh ha-Jachad* (QS) und der Damaskusschrift (QD); zur handschriftlichen Überlieferung vgl. DSSP 1–3. S. u. *Archive* II 3.

[123] Einschlägig hierfür sind der in den Fragmenten aus Höhle 4 überlieferte Mittelteil der Damaskusschrift (QD) sowie 4QMMT (4Q394–399); vgl. DSSP 3 sowie das Material in DSSR 1.

[124] Vgl. schon 1 Chr 16; Esra 9; Neh 9; Dan 9 sowie das Gebet Manasses; Gebete in der Septuagintafassung von Dan 3, Ester und Tobit.

[125] Apokryphe Stücke in 4Q88 = 4QPs^f (DJD 16); 11Q5 =11QPs^a (DJD 4); Ps 151 LXX (hebr. in 11Q5 XXVIII); die fünf syrischen Psalmen (JSHRZ IV/1, 29ff; 11Q5 XVIII, XXIV); nicht-kanonische Psalmen

wenig sagen wie für den biblischen Psalter. Zwar enthalten sie Hinweise auf den Kult[126] und stehen in manchem den in Qumran gefundenen liturgischen und magischen Texten sehr nahe,[127] doch schließt das eine das andere nicht aus. Psalmen wie liturgische Texte dienten sicher auch dem individuellen, privaten Gebet, der Meditation und nicht zuletzt der Unterweisung, auf die die vielen weisheitlichen Züge der späten Hymnen und Gebete hindeuten. Auch der individuelle Gebrauch des Gebets lebt von der Imagination des kultisch-liturgischen Geschehens – im Himmel wie auf Erden, sei es im Tempel, sei es in der Synagoge, sei es im häuslichen Studium und Gebet von Gemeinschaften und Individuen.

6.4 Der Lehre und Unterweisung dient seit jeher die *weisheitliche Überlieferung*, die in hellenistisch-römischer Zeit weiterlebt und neue Formen generiert. Eine Schlüsselrolle nimmt das Buch des Ben Sira (Sirach) ein, das vermutlich um 180 v. Chr. entstanden ist und um 130 v. Chr. ins Griechische übersetzt wurde.[128] Ben Sira repräsentiert selbst den Typ des in Sir 38 beschriebenen Schriftgelehrten und hegt zugleich große Sympathien für den priesterlichen Tempelkult. In seiner Schrift werden die unterschiedlichen Bereiche der biblischen Überlieferungen zusammengeführt und entwickeln sich von hier aus weiter. Er ist auch der erste »biblische« Autor, der unter seinem richtigen Namen schreibt, was der Grund dafür sein dürfte, daß seine Schrift nicht in den biblischen

---

4Q380 und 4Q381 (DJD 11); *Hodajot* QH (DJD 40); 1QS X–XI; Psalmen Salomos (JSHRZ IV/2, 49 ff).

[126] Vgl. etwa Ps 145 und David's Compositions in 11Q5 (DJD 4, 37 f.48).

[127] Zu dem Material vgl. DSSP 4A und DSSR 5.

[128] JSHRZ III/5, 481 ff.

Kanon von Mose bis Artaxerxes aufgenommen wurde. Der Wirkung dieser Schrift hat dies aber keinen Abbruch getan.

In dem Buch des Ben Sira lebt die überkommene weisheitliche Spruchüberlieferung fort, die mittlerweile stark theologisiert ist und die Sprüche als Anweisungen zur rechten Torafrömmigkeit versteht. Sir 24 identifiziert Weisheit und Tora, die in Zion-Jerusalem Wohnung genommen haben, und sieht in beidem den Schlüssel zum Verständnis von Kosmos und Geschichte. Auf dieser Basis verbindet sich die weisheitliche, toragemäße Lebenslehre mit Hymnen, die den Schöpfer und die von ihm geschaffene gute und gerechte Ordnung der Welt preisen, einem Loblied auf die »Väter«, das die biblische Geschichte von Henoch bis Nehemia rekapituliert, und einem Preislied auf den Hohepriester Simon (II), wie er sich am Eingang zum Tempel in vollem Ornat dem Volk präsentiert. Hier und dort werden auch leise eschatologische Töne vernehmlich, die die Hoffnungen für Israel und den einzelnen Frommen artikulieren. Eine besondere Schnittmenge besteht mit dem theologischen Profil des masoretischen und qumranischen Psalters.[129] Ein wichtiger Gesprächspartner ist das Buch Kohelet, dessen skeptisch-distanzierter Lebensfreude Ben Sira das positive Zeugnis der biblischen Überlieferung entgegensetzt.

Weisheitliche Einflüsse, die mit Ben Sira auf einer Linie liegen, zeigen sich in verschiedenen Überlieferungsbereichen: in weisheitlichen Lehrerzählungen,[130] in den ältesten Regeln der Gemeinschaft von Qumran (*Penal Code*)[131] und in apokryphen Psalmen.[132] Dem zeitgeschichtlichen Kontext sind Kom-

---

[129] Vgl. Kratz 2004a, 245 ff. 280 ff; 2004b; 2011b.
[130] Dan 1–6, Tobit (JSHRZ II/6, 871 ff) sowie das Testament Hiobs (JSHRZ III/3, 301 ff).
[131] Vgl. Kratz 2011c.
[132] Vgl. z. B. 11Q5 XVIII–XXII (DJD 4).

positionen geschuldet, die der biblischen Tradition verpflichtet sind und die weisheitliche Lehre und Torafrömmigkeit mit hellenistischen Jenseitsvorstellungen oder der hellenistischen Popularphilosophie ins Gespräch bringen.[133] Manche bedienen sich eines hellenistischen Pseudonyms und schließen sich an die hellenistische Gnomik an.[134] Wie schon bei Ben Sira begegnet in den meisten weisheitlichen Texten dieser Zeit eine mehr oder weniger stark ausgebildete Eschatologie für das Volk Israel oder den Einzelnen. Der individuelle Tod war ein Thema in dieser Zeit, die wechselhaften historischen Umstände schienen dem Schicksal Israels und der Frommen nicht immer günstig. Dies regte zu kosmologischen und eschatologischen Spekulationen an, die den Faktor der Zeit und der Zeitläufte mit ins Kalkül ziehen. Von dieser Entwicklung zeugen vor allem die Weisheitstexte vom Toten Meer, die damit eine Brücke zur Prophetenüberlieferung und der Apokalyptik bilden.[135]

6.5 Von den biblischen *Propheten* haben sich kaum Reformulierungen (*rewriting*),[136] aber eine Fülle von apokryphen und pseudepigraphen Komplettierungen und Fortschreibungen der biblischen Bücher erhalten.[137] Darin werden sowohl die

---

[133] Weisheit Salomos (JSHRZ III/4, 389 ff); Aristeasbrief (JSHRZ II/1, 35 ff); Aristobulos (JSHRZ III/2, 261 ff); Philon; 4 Makk (JSHRZ III/6, 645 ff).

[134] Vgl. JSHRZ IV/3, 173 ff; Schürer 1973–1987 III, 617 ff.

[135] Vgl. das Material in DSSR 4.

[136] Am nächsten kommt dem der Text »Neues Jerusalem« (DSSR 6, 38 ff), der Ez 40–48 zur Grundlage hat.

[137] Apokrypha Jeremias (4Q383–384, 385a, 387, 387a, 388a, 389, 390) und Ezechiels (4Q385, 385b, 385c, 386, 388, 391) (DJD 19 und 30); Gebet des Nabonid (4Q242), Pseudo-Daniel (4Q243–245, 246) (DJD 22); Baruch und Brief des Jeremia (JSHRZ III/2, 165 ff.183 ff); Paralipomena Jeremiou (JSHRZ I/8, 657 ff); Zusatzstücke der Septuaginta in Daniel

Worte und Taten als auch das Leben und Sterben der Propheten bedacht, wobei sich die Überlieferung in der Hauptsache auf die »großen« Gestalten Jesaja, Jeremia, Ezechiel und Daniel konzentriert. Jesaja, Daniel und die zwölf »kleinen Propheten« einschließlich der Psalmen Davids sind darüber hinaus in Qumran zum Gegenstand von Kommentaren, den sogenannten *Pescharim*, geworden, in denen der Bibeltext zitiert und anschließend, eingeleitet durch die Formel *pischro* »seine Deutung ist« (o. ä.), ausgelegt wird.[138] Man unterscheidet zwischen einem vermutlich älteren, thematischen *Pescher* oder *Midrasch* über ausgewählte Schriftstellen aus verschiedenen Schriften und dem jüngeren, kontinuierlichen *Pescher* über ein prophetisches Buch, das Vers für Vers oder Abschnitt für Abschnitt kommentiert wird. Die Kommentare sind durchweg eschatologisch orientiert und beziehen das Wort Gottes in den Büchern der Propheten auf die eigene Zeit, die von den Auslegern als letzte Zeit wahrgenommen wird, in der Gott die Spreu vom Weizen trennt.

6.6 Der prophetischen Überlieferung und ihrer endzeitlichen Kommentierung stehen die *Apokalypsen* aus hellenistisch-römischer Zeit besonders nahe.[139] Doch die Apokalyp-

---

(JSHRZ I/1, 63 ff); Vitae Prophetarum (JSHRZ I/7, 535 ff); Martyrium Jesajas (JSHRZ II/1, 15 ff). Im weiteren Sinne gehören auch Apokalypsen von Propheten und ihnen nahestehenden Gestalten hierher: syrischer Baruch (JSHRZ V/2, 103 ff); griechischer Baruch (JSHRZ V/1, 15 ff); Apokryphon Ezechiel (JSHRZ V/1, 45 ff); Apokalypse des Zefanja (JSHRZ V/9, 1139 ff; vgl. Schürer 1973–1987 III, 803 f).

[138] Vgl. DSSP 6B; DSSR 2.
[139] Vgl. JSHRZ V (Sib; äthHen = 1 Hen; slavHen = 2 Hen; AssMos; 4 Esra; syrBar; grBar; ApkAbr, ApkElia; gr. ApkEsr; ApkZeph; ApokrEz); pseudepigraphe Testamente sowie 5–6 Esra in JSHRZ III; Testamente, Visionen und Apokalypsen in DSSR 3 und 6 sowie eschatologische und apokalyptische Texte ohne Pseudonym wie die Kriegsrolle *Milchama*

sen können nicht einfach der prophetischen Überlieferung zugeschlagen werden, sondern weisen vielfältige andere Einflüsse der historiographischen, gesetzlichen, poetisch-liturgischen und vor allem der weisheitlichen Überlieferung auf. Die Apokalypsen stellen gewissermaßen das Gegenstück zu Ben Sira dar. Auch in ihnen laufen die verschiedenen Stränge der biblischen Überlieferung zusammen, doch werden sie in einem anderen Licht gesehen und interpretiert. Die apokalyptische Literatur bedient sich gern eines Pseudonyms, das aus einem der biblischen Überlieferungsbereiche stammt: Henoch, Abraham, Mose, Elia, Baruch, Esra.[140] Ihnen wird in Form einer göttlichen Offenbarung der tiefere Sinn sowohl der reichlich zitierten biblischen Überlieferung als auch der kosmischen Ordnung und der Geschichte, insbesondere der eigenen Gegenwart der Verfasser, erschlossen, um die Leser entsprechend zu belehren. Anders als bei Ben Sira und in den meisten anderen Überlieferungsbereichen (Historiographie, Gesetz, Psalmen und Weisheit), wird, von denselben Voraussetzungen und Überzeugungen ausgehend, die Vollendung des göttlichen Wirkens nicht in der vorfindlichen, sondern erst in der kommenden und gegenwärtig nur in der himmlischen Welt gesehen.

Das Gesamtkorpus der parabiblischen jüdischen Schriften aus hellenistisch-römischer Zeit ist sehr umfangreich, umfangreicher als die Hebräische Bibel, auf deren Schultern diese Schriften stehen und aus der sie ihre Maßstäbe und Formulierungen schöpfen. Jede dieser Schriften verdiente eine eigene,

---

QM, die Zwei-Geister-Lehre in 1QS III–IV oder 1QSa etc. in DSSR 1 und 6.

[140] In antiken Nachrichten werden noch weitere Namen, darunter auch die Propheten Ezechiel und Zefanja genannt, von denen sich das eine oder andere Zitat erhalten hat (s.o. Anm. 137). Vgl. dazu Schürer 1973–1987 III, 787–808.

gründliche Analyse, die in diesem Rahmen nicht geleistet werden kann, und auf jeden Fall sehr viel mehr Aufmerksamkeit, als dem Korpus in der alttestamentlichen Wissenschaft für gewöhnlich zuteil wird. Wie die biblische sollte auch die parabiblische Überlieferung mit dem epigraphischen Material der hellenistisch-römischen Zeit ins Verhältnis gesetzt und in das immer komplexer werdende Geflecht der verschiedenen politischen Richtungen und religiösen Gruppen des antiken Judentums eingeordnet werden.

Eine Hilfe zur Einordnung in das antike Judentum könnte die – hebräische, aramäische oder griechische – Sprache sein, in der die Texte ursprünglich abgefaßt waren. Die kulturelle und soziologische Bedeutung des Griechischen, das mit der Septuaginta Einzug in das biblische Judentum gehalten hat, ist bekannt. Wie sich im Blick auf die Texte vom Toten Meer immer deutlicher zeigt, ist aber auch der Unterschied zwischen hebräischer und aramäischer Abfassung inhaltlich und soziologisch signifikant.[141] Wichtig sind zweifellos auch Ort und Zeit der Entstehung der Schriften und ihrer literarischen Bestandteile, aus denen sie sich zusammensetzen. Auch die jüdischen Schriften aus hellenistisch-römischer Zeit einschließlich der Texte vom Toten Meer sind keineswegs literarisch einheitlich, sondern weisen ebenso wie die biblischen Bücher vielfach Spuren des Wachstums auf und stellen vor allem in textgeschichtlicher Hinsicht vor immense Probleme.

Für die Datierung geben die historischen Wendepunkte des makkabäischen Aufstandes Mitte des 2. Jahrhunderts v. Chr. und die Zerstörung des Zweiten (bzw. dritten, herodianischen) Tempels 70 n. Chr. eine gewisse Orientierung. Doch wie bei der biblischen Überlieferung muß man sich auch hier mit ungefähren Angaben begnügen. Als Veranlas-

---

[141] Dimant 2007 und 2010.

sung und treibende Kraft der Abfassung kommen eher innerjüdische Motive als die weltpolitische Lage in Frage. Doch auch wenn man wohl nie zu sicheren Lokalisierungen und Datierungen gelangen wird, muß der Versuch einer relativen Chronologie unternommen werden, nicht zuletzt, um der hier wie bei der biblischen Überlieferung drohenden Gefahr zu entgehen, Momentaufnahmen für die gesamte Zeit und die jüngsten Schichten oder Schriften als typisch für das Ganze zu nehmen.[142]

Das Verhältnis der parabiblischen Literatur zu den biblischen Schriften ist komplex. Einerseits gab es in der fraglichen Zeit noch keine »Bibel« im Sinne eines fixen Kanons und auch noch keine uniforme, für alle verbindliche Texttradition. Daher steht die parabiblische Literatur mit der biblischen Überlieferung grundsätzlich auf einer Stufe und ist so viel oder so wenig wie diese als »biblisch« zu betrachten. In der parabiblischen Literatur setzt sich fort, was in der biblischen Überlieferung begonnen hat: die kontinuierliche Auslegung überkommener, als autoritativ geltender Texte im Zuge der literarischen Produktion.

Andererseits ist nicht zu übersehen, daß die Texte, die als autoritativ gelten und darum als literarische und theologische Referenzgröße benutzt und ausgelegt wurden, eben jene Schriften sind, die nach 70 n.Chr. im Judentum wie im Christentum kanonisch geworden sind: allen voran Tora und Propheten, sodann Psalmen und »die übrigen Schriften«.[143] Die Auswahl von Tora und (Vorderen wie Hinteren) Propheten als Ausgangspunkt leuchtet auf Anhieb ein, handelt es sich

---

[142] Vgl. dazu die wichtige Problemanzeige von J. Dochhorn in Georges u. a. 2013.
[143] Vgl. das »Lob der Väter« in Sir 44–49 sowie den Prolog zur griechischen Fassung des Ben Sira (JSHRZ III/5, 505 f.614 ff); 4QMMT (4Q397 14–21,10 = 4Q398 14–17,5) und das Neue Testament (Lk 24,44).

doch um den geschlossenen Zusammenhang der heiligen Geschichte, in der das Gesetz des Mose die tragende Rolle spielt und in die sich auch die Schriftpropheten durch die Überschriften der biblischen Bücher einordnen ließen. Wie es scheint, hat die biblische Überlieferung nicht zuletzt durch ihren Gebrauch in der parabiblischen Literatur an Autorität gewonnen und ist darum später kanonisch geworden.

Angesichts der Ambiguität des Verhältnisses zwischen biblischer und parabiblischer Literatur, das einerseits durch prinzipielle Gleichheit, andererseits durch eine klare Abhängigkeit gekennzeichnet ist, tut sich die Forschung nicht leicht, dieses Verhältnis zu bestimmen. Die einen betonen die Abhängigkeit und sehen die parabiblische Literatur auch hinsichtlich der Autorität klar nachgeordnet. Andere betonen eher die prinzipielle Gleichheit, was zweierlei bedeuten kann: Entweder hatten biblische und parabiblische Schriften für ihre Tradenten dieselbe Autorität oder die parabiblische Literatur sollte die biblische Überlieferung, von der sie abhängig ist, verdrängen und ihre Stelle einnehmen. Letzteres kann man ausschließen. Der literarische und inhaltliche Bezug auf die biblische Überlieferung, der von Reformulierung bis zum expliziten Schriftzitat reicht, soll die literarische Referenzgröße sicher nicht verdrängen, sondern im Gegenteil bestätigen und ins rechte Licht rücken.

Doch scheint mir die Alternative ohnehin falsch zu sein. Da es sich bei der Abhängigkeit von biblischer und parabiblischer Literatur um ein Auslegungsverhältnis handelt, schließen sich Abhängigkeit und Gleichwertigkeit keineswegs aus. Die parabiblische Auslegung will nichts anderes als den (wahren) Sinn des biblischen Textes explizieren und mit anderen Worten auch gar nichts anderes sagen als dieser. Insofern sind biblischer und parabiblischer Text im Selbstverständnis des letzteren identisch und haben somit dieselbe

Autorität. Die Auslegung bezieht ihre Autorität aus der biblischen Vorlage, die ihrerseits durch die Auslegung an Autorität gewinnt.

Daß dennoch zunehmend ein Abstand zwischen biblischem und parabiblischem Text empfunden wurde, macht sich – auf unterschiedliche Weise – in den *Pescher*-Auslegungen von Qumran sowie in der Autoren-Literatur der hellenistischen Zeit (Ben Sira, Josephus, Philon) bemerkbar, die zwischen biblischer Quelle und Eigenformulierung unterscheiden. Diese Phänomene zeugen von einer allmählichen Verfestigung des »kanonischen« Bestandes an autoritativen, »biblischen« Schriften, zeigen auf der anderen Seite aber auch das Bemühen, der Auslegung oder historiographischen Verwertung dieser Schriften eine entsprechende Autorität zu verleihen. Diese Autorität kann auf verschiedene Weise begründet werden. Sie kann aus den biblischen Schriften selbst abgeleitet (Jubiläenbuch, Tempelrolle), durch eine zusätzliche göttliche Offenbarung garantiert (Dan 9; 1QpHab VII), durch inspirierte Auslegungstechniken bewerkstelligt (Philon) oder durch die individuelle, sei es fromme (Sir) oder kritische (Josephus), Haltung den Quellen gegenüber hergestellt werden.

Sämtliche Strategien zur Steigerung der Autorität dienen dem einen Zweck, die Übereinstimmung, um nicht zu sagen Identität, von biblischer Grundlage und Sekundärverwendung sicherzustellen. Dieses hermeneutische Anliegen verbindet die explizite Kommentierung biblischer Texte, die einen Unterschied zwischen Text und Auslegung machen, mit der Überarbeitung und Fortschreibung in den biblischen Büchern selbst, dem *rewriting* biblischer Texte innerhalb und außerhalb der Bibel sowie mit der kreativen literarischen Produktion in Anlehnung oder mit Bezug auf die biblischen

Schriften.[144] Bei aller Verschiedenheit der Richtungen und Konzeptionen zeichnet sich die biblische wie die parabiblische Überlieferung somit durch eine erstaunliche Geschlossenheit, ja Uniformität in dem gemeinsamen literarischen und theologischen Bezugspunkt wie auch im hermeneutischen Konzept aus. Schrift und Tradition schließen sich in dieser Überlieferung nicht aus, da in ihr die Heilige Schrift ihr eigener Interpret ist: *sacra scriptura sui ipsius interpres* (M. Luther).

---

[144] Vgl. Kratz 2004a, 121–180.

Jüdische Archive

I. Orte der Literatur

Orte der Literatur im Alten Orient waren Schreiberschulen, offizielle Archive am Hof oder am Tempel, private Archive und Bibliotheken führender Eliten.[1] An einem solchen Ort, sei es in Palästina (in der Regel Jerusalem) oder in der babylonischen und ägyptischen Diaspora, pflegt man auch die Entstehung, Aufbewahrung und Überlieferung der biblischen Literatur anzusiedeln. Hierfür kann man sich zum einen auf Angaben in der biblischen Literatur selbst, zum anderen auf altorientalische Analogien berufen. Beide Wege werden in der Forschung gern beschritten. Die einen suchen die Trägerkreise dort, wo die biblische Überlieferung sich selbst historisch verortet: in der Geschichte Israels von Adam bis Nehemia oder, kanonisch gesprochen, von Mose bis Artaxerxes. Die anderen setzen auf historische Analogien und suchen die Trägerkreise in Schreiberschulen, Archiven oder Bibliotheken, wie man sie im gesamten Alten Orient und in der mediterranen Welt findet.[2]

Beiden Erklärungen zufolge ist die biblische Literatur mit den Traditionsbeständen Israels und Judas identisch, die sich im Laufe der Geschichte angesammelt haben und von schriftgelehrten Eliten – auf mündlichem oder schriftlichem Wege

---

[1] Vgl. Knauf 1994, 221–237 sowie oben *Tradition* I; für eine breitere Definition von »Archiv« und »Bibliothek« sowie den Begriff des »textual deposit« vgl. Du Toit 2011.

[2] Carr 2005; Van der Toorn 2007.

– überliefert wurden. Dementsprechend werden auch die in dieser Literatur jeweils vorausgesetzten sozialen Strukturen mit den im Laufe der Zeit sich wandelnden Verhältnissen der israelitischen und judäischen Gesellschaft identifiziert. So liefert die biblische Literatur die historischen und sozialgeschichtlichen Informationen, mit denen wiederum die Entstehung und Überlieferung der biblischen Literatur erklärt und sozialgeschichtlich eingeordnet wird.

Das Verfahren leuchtet auf den ersten Blick ein, ist aber nicht ganz unproblematisch. So läßt sich nicht übersehen, daß es in hohem Maße zirkulär ist. Des weiteren wird dabei zu wenig bedacht, daß die biblische Literatur ihre eigene Sicht auf die von ihr vorausgesetzten historischen und sozialgeschichtlichen Verhältnisse hat. Stämme, Familien und Älteste, Könige, Heerführer, Priester, Propheten, Richter und Schreiber sowie die Institutionen, denen sie angehörten, hat es in Israel und Juda zweifellos ebenso gegeben wie bei den Nachbarn und im übrigen Alten Orient. Doch die Sicht der biblischen Literatur auf die Institutionen, ihre führenden Eliten und verschiedene andere Gruppen im Volk läßt sich nicht ohne weiteres mit den historischen Verhältnissen gleichsetzen, von denen die biblische Literatur selbst handelt oder die sich aufgrund altorientalischer Analogien nahelegen. Wie man in der Geschichte das historische Israel vom biblischen Israel unterscheiden muß, so wird man auch hinsichtlich der sozialgeschichtlichen Verhältnisse einen Unterschied zwischen dem historischen und dem biblischen Bild machen müssen. Das aber bedeutet, daß man auch die Frage nach den Trägerkreisen der biblischen Literatur wohl auf anderem Wege als durch die Korrelation mit den hier geschilderten Verhältnissen oder den altorientalischen Analogien wird beantworten müssen. Jedenfalls zeigen der literarische (biblische) und der epigraphische Befund nicht dasselbe Bild.

I. Orte der Literatur

Geht man von der biblischen Literatur selbst aus, so ist evident, daß es sich bei den Verfassern und Tradenten um schriftgelehrte Kreise gehandelt haben muß, die zu historiographischen, rechtlichen, weisheitlichen, prophetischen und priesterlichen Überlieferungen Zugang hatten oder selbst aus einem dieser Milieus stammten. Doch ob diese Kreise etwa in der Verwaltung, an den Tempeln oder in Schulen der vorexilischen Monarchien oder nachexilischen Provinzen, im Mutterland oder in der Diaspora tätig waren, oder ob sie vielleicht aus einer dieser Institutionen kamen, aber mittlerweile in irgendeiner Weise anders organisiert waren, wissen wir nicht. Darüber läßt sich nur spekulieren.

Sieht man auf die epigraphische Evidenz, so läßt sie, von phänomenologischen oder phraseologischen Parallelen abgesehen, (bisher) keinerlei unmittelbaren Bezug institutioneller Schreiber zur biblischen Literatur erkennen. Umgekehrt setzt die biblische Literatur die üblichen Institutionen der vor- wie der nachstaatlichen Zeit, die nicht nur durch altorientalische Analogien, sondern auch durch die epigraphische Evidenz aus Israel und Juda selbst belegt sind, zwar voraus, schöpft aus ihren Traditionsbeständen, erwähnt ihre Existenz und setzt sie gelegentlich direkt oder indirekt als Darstellungsmittel ein. Doch werden die Institutionen von der biblischen Literatur, und zwar sowohl im Rückblick auf die vorexilische als auch im Blick auf die nachexilische Zeit, aus theologischen Gründen meistens kritisch beurteilt oder gar in Frage gestellt, so daß man sich nur schwer vorstellen kann, daß sie in diesen Institutionen auch entstanden ist und gepflegt wurde.[3] Der Schluß von der biblischen Überlieferung auf die von ihr vorausgesetzten historischen Verhältnisse und auf ihre Trägerkreise ist daher mit großen Unsicherheiten belastet.

---

[3] Vgl. Knauf 1994, 234.

Einen Schritt weiter führt daher vielleicht der umgekehrte Weg von der archäologischen Evidenz zur biblischen Literatur. Unter dem Titel »Jüdische Archive« wollen wir im folgenden die Orte aufsuchen, an denen die Aufbewahrung und Überlieferung nichtbiblischer und biblischer Texte entweder archäologisch nachgewiesen oder literarisch bezeugt ist, und werden fragen, welches Bild von Israel und dem Judentum sich aus ihnen ergibt. Der Begriff »Archiv« ist hier nicht nur im strengen Sinne als Bezeichnung offizieller oder privater Depots von Geschäftsurkunden gemeint, sondern umfaßt daneben auch Bibliotheken und archäologische Fundstellen (»textual deposit«). Um was es sich handelt, ist in den meisten Fällen ohnehin nicht ganz klar und kann nur aus der Fundsituation oder den Angaben in den epigraphischen und literarischen Quellen erschlossen werden.

Unter den Orten, die für eine nähere Betrachtung in Frage kommen, ragen zwei Fälle besonders heraus: Elephantine und Qumran.[4] An beiden Orten hat sich außergewöhnlich viel Material gefunden, das einen guten Einblick in den historischen Kontext gewährt. Die beiden Fundstätten zeigen jedoch eine höchst unterschiedliche Situation. Während in den Höhlen am Toten Meer nahe der Siedlung Hirbet Qumran außer einigen wenigen Gebrauchstexten vor allem literarische Texte und darunter auch Handschriften der biblischen und parabiblischen Literatur gefunden wurden, die paläographisch aus der Zeit vom dritten vorchristlichen bis zum ersten nachchristlichen Jahrhundert datieren, sind in den Archiven der jüdischen Kolonie auf der Nilinsel Elephantine aus der Zeit um 400 v. Chr. vor allem Gebrauchstexte und daneben eine ganz andere, nichtbiblische Art von Literatur ausgegraben worden. Da es sich um die beiden einzigen größeren Fundorte

---

[4] Vgl. Kratz 2010b.

literarischer wie nichtliterarischer, biblischer wie nichtbiblischer jüdischer Texte handelt, bieten sie sich als Fixpunkte eines Vergleichs der Fundsituation und der Textbestände an.

Für die Zeit zwischen diesen beiden Fixpunkten berichten die antiken Quellen von drei Orten, die Zentren der biblischen Überlieferung gewesen sein sollen: dem Berg Garizim bei Sichem in der Provinz Samaria, dem Tempel von Jerusalem in der Provinz Juda und der Stadt Alexandria in Ägypten. Von dem Heiligtum auf dem Berg Garizim stammt eine Gruppe von Weihinschriften, und mit seinem Namen verbindet sich ein bedeutender Textzeuge der biblischen Überlieferung: der samaritanische Pentateuch, von dem wir aus indirekter Überlieferung und mittelalterlichen Handschriften Kenntnis haben. Am Tempel in Jerusalem wird für gewöhnlich die Hebräische Bibel verortet, von dieser selbst und mit ihr von einem Großteil der modernen Forschung. Für die Zeit des Ersten Tempels stützt man sich vor allem auf den Bericht über die sogenannte Josianische Reform in 2 Kön 22–23, für die Zeit des Zweiten Tempels auf die Bücher Esra und Nehemia (hier vor allem Esr 7 und Neh 8) sowie Chronik und Daniel. Alexandria in der ägyptischen Diaspora schließlich steht für die Übersetzung des Pentateuchs und der übrigen biblischen Schriften ins Griechische, die sogenannte Septuaginta. Auch hiervon haben wir nur durch indirekte Überlieferung, insbesondere die Legende des Aristeasbriefes, und späte Handschriften Kenntnis. In allen drei Fällen stellt sich die Frage, wie sich die Nachrichten über die biblische Überlieferung auf dem Garizim, in Jerusalem und Alexandria in den Befund einordnen läßt, der sich aus dem Vergleich zwischen Elephantine und Qumran ergibt.[5]

---

[5] Außer den genannten Orten wird man künftig auch die judäische Kolonie *Al-Jahudu* (»Stadt Judas«, d.h. Jerusalem) im südlichen Meso-

II. Zwischen Elephantine und Qumran

1. Elephantine

Im Süden Ägyptens, auf der Höhe von Assuan (Syene), liegt die Nilinsel Elephantine. Ihr ägyptischer Name, der sich im Aramäischen erhalten hat, lautet Jeb. Hier und an verschiedenen anderen Orten in Ägypten hat man vor rund einhundert Jahren aramäische Papyri ausgegraben, die vom Leben einer judäischen Garnison in der mittleren Perserzeit um 400 v. Chr. zeugen. Bei den Texten handelt es sich um private und offizielle Briefe, Verträge aller Art, Namenslisten und Mitteilungen auf Tonscherben (Ostraka) und nicht zuletzt um literarische Texte. In zwei Fällen haben wir es mit Verträgen aus privaten Archiven, zu tun, aus denen sich die Geschichte zweier Familien, der Familie der Mibtachja (bzw. ihres Sohnes Jedanja) und des Anani, rekonstruieren läßt. Eine weitere Gruppe von Texten, der Gattung nach vor allem Briefe, hat eher offiziellen Charakter und stammt aus einem oder mehreren Archiven von Amtsträgern wie dem Priester Jedanja und seinen Priesterkollegen. In einem derartigen Archiv, dem sogenannten Jedanja-Archiv, wurde etwa die wichtige Korrespondenz über den Wiederaufbau des Tempels auf Elephantine aufbewahrt. Auch die vielen übrigen Texte, deren genauer Fundort oder Zuordnung nicht sicher ist, dürften in solchen

---

potamien zu berücksichtigen haben, s. u. II 2. Die auf dem Antikenmarkt aufgetauchten Dokumente ergänzen das bereits bekannte Material aus dem Archiv der Familie Muraschu in der Gegend von Nippur und geben Einblick in die politische, wirtschaftliche, soziale und religionsgeschichtliche Situation der babylonischen Gola. Hingewiesen sei an dieser Stelle auch auf die epigraphische Evidenz einer judäischen Siedlung auf Zypern, die Heltzer 1989 publiziert hat. Die Reformen Esras und Nehemias scheinen auch hier unbekannt zu sein.

privaten oder offiziellen Archiven auf Elephantine entstanden und deponiert gewesen sein.⁶

In den Papyri begegnen uns Menschen, die nach den Gepflogenheiten der Zeit nicht Hebräisch, sondern Aramäisch sprachen, aber hebräische Namen trugen und sich selbst »Juden« oder richtiger »Judäer«, gelegentlich auch »Aramäer« nannten.⁷ Wie diese »Judäer« nach Elephantine gekommen sind, weiß niemand so recht. Die einen denken an das alte, vorexilische Israel, andere an Juda als Herkunftsort, wieder andere an beides, Israeliten und Judäer, die im Laufe des 8.–6. Jahrhunderts v. Chr. nach Ägypten geflohen seien und sich hier niedergelassen hätten. Möglich ist aber auch, daß es sich weder um das eine noch um das andere, sondern um ehemalige Bewohner der persischen Provinz Juda handelt, die sich im Laufe des 6. und 5. Jahrhunderts v. Chr. als Söldner in persischen Diensten verpflichteten und nach Elephantine abkommandiert wurden. Woher auch immer sie kamen, es waren Menschen, die sich, wie ihrer Selbstbezeichnung zu entnehmen ist, der Landschaft oder Provinz Juda zugehörig fühlten.

Um so erstaunlicher ist die Tatsache, daß wir in den Papyri von Elephantine auf eine Gestalt des Judentums treffen, die sich von demjenigen Judentum signifikant unterscheidet, das uns in der Hebräischen Bibel und der parabiblischen Literatur entgegentritt und das ich das »biblische Judentum« nenne. Der Unterschied ist schon an einem Gebäude zu erkennen: Nach dem biblischen Gesetz, der Tora, darf es nur einen ein-

---

⁶ Vgl. zum folgenden die Texte in TAD; LOZACHMEUR; HTAT, 475–495; TUAT.NF 1, 255–270; dazu die wegweisende Einleitung von COWLEY, xiii–xxxii sowie Porten 1968; Azzoni 2001; Muffs 2003; Botta 2009; Kottsieper 2013; Rohrmoser 2014; Granerød 2016.

⁷ Vgl. zum folgenden den wichtigen Beitrag von Knauf 2002; ferner Kratz 2009a (engl. 2011); 2013a; Becking 2011, 128–142.

zigen Kultort für Jhwh, den Tempel in Jerusalem, geben (Dtn 12). Alle anderen Heiligtümer, die es in und außerhalb Judas gab, gelten nach dem Gesetz als unrein und anderen Göttern geweiht. Daher sollen sie zerstört werden. Die Judäer auf Elephantine kümmerten sich jedoch nicht um dieses Gesetz. Sie besaßen einen Tempel, den es nach der Tora nicht hätte geben dürfen. Von ihm ist in den Papyri aus dem Archiv des Jedanja die Rede, und er ist mittlerweile auch archäologisch nachgewiesen.[8]

Das Viertel der Judäer von Elephantine grenzte im Süden an einen großen heiligen Bezirk des ägyptischen Widdergottes Khnum, die sogenannte »Khnumstadt«, und war davon durch eine breite Straße, die »Straße des Königs«, getrennt. Von dem Viertel der Judäer sind die Reste der südlichen Häuserzeilen erhalten und ausgegraben. Und genau hier, zwischen dem jüdischen Wohnviertel und der Khnumstadt, lag nach den Angaben der Papyri auch die jüdische Tempelanlage. Von ihr wurden Mauerreste gefunden, die von der bewegten Baugeschichte zeugen. Der Tempel wurde während der 26. Dynastie im 6. Jahrhundert gegründet, während der 27. Dynastie im späten 5. Jahrhundert auf Betreiben der Khnum-Priester zerstört und bald danach mit Erlaubnis der persischen Behörden wieder aufgebaut. Im 4. Jahrhundert verlieren sich seine Spuren. Er ist der Erweiterung des weiter südlich gelegenen Khnum-Tempels zum Opfer gefallen und wurde in hellenistischer Zeit vollkommen überbaut.

Der Grund für die Zerstörung des Tempels der Judäer unter Darios II. um 400 v. Chr. geht aus den Quellen nicht klar hervor.[9] Für einen jüdisch-ägyptischen Religionskonflikt gibt

---

[8] Von Pilgrim 1998 und 2003; zur Stadtbefestigung Ders. 2013.
[9] Einschlägig für das Folgende sind TAD A 4.5; 4.7–8; 4.9; 4.10; vgl. HTAT, 480–484. Vgl. dazu Kottsieper 2002; Kratz 2004a, 60–78.

es keinerlei Anhaltspunkte. Die Zerstörung dürfte am ehesten rechtliche Gründe gehabt haben. Wie der Ausgräber, Cornelius von Pilgrim, vermutet, reichte die Umfassungsmauer des jüdischen Tempels bis auf die »Straße des Königs« und berührte damit die Eigentumsrechte des persischen Königs und der ägyptischen Khnum-Priester, deren Heiligtum ebenfalls an diese Straße anstieß. Außerdem ist in einem Dokument aus dem sogenannten Jedanja-Archiv davon die Rede, daß die Priester des Gottes Khnum seit der Zeit, als sich ein Mann namens Hananja in Ägypten aufgehalten habe, Feindschaft gegen die Judäer von Elephantine hegten.[10] Dieser Hananja war ein judäischer Gesandter, der für seine »Brüder«, wie er sie nennt, auf Elephantine bei den persischen Behörden den offiziellen Status einer »judäischen Garnison« erwirkt zu haben scheint, was die Rivalität der Khnum-Priester geweckt haben dürfte.

Wie dem auch sei, der Tempel wurde zerstört. Die führenden Vertreter der judäischen Kolonie wandten sich daraufhin brieflich an die persischen Behörden in Ägypten und verschiedene Stellen in Palästina, mit dem Ziel, eine Genehmigung für den Wiederaufbau zu erwirken. Diese Korrespondenz hat sich erhalten und ist in religionsgeschichtlicher Hinsicht überaus aufschlußreich. Sie erinnert in vielem an den Bericht vom Wiederaufbau des Tempels in Jerusalem und die aramäischen Dokumente in Esra 4–6, weist aber auch bezeichnende Unterschiede auf.

In der Korrespondenz von Elephantine spielt – wie im biblischen Judentum – die Fremdherrschaft eine wichtige Rolle. Gegenüber den persischen Behörden beteuert man seine Loyalität und erinnert an die Geschichte. Ein wichtiges Argument, um die Genehmigung für den Wiederaufbau zu erhal-

---
[10] TAD A 4.3.

ten, lautet, daß sich die Judäer von Elephantine zu keiner Zeit an Aufständen gegen die Perser beteiligt hätten und daß schon Kambyses, als er 520 v. Chr. Ägypten einnahm, ihren Tempel vorgefunden und ihn im Unterschied zu vielen ägyptischen Tempeln nicht zerstört habe.[11] Man erkennt also die Fremdherrschaft an und spielt die eigene Loyalität gegen die tatsächlichen oder vermeintlichen Spannungen zwischen Ägyptern und Persern aus. Doch im Unterschied zum biblischen Judentum wird die persische Fremdherrschaft nicht theologisch vereinnahmt und überhöht, der König nicht wie in Esra 1 oder Jes 45 als Vasall oder gar Bekenner des einen und einzigen Gottes Jhwh stilisiert. Vielmehr wird im praktischen Umgang mit den persischen Behörden die politische Balance gehalten.

Das gilt auch für diejenigen Stellen in den Briefen, an denen ausdrücklich von religiösen Praktiken die Rede ist. Schon die Grußformel des in doppelter Ausfertigung erhaltenen Bittschreibens[12] empfiehlt Bagohi, den persischen Statthalter von Juda, der Fürsorge des Himmelsgottes an, der ihm die Gunst des Königshauses und ein langes Leben gewähren möchte.

Nach der Tempelzerstörung, so heißt es weiter, hätten die Einwohner der judäischen Kolonie von Elephantine Trauer getragen und sich mit Fasten und Beten an den Herrn des Himmels gewandt, was zur Bestrafung all derer geführt habe, die an der Zerstörung des Tempels beteiligt waren. Doch das Fasten könne kein Ende nehmen, solange der Tempel nicht wiederaufgebaut sei und die ausgesetzten Opfer auf dem Altar des Gottes Jahu (= Jhwh) dargebracht würden. Dem persischen Statthalter in Juda werden für die von ihm erbetene Unterstützung Opfer in seinem Namen und Fürbitte in Aussicht

---

[11] TAD A 4.7–8.
[12] S. Anm. 11.

gestellt. Sein Eintreten für den Wiederaufbau sei »ein Verdienst vor *JHW*, dem Gott des Himmels, mehr als (das Verdienst) eines Menschen, der ihm Brandopfer und Schlachtopfer darbringt im Wert von 1000 Talenten Silber«.

Wieder wird der »Gott des Himmels« beschworen, der bei den Judäern in Ägypten wie in Palästina den Namen *JHW* (Jahu), die Kurzform des Gottesnamens Jhwh, trägt, der aber auch dem persischen Statthalter in Juda bekannt ist, welchen Gott auch immer er darunter gesehen haben mag. Es scheint, als seien die nationalen Hochgötter, der samarisch-judäische Gott Jahu (= Jhwh) und der achämenidische Reichsgott Ahuramazda, miteinander austauschbar gewesen. Entsprechende Zeugnisse in Babylon, wo die Achämeniden im Namen Marduks auftraten, und in Ägypten, wo Ahuramazda unter dem Namen des Sonnengottes Aton-Re erscheint, bestätigen diesen Eindruck.[13]

Der Titel »Gott des Himmels« ist in dem Bittgesuch von Elephantine in seiner ursprünglichen Verwendung im persischen Kanzleistil belegt. Anders als in der biblischen Überlieferung ist der »Gott des Himmels« hier nicht der Gott Israels, der das Geschehen zugunsten seines Volkes Israel lenkt, sondern die höhere Instanz, bei und mit der um die Gunst der persischen Behörden geworben wird. Auch die religiösen Praktiken und Wünsche zielen in diese Richtung. Man findet sie auch in der biblischen Literatur, doch sind sie nicht aus der Tora des Mose abgeleitet, sondern entsprechen allgemein geübter Praxis.

Das Bittgesuch der Judäer von Elephantine hat seine Wirkung nicht verfehlt. In einem Memorandum der Statthalter von Juda und Samaria wird der Wiederaufbau befürwortet.[14]

---

[13] Vgl. Kratz 1991b, 201 ff. 212 ff.
[14] TAD A 4.9.

Von einem Einspruch der Priester oder anderer Führungseliten am Jerusalemer Tempel hören wir nichts. Zwar hat man dort die Briefe, die ihnen von den Judäern von Elephantine geschickt wurden, ignoriert. Doch soweit wir sehen, scheint weder die Konkurrenz zu Jerusalem noch die Reinheit der Gottesverehrung im Umfeld der ägyptischen Heiligtümer ein Problem gewesen zu sein.[15] Die Judäer auf Elephantine lebten als »Juden« unter den Völkern, unberührt vom biblischen Judentum und seinen heiligen Schriften.

In dieselbe Richtung weisen auch andere Eigentümlichkeiten der religionsgeschichtlichen Situation auf Elephantine.[16] Wiederum aus dem sogenannten Jedanja-Archiv stammt ein Kultbescheid des Gesandten Hananja zum Mazzenfest, der in der Forschung unter der Bezeichnung »Passabrief« oder auch »Osterbrief« berühmt geworden ist.[17] Seine Vorschriften entsprechen nicht in allem der Tora.[18] Hananja beruft sich denn auch nicht auf die Tora des Mose, sondern auf eine Weisung des persischen Königs Dareios (II.). Aufgrund der Lückenhaftigkeit des Textes ist allerdings nicht ganz sicher, in welchem Verhältnis die königliche Anweisung und der Kultbescheid stehen. Vermutlich handelt es sich um die Autorisierung des

---

[15] Lediglich die Einschränkung der Opferpraxis auf Speise- und Räucheropfer könnte auf einen Einspruch Jerusalems zurückgehen. Während Brandopfer vor der Zerstörung des Tempels üblich waren und in dem Bittschreiben auch für die Zukunft angekündigt werden (TAD A 4.7,21.28; 4.8,17.25), sind diese in späteren Dokumenten ausdrücklich ausgenommen (TAD A 4.9,9f; 4.10,10f). Ob die Einschränkung dem Zentralisationsgebot von Dtn 12 geschuldet ist, das jegliche Art von Opfer für Jhwh außerhalb des erwählten Kultortes verbietet, oder persischen Vorbehalten Rechnung trägt, ist unklar.

[16] Vgl. dazu Kratz 2007b sowie die ebd. (S. 82) genannte Literatur; Grabbe 2013; Rohrmoser 2014; Granerød 2016.

[17] TAD A 4.1; HTAT, 479f.

[18] Vgl. Porten 1968, 126; Knauf 2002, 186.

Gesandten. Aufgrund des schlechten Erhaltungszustands des Textes läßt sich auch nicht sagen, ob die in der biblischen Literatur vollzogene Verbindung von Passa und Mazzot, die an die Herausführung aus Ägypten erinnert (Dtn 16), bereits vorausgesetzt ist. Zwar ist das Passafest als solches auf Ostraka belegt,[19] doch wissen wir nicht genau, was man auf Elephantine darunter verstanden und wie man es begangen hat. Es ist nicht auszuschließen, daß es sich hier (noch) um einen eigenen, im Unterschied zum Mazzenfest möglicherweise nur in der Familie begangenen Festtag handelte.

Andere Ostraka erwähnen den Sabbat.[20] Man hat jedoch wiederum nicht den Eindruck, als seien die Bestimmungen des biblischen Sabbatgebots (Ex 20,8–11 par. Dtn 5,12–16), die von den Propheten eingeklagt werden (Am 8,5; Jer 17,19 ff; Jes 58,13 f) und erst von Nehemia in Juda gewaltsam durchgesetzt worden sein sollen (Neh 10,32; 13,15 ff), in Geltung oder wenigstens schon bekannt gewesen. Im Gegenteil: Hier verabredet man sich auf den Sabbat, um seiner Arbeit nachzugehen und Handel zu treiben. Möglicherweise ist in den Ostraka von Elephantine noch gar nicht der siebte Tag der Woche, der Ruhetag »für Jhwh«, sondern der Vollmondtag, der religionsgeschichtliche Vorläufer des biblischen Sabbat, gemeint.

Mehr noch als alles andere aber irritieren die »anderen Götter«.[21] In den Eiden von Verträgen und vor allem in einer Kollektenliste der judäisch-aramäischen Garnison begegnen außer Jahu, dem biblischen Jhwh, weitere Gottheiten als Begünstigte.[22] Sie heißen Anat-Jahu, Anat-Betel, Aschim-Betel und Herem-Betel, und einige von ihnen werden, wie bei den

---

[19] TAD D 7.6,9 f; 7.24,5.
[20] TAD D 7.10,5; 7.12,9; 7.16,2, 7.35,7, vielleicht auch 7.28,4; 7.48,5; vgl. dazu Doering 1999, 23–42; Becking 2011, 118–127.
[21] Vgl. dazu Van der Toorn 1986 und 1992; Becking 2003.
[22] TAD C 3.15; HTAT, 485.

Aramäern im benachbarten Syene üblich, auch in Briefadressen an Angehörige der judäischen Kolonie auf Elephantine oder in Schwüren zusammen mit Jahu und weiteren Göttern (Bel, Nabu, Schamasch, Nergal, Sati und Khnum) angerufen.[23]

Wie der Name Anat-Jahu zeigt, handelt es sich nicht etwa um fremde, sondern um die eigenen Götter. Anat ist aus der kanaanäischen Mythologie als die Frau des Gottes Baal bekannt. Hier ist sie dem Jahu zur Seite gestellt wie Aschera in palästinischen Inschriften des 9.–8. Jahrhunderts v. Chr. dem biblischen Jhwh.[24] Betel, wörtlich übersetzt »Haus Gottes«, ist wie der bekannte biblische Ortsname die Bezeichnung eines Kultplatzes und wurde vor allem von den Aramäern auch als Gottesname gebraucht. Neben Anat-Betel dürften auch Aschim-Betel (»Name des Betel«?) und Herem-Betel (»Bezirk des Betel«?) weitere Manifestationen desselben Gottes sein. Die Namen der Götter weisen in den aramäischen und nordisraelitischen Raum, doch sind die israelitisch-aramäischen Traditionen längst in das judäische Religionssystem integriert und jedenfalls bei den Judäern von Elephantine angekommen. Ob der Gott Betel und seine verschiedenen Erscheinungsformen mit Jahu und dessen Ableger Anat-Jahu identisch waren, ist schwer zu sagen. Die Kollektenliste, die den Namen verschiedene Beträge zuordnet, läßt eher an verschiedene Gottheiten und wohl auch an verschiedene Kulte, wenn nicht Tempel wie in Syene, denken.

Leider sind aus Elephantine keine religiösen Texte im einschlägigen Sinne, also Opferlisten, Kultrituale, Hymnen und

---

[23] TAD A 2.1–7. Vgl. das Grußformular in TAD A 3.5; 3.7; 4.1; 4.2; 4.4 (wie A 3.9; 3.10 usw.); D 7.21; 7.30; Schwüre B 2.8; 7.2; 7.3; zum Verleich A 2.1–7.
[24] S. o. *Geschichte* IV.

Gebete, Beschwörungen oder Mythen, erhalten.[25] Darum läßt sich über den konkreten Kultbetrieb am Tempel und das sonstige religiöse Leben ebenso wenig sagen wie über die religionshistorischen Verhältnisse zur selben Zeit in Jerusalem. Doch der Unterschied, um nicht zu sagen: der Gegensatz des Judentums von Elephantine zum biblischen Judentum liegt auf der Hand. Übereinstimmung herrscht zwar im Verhältnis zur Fremdherrschaft, in deren Dienst man steht und mit der man sich arrangiert. Im Unterschied zum biblischen Judentum ist dies auf Elephantine aber ganz selbstverständlich; das Verhältnis bedarf auch im Konfliktfall keiner eigenen theologischen Begründung (wie etwa in Esr–Neh oder Dan 1–6). Dem entspricht, daß jeder Hinweis auf die Tora des Mose oder die Propheten oder andere biblische Schriften fehlt. Doch nicht nur das. Die wenigen Indizien, die wir haben, deuten vielmehr darauf hin, daß die religiösen Einrichtungen sowie das religiöse Leben und Denken der Judäer von Elephantine genau dem entsprachen, was Gesetz und Propheten in der biblischen Literatur verbieten. Das Judentum von Elephantine repräsentiert ein nichtbiblisches Judentum oder, wenn man so will, das israelitisch-judäische, vor-biblische »Heidentum«.

In der Forschung wird die judäisch-aramäische Kolonie auf Elephantine für gewöhnlich als eine Ausnahme betrachtet, die die Regel bestätigt. Manche meinen, die religiöse Vielfalt sei erst in Ägypten entstanden, wo die Juden in engem Kontakt zu Aramäern im persischen Heer lebten, die den Gott Betel (vgl. Jer 48,13) und die auch für das vorexilische Juda

---

[25] Relikte von vor- bzw. nicht-biblischen Kultliedern in aramäischer Sprache aus dem Umkreis der aramäisch-judäischen Kolonie von Elephantine, die sich mit biblischen Psalmen (bes. Ps 20) berühren, haben sich vielleicht im Papyrus Amherst 63 aus dem 4. Jh. v. Chr. erhalten, dessen sprachliche Erschließung jedoch noch unsicher ist. Vgl. COS I, 309–329; TUAT II, 930–935; TUAT.E, 200–202; dazu Rösel 2000.

bezeugte Himmelskönigin verehrten (vgl. Jer 7,18; 44,15 ff). Andere sind der Auffassung, die Judäer von Elephantine hätten eine ältere, vorexilische Form des synkretistischen Jahwismus bewahrt und aus dem nördlichen Palästina mitgebracht, wo sich, wie die Hebräische Bibel erzählt, der israelitische Jhwh-Glaube mit Elementen der kanaanäischen und aramäischen Religion vermischt habe. Mir scheint jedoch eine andere Erklärung näher zu liegen. Sie lautet, kurz gesagt, so: Nicht Elephantine und die Judäer in Ägypten, sondern die Hebräische Bibel und das biblische Judentum waren selbst in persischer Zeit noch die Ausnahme und nicht die Regel. Dies würde bedeuten, daß man die Verhältnisse auf Elephantine für das gesamte Judentum in persischer Zeit, und zwar nicht nur für den israelitisch-samarischen Norden, sondern auch für das südliche Juda als den Normalfall anzunehmen hätte. Das biblische Judentum wäre demgegenüber als das Ideal einer Sondergruppe zu betrachten, das nicht bei allen Juden und Jhwh-Verehrern der nachstaatlichen Zeit als bekannt vorausgesetzt werden kann, sondern sich neben allem anderen allmählich entwickelt und erst in hellenistisch-römischer Zeit in der Breite durchgesetzt hat.

Gegen diese Sicht der Dinge könnte man einwenden, daß die Archive von Elephantine, die im wesentlichen Gebrauchstexte enthalten, mit der biblischen Literatur schon gattungsmäßig nicht vergleichbar seien und man daher aus der Verschiedenheit keine weitreichenden Schlüsse ziehen könne. Dem wird man jedoch entgegenhalten müssen, daß die Vorstellungen und Normen der biblischen Literatur, würden sie in Geltung stehen, sich in irgendeiner Weise in der Lebenspraxis und folglich auch in den Gebrauchstexten des alltäglichen Lebens, insbesondere solchen des religiösen Lebens und der Kultpraxis, widerspiegeln müßten. Das ist jedoch, wie gezeigt, nicht der Fall. Außerdem haben sich unter den

Papyri von Elephantine nicht nur Gebrauchstexte, sondern auch zwei literarische Texte gefunden, die sich von der Gattung her durchaus mit der biblischen Literatur messen können.

Was die persönliche Lebensführung und ihre Vergleichbarkeit mit den Ansprüchen der biblischen Literatur anbelangt, so sei nur auf die gemeinsame Gottesverehrung hingewiesen. In Ägypten wie in Palästina stand außer Frage, daß Jahu/Jhwh der höchste Gott, der »Gott des Himmels«, sei. Doch daneben wurden eben auch andere Gottheiten oder göttliche Wesen im Umkreis Jahus verehrt, und auch der Kontakt zu den Göttern anderer Völker gestaltete sich recht ungezwungen.

Ein typisches Schicksal ist das der Mib/ptachja, der Tochter eines gelegentlich als »Aramäer von Syene« bezeichneten Juden von Elephantine. Sie trägt einen jüdischen Namen, der soviel wie »(mein) Vetrauen ist Jah« bedeutet und an Ps 40,5 oder 71,5 erinnert. Doch das »Vertrauen auf Jhwh« dürfte auch unabhängig von der biblischen Überlieferung zum Wesen der israelitisch-judäischen Jhwh-Religion gehört haben. Aus ihrem Familienarchiv, das sich über drei Generationen erstreckt, geht hervor, daß sie mehrere Male verheiratet war: in erster Ehe mit einem Juden bzw. »Judäer« namens Jezanja, dem der Schwiegervater außer seiner Tochter auch ein Haus vermachte;[26] anschließend offenbar mit einem Ägypter, dem Baumeister Pia, Sohn des Pahi, von dem sie sich aber wieder scheiden ließ, wobei sie anläßlich der Teilung des Vermögens einen Eid auf die ägyptische Göttin Sati ablegte;[27] in dritter Ehe war sie wieder mit einem Ägypter, ebenfalls einem königlichen Baumeister mit Namen Eshor, Sohn des Seha, verheira-

---

[26] TAD B 2.3–4.
[27] TAD B 2.8.

tet, doch ihre Söhne werden weiterhin als Judäer von Elephantine bzw. Aramäer von Syene geführt.[28] Das Schicksal der Mibtachja läßt darauf schließen, daß die Grenzen aufgrund persönlicher und ökonomischer Verbindungen wohl auch in religiöser Hinsicht fließend waren. Das bedeutet aber nicht, daß die Judäer auf Elephantine ihre Identität aufgegeben und dem Synkretismus anheimgefallen wären. Nur ist ihre judäische (oder jüdische) Identität eben nicht dieselbe, die wir aus der biblischen Literatur kennen.

Auf Elephantine las und studierte man eben auch nicht Tag und Nacht die Tora. In Gebrauch war vielmehr eine andere Literatur: zum einen die aramäische Fassung der Behistuninschrift des Königs Dareios I., eine Königsinschrift mit historischem Inhalt und propagandistischem Zweck; zum anderen die »Worte des Ahiqar«, eine Weisheitsschrift bestehend aus einer spannenden Legende über den Weisen Ahiqar und einer Sammlung von Proverbien.[29] Die Ahiqar-Schrift entspricht eher den Vorstufen dessen, was in die biblische Weisheitsliteratur Eingang gefunden hat und hier theologisch gedeutet und überarbeitet wurde. Dieser Vorgang ist im Tobitbuch, einer Schrift des griechischen Alten Testaments, die auf ein semitisches Original zurückgeht und in Qumran sowohl in einer hebräischen als auch in aramäischen Handschriften bezeugt ist, mit Händen zu greifen.[30] Hier hat sich eine jüdische Version des weit verbreiteten Stoffs erhalten, in der der weise Ahiqar ganz vom biblischen Judentum vereinnahmt worden und zu einem Mitglied des Stammes Naftali mutiert ist.[31]

---

[28] TAD B 2.6; 2.9; 2.11.
[29] TAD C 1.1 sowie TUAT III, 320–347; JSHRZ.NF 2/2 (Ahiqar) und TAD C 2.1 (Behistun). Vgl. dazu Kratz, *Mille Aḥiqar*.
[30] WAGNER; JSHRZ II/6, 871 ff.
[31] Tob 1,21–22; 2,10; 11,19 (GII 11,18); 14,10; dazu Küchler 1979, 319–413.

Der genaue Fundort der beiden Literaturwerke ist leider nicht bekannt, doch spricht manches, nicht zuletzt die Rezeption des Ahiqar-Stoffes im Tobitbuch, dafür, daß sie von den Judäern auf Elephantine gelesen und in einem ihrer Archive aufbewahrt wurden. Die Behistuninschrift sollte die Angehörigen der judäischen Kolonie zur Loyalität gegenüber dem persischen König anhalten. Sie unterstützte damit die Judäer in ihrer Haltung, die diese in dem Bittschreiben für den Wiederaufbau ihres Tempels und an verschiedenen anderen Stellen in der Korrespondenz mit den staatlichen Stellen zum Ausdruck brachten. Das Schicksal des Ahiqar, der am Hof des assyrischen Königs Dienst tut (wie Daniel in Dan 1–6 an dem des babylonischen, Ester an dem des persischen Königs) und durch glückliche Fügung allerlei Intrigen übersteht, war dazu geeignet, als Beispiel für den Lohn der Loyalität zu dienen und zusammen mit den weisheitlichen Lehren das Vertrauen in die göttliche Ordnung und gerechte Lenkung der Welt zu begründen. Aus beiden literarischen Werken konnte und sollte man – gut weisheitlich – lernen, Gott und den König zu fürchten (Spr 24,21). Der Gedanke, nur Gott allein und seinem Wort zu gehorchen oder in allen Dingen der Tora des Mose zu folgen, war dieser Literatur noch fremd.

Inwiefern diese Situation eine Ausnahme darstellt oder für das Judentum der nachstaatlichen Zeit in Palästina und der übrigen Diaspora repräsentativ ist, geht aus den Verhältnissen auf Elephantine allein nicht hervor. Allerdings wird man mit in Betracht ziehen müssen, daß die hier gefundenen Texte so ziemlich die gesamte Bandbreite des öffentlichen und privaten Lebens bis hin zur »schönen Literatur« abdecken und damit fest in die allgemein üblichen sozialen Strukturen der herrschenden kulturellen und politischen Verhältnisse eingebunden sind. Diese Einbindung der Situation auf Elephantine in den kulturellen und politischen Kontext der altorientalischen Welt um 400 v. Chr. spricht eher für die Vergleichbarkeit oder gar Analogie mit dem Judentum außerhalb Elephantines als für die auf die biblische Literatur, besonders das Zeugnis von Esra–Nehemia gestützte Annahme, daß es sich um eine Ausnahme von der Regel handele.

Die soziale Einbindung der Archive von Elephantine in den kulturellen und politischen Kontext ihrer Zeit geht nicht zuletzt aus dem vielfältigen personellen Beziehungsgeflecht der offiziellen Korrespondenz hervor. Hier sind neben den politischen Autoritäten (König, Satrap, Statthalter) die – teils namentlich erwähnten – Schreiber mit verschiedenen Zuständigkeitsbereichen sowie diverse andere Berufsstände genannt: Militärs verschiedenen Rangs, Richter (*dyn*), Präfekten (*sgn*), Priester (*khn*, für die ägyptischen Priester *kmr*).[32] Insbesondere die Schreiber waren in fast alle Belange der persischen Reichs- und Tempelverwaltung einbezogen und nahmen auf den verschiedenen Ebenen des achämenidischen Reiches diplomatische (innen- und außenpolitische), notarielle und fiskalische Aufgaben wahr. Darüber hinaus verbindet sich mit dem Berufsstand seit jeher die Pflege von Wissen und Literatur. Die Schreiber waren, je nachdem, in welchem Rang und in welcher Sparte sie arbeiteten, mit den verschiedenen Wissensbeständen der priesterlichen, rechtlichen und insbesondere der weisheitlichen Traditionen bestens vertraut. Sowohl für die politische wie für die gelehrte Aufgabe des Schreibers gibt die Gestalt des Ahiqar ein anschauliches Beispiel ab, das den Judäern auf Elephantine, aber wohl nicht nur ihnen, literarisch wie in der Realität vor Augen gestanden haben dürfte.

Für die judäische Kolonie waren die Priester des Gottes Jahu unter Führung Jedanjas verantwortlich, der in der amtlichen Korrespondenz häufiger gennant ist und darum in der

---

[32] Vgl. Kratz 2004a, 93–119.

Forschung dem offiziellen »Archiv« der Kolonie seinen Namen gegeben hat.³³ Als Adressaten der Tempelbau-Korrespondenz treten Sanballat, der Statthalter der Provinz Samaria, und seine beiden Söhne Delaja und Schelemja, ferner Bagohi, der Statthalter von Juda, Jehohanan, der gerade amtierende Hohepriester von Jerusalem, und seine (Priester-)Kollegen sowie Ostanes, der Bruder des Anani, und die »Noblen der Judäer« bzw. »die Noblen von Juda« in Erscheinung.

Von besonderem Interesse ist die Leitungsstruktur, die hier wie dort zwei gleichberechtigte Führungseliten vorsieht: den Hohepriester und seine Kollegen sowie ein Gremium von hochgestellten Laien. Bemerkenswert ist auch der Einfluß, den die Judäer von Elephantine den beiden Provinzen und ihren Führungsorganen in der Regelung der eigenen Angelegenheiten einräumten und zutrauten. Offenbar fühlte man sich vor allem den »Brüdern« in Juda verbunden. So fällt auf, daß sich die Juden von Elephantine an die Statthalter beider Provinzen sowie an die Priester und führenden Laien in Jerusalem, nicht aber, soweit wir wissen, auch an die Priester am Heiligtum auf dem Garizim wandten. Die Korrespondenz erweckt nicht den Eindruck, als habe man den Kontakt zum ersten Mal gesucht. Jedenfalls sahen die Judäer von Elephantine keinen Anlaß, sich und ihre Einrichtungen vor den Jerusalemern zu verstecken. Ganz offen reden sie von der bisher üblichen Opferpraxis, die Brand- und Speiseopfer umfaßte, und haben von den Jerusalemern – von der Sache mit den Brandopfern vielleicht abgesehen³⁴ – weder direkt noch auf dem Umweg über die Statthalter von Juda und Samaria ernsthaften Widerspruch erfahren.

---

[33] TAD A 4.1–10, zur Tempelbaukorrespondenz s. o. Anm. 9; zur Problematik der Rekonstruktion der »Archive« von Elephantine vgl. Kottsieper 2013.

[34] S. o. Anm. 15.

Für eine enge Verbindung zwischen den Judäern von Elephantine mit den Judäern außerhalb Ägyptens spricht auch die Mission des Gesandten Hananja.[35] Er ist gewissermaßen der lebende Beweis dafür, daß die Verhältnisse auf Elephantine für einige, wenn nicht weite Teile des damaligen Judentums tatsächlich repräsentativ sind. Obwohl Hananja aus Juda, vielleicht sogar der babylonischen Gola stammte und hier – dem üblichen Bild zufolge – dem biblischen Judentum der nachstaatlichen Zeit angehört haben müßte, nennt er die so ganz unbiblischen Judäer von Elephantine ohne irgendwelche Vorbehalte seine »Brüder«. Daraus lassen sich zwei Schlüsse ziehen: Zum einen befand sich das Judentum von Elephantine keineswegs am Ende der Welt, sondern stand – in der Sache des Tempelbaus wie durch den Gesandten Hananja – in Kontakt zu den judäischen Brüdern außerhalb Ägyptens. Zum anderen dürften sich die Juden im Mutterland, d.h. die Jhwh-Verehrer in Juda und Samaria, die gegen ihre unbiblischen Brüder auf Elephantine, soweit zu sehen, nichts einzuwenden hatten, von ihnen auch nicht wesentlich unterschieden haben.

Daß diese Schlußfolgerungen nicht völlig abwegig sind, zeigt der Vergleich mit der biblischen Darstellung der nachexilischen Restauration. Denn die biblische Überlieferung setzt auch für Juda exakt diejenigen Zustände voraus, die auf Elephantine herrschten. Besonders aufschlußreich ist in dieser Hinsicht die Episode Neh 13,15–22, die Durchsetzung des Arbeitsverbots am Sabbat durch Nehemia. Nicht nur, daß sich die vorausgesetzten Verhältnisse, der Handel am Sabbat mit Fisch und anderen Waren, in Juda und auf Elephantine aufs Haar gleichen. Auch die Rolle Nehemias, dem man Esras rigoroses Engagement für die Einhaltung der Tora des Mose in

---

[35] Vgl. TAD A 4.1 und 4.3; vgl. dazu Kratz 2009a (engl. 2011).

der Frage der Mischehen zur Seite stellen kann, spricht Bände. Im vorliegenden Text der Hebräischen Bibel sind Nehemia und Esra das Gegenstück zu Hananja: Wirkt er als (religions-)politischer Unterhändler und Vermittler zwischen der persischen Zentralregierung und der judäischen Kolonie, treten sie im Namen Jhwhs auf und setzen mit Unterstützung der persischen Könige seinen Willen durch. Ursprünglich bestand Nehemias Aufgabe jedoch allein in dem Mauerbau in Jerusalem und entsprach damit ziemlich genau der Mission Hananjas, der für die judäische Kolonie auf Elephantine wohl den Status einer »judäischen Garnison« erwirkt hat. Es scheint, als habe es auch in der nachstaatlichen Zeit, der Epoche des Zweiten Tempels, noch eine gewisse Weile gebraucht, bis sich das biblische Judentum durchgesetzt und es sich herumgesprochen hatte, daß es neben Jerusalem (oder dem Berg Garizim) keine andere Kultstätte für Jhwh und neben Jhwh keine »anderen Götter« in Israel mehr geben durfte.

2. Al-Jahudu

Der Befund von Elephantine um 400 v. Chr. weist große Ähnlichkeiten zur Situation der Judäer im babylonischen Exil im späten 6. und 5. Jahrhundert v. Chr. auf. Hierüber unterrichtet uns neues keilschriftliches Material aus drei kürzlich entdeckten Archiven von ländlichen Regionen Mesopotamiens. Auf dieses Material wurde in den Fußnoten schon verschiedentlich verwiesen. Mittlerweile ist der erste von zwei Bänden, in denen die Dokumente vollständig publiziert werden, erschienen. Sie werden hier nach der von den Herausgeberinnen Laurie Pearce und Cornelia Wunsch vorgeschlagenen Abkürzungen zitiert. Die Publikation erlaubt, einen ersten Blick auf das Material zu werfen und es in der zweiten Auflage dieses Buches in einem eigenen, hinzugefügten Kapitel zu berücksichtigen.[36]

Die Texte kommen aus privaten Sammlungen und wurden auf dem Antiquitätenmarkt erworben. Wir wissen daher nicht, wo und unter welchen Umständen sie gefunden wurden. Anfänglich dachte man an die Gegend von Borsippa, die Herausgeberinnen vermuten jedoch, gestützt auf die geographischen Angaben in den Texten, eher die Region östlich und süd-östlich von Babylon: »beyond the city of Nippur, delimited to the east by the river Tigris and to the south by the marshlands« (CUSAS, 7). Das Material verteilen sie auf drei Gruppen oder »Archive«: 1) Texte aus *ālu ša yāḫūdaia* (»town of the Judeans«) bzw. *āl-yāḫūdu* (»Judahtown«); 2) Texte aus *ālu ša ᵐNašar* (»town of Nashar«); 3) Texte des Archives des *Zababa-šar-uṣur* (Zšu), benannt nach der Person, die als Hauptakteur in ihnen erscheint. Die Datierungen der Dokumente umfassen den Zeitraum von 572–477 v. Chr., d.h. die gesamte Epoche des babylonischen Exils bis tief in die persische Zeit unter Dareios I. (522–486 v.Chr.) und Xerxes I. (486–465 v. Chr.).

In den drei Archiven begegnen, wie in den zeitlich anschließenden Dokumenten aus dem Archiv der Familie Muraschu in der Nähe von Nippur, ungewöhnlich viele hebräische Namen. Anders als in den Muraschu-Dokumenten kommen die Judäer aber nicht nur am Rande als Zeugen vor,

---

[36] CUSAS (= C); BaAr (= B). Cornelia Wunsch hat mir freundlicherweise Einblick in die der einschlägigen Texte des noch nicht erschienenen zweiten Bandes (BaAr) gewährt. Hierfür wie für viele wertvolle Hinweise zu diesem Kapitel sei ihr herzlich gedankt. An Literatur ist zu berücksichtigen: Joannès/Lemaire 1996; 1999; Abraham 2004–5; 2007; 2011; Lambert 2007; Pearce 2006; 2011; 2014; Wunsch 2013; über Judäer in Babylonien im allgemeinen: Beaulieu 2011; Zadok 2014; Waerzeggers 2014; Bloch 2014; Stökl und Waerzeggers 2015; zum Muraschu-Archiv die Hinweise in Pearce 2014, 167f Anm. 7.

sondern sind die Akteure der in den Texten dokumentierten Vorgänge. Die meisten hebräischen Namen begegnen in den Texten aus Al-Jahudu, einer Siedlung, die mehrheitlich von Judäern bewohnt wurde. Hier lebten sie mit anderen westsemitischen Bevölkerungsgruppen und Babyloniern zusammen und unterhielten mit ihnen geschäftliche oder private Beziehungen. Wie in den Papyri von Elephantine sehen wir auf der einen Seite ein klares Bewußtsein der eigenen, judäischen Identität, auf der anderen Seite die Akkulturation in die bestehenden babylonischen Verhältnisse.

Ebenso wie auf Elephantine wird die ethnische Gruppe als »Judäer« (*yāḫūdaia*), ihre Siedlung dementsprechend als »Stadt der Judäer« (C 1; B 1) oder kurz »Judahtown« bezeichnet. Der Name »Israel« kommt auch hier in keinem der erhaltenen Dokumente vor. Die Identität drückt sich vor allem in der Namengebung aus. Signifikant ist das theophore Element »Jhwh«, akkadisch *yāḫû*- oder -*yāma* (teils mit, teils ohne Determinativ für »Gott« geschrieben), wie in Yāḫû-natan (Jonathan) oder Natan-Yāma (Natanja), was beides »Jhwh hat gegeben« heißt. Daneben gab es auch Judäer mit babylonischen Namen, doch läßt sich deren ethnische Identität nur in besonderen Fällen feststellen. Ein solcher Fall ist gegeben, wenn ein und dieselbe Person zwei Namen trägt, so, wie der Sohn des Nubâ, ein Gläubiger, der sowohl Bel-šar-uṣur (C 2–3) als auch Yāḫû-šar-uṣur (C 4) heißt, d.h. sowohl nach Bel-Marduk, der Hauptgottheit Babylons, als auch nach dem Gott der Judäer, Jhwh, benannt ist. In einem anderen Fall (C 77) tragen zwei Brüder unterschiedliche Namen, der eine heißt nach dem babylonischen Gott Nabu (Nabû-aḫ-uṣur), der andere nach Jhwh (Aqabi-Yāma); da auch der Vater der beiden einen Jhwh-haltigen Namen trägt, ist anzunehmen, daß es sich um Judäer handelt. In wieder einem anderen Fall (C 40) trägt der Vater einen gut babylonischen Namen (Nabû-eṭir), der Sohn jedoch möglicherweise einen judäischen (Iššûa). Darf man die Namengebung bis zu einem gewissen Grad als Ausweis der religiösen Überzeugung verstehen, waren die Judäer von Al-Jahudu zweifellos Jhwh-Verehrer, die jedoch auch den Göttern ihrer babylonischen Umgebung Respekt zollten oder sogar huldigten.

Darüber hinaus zeigen die Judäer von Al-Jahudu keinerlei Scheu oder Abneigung, mit Nachbarn oder Bewohnern nahegelegener Ortschaften Umgang zu pflegen, die babylonischer Herkunft waren oder anderen Ethnien angehörten. Auf deren Identität weisen wiederum die Namen mit theophorem Element babylonischer Götter (vorzugsweise Nabu und Bel-Marduk) und westsemitischer Gottheiten (vorzugsweise Amurru und Bethel). Die Träger westsemitischer Namen waren nicht in dem von Judäern bevölkerten Al-Jahudu, sondern in den benachbarten Orten ansässig, was ebenso wie die starke Präsenz des Gottes Bethel an die Situation von Elephantine und Syene erinnert. Auch eine ägyptische Volksgruppe mit ägyptischen Namen und dem Gentilizium »Ägypter« (^{lú}*miṣrāia*) kann in den babylonischen Texten identifiziert werden, mit der die Judäer geschäftliche Beziehungen unterhielten (C 27 und 46; vgl. auch B 42). Dasselbe gilt für Personen mit iranischen (C 9) oder arabischen Namen (C 31). Nachdem die Perser Babylon eingenommen hatten, lebten auch die Babylonier ebenso wie die Judäer und andere westsemitische Ethnien unter fremder Herrschaft. Doch da die Perser an den Verwaltungsstrukturen wenig änderten, blieben die Babylonier sozial, ökonomisch und kulturell die führende Schicht.

Der Kontakt mit den einheimischen Babyloniern zeigt sich in den gemischten Zeugenlisten, in denen judäische neben babylonischen Namen aufgeführt sind, in langjährigen Geschäftsbeziehungen mit Babyloniern (C 6) sowie vor allem in der Präsenz der namentlich genannten Schreiber der Dokumente von Al-Jahudu und den benachbarten Orten. Die Schreiber tragen alle babylonische Namen, schreiben in Keilschrift und bedienen sich der üblichen babylonischen Formulare von Geschäftsdokumenten. Auch bei Geschäften unter Judäern wird babylonisches Recht angewendet (C 5; B 13). Doch scheint es auf der professionellen Ebene der Schreiber auch zu einem gegenseitigen Austausch gekommen zu sein. Leider ist der volle Name des *sepiru* (»Übersetzer-Schreiber«, »alphabetic scribe«) nicht erhalten, dessen Filiation auf westsemitische Herkunft schließen läßt und der als Geschäftspartner auftaucht (C 1). In anderen Dokumenten ist in Beischriften am Rand der Tafel die Alphabetschrift belegt, die entweder von den babylonischen oder von westsemitischen Schreibern angebracht wurde. Meistens ist sie in den weichen Ton eingedrückt, in einem Fall wurde sie mit Tinte auf der bereits getrockneten Tafel nachgetragen. Es handelt sich um Archivvermerke in aramäischer Quadratschrift, die das Dokument (*šṭr*) einem Namen zuordnen (C 40–42; 53; 71B; 102, vielleicht auch C 37 und 52; ferner B 1; J9). Die Dokumente stammen alle aus persicher Zeit (seit Dareios I.). In einer Urkunde, datiert auf das 6. Jahr des Königs Nabonid (549 v. Chr.), ist die Beischrift (noch) in paläohebräischer Schrift geschrieben (C 10).

Die Art der Geschäfte, die in den Texten dokumentiert werden, spiegelt das Lehnswesen in den ländlichen Regionen Babyloniens, das nach dem »land-for-service« Modell funktioniert. Wir erhalten Einblick in eine Fülle von wirtschaftlichen Aktivitäten, besonders die Verteilung und Verwaltung von Land, die Arbeitsorganisation, das Kreditwesen und den Warenverkehr (einschließlich des Sklavenhandels). Die Judäer und Angehörigen anderer Ethnien dienten nicht nur als Fronarbeiter, sondern waren an den Geschäften selbst beteiligt. Manche stiegen zu regional und überregional operierenden Geschäftsleuten und höher gestellten Beamten auf. Drei solcher Geschäftsleute lernen wir in den drei Archiven kennen: den Judäer Ahiqam in Al-Jahudu und seine Familie, die sich über vier Generationen verfolgen läßt; ferner Ahiqar, Sohn des Rimut, in der »Stadt des Nashar", dessen Name westsemitischer Herkunft ist, dessen Frau einen babylonischen (B J9) und dessen Sohn einen judäischen (jahwistischen) Namen trägt (B 27); schließlich Zababa-šar-uṣur, nach dem das dritte Archiv benannt ist und der weitläufige Geschäftsbeziehungen unterhielt, hauptsächlich in der Gegend der Stadt Bît-Abī-râm, aber auch darüber hinaus. Letzterer repräsentiert diejenige Klasse königlicher Beamter, unter denen die beiden ersten, Ahiqam und Ahiqar, ihre Güter auf lokaler Ebene verwalteten und – mit etwas Glück – über die Jahre vermehrten.

Das Land, das die Judäer über mehrere Generationen in Erbpacht bestellten, hieß die »jüdäischen Felder« (C 24–25), war jedoch königliches Land, das ihnen zugeteilt war und der Verwaltung von höheren, königlichen Beamten in Babylonien unterstand (C 14–15; B 12). Die Judäer hatten dabei dieselben Rechte und Pflichten wie die Babylonier, die unter sich Geschäfte abwickelten, gelegentlich mit Judäern unter den Zeugen (C 47–51; B 2). Für eine Zuteilung mußten sie das Land bewirtschaften, Steuern entrichten und Militärdienst leisten. Auf lokaler Ebene wurde die Bewirtschaftung und Verwaltung der Parzellen von Landsleuten wie Ahiqam oder Ahiqar koordiniert, woraus sich ein lukrativer Geschäftszweig entwickelte. Sie sammelten die Erträge ein und gaben sie an den nächst höheren Beamten weiter, der seinerseits dem Statthalter der Provinz »Jenseits des Flusses« (Transeuphratene) verantwortlich war (C 16–18; vgl. auch B 39).

Vermutlich erbte Ahiqam das Geschäft schon von seinem Vater (C 7–8) und gab es an seine Söhne weiter (C 24–27; 45; B 15–16). Auch im Falle von Ahiqar, Sohn des Rimut, waren Vater und Sohn in die Geschäfte involviert (B 55 und 57; B 20–22). Aus ihrer unternehmerischen Tätigkeit erklären sich die rechtlichen Streitigkeiten, in die sie gelegentlich verwickelt waren (C 16 und 27; B 11 und 27), und der Kontakt zu höheren Stellen bis hin zu Geschäftsverbindungen nach Babylon (C 44 und 45; B 5). Doch die überregionalen Beziehungen waren die Ausnahme. Das Leben der Judäer spielte sich innerhalb und manchmal auch zwischen den nahegelegenen Ortschaften, aus denen die drei Archive stammen (C 65; 83; 96), ab, fern der großen Zentren Sippar, Babylon oder Nippur und unberührt von den dort spürbaren politischen Turbulenzen am Übergang von der babylonischen zur persischen Herrschaft (C 102; 83 u.ö.) sowie den Königswechseln unter Dareios (C 74–76; 100 und 49; 50; 86) und Xerxes (C 51).

Anders als Elephantine war Al-Jahudu keine Militärkolonie. Dennoch mußten die Siedler im Rahmen des »land-forsercive« Modells die Corvée für die babylonischen und persischen Herren leisten, was auch den Militärdienst umfaßte und nur durch Ersatzzahlung in Silber zu umgehen war (B 4; J9). Daraus entwickelte sich ein eigener Geschäftszweig, in dem Ahiqam (C 41) und Ahiqar aktiv waren (C 86 und 91). Als Eintreiber der Ersatzzahlungen (dêkû) wurden Judäer aus Al-Jahudu eingesetzt (C 12 und 83; B J9). Auch in diesem Bereich kam es also zu mannigfaltigen Berührungen zwischen den Jhwh-Verehrern aus Juda und Angehörigen anderer Ethnien sowie den einheimischen Babyloniern.

Ein Heiratsvertrag aus Al-Jahudu (Abraham 2005–6 = B A1) zeigt, daß es neben den geschäftlichen und militärischen Berührungen auch zu privaten Bindungen zwischen den verschiedenen Bevölkerungsgruppen, d.h. zu Mischehen, kam.

Der Vertrag folgt dem babylonischen Formular und wird selbstverständlich unter Anrufung der babylonischen Götter, Marduk und Zarpanitu sowie Nabu als Garanten gegen Vertragsbruch, geschlossen. Der Gott Nabu dient auch in einer merkwürdigen Tafel als Garant, die Cornelia Wunsch überzeugend als die Beglaubigung eines babylonischen Schreibers für ein von ihm einst verfaßtes, aber verloren gegangenes, von Judäern bezeugtes Testament eines judäischen Vaters für seine Tochter interpretiert hat (B 3). Der Ehevertrag zwischen Ahiqar, Sohn des Rimut, und seiner Frau Bunnanitu (B J9) könnte eine weitere Mischehe besiegelt haben.

Angesichts dieser Belege scheint es wenig wahrscheinlich, daß die Judäer von Al-Jahudu in ihrem babylonischen Exil die Warnungen des Mose (Ex 34) oder des Deuteronomims (Dtn 7), das der König Josia wiederentdeckt und in Juda wiedereingeführt haben soll (2Kön 22–23), oder die Reformen Esras (Esr 9–10) gegen Mischehen als Wurzel des Götzendienstes beherzigt haben. Offenbar haben sie es eher mit dem Propheten Jeremia gehalten, der – der biblischen Tradition zufolge – seinen Landsleuten empfahl, sich in Babylon einzurichten, Häuser zu bauen, Gärten zu pflanzen, die Töchter und Söhne zu verheiraten und für den Frieden der Stadt Babylon zu beten (Jer 29,4–7). Nur sind sie länger als die »siebzig Jahre« geblieben (Jer 29,10–14). Wie es aussieht, scheinen sie ihr Leben nicht als derart katastrophal, wie von Mose angekündigt (Dtn 28,64–67), empfunden und dementsprechend Tag und Nacht auf eine Rückkehr gehofft zu haben – obwohl diese vielleicht möglich gewesen wäre, wie das Beispiel der syrischen Familie von Nayrab lehrt (Stökl und Waerzeggers 2015, 59–93).

Betrachtet man die Dokumente von Al-Jahudu und der anderen Archive für sich, stellt sich allerdings die Frage, ob die Judäer im babylonischen Exil die Warnungen des Mose oder die biblischen Propheten überhaupt schon kannten. Anders als in Elephantine sind aus Al-Jahudu keinerlei Zeugnisse über das religiöse Leben, einen Tempel oder sonstige kultische Einrichtungen, Priester, Feiertage oder den häuslichen Kult erhalten geblieben. Auch über Literatur, Werke wie die »Worte des Ahiqar« oder die Behistuninschrift auf Elephantine, ist nichts bekannt. Das bedeutet nicht, daß es in Al-Jahudu oder an anderen Orten im babylonischen Exil dies alles nicht gegeben habe. Nur wissen wir darüber nichts.

Um mehr zu erfahren, hat man eine Verbindung zwischen den Judäern von Al-Jahudu und dem Propheten Ezechiel vermutet, der sich der biblischen Tradition zufolge seit Beginn des babylonischen Exils im Jahre 597 v. Chr. unter den Weggeführten in Tel Aviv am Fluß Chebar im Land der Chaldäer aufgehalten haben und dort seine Visionen und Weissagungen empfangen haben soll (Ez 1,1.3; 3,16). Der Fluß Chebar wird meist in der Region von Nippur lokalisiert, derselben Gegend, in der die Herausgeberinnen Al-Jahudu und die anderen Orte, die in den babylonischen Dokumenten genannt werden, suchen. Zwei Texte aus dem Archiv Muraschu, ein Dokument aus dem Archiv des *Zababa-šar-uṣur* sowie ein undatierter Brief aus Uruk, die den Fluss Chebar und Ortschaften an diesem Fluss erwähnen, scheinen die Lokalisierung wie auch die Verbindung zu Ezechiel zu bestätigen (Pearce 2014, 171.179–184). Die Al-Jahudu Texe erscheinen so nachgerade als der geographische und ökonomische Hintergrund für die Prophetie Ezechiels, ganz gleich ob dieser Al-Jahudu einst besucht hat oder nicht. Da sein Buch ein paar akkadische Lehnwörter aufweist, hat man sogar angenommen, daß er mit der Ausbildung der babylonischen Schreiber vertraut gewesen sei. Die Kenntnis der akkadischen Begriffe werfe zumindest die Frage auf, »whether Ezekiel, or the author of the book known by that name, enjoyed a degree of familiarity with the Babylonian scribal curriculum and scholarly traditions because of his direct experience with the elementary and intermediate levels of cuneiform scribal education.« (Pearce 2014, 183).

Die historische Kombination ist natürlich äußerst verführerisch, doch ebenso kühn wie unbeweisbar. Die datierten Belege für den Fluß Chebar stammen allesamt aus persischer und nicht aus babylonischer Zeit. Ob es sich immer um ein und dieselbe Ortschaft oder auch ein und denselben Fluss Chebar handelt, ist nicht sicher. Vor allem wissen wir nicht, wann und ob überhaupt Ezechiel in Babylonien war, ob Tel Aviv am Fluß Chebar mit einem der Orte in den babylonischen Dokumenten identisch ist, zu welcher Zeit das Buch Ezechiel entstanden ist, an welche Adressaten es sich richtet, ob es die Judäer von Al-Jahudu kennt oder umgekehrt die Judäer von Al-Jahudu das Buch Ezechiel oder sonst irgendeines der biblischen Bücher kannten. Dasselbe gilt von Jeremia, der bis 586 v. Chr. gewirkt haben soll und den Untergang Babylons verkündete (Jer 50–51), sowie dem Propheten mit dem Kunstnamen »Deuterojesaja« (Jes 40–55 oder 40–66), den die Forschung in spätbabylonische oder frühpersische Zeit datiert, oder andere Überlieferungen wie das deuteronomistische Geschichtswerk (Dtn–Kön) oder die Priesterschrift im Pentateuch, die manche in Babylon lokalisieren.

Alle diese Schriften mögen die judäischen Siedlungen im babylonischen Exil im Blick haben, doch ob die Botschaften der biblischen Bücher dort auch angekommen sind und bekannt waren, ist ungewiß und geht aus den erhaltenen authentischen Dokumenten nicht hervor. Falls die Judäer von Al-Jahudu und an anderen Orten davon erfahren haben sollten, werden sie sich allerdings sehr gewundert haben, zum einen darüber, daß sie in der biblischen Tradition als »Israel« und nicht auf ihre Identität als Judäer angesprochen werden, an der sie ebenso wie die Kolonie auf Elephantine festhielten, und zum anderen wohl auch darüber, daß sie in der biblischen Literatur auf weite Strecken, besonders im Buch Ezechiel, der Sünde bezichtigt werden, die sie ins babylonische Exil gebracht hätte. Mit dem »ersten Jahr des Kyrus« in Babylon waren die »siebzig Jahre«, in denen sich die Exulanten nach Jer 29 in Babylonien einrichten sollten, abgelaufen (2Chr 26; Esr 1). Die Familie des Ahiqam und die anderen Judäer von Al-Jahudu lebten jedoch weiter als sei nichts geschehen.

3. Qumran

Rund 200 Jahre liegen zwischen den Papyri von Elephantine und den Handschriften vom Toten Meer, die um die Mitte des 20. Jahrhunderts nahe der Siedlung Hirbet Qumran und in ihrer Umgebung entdeckt wurden und mittlerweile vollständig publiziert sind.[37] Die Handschriften vom Toten Meer geben uns zum ersten Mal einen authentischen Einblick in das Leben und Denken einer jüdischen Gemeinschaft, die sich der biblischen Literatur – im Sinne des Wortes – verschrieben hat. Diese Gemeinschaft repräsentiert das biblische Judentum, das sich, nicht zuletzt dank der griechischen Übersetzung der biblischen Schriften, im Laufe der hellenistischen Zeit allmählich ausgebreitet und am Ende durchgesetzt hat.

Die abenteuerliche Fundgeschichte der Texte vom Toten Meer ist schon oft beschrieben worden. Den Anfang soll ein Hirtenjunge gemacht haben, der eine entlaufene Ziege suchte

---

[37] DJD; DSSP; DSSR; DSSSE; in dt. Übersetzung MAIER A und B; LOHSE; STEUDEL; eine Übersicht über sämtliche Texte bietet E. Tov in DJD 39 und Ders. 2010. Vgl. dazu die allgemein verständlichen Einführungen von Stegemann 2007 und VanderKam 1998 und 2010; zu einzelnen Schriften und Themen Schiffman/VanderKam 2000; zum Schriftenbestand Popovic 2012; zur Forschung Dimant 2012.

oder – hier gehen die Versionen auseinander – gerne Steine in verborgene Höhlen warf und dabei auf Tonkrüge mit geheimnisvollen Schriftrollen stieß. Danach entspann sich ein Wettlauf zwischen den ansässigen Beduinen und den Archäologen, bei dem man zwischen 1947 und 1956 am nördlichen Westende des Toten Meeres nahe der Siedlung Hirbet Qumran auf insgesamt elf Höhlen stieß, die Fragmente hebräischer, aramäischer und sogar einiger weniger griechischer Handschriften auf Leder oder Papyrus enthielten. Auch in der Umgebung von Qumran bis hin nach Masada wurden solche Fragmente gefunden. Schon bald stellte sich heraus, daß es sich um den wohl spektakulärsten Fund jüdischer Handschriften des 20. Jahrhunderts handelte. Die Handschriften wurden, so nimmt man heute aufgrund von Paläographie und naturwissenschaftlichen Messungen an, um die Zeitenwende zwischen ca. 250 v.Chr bis 150 n. Chr. geschrieben und bezeugen Texte, die teilweise um einiges älter sind. In der Forschung werden sie nach dem Fundort und mit einer Nummer bzw. einem Kürzel für den Titel bezeichnet (z. B. 1QJes[a] für die Handschrift a des Jesajabuches aus Höhle 1 von Qumran; 1Q8 = 1QJes[b] für die Handschrift b des Jesajabuches aus Höhle 1 von Qumran). Darauf folgt die Zählung von Fragment, Kolumne und Zeile.

In den elf Höhlen von Qumran und den benachbarten Fundorten wurden im wesentlichen drei Gruppen von Texten gefunden:

Eine Gruppe umfaßt die Handschriften biblischer Bücher – die ältesten, die wir kennen.[38] Bis vor 60 Jahren kannten wir den Text der Hebräischen Bibel lediglich aus Handschriften des Mittelalters und konnten nur aufgrund indirekter Bezeugung auf ein höheres Alter schließen. Die Funde vom

---
[38] Vgl. Lange 2009.

Toten Meer haben diese Schlußfolgerung bestätigt und führen ganz nahe an die Entstehung des Alten Testaments in vorchristlicher Zeit heran. Bibelhandschriften wurden sowohl in den Höhlen von Qumran als auch an den anderen Fundorten entdeckt.

Des weiteren befinden sich unter den Texten vom Toten Meer Abschriften ursprünglich hebräisch oder aramäisch verfaßter Schriften, die man bisher nur in antiken Übersetzungen, d.h. aus zweiter und dritter Hand, oder gar nicht kannte. Man nennt sie Apokryphen und Pseudepigraphen, Bücher, die – wie Luther so schön sagt – »der Heiligen Schrift nicht gleich zu halten und doch nützlich und gut zu lesen sind«. Einige dieser Schriften, wie etwa das Buch des Ben Sira oder das Tobitbuch, findet man im Anhang der Lutherbibel oder in römisch-katholischen Bibelausgaben, da sie zum Kanon der römisch-katholischen und der orthodoxen Kirchen gehören. Andere, wie das Jubiläenbuch oder die Sammlung der Henochbücher, gehören zum Kanon orientalischer Nationalkirchen, d.h. der syrischen, äthiopischen oder koptischen Kirche, und wurden auf diesem Wege überliefert. Wieder andere, wie die Jeremia- oder Ezechiel-Apokrypha oder Pseudo-Daniel, waren bis vor sechzig Jahren, als Reste davon in den Höhlen am Toten Meer entdeckt wurden, völlig unbekannt. Diese Gruppe von Texten wurde ausschließlich in den Höhlen von Qumran und in Masada gefunden.[39]

Die dritte Gruppe umfaßt die Schriften derjenigen Gemeinschaft, die uns in den Texten selbst entgegentritt. Der Einfachheit halber nenne ich sie nach dem Fundort der Texte »die Gemeinschaft von Qumran«, womit jedoch keine Aussage über die Herkunft oder historische Lokalisierung ge-

---

[39] Ausgaben s. o. Anm. 36; für QS, QD, QM und Qp vgl. bes. DSSP, für QH die Ausgabe in DJD 40.

macht werden soll. Prominente Beispiele dieser Textgruppe sind die Regeln für die Organisation und das Zusammenleben der Gemeinschaft, die Gemeinderegel *Serekh ha-Jachad* (QS) und ihr Seitenstück, die Gemeinschaftsregel *Serekh ha-'Eda* (1QSa), sowie die Damaskusschrift (QD), ferner eine Sammlung von Gebeten, *Hodajot* (QH), die Beschreibung eines heiligen, endzeitlichen Kriegs mit dem Titel *Serekh ha-Milchama* (QM) und nicht zuletzt die Kommentare zu den biblischen Propheten, die *Pescharim* (Qp), deren Bezeichnung sich von der in den Kommentaren gebrauchten Formel *pischro* »seine Deutung« herleitet.[40] Auch diese Texte waren – mit Ausnahme der Damaskusschrift, von der sich vorher schon eine mittelalterliche Abschrift in der Geniza der Synagoge von Alt-Kairo gefunden hatte – bis dahin völlig unbekannt. Und auch sie wurden ausschließlich in den Höhlen von Qumran und in Masada gefunden. Sie geben Einblick in das Leben und Denken der religiösen Gruppierung, die vermutlich nicht nur für die qumranischen Schriften im engeren Sinne, sondern auch für die Überlieferung der anderen Texte verantwortlich war und die Texte in den Höhlen am Toten Meer deponiert hat.

Eine weitere, vierte Gruppe von Texten stellen Wirtschafts- und Verwaltungstexte sowie Briefe aus verschiedenen Epochen und in verschiedenen Sprachen dar, die sich fast ausschließlich in den benachbarten Fundorten (Ketef Jericho, Wadi Murabba'at, Nahal Hever, Masada u. a.), vereinzelt aber auch in den Höhlen von Qumran oder in der Siedlung Hirbet Qumran (Ostraka) gefunden haben.[41] Inwieweit die Gebrauchstexte, sofern sie derselben Epoche angehören, mit den

---

[40] Die großen, gut erhaltenen Texte sind in LOHSE und STEUDEL leicht zugänglich.

[41] Vgl. TUAT.NF 1, 270–278; dazu auch Lange 2003, 1891–1894.

drei anderen Textgruppen zusammenhängen, ist noch nicht untersucht, aber auch schwer zu sagen. Man wird jedoch nicht ausschließen können, daß manche Dokumente des täglichen Lebens auch von Mitgliedern der Gemeinschaft von Qumran stammen.

Wer war diese Gemeinschaft und woher kommen die vielen Handschriften so vieler verschiedener Werke? Darüber ist in der Forschung viel gerätselt worden.[42] Die einen meinen, es handele sich um die Bibliothek der Gemeinschaft von Qumran, die zumindest zeitweise und partiell in der Siedlung Hirbet Qumran, in deren unmittelbarer Nähe die Höhlen mit den Handschriften liegen, ansässig gewesen sei und hier die Handschriften hergestellt und beschrieben habe. Andere denken an die Bestände der Tempelbibliothek in Jerusalem. Wieder andere schließen von den mehreren Abschriften ein und desselben Werkes darauf, daß sie vorher an verschiedenen Orten im Land und möglicherweise auch von verschiedenen Gruppen gebraucht und erst sekundär in den Höhlen am Toten Meer zusammengetragen worden seien.

Mit einiger Sicherheit kann man sagen, daß nicht alle Handschriften in der Siedlung Hirbet Qumran entstanden sind, da einige Handschriften zweifellos älter sind als die Gründung oder Nutzung der Siedlung durch die Gemeinschaft von Qumran. Wahrscheinlich ist auch, daß die Handschriften wohl sekundär in den Höhlen abgelegt wurden, um sie vor den heranrückenden Heeren der Römer im 1. Jahrhundert n. Chr. zu verbergen. Alles Weitere hängt von der historischen Frage ab, wer die Gemeinschaft, die uns in den Texten begegnet, war und ob man einen Zusammenhang zwischen den Handschriften in den Höhlen, der in den Texten bezeugten Gemeinschaft und der archäologischen Siedlung Hirbet

---

[42] Vgl. zu der Frage Lange 2006.

Qumran annehmen darf. Doch auch hierzu wissen wir leider sehr viel weniger, als man lange Zeit zu wissen glaubte.

Anfänglich schien es nämlich so, als könne man die Gemeinschaft von Qumran mit einer der uns bekannten religiösen Parteien des antiken Judentums in hellenistisch-römischer Zeit identifizieren. Vier solcher Parteien sind aus dem Neuen Testament bekannt: die Priesterkaste der Sadduzäer, die Schriftgelehrten und Lehrer der Tora, die Pharisäer, die Gruppe der Widerstandskämpfer gegen die römische Fremdherrschaft, die Zeloten, und, nicht zu vergessen, die Anhänger Jesu und frühen Christen, die aus der Bewegung Johannes des Täufers hervorgegangen sind. Daneben ist bei dem jüdischen Historiker Flavius Josephus und in anderen antiken Quellen noch von einer weiteren Gruppe die Rede: den Essenern.[43] Über sie wird berichtet, daß sie sich durch eine Art biblischen Fundamentalismus und eine entsprechend fromme, radikale Lebensweise auszeichneten, die sich strikt nach den Geboten des jüdischen Gesetzes richtete und noch allerlei andere Besonderheiten aufwies.

Aufgrund mancher Berührungspunkte in den Lebensformen und Auffassungen zwischen den Texten vom Toten Meer und den Berichten der antiken Historiker kam die Forschung zu dem Schluß, daß es sich bei der Gemeinschaft von Qumran und den Essenern um ein und dieselbe Gruppe handeln müsse. Dazu stimmte auch die von Plinius dem Älteren und Dion Chrysostomos berichtete Ansiedlung von Essenern am nördlichen Westufer des Toten Meeres, die einen Zusammenhang mit den Höhlen und der Siedlung Hirbet Qumran als so gut wie sicher erscheinen ließ. Doch sowohl die Identifizierung mit den Essenern als auch die Verbindung mit der Siedlung kann nicht einfach vorausgesetzt werden. Beides fand

---

[43] S. o. *Geschichte* III 2.

schon in den Anfangsjahren der Qumranforschung seine Kritiker und ist heute wieder höchst umstritten. Aus diesem Grund empfiehlt es sich, die Texte zunächst für sich zu betrachten und sich so ein Bild von der Gemeinschaft, von der sie handeln, zu machen. Anschließend kann man dieses Bild mit den Berichten der antiken Historiographen über die Essener und mit der archäologischen Situation der Siedlung vergleichen und gegebenenfalls in Beziehung setzen.

Um sich ein Bild zu machen, ist vor allem die dritte Textgruppe, die Schriften der Gemeinschaft von Qumran, heranzuziehen. In ihren eigenen Schriften bezeichnet sich die Gemeinschaft selbst als *ha-Jachad*, was auf Hebräisch nichts anderes als »die Gemeinschaft« heißt. Sie hatte sich von anderen Teilen des damaligen Judentums abgespalten und nahm für sich in Anspruch, das wahre Israel zu repräsentieren. Die Abspaltung könnte bereits gegen Ende des dritten oder Anfang des zweiten Jahrhunderts v. Chr. ihren Anfang genommen haben. Sie war in sozialen und religiösen Verwerfungen begründet, die die Hellenisierung des Judentums mit sich brachte.[44] Die Verwerfungen sind schon im späten Alten Testament in der Unterscheidung zwischen Gerechten und Frevlern zu greifen. Kurz und einprägsam ist dieser Gegensatz im ersten der biblischen Psalmen formuliert: »Wohl dem, der nicht wandelt im Rat der Gottlosen noch tritt auf den Weg der Sünder noch sitzt im Kreis der Spötter, sondern seine Lust hat am Gesetz des Herrn und sinnt über seinem Gesetz Tag und Nacht« (Ps 1,1–2). Daran knüpft die älteste Fassung der Gemeinderegel *Serekh ha-Jachad* an, die in 1QS V–VII enthalten ist. In diesem Werk geben sich »die Männer der Gemeinschaft« eine eigene Ordnung, um »umzukehren von allem Bösen und festzuhalten an allem, was er nach seinem Willen

---

[44] S. o. *Geschichte* III 2.

geboten hat, um sich von der Versammlung der Männer des Unrechts zu trennen und eine Gemeinschaft zu bilden in der Tora und im Besitz« (1QS V,1–2).

Mit der Zeit scheint die Gemeinschaft, die nach der Art hellenistischer Vereine organisiert war, stetig gewachsen zu sein und hat sich, wie ihren diversen Ordnungen in QS und QD zu entnehmen ist, auf verschiedene Orte im Land verteilt. Die Regeln ihres Zusammenlebens wurden in mehreren Auflagen den neuen Verhältnissen angepaßt und immer weiter ausdifferenziert.[45] Hier geben sich die Gemeinschaft und ihre Ableger strenge Aufnahme- und Ausschlußregeln, sind hierarchisch gegliedert in leitende Ämter und verschiedene Klassen von Mitgliedern und schreiben ihren Mitgliedern unter Androhung von Sanktionen genauestens vor, wie sie zu leben haben. Die Ordnungen weisen zeitliche und regionale Unterschiede auf und nähern sich je länger desto mehr dem biblischen, besonders im Buch Numeri formulierten Ideal des Volkes Israel als eines Heerlagers und einer von Priestern dominierten Gemeinde.

Die Ausdifferenzierung der Ordnungen zog die Ausbildung einer immer weiter ausgefeilten, formal wie inhaltlich an der biblischen Rechtsüberlieferung (Tora) orientierten Gesetzesauslegung (*Halacha*) nach sich. So führt ein mehr oder weniger geradliniger Weg von dem ältesten Gesetzeskorpus im Alten Testament, dem sogenannten Bundesbuch in Ex 20–23, seiner Rezeption und Auslegung im Buch Deuteronomium und im sogenannten Heiligkeitsgesetz Lev 17–26, zu den Regeln im sogenannten *Penal Code* (1QS VI–VII) und seiner Fortschreibung in den Ordnungen von QS und QD.[46]

---

[45] Vgl. die verschiedenen Fassungen von QS und QD in DSSP 1–3; dazu Metso 1997; Hempel 1998.

[46] Vgl. Kratz 2011c; Steudel 2012.

Eindrücklichstes Beispiel der im Zuge dessen entwickelten *Halacha* ist ein in mehreren Abschriften erhaltener Lehrbrief eines unbekannten Autors, der im Namen einer Wir-Gruppe spricht, an einen anonymen Adressaten. In diesem Brief werden »einige Werke der Tora« (*Miqtsat Ma'aseh ha-Tora*, 4QMMT), d. h. Fälle der Gesetzesauslegung vor allem zu Fragen der Reinheit behandelt, wozu es unterschiedliche Lehrmeinungen gab.[47]

Neben dem Studium und der Praxis der Tora hat die Gemeinschaft von Qumran auch eine eigene Gebetsüberlieferung hervorgebracht. Sie diente vermutlich als Ersatz für den Opferkult am Jerusalemer Tempel, von dem sich die Gemeinschaft innerlich und äußerlich distanziert hatte. Vorbild war der Psalter, der unter den Texten vom Toten Meer in zahlreichen Handschriften vertreten ist, darunter einer (11Q5 = 11QPs[a]), die etwa das letzte Drittel des Psalters (Ps 100–150) umfaßt, die einzelnen Psalmen aber teilweise in einer anderen Reihenfolge bietet und darüber hinaus zusätzliche Textstücke enthält.[48] Im Stile der Psalmen sind die »Danklieder« *Hodajot* (QH), eine Sammlung von individuellen Hymnen und Gebeten, gehalten.[49] Sie beginnen regelmäßig mit »Ich danke dir, Herr« oder »Gepriesen seist du, Herr« und handeln von Nöten und tiefer Verzweiflung des Beters, seiner Rettung sowie der Erkenntnis und Erleuchtung, die ihm widerfahren sind.

Doch sind die Lieder nicht alle gleich. Einige tragen mehr individuellen, andere mehr kollektiven Charakter. Anhand dieser und anderer Merkmale hat man in der Forschung zwischen Liedern des »Lehrers der Gerechtigkeit« und Liedern der Gemeinde unterschieden. Doch ist von dem »Lehrer« in

---

[47] DJD 10; vgl. dazu Kratz 2006.
[48] Vgl. zu den Psalmen- und Psalterhandschriften umfassend Jain 2012; zu 11QPs[a] auch Kratz 2011b.
[49] DJD 40; dazu Jeremias 1963; Lohfink 1990; Newsom 2004.

den *Hodajot* nirgends ausdrücklich die Rede. Das betende »Ich« dürfte vielmehr überall das fromme Ich meinen, mit dem sich jedes Mitglied der Gemeinschaft identifizieren konnte. Die inhaltlichen Unterschiede erklären sich vielleicht aus dem unterschiedlichen Rang der Mitglieder oder den verschiedenen Stadien der Erkenntnis, die ein Mitglied der Gemeinschaft erreichen konnte. Außerdem ist die Sammlung kaum einheitlich, sondern dürfte Lieder aus verschiedenen Phasen der Gemeinschaft enthalten. Je spekulativer und lehrhafter die Lieder sind, desto jünger scheinen sie zu sein.

Die Verbindung von Gesetz und Gebet zeigt sich in den Liedern selbst. Die Erkenntnis des Beters, die Gott ihm gewährt, zielt auf das rechte Verständnis der Tora und die Zugehörigkeit zur Gemeinschaft von Qumran in Abgrenzung gegen die »Feinde«, die die Tora verachten oder falsch auslegen und die Mitglieder der Gemeinschaft verfolgen. Dementsprechend ist an eine der Gemeindeordnungen, die das Leben der Gemeinschaft nach den Vorschriften der Tora regeln, ein Hymnus im Stil der *Hodajot* angefügt worden (1QS X–XI), um deutlich zu machen, daß das Leben nach der Tora und den Regeln der Gemeinschaft sowie das persönliche Gebet und Gotteslob zwei Seiten ein und derselben Medaille sind. Hierin folgen die Texte einem Konzept, das sich schon in der Schlußfassung des biblischen Psalters beobachten läßt, der von Ps 1 (Tora) und Ps 150 (universales Gotteslob) gerahmt und durch vier Doxologien (Ps 41,14; 72,18–19; 89,53; 106,48) wie die Tora in fünf »Bücher« eingeteilt ist.[50]

Toragehorsam und Gebet stehen, wie gesagt, für ein Leben vor Gott, das sich vom täglichen Kult am Jerusalemer Tempel abgewandt hat. Das bedeutet aber nicht, daß der Tempelkult als solcher abgelehnt würde. Im Gegenteil: Zahlreiche kalen-

---

[50] Vgl. Kratz 2004a, 280–311.

darische und liturgische Texte lassen vermuten, daß man an der genauen Berechnung und Einhaltung der Fest- und Gebetszeiten großes Interesse hatte, auch wenn wir über die kultischen Vollzüge in der Gemeinschaft selbst nur wenig erfahren. Genauestens informiert werden wir hingegen darüber, wie man sich – vermutlich ebenfalls als Kompensation für den realen Tempelkult, vielleicht auch als letzten Ausweg aus den Wirren der realen Welt überhaupt – den Gottesdienst der Engel im Himmel vorgestellt hat. Eine regelrechte Liturgie, die von Göttlichen, Heiligen und Geistern vollzogen wird, bieten die sogenannten Sabbatopferlieder *Schirot 'Olat ha-Schabbat* (ShirShabb), die in mehreren Exemplaren fragmentarisch erhalten sind und den Lobpreis der himmlischen Heerscharen vor ihrem König, dem höchsten und einzigen Gott, wiedergeben.[51] Ähnlich wie in den Ordnungen und der Gesetzesliteratur (1QSa) zeigt sich auch in der liturgischen Überlieferung eine zunehmende Tendenz zur Isolierung der Gemeinschaft, die sich als Gemeinschaft der Heiligen verstand und daher lieber mit den Engeln im Himmel als mit ihren Zeitgenossen Umgang pflegte.

Das Selbstverständnis als wahres Israel zeigt sich auch in der Rezeption und Aneignung des biblischen Geschichtsbildes. An einigen Stellen, besonders im Eingang der Damaskusschrift (CD I–VIII), aber auch in dem als Bundeserneuerungsfest stilisierten Aufnahmeritual von 1QS I–III, zeichnet die Gemeinschaft ihre eigene Geschichte in das biblische Geschichtsbild vom Bund Gottes mit Israel ein und macht auf diese Weise deutlich, daß die heilige Geschichte auf sie zuläuft und in ihr – und nicht etwa in den Heerscharen von Priestern und Leviten am Zweiten Tempel (Chronik, Esra–Nehemia) oder in den Makkabäern und Hasmonäern (1–2 Makkabäer)

---

[51] Vgl. Newsom 1985 sowie die Neubearbeitung in DSSP 4B.

– ihre legitime Fortsetzung findet. Mit dieser Geschichtsdeutung geht die zunehmende Angleichung der Gemeindeordnungen und der Gesetzesauslegung an die biblische Überlieferung Hand in Hand.

In allen drei bisher besprochenen Bereichen der gesetzlichen, liturgischen und historischen Überlieferung fällt auf, daß mit der Angleichung an die biblische Überlieferung Gegner der Gemeinschaft eine immer größere Rolle spielen. Wie es scheint, ist es innerhalb der Gemeinschaft zu Lehrstreitigkeiten und einer Spaltung gekommen. In der Damaskusschrift und anderen Texten, besonders den Kommentaren zu den Propheten (*Pescharim*), wird diese innere Spaltung mit einer Figur in Verbindung gebracht, die in den Texten »Lehrer der Gerechtigkeit« heißt und an der sich die Geister schieden.[52] Ob es sich dabei um eine historische Figur – meist denkt man an einen aus dem Amt vertriebenen Hohepriester zwischen Alkimos (gest. 159 v. Chr.) und dem Makkabäer Jonatan, der 152 v. Chr. das Amt an sich riß – oder um eine als Gründer und Lehrer stilisierte oder gar fiktive Gestalt handelt, ist unklar. Als Gegner des Lehrers treten in den Texten ein »Lügenmann« und ein »Frevelpriester« auf, deren Identität ebenfalls nicht bekannt ist. Die Texte benutzen für beides nur Chiffren.

Ebenfalls in Chiffren, die allerdings leichter zu dechiffrieren sind, reden die Texte davon, daß die Gemeinschaft auch in Auseinandersetzung mit anderen Gruppen verwickelt war.[53] Als Hauptgegner werden in den biblischen Metaphern »Efraim und Manasse« die (Proto-)Pharisäer und (Proto-)Saddzuäer genannt, die sich nach dem erfolgreichen Aufstand

---

[52] Jeremias 1963.
[53] Einschlägig sind der Geschichtsrückblick in CD I–VIII sowie die Hinweise in den *Pescharim* zu Habakuk (1QpHab), Nahum (4QpNah) und Psalmen (4QpPs); vgl. die Texte bei LOHSE sowie in DSSP 6B.

der Makkabäer gegen die Parteigänger Antiochos' IV. im hasmonäischen Königtum am Tempel zu Jerusalem eingerichtet hatten. Es steht zu vermuten, daß die inneren und äußeren Kämpfe etwas miteinander zu tun hatten und mit den Turbulenzen unter Antiochos IV. und ihrem Ausgang in Zusammenhang standen. Sie setzten demnach wohl in der zweiten Hälfte des 2. Jahrhunderts v. Chr. ein und zogen sich bis in das 1. Jahrhundert v. Chr. hin.

Im Zuge dieser inneren und äußeren Auseinandersetzungen gewannen für die Gemeinschaft von Qumran außer der Tora auch die Bücher der Propheten eine zentrale Bedeutung. Die Gemeinschaft entwickelte ein ausgeprägtes eschatologisches Selbstverständnis und wähnte sich selbst in der letzten Zeit, am »Ende der Tage«, da sich die Weissagungen der Propheten erfüllen sollten, Gott Gericht über die Frevler halten und die Gerechten retten würde. Daß sich die Mitglieder der Gemeinschaft zu den Gerechten zählten, versteht sich von selbst. Um sich selbst und ihre Situation zu begreifen, vertieften sie sich in die biblische und parabiblische (apokryphe und pseudepigraphe, apokalyptische) Literatur und leiteten daraus ihre eigenen Anschauungen ab.

So entstanden Werke, in denen weisheitlich geprägte, kosmologische Spekulationen über die göttliche Ordnung der Welt angestellt oder der endzeitliche Kampf der guten mit den bösen Geistern im Himmel wie auf Erden beschrieben werden. In die Gemeindeordnung *Serekh ha-Jachad* wurde die sogenannte Zwei-Geister-Lehre eingeschrieben (1QS III–IV), die den Gegensatz zwischen Gerechten und Frevlern auf zwei kosmische Prinzipien zurückführt, den Geist der Wahrheit aus der Quelle des Lichts und den Geist des Frevels aus der Quelle der Finsternis, die von Gott vor allem Anfang geschaffen und in die Herzen der Menschen eingepflanzt wurden. Unter der Führung der Fürsten des Lichts und der Finsternis regiert dieser Gegensatz die Welt und bestimmt das Tun der Menschen, bis Gott zur festgesetzten Zeit der Heimsuchung einschreitet, Finsternis und Frevel für immer vernichtet und dem Licht und der Wahrheit für immer zum Durchbruch verhilft. Wie dieser Kampf des Guten und des Bösen im Verhältnis zu den äußeren Feinden der Gemeinschaft aussieht, ist in der Kriegsregel *Serekh ha-Milchama* (QM) dargestellt. Im Kern handelt es sich um eine Darstellung des Krieges, den die als Heerlager organisierte heilige Gemeinde Israels gegen ihre Feinde führt. In den jüngeren Partien des Werkes kommen die aus dem Buch Daniel bekannten Völkerengel hinzu, die den Kampf, der auf der Erde tobt, im Himmel austragen und entscheiden.

Neben den kosmologischen und eschatologischen Spekulationen begann die Gemeinschaft damit, die heilige Geschichte bis zum »Ende der Tage« weiterzudenken und ihren eigenen Standort in dem Geschehen zu bestimmen. Außer der biblischen Geschichte in der Tora und den Vorderen Propheten spielten dabei die Hinteren Propheten, d. h. die prophetischen Bücher einschließlich des Buches Daniel und der – als Prophetie aufgefaßten – Psalmen Davids, eine entscheidende Rolle. Hiervon zeugen die vielen Abschriften der biblischen Prophetenbücher, die Zitate aus den Propheten, die prophetischen Apokryphen sowie die Auslegung der Propheten in thematischen *Midraschim* und den *Pescharim*.[54]

Die *Pescharim* sind die frühesten Kommentare biblischer Bücher, die wir kennen. Vers für Vers oder Abschnitt für Abschnitt wird ein Prophetenbuch – besonders gut erhalten sind die *Pescharim* zu Habakuk und Nahum – zitiert und nach der Formel *pischro ʿal* »Seine Deutung bezieht sich auf« (o. ä.) aus-

---

[54] Vgl. DSSP 6B und dazu Steudel 1994; Kratz 2011a, 99 ff. 243 ff. 359 ff; Ders. 2013b.

II. Zwischen Elephantine und Qumran 227

gelegt. Die Auslegung bezieht die Aussagen der Propheten (und Psalmen) auf die Gemeinschaft und ihre Auseinandersetzungen mit ihren inneren und äußeren Feinden, d.h. mit Abtrünnigen, Pharisäern, Sadduzäern, Seleukiden oder Römern. Die zeitgeschichtlichen Erfahrungen der Gemeinschaft werden in biblischen Metaphern und mit biblischen Zitaten beschrieben und so in die heilige Geschichte eingezeichnet. Diese läuft damit nicht nur auf die Gemeinschaft von Qumran, sondern auf »das Ende der Tage« und das endgültige Gericht zu, in dem der Gegensatz zwischen Gerechten und Frevlern aufgehoben und für immer beseitigt wird.

Doch die Gemeinschaft von Qumran hat dieses Gericht am »Ende der Tage«, auf das sie so sehr hoffte, nicht erlebt. Obwohl sie sich nicht aktiv an den jüdischen Aufständen der Jahre 66-74 und 132-135 n.Chr. beteiligte, fiel sie der römischen Legion, die das Westufer des Toten Meeres überzog und die Aufstände niederschlug, zum Opfer. Um ihre heiligen Schriften vor der Vernichtung zu schützen, verbargen die Mitglieder der Gemeinschaft sie in den Höhlen von Qumran und Umgebung, wo sie – von zwei Gelegenheitsfunden in der Antike abgesehen – rund 2000 Jahre lagen und leider arg verfaulten, bis sie in der Mitte des 20. Jahrhunderts wiederentdeckt wurden.

Nach dem Durchgang durch die wichtigsten Schriften der Gemeinschaft selbst, wollen wir noch einmal auf die historische Frage zurückkommen. Wie schon diese Übersicht zeigt und eine detaillierte Betrachtung einzelner Themen der Organisation, Lebens- und Denkweise noch deutlicher zeigen würde, gibt es zweifellos Berührungspunkte der Texte der Gemeinschaft mit den Berichten antiker Historiker über die Gruppe der Essener wie auch mit archäologischen Einzelfunden in der Siedlung Hirbet Qumran. Die kompromißlose Verpflichtung gegenüber dem Gesetz und eine entsprechend radikale Lebensweise, bestimmte Prüfungsverfahren und Aufnahmerituale für die Mitglieder, der schroffe Dualismus, der göttliche Determinismus und die Deutung der Propheten und ihrer Offenbarungen auf die eigene Zeit – all dies sind charakteristische Merkmale, die auch in den antiken Beschreibungen der Essener vorkommen. Somit ist eine Verbindung nicht auszuschließen.

Wie der Durchgang durch die einschlägigen Texte aber auch zeigt, ist die Gemeinschaft von Qumran keineswegs ein erratischer Block gewesen, sondern hat eine Geschichte durchlaufen. Bewußt habe ich keine allzu genauen Daten genannt, sondern mich auf eine (grobe) relative Chronologie beschränkt, die sich aus der literarhistorischen Analyse der Texte ergibt. Demzufolge wird man sagen können, daß die Gemeinschaft von Qumran in bestimmten, vor allem in den späten Phasen ihrer Geschichte durchaus mit der Gruppe der Essener identisch oder in manchem zum Verwechseln ähnlich und mit ihr verwandt gewesen sein mag. Auch daß die Gemeinschaft oder eher Teile von ihr zeitweise die Siedlung Hirbet Qumran bewohnt und genutzt haben, wird man angesichts der Nähe der Höhlen zur Siedlung und aufgrund archäologischer Indizien, vor allem der Keramik, nur schwer in Abrede stellen können.[55] Doch darüber hinaus ist mit mehreren Ansiedlungen oder Standorten der Gemeinschaft zu rechnen, die ihr je eigenes lokales Gepräge hatten und sich auch mit der Zeit veränderten.

Bei den Texten in den Höhlen wird man daher am ehesten an eine Sammlung aus verschiedenen Ablegern der Gemeinschaft in der näheren und ferneren Umgebung zu denken haben. Dies gilt aber nicht nur für die Schriften der Gemeinschaft selbst, sondern wohl ebenso für die Handschriften der

---

[55] Zu den archäologischen Befunden vgl. Magness 2002.

biblischen und parabiblischen Literatur. Daß auch diese Literatur in der Gemeinschaft von Qumran überliefert wurde, geht zum einen aus ihrer literarischen Benutzung in den Schriften der Gemeinschaft hervor. Die Aufnahme biblischer Schriften als Referenzgröße ist in allen Bereichen der gesetzlichen, liturgischen, geschichtlichen, weisheitlich-eschatologischen und prophetischen Überlieferung von Qumran mit Händen zu greifen und hat, bezieht man die Ergebnisse der literarhistorischen Analyse mit ein, im Laufe der Zeit immer weiter zugenommen. Zum anderen finden sich auch in biblischen Handschriften selbst gelegentlich Lesespuren der Gemeinschaft, so etwa, wenn in der großen Jesajahandschrift 1QJes[a] in Jes 8,11 das Personalpronomen geändert ist und statt des Propheten die Gemeinschaft vom »Weg dieses Volkes« abgebracht und von Gott auf den rechten Weg gesetzt wird. Im Falle der parabiblischen Schriften ist die Unterscheidung zwischen qumranischen und außerqumranischen Schriften oft schwer, da die Grenzen fließend sind.

Bis auf weiteres wird man also davon ausgehen können, daß auch die Handschriften der biblischen und parabiblischen Literatur in der Gemeinschaft von Qumran (im weiteren Sinne) oder ihrem näheren Umfeld angefertigt, überliefert und gebraucht wurden. Dies deutet auf einen genuinen Zusammenhang der Gemeinschaft von Qumran mit dem biblischen Judentum hin. Auch wenn es noch keinen Kanon heiliger Schriften gab, hatten ausweislich der Zitate und Kommentare die Bücher des späteren hebräischen Kanons zweifellos bereits einen autoritativen Rang inne. Doch standen andere Bücher, wie etwa das Jubiläenbuch oder das Henochbuch, die den Ansichten der Gemeinschaft von Qumran entgegenkamen, ebenfalls in hohem Ansehen. Aber auch Texte, die auf den ersten Blick nicht in das Denken der Gemeinschaft von Qumran zu passen scheinen, wie ein Brontologion (4Q318) oder andere magisch-divinatorische Literatur, wurden aufbewahrt, sei es, daß sie von anderswoher importiert, sei es, daß sie in der Gemeinschaft abgeschrieben wurden. Auch in der biblischen und parabiblischen Literatur findet sich manches, was nicht ohne weiteres den Auffassungen der Gemeinschaft entspricht, und doch ist diese Literatur von der Gemeinschaft in Gänze in Ehren gehalten und rezipiert worden.

Bemerkenswert ist in diesem Zusammenhang, daß die biblischen Bücher nicht nur in hebräischer Sprache, sondern teilweise auch in griechischer Übersetzung überliefert wurden. Reste davon haben sich sowohl in den Höhlen von Qumran als auch in einem benachbarten Flußbett, dem Nahal Hever, gefunden.[56] Dies und die Bezeugung der Bücher des späteren griechischen Kanons und anderer Apokryphen und Pseudepigraphen in ihrer hebräischen oder aramäischen Originalsprache lassen das breite Spektrum der Überlieferung erkennen. Es deuten sich damit Querverbindungen zur Septuaginta und dem biblischen Judentum alexandrinischer Provenienz an. Ob auch die an zwei Fundorten (Murabbaʿat und Masada) entdeckten Fragmente griechischer und lateinischer paganer Literatur damit in Zusammenhang stehen, läßt sich nicht sagen.

Das biblische Judentum, so wird man aus alldem folgern dürfen, ist die Grundlage für die Gemeinschaft von Qumran, doch damit nicht einfach identisch. Qumran repräsentiert vielmehr ein fortgeschrittenes, radikalisiertes Stadium des biblischen Judentums. Was in der jüdischen (oder »judäischen«) Kolonie auf der Nilinsel Elephantine um 400 v. Chr. offensichtlich noch gar keine Rolle spielte, steht hier im Mittelpunkt und dominiert alles andere: die Tora und die übrige

---

[56] Vgl. Lange 2009.

biblische und davon abhängige parabiblische Überlieferung. Dies ist auch mit ein Grund dafür, warum es im Falle von Elephantine sehr viel leichter fällt, den archäologischen und epigraphischen Befund historisch einzuordnen, während man über die historische Gestalt der Gemeinschaft von Qumran und den archäologischen Befund von Hirbet Qumran kaum Aussagen treffen kann und viel spekulieren muß.

Im Falle von Elephantine sind die epigraphischen und literarischen Quellen – bei allen ideologischen oder propagandistischen Tendenzen, die man auch hier in Anschlag bringen muß – historische Dokumente ihrer Zeit. Im Falle der Texte vom Toten Meer haben wir es fast ausschließlich mit literarischen Quellen zu tun, die den Anschluß an die biblische Überlieferung suchen und die eigene Zeit in das biblische Geschichtsbild einzeichnen. Dies macht es schwer, selbst die konkreten Gemeindeordnungen, die am ehesten ein authentisches Bild der Organisation der Gemeinschaft von Qumran widerspiegeln, oder ein Dokument wie die Gratulation an den König Jonatan (4Q448)[57] und die anderen, wenigen Erwähnungen historischer Personen[58] für eine detaillierte historische Rekonstruktion fruchtbar zu machen.

Die beiden Archive auf Elephantine und in Qumran repräsentieren somit zwei sehr unterschiedliche Gestalten des Judentums, das nichtbiblische und das biblische Judentum. Zwischen den beiden bewegt sich die biblische Überlieferung selbst, mit der man drei weitere Orte der Literatur verbindet: der Berg Garizim in Samaria, Jerusalem in Juda und Alexandria in Ägypten. Von diesen Orten haben wir, was die biblische Literatur betrifft, zwar nur indirekte Nachrichten, doch

---

[57] Als Adressat kommen der Makkabäer Jonatan oder der Hasmonäer Alexander Jannaios in Frage; vgl. Steudel 2006.
[58] Demetrios (III.) und Antiochos (IV.) in 4Q169 (4QpNah), Schlomzion (Salome Alexandra) und Hyrkanos (II.) in 4Q322.

können sie möglicherweise weiteren Aufschluß darüber geben, was das nichtbiblische mit dem biblischen Judentum zu tun hat oder, um es historisch zu fassen, wie es vom einen zum anderen gekommen ist.

4. Garizim

»Unsere Väter haben auf diesem Berg angebetet, und ihr sagt, in Jerusalem sei die Stätte, wo man anbeten soll.« Die Frage der Samaritanerin in Joh 4,20 bezieht sich auf den Berg Garizim bei Sichem in der Provinz Samaria, auf dem sich in persischer und hellenistischer Zeit ein Jhwh-Heiligtum befand. Hier hat sich zwar (noch) kein Archiv, wohl aber eine Gruppe von Weihinschriften gefunden, die sich auf dieses Heiligtum beziehen. Des weiteren ist auf dem Berg Garizim bis auf den heutigen Tag die Gemeinschaft der Samaritaner beheimatet, die den samaritanischen Pentateuch als ihre heilige Schrift überliefern. Wann und unter welchen Umständen der Pentateuch unter den samarischen Jhwh-Verehren vom Garizim Fuß faßte und sich die Gemeinschaft der Samaritaner bildete, ist jedoch eine ungelöste Frage. Ihr wollen wir uns so nähern, daß wir die epigraphischen und literarischen Zeugnisse vom Berg Garizim im größeren Kontext der Textfunde aus der gesamten Region des ehemaligen Nordreiches Israel und der Provinz Samaria betrachten. Die Textfunde werden in der Regel für sich behandelt, lohnen aber auch einmal in Beziehung zueinander und zur biblischen Überlieferung gesetzt zu werden, und ergeben so vielleicht eine kumulative Evidenz. Es handelt sich insgesamt um drei Gruppen von Texten: Wirtschafts- und Verwaltungstexte aus der Stadt Samaria und dem Wadi Daliyeh, Inschriften religiösen Inhalts vom Berg Garizim und schließlich der samaritanische Pentateuch.

Die frühesten Zeugnisse aus Samaria, der Hauptstadt des Reiches Israel seit Omri, stammen aus dem 8. Jahrhundert v. Chr.[59] Es handelt sich um rund einhundert beschriftete Tonscherben (Ostraka), die im Fußboden eines Magazins gefunden wurden. Offenbar wurden sie nicht mehr gebraucht und deswegen als Füllschutt zur Planierung des Fußbodens verwendet. Ihre ursprüngliche Verwendung geht aus dem Inhalt der Ostraka hervor. Auf ihnen sind Lieferungen von Wein und Öl aus Distrikten oder Ortschaften in der Umgebung Samarias notiert, zum Beispiel so: »Im neunten Jahr aus QṢH an GDYW ein Krug alten Weins«, »Im zehnten Jahr aus ḤṢRT an GDYW ein Krug gereinigten Öls«, oder so: »Im 15. Jahr aus ḤLQ an ʾSʾ, ʾḤMLK, ḤLṢ aus ḤṢRT.«

Es haben sich Ostraka aus den Jahren 9, 10 und 15 erhalten, von denen die aus den Jahren 9 und 10 demselben, die aus dem Jahr 15 einem etwas anderen Aufbauschema folgen. Die Datierungen beziehen sich vermutlich auf die Regierung eines oder mehrerer Könige, deren Identität als bekannt vorausgesetzt und uns daher verborgen ist. Auch Anlaß und Zweck der Lieferungen wie der Buchführung sind unbekannt. Manche denken an Steuern und Abgaben an den König, andere an die Versorgung des Palastpersonals aus den königlichen Gütern, dem Krongut, oder seitens der Clans, deren Angehörige am Palast Dienst taten.

Von besonderem Interesse sind die Orts- und Personennamen in den Ostraka aus dem Jahr 15. Sie führen in die nähere Umgebung der Stadt Samaria, biblisch gesprochen in das Gebiet des Stammes Manasse. Fast sämtliche Distriktnamen finden sich auch in den Genealogien von Num 26,29–34 und Jos 17,1–3. Hier sind aus den Distriktnamen Personennamen geworden. Ursprünglich ist die geographische Bezeichnung,

---

[59] HAE I, 86 ff.; HTAT, 278–284.

von der sich die Sippenbezeichnung ableitet. Die Personalisierung und genealogische Verknüpfung im Rahmen des Systems der zwölf Stämme Israels ist sicher sekundär und geht auf das Konto der schriftgelehrten biblischen Tradition.

Nach dem Untergang des Königtums im Jahre 722 v. Chr. ist aus dem Nordreich Israel die Provinz Samaria geworden, die zuerst unter assyrischer, anschließend unter babylonischer, persischer, ptolemäischer, seleukidischer und schließlich römischer Herrschaft stand.[60] Aus persischer Zeit haben sich im Wadi Daliyeh, ca. 14km nördlich von Jericho, neben zahlreichen menschlichen Skeletten aramäische Papyri, Tonbullen und Münzen gefunden, die aus dem Umland der Stadt Samaria stammen.[61] Wie das Material an seinen Fundort gelangt ist, wissen wir nicht. Für gewöhnlich denkt man an Flüchtlinge, die nach einem gescheiterten Aufstand gegen Andromachos, den Präfekten Alexanders des Großen in Syrien, die Stadt verlassen haben.[62] Die Papyri sind nicht gut erhalten, lassen sich aber aufgrund des formularhaften Charakters weitgehend restituieren. Sie stammen aus dem 4. Jahrhundert v. Chr., genauer der Zeit von Artaxerxes II. bis Dareios III. (375–332 v. Chr.). Aus derselben Zeit datieren auch die Münzfunde von verschiedenen Orten in der Provinz Samaria.[63]

Bei den Papyri handelt es sich um Privatverträge, die in der Mehrzahl Sklavenverkäufe, aber auch Immobilien-, Darlehens- und Pfandgeschäfte betreffen und in einem Fall viel-

---

[60] S. o. *Geschichte* III 1. Einzelfunde aus assyrischer Zeit vgl. in HTAT, 310–325. Einen Überblick über das epigraphische Material aus Juda und Samaria in der Perserzeit geben Stern 1982; Lemaire 2002b; 2007; Grabbe 2004, 54–69; HTAT, 495–501; zur Ikonographie vgl. Cornelius 2011, zur religionsgeschichtlichen Diskussion Frevel 2013.
[61] Vgl. DJD 24 und 28; DUŠEK A.
[62] Vgl. Kippenberg 1971, 44–47; DUŠEK A, 450f.
[63] MESHORER/QEDAR A und B.

leicht auch das Protokoll eines Rechtsstreits enthalten. Die Tonbullen und Münzen sind vor allem in ikonographischer Hinsicht von Interesse. Die Prägungen weisen verschiedene – ägyptische, mesopotamische, persische und griechische – Motive auf, darunter Darstellungen von Göttern und nackten Männern. Besonders signifikant ist eine Münze, die auf der einen Seite Abbild und Aufschrift des Gottes Zeus, auf der anderen Seite einen Jhwh-haltigen Namen zeigt.[64] Die spätere Umwidmung der beiden dem Gott Jhwh geweihten Tempel auf dem Garizim und in Jerusalem in ein Heiligtum für Zeus unter Antiochos IV. fiel jedenfalls in Samaria auf fruchtbaren Boden.

Ein ähnlich buntes Bild zeigt das Onomastikon, d.h. die Personennamen, die in den Papyri und darüber hinaus inschriftlich belegt sind.[65] Hier finden sich – vor allem unter den Eignern, Vertragspartnern und Sklaven – mehrheitlich israelitisch-judäische Namen mit oder ohne theophores Element (Jhwh oder El), daneben – vor allem unter den Zeugen der Verträge und den Amtsträgern – aber auch eine Fülle aramäischer, phönizischer, edomitischer, akkadischer und persischer Namen. Bei aller Vorsicht, die bei der Interpretation von Personennamen angebracht ist, läßt sich sagen, daß die Situation an die Verhältnisse auf Elephantine erinnert und eine ähnliche historische Konstellation vermuten läßt: das Neben- und Miteinander diverser Ethnien, die im Rahmen der politischen Strukturen des Perserreiches ihre Identität nicht auf ethnischer und religiöser Abgrenzung begründen, sondern – bei Wahrung der eigenen Identität – koexistieren. Von dem Einfluß biblischer Normen auf das alltägliche Leben, etwa in Sachen Sklavenhaltung oder ethnischer Abgrenzung, ist in

---

[64] Lemaire 2002b, 223.
[65] DUŠEK A, 486–495; Lemaire 2002b, 221 f.

den erhaltenen Dokumenten ebenso wenig wie auf Elephantine zu erkennen.

Auch die politische Struktur, die das epigraphische Material widerspiegelt, erinnert an Elephantine, wohin auch direkte historische Kontakte bestanden. Der Name Samaria begegnet in diesem Material sowohl in ausgeschriebener Form (*šmryn/šmrn*) als auch in Abkürzungen, die auf Münzen zu finden sind (*ŠMR, ŠM, ŠN, Š*). Die übergeordnete politische Einheit ist die persische Satrapie Transeuphratene, deren Satrap Mazdaj (Mazaios) mit vollem Namen oder in Abkürzung (*MZ*) genannt ist: »Mazdaj, der über Ebir-nari und Kilikia steht«. Samaria selbst hatte den Status einer Provinz (*šmryn mdyntʾ*) und unterstand einem Provinzstatthalter (*pḥt šmryn/šmrn*). Die gleichnamige Hauptstadt der Provinz Samaria wird als »Festung« (*byrtʾ*) bezeichnet. Die Papyri sind dementsprechend »in der Festung Samaria, die in der Provinz Samaria (liegt)«, ausgefertigt worden. An untergeordneten Ämtern sind auf den Münzen, wie in den Papyri von Elephantine, »Präfekt« (*sgn*) und »Richter« (*dyn*) genannt. Unter den Namen ohne Amtsbezeichnung sind weitere Verwaltungsbeamte mit Prägerecht zu vermuten, darunter vielleicht auch Priester, die sowohl auf Elephantine als auch in der Provinz Juda zur Führungselite einer »Festung« gehörten.

Der direkte historische Kontakt mit der judäischen »Festung Jeb« (Elephantine) ergibt sich durch die Figur des Sanballat, des Statthalters von Samaria, der sowohl in dem epigraphischen Material aus Samaria als auch in den Papyri von Elephantine genannt ist. In beiden Fällen werden auch Söhne des Sanballat erwähnt, die den Vater vertreten oder das Amt von ihm übernommen haben: ein Sohn mit Jhwh-haltigem Namen auf einem der Siegel von Samaria sowie die Söhne Delaja und Schelemja in Elephantine, die, zeitgleich mit Bagohi (Bagoas), dem Statthalter von Juda, in das Verfahren um den

Wiederaufbau des Tempels von Elephantine involviert waren[66] und sich vermutlich auch hinter den Abkürzungen *DL* und *ŠL* auf samarischen Münzen verbergen. In einem der Samaria-Papyri aus dem Jahr 354 v. Chr. ist ferner ein Statthalter namens Hananja genannt. Nimmt man alle Belege zusammen, ergibt sich daraus eine Liste der Statthalter von Samaria, die unter Dareios II. (424–404 v. Chr.) bis Dareios III. (336–331 v. Chr.) amtierten: Sanballat und seine Söhne Delaja, Schelemja und *]*YHW* (= Delajahu?) in der ersten Hälfte, Hananja in der zweiten Hälfte des 4. Jahrhunderts. Die übliche, in Rücksicht auf Nehemia (Neh 2,10.19 u. ö.) und Josephus (Ant XI 7.2, 302–303) vorgenommene Vermehrung der Statthalter durch Verteilung der Belege auf mehrere Personen gleichen Namens hält einer kritischen Prüfung nicht stand und ist im übrigen überflüssig.[67]

Ein weiteres Korpus epigraphischer Zeugnisse aus der Provinz Samaria sind die aramäischen und hebräischen Weihinschriften von dem Heiligtum auf dem Berg Garizim bei Sichem.[68] Sie machen uns mit den Jhwh-Verehrern in der Provinz Samaria bekannt. Nach Meinung der Ausgräber könnten einige dieser Inschriften in das 5. und 4. Jahrhundert v. Chr. zurückreichen, doch stammen sie wohl insgesamt erst aus hellenistischer Zeit, des näheren dem ausgehenden 3. und frühen 2. Jahrhundert v. Chr. Gefunden wurden Inschriften in aramäischer, paläohebräischer, samaritanischer und griechischer Schrift, einige auch in einer Mischung aus aramäischer und paläohebräischer Schrift.[69]

---

[66] TAD A 4.7–8 und A 4.9; s. o. II 1.
[67] Vgl. Kratz 2004a, 93–106; DUŠEK A, 516–549.
[68] MAGEN/MISGAV/TSFANIA; Magen 2008, 227–242; dazu DUŠEK B; De Hemmer Gudme 2013. Die Numerierung folgt der Ausgabe von MAGEN/MISGAV/TSFANIA.
[69] Die aramäischen Inschriften weisen zwei Schrifttypen auf. Magen

Die überwiegende Mehrzahl der Inschriften (Nr. 1–381) ist in aramäischer Schrift und Sprache verfaßt. Die Inschriften folgen mit nur minimalen Abweichungen einem von zwei Formularen. Das Grundformular lautet: »Was dargebracht hat NN, Sohn des NN (aus dem Ort NN) für sich, seine Frau und seine Kinder.« Das andere Formular lautet genauso, endet aber mit der Formel: »... zu gutem Gedächtnis vor Gott an diesem Ort.« Es handelt sich um private, im Namen von Männern und Frauen formulierte Weihinschriften, die ursprünglich auf Steinen des Heiligtums angebracht worden waren. Die Steine wurden anschließend anderweitig verbaut, so daß die Inschriften nicht *in situ* gefunden wurden. Einige Steine weisen Linien für die Schriftführung und Reste von roter Farbe auf, was auf ein professionelles Geschäft mit den Inschriften hindeutet. Ob die Inschrift vor oder nach Einbau der Steine angebracht oder mit den Namen der Spender aufgefüllt wurde, wissen wir nicht, doch ist bei der Menge des Materials die nachträgliche Widmung des bereits in der Mauer des Heiligtums eingebauten Steins wahrscheinlicher. Auch die Funktion ist nicht ganz eindeutig. Das Verbum »darbringen« bezieht sich in der Regel auf Opfer, nicht auf Spenden oder Gedenksteine. In zwei Inschriften (Nr. 147 und 148) ist jedoch »dieser Stein« selbst als Weihgabe erwähnt, womit das Anbringen der Inschrift gemeint sein dürfte. Ansonsten könnte die Inschrift auch auf ein am Tempel dargebrachtes Opfer oder irgendeine andere Gabe Bezug nehmen.

Als Bezeichnung der Gottheit erscheint in den aramäischen Inschriften durchgängig das allgemeine Appelativum ʾælaha' »Gott«. Nur in zwei Inschriften (Nr. 150 und 151) begegnet

---

in MAGEN/MISGAV/TSFANIA und Ders. 2008 unterscheidet zwischen »lapidary« und »proto-Jewish script«, DUŠEK B, 5 spricht (richtiger) von »monumental« und »cursive script«. Die paläohebräische Schrift heißt bei Magen »Neo-Hebrew«.

die Bezeichnung *adonaj* »Herr«, die sich als Aussprache des Gottesnamens Jhwh durchgesetzt hat. Eine der beiden Inschriften (Nr. 150) ist zwar in aramäischer Schrift (»Proto-Jewish« bzw. »cursive«) geschrieben, aber ausnahmsweise in hebräischer Sprache gehalten, wofür ansonsten die paläohebräische Schrift gebraucht wird. Anstelle des Ausdrucks »vor Gott an diesem Ort« heißt es hier »vor Adonaj (dem Herrn) im Heiligtum«.[70]

Das Onomastikon der aramäischen Inschriften besteht mehrheitlich aus hebräischen Namen, darunter vielen mit theophorem, vor allem Jhwh- und El-haltigem Element (Jeho-natan bzw. El-natan, Dela-jahu, Jischma-el usw.). Daneben begegnen aber auch griechische, vereinzelt auch andere Namen persischer, arabischer oder unbekannter Herkunft. Das Bild entspricht dem der sonstigen samarischen und judäischen Inschriften aus hellenistischer Zeit. Einziger Unterschied ist, daß in den Inschriften vom Garizim vereinzelt Berufe oder Titel genannt werden, unter denen der Titel »Priester« (*khn*) dominiert, aber auch politische Titel (Fürst, Satrap, Verwalter) vorkommen.[71] Als Priestername erscheint häufiger Pinchas, der einmal vielleicht sogar als Hohepriester bezeichnet ist, und auf einem Objekt mit paläohebräischer Schrift, vielleicht ein Siegel, Elcasar.[72] Als Herkunftsorte der Spender der Weihinschriften werden Samaria, Sichem und

---

[70] Bei der anderen Inschrift (Nr. 151) könnte es sich genauso verhalten, doch erlaubt der schlechte Erhaltungszustand keine Aussage über die Sprache.

[71] Vgl. »Priester« aramäisch Nr. 24; 25; 389 (aramäisch in aramäisch-paläohebräischer Schrift); hebräisch Nr. 382; 388; die anderen Titel in Nr. 26 und 34.

[72] Vgl. Pinchas Nr. 24; 25; 61; 384; 389; in Nr. 384 »der große«; Eleasar Nr. 390.

andere Ortschaften in der Umgebung des Heiligtums auf dem Garizim genannt.

Auffallend ist, daß sich die Erwähnung von Priestern und die Priesternamen Pinchas und Eleasar in den paläohebräischen Inschriften (Nr. 382–388 und 389) häufen, was die Annahme einer besonderen Beziehung zwischen Berufsstand und Schrift nahelegt. Dazu paßt, daß auch die einzige Erwähnung des Gottesnamens Jhwh wiederum nur in einer paläohebräischen Inschrift begegnet (Nr. 383). Die Herausgeber der Inschriften haben aus diesem Befund auf priesterliche Herkunft der paläohebräischen Inschriften geschlossen, obwohl auch sie dem aramäischen Formular folgen, in einem Fall (Nr. 389) sogar in aramäischer Sprache abgefaßt zu sein scheint und umgekehrt auch aramäische Inschriften den Priester Pinchas (Nr. 24–25; 61) sowie den Namen Eleasar (Nr. 1, vielleicht Nr. 32) bezeugen.[73] Der Befund scheint mir daher weniger auf den Unterschied zwischen Laien und Priestern, sondern auf eine bewußte Hebraisierung oder auch Israelitisierung der üblicherweise in aramäischer Sprache und Schrift geübten Form der Gottes- bzw. Jhwh-Verehrung zu deuten.

Noch einen Schritt weiter in dieselbe Richtung gehen die sehr viel späteren Inschriften in samaritanischer Schrift (Nr. 392–395 und vielleicht Nr. 391), die aus nachchristlicher Zeit stammen. Sie verwenden nicht nur den Gottesnamen Jhwh, sondern zitieren auch das biblische Bekenntnis zum einen Gott in Gestalt des Dekalogs und des *Schᵉmaʿ Jisrael* (»Höre Israel«). Nr. 395 bietet eine Collage von Zitaten aus dem Buch Deuteronomium und folgt in dem Zitat von Dtn 10,17 (»Herr der Herren«) einer Lesart des samaritanischen Pentateuchs.

---

[73] MAGEN/MISGAV/TSFANIA, 253–261.

Zeitlich zwischen den paläohebräischen und samaritanischen Inschriften bewegen sich zwei griechische Inschriften, die auf der Insel Delos gefunden wurden. Sie sprechen von »Israeliten« auf Delos, die »Opfergaben darbringen im/zum (heiligen) Heiligtum auf dem Garizim (*Argarizein*)«.[74] Das Gentilicium »Israeliten« (*oi Israeleitai/Israælitai*) kommt in der Septuaginta, von dem späten Beleg in 4 Makk 18,1 abgesehen, nur im Singular vor. Der Plural ist höchst ungewöhnlich und begegnet, vorbehaltlich weiterer Funde, nur hier für Samarier in der griechischen Diaspora. Mit dem Plural »Israeliten« werden entweder die Nachfahren des ehemaligen Nordreiches oder die Angehörigen des biblischen Volkes Israel (biblisch: »die Söhne Israels«) bezeichnet. Hier wird das Gentilicium von Menschen mit griechischen Namen – Serapion, Sohn des Jason, von Knossos und Menippos, Sohn des Artemidoros, von Herakleion – verwendet, die sich dem Heiligtum auf dem Garizim zugehörig fühlten und von denen der eine auch eine Synagoge (*proseuche*) auf Delos gestiftet hat. Ob die beiden Inschriften und die darin erwähnte (samarische) Synagoge mit dem Gebäude in Zusammenhang stehen, das rund einhundert Meter südlich des Fundortes der Inschriften gelegen ist und von den Archäologen seinerseits als (judische bzw. judäische) Synagoge aus dem 2. Jahrhundert v. Chr. identifiziert wird, ist unklar, aber nicht unwahrscheinlich. Judäische und samarische Jhwh-Verehrer scheinen hier Seite an Seite, wenn nicht im selben Haus ihren höchsten Gott angebetet zu haben.

Die Unterschiede in Schrift, Sprache und Inhalt der samarischen Inschriften werfen die Frage auf, was sie über das Heiligtum auf dem Garizim und die in seiner Umgebung lebende

---

[74] Vgl. Kartveit 2009, 216–225; DUŠEK B, 77–79.

Bevölkerung sowie über die Rolle der biblischen Überlieferung an diesem Heiligtum aussagen.[75]

Beginnen wir mit ersterem, dem Heiligtum und der Bevölkerung. Die Inschriften beziehen sich eindeutig auf ein dem Gott Jhwh geweihtes Heiligtum, das bereits im 5. Jahrhundert v. Chr. gegründet wurde und seither offenbar das zentrale Heiligtum der Jhwh-Verehrer in der Provinz Samaria war. Das Heiligtum erlebte zwei Phasen, von denen Münzfunde zeugen: eine anfängliche Phase unter persischer und ptolemäischer Herrschaft (5.–3. Jahrhundert v. Chr.) und eine zweite Phase unter seleukidischer Herrschaft (2.–1. Jahrhundert v. Chr.), in der es ausgebaut und um den heiligen Bezirk erweitert wurde. Aus dieser Zeit stammt die Masse der Weihinschriften. Nach der Etablierung und Ausdehnung des hasmonäischen Königtums wurde das Heiligtum um 110 v. Chr. von Johannes Hyrkanos I. zerstört.[76] Seither waren die samarischen Jhwh-Verehrer oder »Samaritaner« ihres zentralen Heiligtums und Pilgerzentrums beraubt. Sie haben sich jedoch – wohl nicht zuletzt dank des samaritanischen Pentateuchs, der den Verlust zu kompensieren vermochte und eine ortsungebundene Religionsausübung ermöglichte – als Kultgemeinschaft in der Provinz Samaria und der Diaspora behauptet und in römischer Zeit auch wieder kultische und rechtliche Autonomie erlangt.

Die Zerstörung des Tempels auf dem Garizim wird in der Regel mit dem Streit zwischen Juden und Samaritanern um den legitimen Ort der Jhwh-Verehrung in Zusammenhang gebracht. Sie hatte jedoch eher machtpolitische als religiöse Gründe. Der makkabäische Aufstand und die hasmonäi-

---

[75] Vgl. Becking 2011, 109–117.
[76] Vgl. Magen 2008, bes. 167–180, für die anschließende Geschichte in römischer und byzantinischer Zeit ebd., 234–273.

sche Expansionspolitik richteten sich je länger desto mehr gegen alle, die es mit einer der herrschenden oder potentiellen Fremdmächte der Seleukiden und Ptolemäer hielten. Darunter fielen sowohl die – miteinander verschwägerten – Oniaden und Tobiaden, die verschiedentlich die Seiten wechselten, als auch die Führungseliten auf dem Garizim, die ebenso wie die führenden Eliten in Jerusalem mit den Seleukiden kooperierten. Die religiöse Komponente, d. h. die Frage, welcher der erwählte Ort für die kultische Verehrung Jhwhs sei, dürfte den Hasmonäern als zusätzliches Argument für ihre Expansionspolitik zweifellos willkommen gewesen sein. Bis dahin aber scheint sie politisch keine Rolle gespielt zu haben.

Das archäologische und epigraphische Material läßt von dem religiösen Streitpunkt jedenfalls nichts erkennen. Ihm ist weder ein Sonderstatus des Heiligtums auf dem Garizim noch eine Auseinandersetzung um den richtigen Kultort mit Jerusalem oder irgendeinem anderen Heiligtum zu entnehmen. Weder deutet die Bezeichnung »Gott«, die in den aramäischen Inschriften üblich ist, auf die Verehrung anderer Götter, noch grenzt sich die Bezeichnung des Heiligtums in den Inschriften als »dieser Ort« von einem anderen heiligen Ort ab. Vielmehr geben die Inschriften Zeugnis von einem bedeutenden Heiligtum des Gottes Jhwh für die Jhwh-Verehrer in der Provinz Samaria und der Diaspora, neben dem andere Heiligtümer für Jhwh oder für andere Götter durchaus ihren Platz hatten.

Auch die in den Inschriften erwähnten Namen und Titel lassen keine Besonderheiten erkennen, sondern fügen sich in das Bild, das sich uns aus dem Material von Wadi Daliyeh und den Münzen ergeben hat. Vielleicht darf man sogar eine gewisse Kontinuität in der sozialen Struktur vermuten. Das Onomastikon weist überdurchschnittlich viele Jhwh-haltige Namen auf, was bei der Gattung und dem Fundort der

Weihinschriften auch nicht anders zu erwarten ist. Es sind Jhwh-Verehrer, die in der Provinz Samaria, des näheren in der Umgebung von Sichem, ansässig waren und die Inschriften an dem Heiligtum auf dem Garizim in Auftrag gegeben haben. Das bedeutet aber nicht, daß dort ausschließlich Jhwh-Verehrer lebten. Diese waren vielmehr Teil der ethnischen und religiösen Vielfalt, die uns in dem epigraphischen Material aus Samaria entgegentritt. Auch die Jhwh-Verehrer vom Berg Garizim waren in erster Linie »Samarier« oder auch »Samaritaner« (»Samariter«), was – wie »Judäer« in den Papyri von Elephantine – zunächst nichts anderes als die Zugehörigkeit zur Bevölkerung einer Region oder politischen Einheit bedeutete. Quellensprachlich besteht kein Unterschied zwischen »Samarier« und »Samaritaner« (»Samariter«). Beide Bezeichnungen werden unabhängig von der ethnischen oder religiösen Zugehörigkeit für die aus der Provinz Samaria oder aus der Samaritis stammende Bevölkerung gebraucht.[77]

Die Jhwh-Verehrer vom Berg Garizim waren somit ein genuiner Teil der Bevölkerung Samrias. Eine besondere Nähe oder Vermischung mit den Religionen anderer Ethnien, die in der Provinz Samaria lebten, läßt sich aus den Weihinschriften jedoch ebenso wenig ableiten wie ein Unterschied zu der in Juda geübten Praxis der Jhwh-Verehrung. Die Situation erinnert vielmehr an Elephantine, auch wenn die Quellenlage nicht ganz so ergiebig ist. Anders als im Falle von Elephantine sind uns für die Provinz Samaria keine inschriftlichen Doku-

---

[77] Vgl. Kippenberg 1971, 33 f Anm. 1; präzisierend DUŠEK B, 71 f.79–81, bes. 80 Anm. 153 sowie Kartveit 2009, 220 f für den Befund in den Inschriften aus hellenistischer Zeit. Erst in der jüdischen Überlieferung der römischen Zeit und nur hier werden die beiden Namen im spezifischen Sinne für die religiöse Gemeinschaft der Samaritaner gebraucht und im Sinne von 2 Kön 17,29 gegen sie gewendet.

mente bekannt, die verschiedene Manifestationen des Gottes Jhwh oder göttlicher Figuren neben Jhwh im Rahmen der Jhwh-Verehrung belegen. Auch die praktische Koexistenz mit anderen Ethnien und Religionen im Alltagsleben ist nur indirekt bezeugt.[78] Andererseits wissen wir nicht, wie weit die Annäherung des Jhwh-Glaubens an Zeus oder andere Hochgötter schon ging, die sich in der Ikonographie der Münzen oder dem beliebten Gottestitel »der höchste Gott« abzeichnet und jedenfalls unter Antiochos IV. einen starken Auftrieb erhalten haben muß. Die Umwidmung des Jhwh-Tempels auf dem Garizim in ein Heiligtum für Zeus, von der 2 Makk 6 und Josephus (Ant XII 5) berichten, kann schwerlich ohne Einverständnis und Mitwirkung führender Jhwh-Verehrer vonstatten gegangen sein. Doch auch wenn die Hellenisierung schon fortgeschritten war, wird man den Jhwh-Verehrern in der Provinz Samaria den recchten Glauben ebenowenig absprechen können wie den Jhwh-Verehrern von Elephantine oder in Juda.

Nach allem können wir zwar nicht genau sagen, in welchem historischen Verhältnis die Jhwh-Verehrer in den Weihinschriften vom Garizim zu ihrer unmittelbaren Umgebung

---

[78] Nach Josephus Ant XI 8.6, 344 bezeichneten sich die samaritanischen Sichemiter als »Hebräer«, die auch »Sidonier genannt werden«, nach Ant XII 5.5, 259 und 262 sollen sie sich gegenüber Antiochos IV. aus taktischen Gründen als »Sidonier der Abstammung nach« ausgegeben haben. Aus diesen Nachrichten hat die Forschung geschlossen, daß sich auch Mitglieder der sidonischen Kolonie in Sichem der Jhwh-Verehrung auf dem Garizim angeschlossen hätten. Was an diesen Nachrichten historisch oder polemisch ist, ist allerdings umstritten; vgl. DUŠEK B, 101–104. Neben dem Jhwh-Heiligtum auf dem Garizim hat es in Samaria wenigstens einen nachgewiesenen griechischen Tempel gegeben, der Isis und Serapis geweiht war; vgl. DUŠEK B, 81f. Sehr viel besser ist die Koexistenz für die Diaspora belegt; vgl. etwa für Delos Hengel 1973, 83 Anm. 327; Kartveit 2009, 220f.

und vor allem zu ihren Vorfahren, den Trägern Jhwh-haltiger Namen in dem epigraphischen Material aus der persischen Zeit, stehen. Soweit wir sehen, kann der Unterschied sowohl in demographisch-soziologischer als auch in religionshistorischer Hinsicht jedoch nicht allzu groß gewesen sein. Auf diesem Hintergrund stellt sich als nächstes die Frage, wie sich Form und religiöser Gehalt der Weihinschriften zu der Literatur verhalten, mit der man für gewöhnlich die Namen Samaria, Sichem und Garizim in persisch-hellenistischer Zeit verbindet: dem samaritanischen Pentateuch.

Der samaritanische Pentateuch ist die heilige Schrift derjenigen religiösen Gemeinschaft, die sich selbst – nicht ohne historisches Recht – als (das wahre) Israel betrachtet und bis auf den heutigen Tag den Berg Garizim bei Sichem (heute Nablus) und nicht den Tempelberg in Jerusalem als den Kultort identifiziert, den nach Dtn 12 Jhwh erwählt hat.[79] In der Substanz handelt es sich bei diesem Pentateuch um nichts anderes als die im ganzen Judentum wie auch im Christentum anerkannten und so auch in unseren Bibeln abgedruckten fünf Bücher Mose. Doch der Text zeichnet sich gegenüber der üblichen (masoretischen) Fassung des Pentateuchs durch eine Vielzahl von kleineren und größeren Textvarianten aus. Darüber hinaus enthält er an wichtigen Stellen wie dem Dekalog in Ex 20 und Dtn 5 oder den Erwählungsformeln im Deuteronomium (z. B. Dtn 12,5.14) deutliche Hinweise auf den Berg Garizim als den erwählten Kultort. Angesichts des spezifischen Interesses spricht man von samaritanischen Glossen.[80] Auch wenn die Unterscheidung nicht quellensprachlich ist, hat es sich eingebürgert, im Unterschied zu den »Samariern« als den Angehörigen der Region und Provinz

---

[79] Vgl. Anderson/Giles 2012; zur Geschichte der Gemeinschaft Kartveit 2009.
[80] Vgl. Tov 2012, 74 ff.

Samaria für besagte religiöse Gemeinschaft den Terminus »Samaritaner« bzw. »Samariter« zu verwenden.[81]

Die Samaritaner gehören somit wie die Gemeinschaft von Qumran dem biblischen Judentum an. Beide Gemeinschaften stehen auf dem Boden der Tora des Mose und haben sich von dem Kult in Jerusalem getrennt, wobei die Gemeinschaft von Qumran ausdrücklich an Jerusalem als dem einzig legitimen Kultort festhält.[82] Dennoch sind die Beziehungen enger als man meinen möchte. Denn der samaritanische Pentateuch hat eine Textgestalt bewahrt, die auch in den Handschriften von Qumran für den Zeitraum vom 3. Jahrhundert v. Chr. bis zum 1. Jahrhundert n. Chr. belegt ist. Hier finden sich noch nicht die samaritanischen Glossen, doch viele der Varianten, die den samaritanischen vom masoretischen, heute im Judentum gebräuchlichen Text unterscheiden. Man spricht daher etwas mißverständlich von einem proto-samaritanischen oder harmonisierenden Texttyp, der – neben manchen anderen Texttypen wie dem proto-masoretischen Text oder der hebräischen Vorlage der Septuaginta – in verschiedenen Gemeinschaften des biblischen Judentums in Juda und Samaria verbreitet war, bevor er mit den samaritanischen Glossen versehen wurde und so seine spezifische Gestalt als samaritanischer Pentateuch erhielt.[83]

Angesichts des hohen Alters und der langen Textgeschichte des proto-samaritanischen Pentateuchs hat die Annahme eine hohe Attraktivität, daß die Jhwh-Verehrer, die uns in den

---

[81] Vgl. Kippenberg 1971, 33 f. Die samaritanische Gemeinschaft selbst lehnt die Bezeichnung als »Samarier« bzw. »Samaritaner« (šmrwnym) ab und nennt sich – in lautlichem Anklang an das Gentilicium – »Bewahrer« (šmrym) der Tora oder einfach »Israel«.

[82] Vgl. Kratz 2007c.

[83] Tov 2012, 90 ff. Hauptvertreter sind 4QpaleoExod^m, 4QExod-Lev^f, 4QNum^b.

Inschriften vom Garizim und auf Delos begegnen, Kenntnis von diesem Text und der biblischen Überlieferung im Ganzen hatten, wenn nicht sogar Vorläufer der Gemeinschaft der Samaritaner waren, aus der der samaritanische Pentateuch hervorgegangen ist.[84] Doch so attraktiv diese Annahme auch ist, wird man die Beziehungen differenzierter sehen und wie in der Textgeschichte des Pentateuchs, so auch in dem Korpus der Inschriften und in der Geschichte der Samaritaner mehrere Stadien unterscheiden müssen.

So lassen zumindest die aramäischen Weihinschriften noch wenig bis gar keine Kenntnis der biblischen Überlieferung erkennen. Weder der Hinweis auf »diesen Ort«, an dem die Weihgabe dargebracht wird, noch die Formel »zu gutem Gedächtnis«, die an das Nehemiabuch erinnert, aber auch in den Inschriften anderer Kulturen belegt ist, setzt die Kenntnis der biblischen Überlieferung voraus.[85] Die Inschriften lassen sich ohne weiteres aus der Praxis der Jhwh-Religion erklären, in der die biblische Überlieferung noch nicht die von ihr suggerierte oder gewünschte Rolle spielte. Daß sich die Inschriften im Rahmen des biblischen Judentums bewegen, kann nicht ausgeschlossen, aber auch nicht positiv nachgewiesen werden. Eine Konkurrenz oder gar Feindschaft zwischen Garizim und Jerusalem ist in ihnen jedenfalls nicht erkennbar.

Eine etwas größere Nähe zur biblischen Überlieferung und speziell zum Pentateuch weisen die wenigen hebräischen Inschriften in aramäischer (Nr. 150 und 151) oder paläohebräischer Schrift (Nr. 382–388 und 389) auf, die den Gottesnamen *adonaj* »Herr« oder Jhwh und vermehrt die Priesterna-

---

[84] So etwa Kartveit 2009, 259–312; DUŠEK B, 86–96.
[85] Vgl. die Gedenkformel in Neh 5,19; 13,31 sowie 13,14; negativ 6,14; 13,29; ferner 2,20; für den epigraphischen Befund De Hemmer Gudme 2013, 91–134.

men Pinchas und Eleasar enthalten. Die Namen sind auch biblisch bezeugt (Num 25,7.11) und in der späteren samaritanischen Tradition fest verankert. Zwar sind dies keine eindeutigen Indizien dafür, daß wir es in den Inschriften mit Angehörigen des biblischen Judentums oder bereits mit den Samaritanern zu tun haben. Sowohl die Gottesnamen als auch die Priesternamen stammen aus der religiösen Tradition und sind von hier in die biblische Überlieferung gelangt. Sie könnten also auch in den Inschriften ohne den Umweg über die biblische Tradition dem religiösen Brauchtum entnommen worden sein.

Hingegen könnte die in Form und Inhalt erkennbare Tendenz zur Hebraisierung durchaus mit einem zunehmenden Einfluß der biblischen Überlieferung auf den angestammten, vor- oder nichtbiblischen Jhwh-Kult in der Provinz Samaria zusammenhängen. Dazu paßt auch die Selbstbezeichnung der Samarier auf Delos als »Israeliten«. Sofern es sich nicht um das angestammte Gentilicium von Bewohnern des ehemaligen Nordreiches handelt, kann die Selbstbezeichnung nur durch die biblische Überlieferung vermittelt worden sein, in der die Vorstellung von einem die Gebiete Samaria und Juda umfassenden Volk Israel entstanden ist.[86] Sollte der Pentateuch bereits die heilige Schrift der Jhwh-Verehrer auf dem Garizim gewesen sein, kommt nur die proto-samaritanische Fassung in Frage, die die samaritanischen Glossen noch nicht enthielt. Denn eine Auseinandersetzung zwischen Garizim

---

[86] DUŠEK B, 73.77 nimmt an, daß sich sowohl Samarier als auch Judäer als Angehörige des Volkes Israel verstanden und darum als »Israeliten« bezeichnet hätten. Epigraphisch ist dies jedoch für Judäer nirgends belegt und auch kaum zu erwarten. 1 Makk und Josephus Ant XIV 10.8, 213 (»die Judäer auf Delos«) sind von der biblischen Überlieferung abhängig und setzen die Trennung von Judäern (Juden) und Samaritanern bereits voraus.

und Jerusalem ist auch hier nicht erkennbar, obwohl mit der biblischen Überlieferung irgendwann die Frage aufkommen mußte, welches nach Dtn 12 der einzig legitime, erwählte Kultort sei.

Anders verhält es sich mit den späteren, nachchristlichen Inschriften (Nr. 391 und 392–395), die eindeutig von der Gemeinschaft der Samaritaner stammen. Sie setzen die Kenntnis der biblischen Überlieferung erkennbar voraus und zitieren diese bereits im Wortlaut des samaritanischen Pentateuchs. Sie stehen mit den samaritanischen Glossen auf einer Stufe. Hier ist die Trennung von Garizim und Jerusalem, Samaritanern und Juden, wie sie die Frage der Samaritanerin an Jesus in Joh 4,20 auf den Punkt bringt, vollzogen.

Nach allem zeichnet sich in den Weihinschriften vom Berg Garizim und der damit korrelierten Textgeschichte des samaritanischen Pentateuchs eine religionshistorische Entwicklung ab. Am Anfang stehen die Samarier, die in Sichem und an anderen Orten in der Provinz Samaria lebten und den Gott Jhwh auf dem Garizim verehrten, so, wie die Judäer in Juda Jhwh in Jerusalem, die Judäer auf Elephantine Jahu im Tempel von Elephantine und andere Ethnien ihre Götter in den Heiligtümern vor Ort verehrten. Das dürfte in hellenistischer Zeit, aus der die aramäischen und hebräischen Inschriften vom Berg Garizim stammen, nicht anders gewesen sein als in persischer Zeit, aus der die Papyri vom Wadi Daliyeh datieren. In einigen Inschriften macht sich jedoch die Tendenz einer Hebraisierung oder Israelitisierung bemerkbar, die vielleicht schon auf den Einfluß der biblischen Überlieferung zurückzuführen ist. Mit der Zeit muß der Einfluß immer stärker geworden sein, der die Auseinandersetzung zwischen judäischen und samarischen Jhwh-Verehrern um die Frage des legitimen Kultortes provozierte und schließlich in der gegenseitigen Verwerfung endete.

Offen und in der Forschung bisher noch nicht gelöst ist die fundamentale Frage, zu welchem Zeitpunkt und aus welchem Anlaß die biblische Überlieferung und besonders die Tora des Mose Einfluß auf den in Samaria wie in Juda und in der Diaspora praktizierten Kult des Gottes Jhwh gewonnen und zum Fundament der samaritanischen wie der jüdischen Religion geworden ist. Oder anders gefragt: Wann und unter welchen Umständen ist aus den Jhwh-Verehren unter den Samariern die Gemeinschaft der Samaritaner geworden?

Die Diskussion der Forschung kreist vor allem um die historische Rekonstruktion der Entstehung der Samaritaner und des samaritanischen Schismas, bedenkt aber immer mehr auch die Rolle des Pentateuchs in diesem Prozeß.[87] Dabei werden in der Regel zwei Annahmen gemacht, die sich nach dem Durchgang durch das epigraphische Material als überaus problematisch und methodisch angreifbar erweisen:

Zum einen wird die Unterscheidung zwischen »Samariern« und »Samaritanern«, die nicht quellensprachlich ist, sondern einer wissenschaftlichen Konvention entspricht, unbesehen auf das epigraphische Material übertragen. Dies hat zur Folge, daß die Jhwh-Verehrer in dem epigraphischen Material mit den Trägerkreisen des proto-samaritanischen Pentateuchs in Verbindung gebracht und von den Bewohnern Samariens (Samarier) und der Samaritis (Samaritaner) unterschieden werden. Die Jhwh-Verehrer der Inschriften erscheinen so als Vorläufer der Samaritaner. Demgegenüber ist davon auszugehen, daß die Jhwh-Verehrer der Inschriften ihrerseits Samarier und Samaritaner, d.h. Bewohner der Provinz Samaria und der Samaritis waren, bevor sie oder Teile

---

[87] Vgl. DUŠEK B sowie die Beiträge von R.G. Kratz, C. Nihan und R. Pummer in Knoppers/Levinson 2007; zur Diskussion Knoppers 2005; 2006, 2013; Mor/Reiterer 2010; Frey u.a. 2012.

von ihnen in der religiösen Gemeinschaft der »Samaritaner« aufgingen, die sich selbst »Israeliten« nannten und selbst nichts (mehr) mit Samariern und Samaritanern zu tun haben wollten, von ihren judäischen (jüdischen) Gegnern in der literarischen Tradition aber als Samarier und Samaritaner bezichtigt wurden.

Zum anderen basiert die historische Rekonstruktion auf der Annahme, daß die biblische Überlieferung und besonders die Tora des Mose als altes Traditionsgut unter Israeliten und Judäern sowie unter den Priestern und Leviten in den Heiligtümern auf dem Garizim und in Jerusalem allgemein bekannt gewesen sei. Manche gehen sogar so weit, daß sie die in Qumran bezeugte proto-samaritanische Fassung des Pentateuchs als einen im Rahmen der persischen Religionspolitik ausgehandelten Kompromiß zwischen Garizim und Jerusalem interpretieren.[88] So geht man also wie selbstverständlich davon aus, daß der Pentateuch auf beiden Seiten allgemein bekannt und offiziell anerkannt gewesen sei und sich daraus der Konflikt zwischen Garizim und Jerusalem erklären ließe. Demgegenüber ist jedoch festzuhalten, daß wir über den Ort der Entstehung und Überlieferung des Pentateuchs so gut wie nichts wissen und die Annahme eines religionspolitischen Kompromisses in der Perserzeit reine Spekulation ist. Es ist darum eine offene, bisher ungelöste Frage, wie der Pentateuch und die übrige biblische Überlieferung mit unterschiedlichem Gewicht in den Rang einer autoritativen Leitliteratur für den Jhwh-Kult auf dem Garizim und in Jerusalem gelangten, so daß es zu einem Konflikt um die Identifizierung des erwählten Kultortes kommen konnte.

Sieht man von den beiden problematischen Vorannahmen ab und hält sich an die epigraphische und literarische Evidenz,

---

[88] S. u. II 5.

stellt sich die Sache etwas anders dar. In den einschlägigen literarischen Quellen weist vieles auf das 2. Jahrhundert v. Chr. als Zeitraum, in dem die Tora des Mose und die übrige biblische Überlieferung an Einfluß an den Heiligtümern auf dem Garizim und in Jerusalem gewonnen haben und aus Samariern die Samaritaner, aus Judäern die Juden geworden sind. Doch dieses Ergebnis läßt sich nur auf indirektem Wege erschließen.

Bei den literarischen Quellen muß man sich klar machen, daß es sich ausnahmslos um Texte handelt, die der biblischen Überlieferung angehören oder von ihr beeinflußt sind. So zieht sich eine wesentlich aus 2 Kön 17,14–41 gespeiste Polemik gegen Samaria und die samarischen Jhwh-Verehrer wie ein roter Faden durch die Überlieferung: von der Chronik und Esra–Nehemia[89] über Sir 50,25f; 2 Makk 5–6 bis hin zu Josephus, der den Konflikt, gestützt auf die biblische Überlieferung und andere Quellen, in die gesamte Zeit des Zweiten Tempels rückprojiziert und den Bau des Heiligtums auf dem Garizim im 5. oder 4. Jahrhundert v. Chr. als den entscheidenden Bruch ansieht.[90] Wie nicht zuletzt der Bezeichnung des Gegners in den literarischen Quellen von Esra–Nehemia bis Josephus zu entnehmen ist, gewinnt der Konflikt jedoch erst in den Schriften, die das 2. und 1. Jahrhundert v. Chr. behandeln (2 Makk; Josephus), immer mehr an Schärfe und erreicht in der Darstellung des Josephus im 1. Jahrhundert n. Chr. seinen Höhepunkt.[91]

---

[89] Vgl. Esra 4; Neh 2,10.19f; 3,33–4,17; 6,1–14.16–19 sowie 13,1–3.4–9.23–29 entsprechend Esra 9–10. Die älteren Schichten in Esra-Nehemia, die Tempelbauchronik in Esra 5f sowie der Baubericht der Mauer in Neh 1–6, kennen diese Konflikte noch nicht.

[90] Zur Vorgeschichte vgl. Ant XI 2.1, 19; 4.3, 84ff; 4.9, 114ff (nach Esra 4,1ff); zum Schisma Ant XI 7.2–8.7, 302–347 (nach Neh 12–13); ferner Ant XII 5.5, 257–264; XIII 9.1, 254f; Bell I 2.6, 63.

[91] Vgl. Egger 1986.

In den epigraphischen Quellen, angefangen bei den Papyri von Elephantine im ausgehenden 5. Jahrhundert v. Chr. bis hin zu den Weihinschriften auf dem Garizim im 3. und 2. Jahrhundert v. Chr., ist von all dem nichts zu finden. Sie setzen zwei Provinzen voraus, die in religionsgeschichtlicher Hinsicht kaum Differenzen aufweisen. In beiden Provinzen sind Jhwh-Verehrer ansässig, und beide unterhalten seit dem 5. Jahrhundert v. Chr. – wie die Judäer auf Elephantine – einen Jhwh-Kult in dafür errichteten Heiligtümern. Die unterschiedliche Sicht der Dinge in den literarischen und epigraphischen Quellen kann zweierlei bedeuten. Entweder sind die Berichte in der biblischen und parabiblischen Überlieferung frei erfunden oder sie reflektieren eine historische Rivalität zwischen den beiden Provinzen, die ursprünglich nicht auf religiösem, sondern politisch-ökonomischem Gebiet lag und erst in später Zeit als religiöser Konflikt gedeutet wurde.

Die Annahme einer politisch-ökonomisch motivierten Rivalität legt sich vor allem für die frühen Belege in Chronik, Esra–Nehemia und Ben Sira nahe, die aus einer Zeit stammen, in der die beiden Provinzen und ihre Heiligtümer aufgebaut wurden und um die Gunst der jeweiligen – persischen, ptolemäischen und seleukidischen – Herren wetteifern mußten. So etwa dürfte die Bemerkung in Sir 50,25 f über das »törichte Volk, das in Sichem wohnt«, womit zweifellos die Jhwh-Verehrer vom Berg Garizim gemeint sind, einen politischen Hintergrund haben. Im Anschluß an das Lob der Väter (Sir 44–49) singt Ben Sira in Sir 50 das Loblied auf den Hohepriester Simon II. Damit ergreift er für den Oniaden Partei, dessen geschicktes und offenbar erfolgreiches Lavieren zwischen den gewachsenen Bindungen zu den Ptolemäern und den neuen Machtverhältnissen an der Wende von der ptolemäischen zur seleukidischen Herrschaft über Palästina in Juda

II. Zwischen Elephantine und Qumran

wie in Samaria nicht unumstritten gewesen sein dürfte.[92] Nicht von ungefähr wird am Ende des Lobpreises nicht auf Aaron (Sir 50,13.16), sondern – ein weiteres Mal nach Sir 45,23 f – auf Pinchas, Sohn des Eleasar, als Urbild des Priestertums verwiesen (Sir 50,24), dessen Name auch in den Weihinschriften vom Berg Garizim erscheint. Daran schließt Ben Sira seine Polemik gegen drei feindliche Völker im Süden, Westen und Norden an, die den politischen Konflikt in ein biblisches Gewand kleidet und die Sichemiten – wie die Babylonier in Sir 49,5 – nach Dtn 32,21 als fremdes Volk diffamiert.

Der Ursprung der biblischen und nachbiblischen Polemik gegen Samaria und die samarischen Jhwh-Verehrer könnte somit in einer religiösen, des näheren biblischen Interpretation der politisch-ökonomischen Rivalität zwischen den Provinzen Juda und Samaria liegen. Diese biblische Interpretation stellt eine alternative Sichtweise dar, die sich jenseits der politischen und ökonomischen Realität und der gemeinsamen religiösen Praxis der Jhwh-Verehrung in Juda und Samaria bewegt. Diese Sicht geht nicht von zwei getrennten politischen Einheiten und zwei Kultorten mit gemeinsamer Jhwh-Verehrung aus, sondern von der biblischen Idee des einen Volkes Israel, des einen Jhwh und des einen Kultorts. Das entscheidende Kriterium, an dem sich das Verhältnis der beiden Provinzen bemißt, ist danach nicht die historische Konstellation, sondern die Tora des Mose, die eine Einheit des

---

[92] Nicht lange danach werden die Oniaden zunächst von proseleukidischen (»Hellenisten«), anschließend von antiseleukidischen Eliten (Makkabäer, Hasmonäer) verdrängt, wechseln erneut die Seiten und weichen nach Ägypten aus (Leontopolis). In Samaria setzt sich, vor allem, was wir sehen, die proseleukidische Position durch, was den Konflikt mit Makkabäern und Hasmonäern erklärt, der zur Zerstörung des Tempels auf dem Garizim führt. Vgl. Haag 2003, 49–53.

Volkes Israel aus Israel (Samaria, Sichem, Garizim) und Juda (Jerusalem) konstruiert.

Zeugnis dieser alternativen biblischen Sichtweise ist der proto-samaritanische Pentateuch, der in beiden Provinzen – vermutlich abseits des hier wie dort praktizierten Jhwh-Kults – zirkulierte und sowohl in den Handschriften von Qumran als auch im samaritanischen Pentateuch weiterlebt. Daneben dürfte auch die übrige biblische Überlieferung, soweit es sie schon gab, in den Zirkeln bekannt gewesen sein, die den Pentateuch überlieferten. Im Lichte dieser Überlieferung mußte die politisch-ökonomische Konkurrenz der beiden Provinzen als religiöser Gegensatz und Streit um den legitimen Kultort des einen Volkes Israel erscheinen.

Doch der religiöse Gegensatz wurde auch unabhängig von der politischen Realität in der biblischen und davon abhängigen Literatur als Problem erkannt und kontrovers diskutiert. Ein Niederschlag dieser Diskussion sind die unterschiedlichen Lesarten von Dtn 27,4, wo die einen »auf dem Berg Ebal«, die anderen »auf dem Berg Garizim« lasen. Auch die Verlegung der Begegnung zwischen Abraham und Melchisedek in Gen 14 an den Garizim (*Argarizein*), die Alexander Polyhistor dem Historiographen Eupolemos zuschreibt, oder die Bezeichnung Sichems als »heilige Stadt« und ihrer Bewohner als »Hebräer«, die sich bei dem Epiker Theodotos findet, sind hier zu nennen.[93] Ebenso wie in Juda (Chr, Esra–Neh, Sir, später Qumran), erhoben Jhwh-Verehrer, die sich auf die Tora des Mose beriefen, auch in Samaria den Anspruch, Israel zu repräsentieren und auf dem Berg Garizim bei Sichem an dem erwählten, einzig legitimen Kultort zu opfern. Vielleicht läßt sich damit auch die Tendenz zur Hebraisierung oder Israeliti-

---

[93] Vgl. JSHRZ I/2, 142 (Pseudo-Eupolemos) sowie JSHRZ IV/3, 165.168 (Theodotos).

sierung in den paläohebräischen Inschriften vom Garizim in Verbindung bringen.

Die Diskussion um die Legitimität des einen Kultortes und die politisch-ökonomische Rivalität der beiden Provinzen trennen Welten. So wird man davon ausgehen müssen, daß die Kreise, die in der einen oder der anderen Welt beheimatet waren, auch soziologisch getrennt voneinander existierten: hier die politischen und religiösen Eliten der beiden Provinzen mit ihren Heiligtümern auf dem Garizim und in Jerusalem, die – in ihrem eigenen religiösen und theologischen Kontext – miteinander um die Gunst der Fremdmächte und die Steuereinnahmen wetteiferten; dort die schriftgelehrten Kreise der biblischen Überlieferung, die sich um die Einheit und Legitimität des Kultortes sorgten. Die politischen Rivalitäten wurden, soweit wir sehen, nur in der biblischen Überlieferung (Esra–Neh, Sir) mit dem religiösen Gegensatz erklärt. Erst ab dem Moment, in dem der religiöse Gegensatz von den Makkabäern und späteren Hasmonäern als Mittel der Politik entdeckt und sowohl gegen die Jerusalemer Priesterschaft als auch gegen die Provinz Samaria und deren proseleukidische Haltung eingesetzt wurde, wurde die politisch-ökonomische Rivalität zu einem religionspolitischen Konflikt.

Dieser Konflikt könnte der Anlaß dafür gewesen sein, daß die Tora des Mose schließlich an beiden Heiligtümern als heilige Schrift Fuß faßte. Gerade weil die angestammte Jhwh-Verehrung in den beiden Provinzen so ähnlich war, bedurfte es nun, nachdem die Tora die Politik bestimmte, einer klaren Entscheidung, wo der erwählte Kultort lag: auf dem Garizim bei Sichem oder auf dem Zion in Jerusalem. Der zunehmende Einfluß der Tora auf die Politik hat so die Spaltung von judäischen und samarischen Jhwh-Verehrern befördert, die alle für sich in Anspruch nahmen, Israel zu verkörpern und Jhwh gemäß der Tora des Mose am rechten Ort zu verehren. In dem religionspolitischen Konflikt haben die Hasmonäer die Oberhand gewonnen, so daß die Spaltung in der Zerstörung des Heiligtums auf dem Garizim um 110 v. Chr. durch Hyrkanos I. endete. Im Jahr 70 n. Chr. wurde auch das Jerusalemer Heiligtum durch die Römer zerstört. Die beiden Religionsgemeinschaften der Juden und der Samaritaner haben – nicht zuletzt dank der Tora des Mose, die jenseits der Politik und des praktizierten Tempelkultes entstand und deswegen auch jenseits dessen Bestand hat und die Ausübung der Religion ermöglicht – auch ohne ein Zentralheiligtum existiert und existieren bis heute.

5. Jerusalem

»Denn Jerusalem, dies ist der Ort, den er (sc. Gott) aus allen Stämmen Israels erwählt hat.« So heißt es in dem Lehrschreiben eines unbekannten, aber offenbar hoch gestellten Mitgliedes der Gemeinschaft von Qumran an eine Führungspersönlichkeit in Jerusalem, das den Titel »Einige Werke der Tora« (*Miqtsat Maʿaseh ha-Tora*, 4QMMT) trägt.[94] Hier ist – in Übereinstimmung mit dem überwiegenden Zeugnis der biblischen und parabiblischen Überlieferung selbst – die Identifikation des erwählten Kultortes von Dtn 12 und Lev 17 mit Jerusalem und dem Tempel von Jerusalem zum ersten Mal ausdrücklich und eindeutig vollzogen. Jerusalem ist denn auch der Ort, mit dem sich im allgemeinen Bewußtsein die Entstehung und Überlieferung der Hebräischen Bibel verbindet.[95] Von der Hebräischen Bibel ist die darauf fußende parabiblische Überlieferung des antiken palästinischen Judentums in hebräischer und aramäischer Sprache abhängig,

---

[94] Vgl. dazu Kratz 2006.
[95] Vgl. z. B. Ben Zvi 1997.

die neben den vielen biblischen Handschriften in den Höhlen von Qumran und an anderen Orten am Toten Meer gefunden wurde. Doch die naheliegende Verbindung zwischen Jerusalem und der biblischen Überlieferung ist jedenfalls für den Anfang weniger gut bezeugt, als man meinen möchte. Um mehr Klarheit zu gewinnen, empfiehlt sich daher auch hier zunächst wieder ein Blick auf das epigraphische Material aus Juda und Jerusalem.

Wie im Falle Samarias setzt die epigraphische Bezeugung auch für Juda und seine nähere Umgebung im südlichen Palästina in vorexilischer Zeit ein. Die einschlägigen Funde wurden oben im ersten Überblick über die Geschichte Israels und Judas bereits ausgewertet und umfassen im wesentlichen Verwaltungstexte (Arad, Horvat ʿUza, Lachisch u. a.) und religionsgeschichtlich aufschlußreiche Inschriften (Hirbet el-Qom, Kuntillet ʿAjrud u. a.). Aus persischer und frühhellenistischer Zeit, auf die wir uns hier konzentrieren, sind drei Sorten von epigraphischen Quellen erhalten: Stempelsiegel, Münzen und Ostraka, insbesondere die Masse der aramäischen Ostraka aus dem Antikenhandel, von denen vermutet wird, daß sie Teile ein und desselben Fundes sind.[96] Ikonographie und Onomastikon des epigraphischen Materials zeugen von der Koexistenz verschiedener ethnischer Gruppen, die verschiedenen – westsemitischen, mesopotamischen, persischen und griechischen – Einflüssen ausgesetzt waren und von denen die Judäer eine Ethnie unter vielen repräsentieren.

Die beschrifteten Stempel, Bullen und Siegel stammen aus dem judäischen Wirtschaftsleben und sind sogar für den »Außenhandel« bis nach Babylon bezeugt. Sie sind aber auch

---

[96] Für einen Überblick s. o. Anm. 59. Im einzelnen vgl. für die *Siegel*: AVIGAD; ARIEL; LIPSCHITS/VANDERHOOFT; für die *Münzen*: MESHORER A–C; für die *Ostraka*: EPHʿAL/NAVEH; LEMAIRE A und B sowie Lemaire 2002b; 2006; 2007; PORTEN/YARDENI.

für die politische Struktur der Provinz Juda aussagekräftig. Ihnen ist zu entnehmen, daß Juda seit Beginn der Perserzeit eine eigenständige Verwaltungseinheit war, allem Anschein nach eine Provinz, die einem Provinzstatthalter unterstand. Darauf deuten die Aufschriften YH, YHD, YHWD für die Provinz Juda und der Titel PḤWʾ für den »Statthalter«.[97] Auf einigen Stempelsiegeln sind auch Personennamen genannt, die entweder den Titel PḤWʾ tragen oder neben dem Namen der Provinz ohne Titel erscheinen. Aus ihnen ergibt sich keine Reihenfolge, aber immerhin eine Liste von Statthaltern für das ausgehende 6. und 5. Jahrhundert, bevor im 4. Jahrhundert v. Chr. – zeitgleich mit Sanballat und seinen Söhnen sowie Hananja in Samaria – nacheinander Bagohi (Bagoas) und Jehezkija Statthalter der Provinz Juda waren, von denen der eine in den Papyri von Elephantine, der andere auf judäischen Münzen bezeugt ist. In Analogie zu Samaria und Elephantine würde man auch für das Verwaltungszentrum von Juda (zunächst wohl Mizpa, später Jerusalem) den Status einer »Festung« erwarten, doch ist dieser nur literarisch für Jerusalem seit Nehemia belegt (Neh 2,8; 7,2). In seleukidischer Zeit wird unter Antiochus IV. eine »Akra«, eine Art Burg, errichtet, womit Jerusalem eindeutig – ebenso wie Samaria – zum militärischen Stützpunkt wurde. An weiteren Ämtern sind in der Korrespondenz der Judäer von Elephantine für Juda »der Hohepriester und seine Priesterkollegen in Jerusalem« (khnʾ rbʾ wknwth khnyʾ zy byrwšlm) und die »Vornehmen der Judäer« (ḥry yhwdyʾ) erwähnt.[98]

Die Münzen liefern Informationen über die Geldwirtschaft im 4. Jahrhundert v. Chr. und die kulturellen Einflüsse, die

---

[97] Vgl. LIPSCHITS/VANDERHOOFT, 77–80.
[98] TAD A 4.7–8; vgl. Neh 2,16–18, wo auch noch »Präfekten« (sgnym) genannt sind.

sich in den Prägungen zeigen. Unter ihnen sind zwei Exemplare von besonderer Bedeutung, da sie ein Licht auf die Reihenfolge der Hohepriester von Jerusalem werfen. Diese war bis dahin nur aus der Liste Neh 12,10f.22.26 bekannt und hat zu allerlei Spekulationen über die Verdoppelung, Verdreifachung oder sogar Vervierfachung von Hohepriestern gleichen Namens Anlaß gegeben, um die Zeit zwischen dem Ende des Staates Juda und dem Beginn der hellenistischen Epoche auszufüllen. Mittlerweile sind zwei, vermutlich sogar drei Hohepriester epigraphisch belegt: Johanan (I.) um 400 v. Chr. in den Papyri von Elephantine;[99] dessen Sohn und Nachfolger Jaddua auf einer judäischen Münze aus der zweiten Hälfte des 4. Jahrhunderts v. Chr., der mit dem Hohepriester gleichen Namens in Neh 12,11f.22 identisch sein dürfte;[100] und schließlich Johanan (II.) auf einer weiteren judäischen Münze aus der ausgehenden Perserzeit, der aufgrund der Datierung der Münze nicht der in den Elephantine-Papyri erwähnte Jehohanan des frühen 4. Jahrhunderts v. Chr. sein kann und darum am ehesten mit Onias I. (Ant XI 8.7,347) zu identifizieren ist.[101] Zieht man die epigraphischen Zeugnisse sowie die Möglichkeit längerer Amtszeiten in Betracht, erübrigen sich weitere Spekulationen und erweist sich die Liste in Neh 12 als komplett.[102] Von besonderem religionsgeschichtlichen Interesse ist eine Münze, die eine Gottheit auf einem Flügelrad zeigt. Um welche Gottheit es sich handelt, ist allerdings umstritten.[103]

Die Ostraka geben über die wirtschaftlichen Verhältnisse in der Provinz Juda und ihren Nachbargebieten im südlichen Palästina Aufschluß. Des weiteren bieten sie eine Fülle von

---

[99] Jehohanan TAD A 4.7–8; Jonatan/Johanan in Neh 12,11.22.
[100] SPAER.
[101] BARAG.
[102] VanderKam 1991; Kratz 2004a, 106–111; DUŠEK A, 549–591.
[103] MESHORER A, 21–30; vgl. Grabbe 2004, 66f.

Personennamen, teilweise mit, teilweise ohne theophores Element, die über die vielfältige ethnische Zusammensetzung der Bevölkerung und die religiöse Vielfalt in diesem Gebiet Auskunft geben. Im judäischen Onomastikon scheint sich das theophore Element auf zwei Gottheiten, El und Jhwh (Jah, Jahu), zu beschränken, doch sind darüber hinaus auch aramäische, phönizische, edomitische und arabische Personen- und Götternamen belegt. Von besonderem Interesse ist in diesem Zusammenhang ein Ostrakon unsicherer Herkunft, vermutet wird Hirbet el-Qom, das eine Liste von Grundstücken enthält und die Heiligtümer dreier Götter erwähnt, die auf den Grundstücken gelegen haben: »Haus (Tempel) des ʿUzza«, »Haus (Tempel) des Jahu« und »Haus (Tempel) des Nabu«.[104] Offensichtlich war die kultische Verehrung des judäisch-samarischen Gottes Jahu im 4. Jahrhundert v. Chr. (noch) nicht begrenzt auf den einen »Ort, den Jhwh erwählt hat« (Dtn 12). Die historische Konstellation unterscheidet sich dem epigraphischen Befund zufolge nicht grundsätzlich von der Situation der Judäer auf Elephantine oder der samarischen (israelitischen) Jhwh-Verehrer auf dem Garizim.

Angesichts des epigraphischen Befundes stellt sich somit für Juda und Jerusalem in gleicher Weise wie für Samaria die Frage, wo die Tora des Mose und die übrige biblische und parabiblische Überlieferung ihren Ort hatten, bevor sie in den Handschriften von Qumran bezeugt sind und nach der makkabäischen Revolte in hasmonäischer Zeit offenbar auch an den Heiligtümern auf dem Garizim, in Jerusalem sowie in den Synagogen von Alexandria fest etabliert waren und zum verbindlichen Fundament der Jhwh-Religion wurden.

Zur Beantwortung der Frage werden in der Forschung zwei Hypothesen diskutiert, die sich auf die rechtliche Stellung der

---

[104] LEMAIRE B, Nr. 283; HTAT, 2010, 513 f.

Tora des Mose, des Pentateuchs, in Juda und Jerusalem bzw. im Judentum insgesamt konzentrieren.[105] Die eine Hypothese orientiert sich an der äußeren Bezeugung sowie an Analogien der persischen Religionspolitik. Die andere ist anhand der literarischen Analyse des Pentateuchs, d. h. von innen her, entwickelt. Beide Hypothesen werden gelegentlich auch miteinander kombiniert.

Ausgangspunkt der ersten Hypothese sind die von dem Althistoriker Peter Frei gesammelten Belege für eine Anerkennung lokaler Privilegien oder Gesetze durch die persische Zentralregierung, in denen er ein fest etabliertes Instrument der persischen Religionspolitik, von ihm als »Reichsautorisation« bezeichnet, erkennt.[106] Zu diesen Belegen zählt Frei auch Esra 7, die Beauftragung Esras durch den König Artaxerxes, das »Gesetz des Gottes des Himmels« als »Gesetz des Königs« in Juda und der ganzen Satrapie Transeuphratene für die Juden anzuwenden. Mit dem »Gesetz des Gottes des Himmels«, das kein anderes ist als das »Gesetz deines (sc. Esras) Gottes«, kann nur die Tora des Mose gemeint sein, die von Esra in Esra 9–10 angewendet und in Neh 8 öffentlich vor dem Volk verlesen wird, das sich anschließend feierlich zur Einhaltung der Tora verpflichtet.[107] In Analogie zu den epigraphischen Belegen aus anderen Teilen des Perserreiches und auf der Grundlage des literarischen Zeugnisses von Esra 7 hat man den Schluß gezogen, daß der Pentateuch auf Veranlassung oder zumindest unter Mitwirkung der persischen Zentralmacht zustandegekommen sei und durch die persische Reichsautorisation einen rechtlich verbindlichen Status erlangt habe.[108]

---

[105] Vgl. Knoppers/Levinson 2007.
[106] Frei 1996; zur Diskussion Watts 2001 sowie K. Schmid 2007.
[107] Vgl. Kratz 1991b, 225ff.
[108] Blum 2002.

Die zweite Hypothese ist aus der literarhistorischen Analyse entwickelt und kann sich auf die in Qumran entdeckte proto-samaritanische Textfassung des Pentateuchs und manche anderen Indizien berufen, die neben der judäischen Perspektive auch samarische Einflüsse erkennen lassen. In der Redaktionsgeschichte des Pentateuchs wird so ein religionspolitischer und theologischer Kompromiss entdeckt, der – möglicherweise im Rahmen oder sogar unter dem Druck der persischen Religionspolitik – judäische und samarische Interessen zum Ausgleich bringt.[109]

Beide Hypothesen sind zweifellos bedenkenswert, haben jedoch bisher keine allgemeine Akzeptanz gefunden. Für die erste Hypothese ist schon ihre Voraussetzung, die These der persischen Reichsautorisation an sich, wie auch der Quellenwert von Esra 7 und Neh 8 vielfach in Zweifel gezogen worden.[110] Die zweite Hypothese beruht ihrerseits auf hypothetischen, teilweise spekulativen literarkritischen Analysen und historischen Zusatzannahmen, die nicht von jedermann geteilt werden. Zudem ergibt sich aus der literarhistorischen Analyse zunächst lediglich eine relative Chronologie, die sich nicht leicht mit der Zeitgeschichte korrelieren läßt. Das Hauptproblem beider Hypothesen liegt m. E. aber wiederum darin, daß beide wie selbstverständlich davon ausgehen daß die Tora des Mose an den Tempeln und Schreiberschulen in Juda und Samaria weit verbreitet gewesen sei und zum Allgemeingut gehört habe, auf das sämtliche Gruppen in den beiden Provinzen und der weltweiten jüdischen Diaspora nach Belieben für ihre Interessen zurückgreifen konnten. Doch dafür haben wir (bisher) keinen eindeutigen Beleg. Die Frage,

---

[109] Blum 1990, 333–360; 2002; Otto 2000, 234–273; Nihan 2007; DUŠEK B, 90–92.

[110] S. o. *Tradition* IV 5.

wo die Tora des Mose ihren Ort hatte, bevor sie zum persischen Reichsgesetz erhoben oder als Kompromiß ausgehandelt wurde, wird so gerade nicht beantwortet.

Die Alternative könnte hier wie auch im Falle Samarias darin bestehen, daß die Tora und die übrige biblische Überlieferung zunächst noch nicht in den tragenden Institutionen und überall im Volk der Jhwh-Verehrer verbreitet und etabliert waren, sondern nur in bestimmten schriftgelehrten Kreisen studiert und beherzigt wurden. Neben dem Tempel und seinem Personal sowie der sich dem Tempel verbunden fühlenden großen Schar der Jhwh-Verehrer wäre somit eine besondere Gruppe anzunehmen, die sich der biblischen Überlieferung – im Sinne des Wortes – verschrieben hatte und erst unter bestimmten Bedingungen eine prägende Rolle für die Entwicklung der jüdischen Religion spielte. Im Lichte des epigraphischen Materials wie auch der literarhistorischen Anfänge der biblischen Überlieferung, die sich mit dem epigraphischen Material sehr viel eher vereinbaren lassen als die uns vorliegenden Schriften, hat diese Möglichkeit m. E. die größere Plausibilität für sich.

Wer diese Kreise waren, ist hier wie im Falle von Samaria schwer zu sagen. Es muß sich um schriftkundige Personen gehandelt haben, die vielleicht aus den Schreiberschulen und anderen Institutionen der beiden Provinzen hervorgegangen sind, sich davon aber – zumindest innerlich – distanziert haben und eigene Wege gingen. Die Menge der biblischen und parabiblischen Literatur und die Vielfalt der darin enthaltenen Konzeptionen und Meinungen sprechen nicht gegen diese Annahme, zeichnen sich doch auch Randgruppen wie z. B. Qumran, das frühe Christentum und die gnostischen Gruppen durch eine immens vielfältige und vielstimmige Überlieferung aus. Die Gruppe muß auch nicht unbedingt sonderlich klein gewesen sein, sondern kann, wie das Beispiel der

Gemeinschaft von Qumran und wiederum das frühe Christentum und seine Ableger zeigen, über das ganze Land und in der Diaspora verstreut gewesen sein. Doch in politischer und sozialer Hinsicht muß es sich um eine marginalisierte Randgruppe gehandelt haben. Es sind diejenigen Kreise, die in der später bezeugten Gruppe der »Frommen« (*Hasidim*) und der Gemeinschaft von Qumran aufgegangen sind, während der makkabäischen Revolte für kurze Zeit auch einmal eine bedeutende politische Rolle gespielt, sich aber nicht von ungefähr bald wieder von den führenden politischen Parteien und offiziellen Institutionen wie dem Tempel getrennt haben.

Die Anfänge dieser Kreise dürften bis in das ausgehende 4. oder frühe 3. Jahrhundert v. Chr. zurückgehen und in den politischen Umwälzungen und sozialen Verwerfungen dieser Zeit ihre Wurzeln haben, die der Wechsel vom persischen Großreich zu den hellenistischen Diadochenstaaten der Ptolemäer und Seleukiden mit sich brachte. Was im 3. Jahrhundert v. Chr. noch gärte, kam im 2. Jahrhundert v. Chr. zum Ausbruch. Der Wechsel von der ptolemäischen zur seleukidischen Herrschaft über Palästina war von großer Unruhe und Verunsicherung in den Provinzen Samaria und Juda begleitet. Die herrschenden Priesterklassen und Eliten, namentlich Oniaden und Tobiaden, mußten sich für die eine oder andere politische Option entscheiden und gerieten darüber intern und, je nachdem, wie man optierte, auch mit der neuen seleukidischen Fremdmacht in große Streitigkeiten. Die Auseinandersetzungen kulminierten in der makkabäischen Revolte gegen die proseleukidische Politik und Kultreform in Jerusalem unter Antiochos IV. und endeten in der Errichtung des hasmonäischen Königtums.[111]

---

[111] S. o. *Geschichte* III 2.

Mit der Tora des Mose und der übrigen biblischen Überlieferung hatte diese historische Entwicklung im Kern nichts zu tun, auch wenn die biblische und parabiblische Polemik, die den makkabäisch-hasmonäischen Standpunkt vertritt, dies nahelegt. Doch die makkabäische Revolte wie auch das anschließende hasmonäische Königtum bedienten sich der Kreise des biblischen Judentums und ihrer religiösen Überzeugungen. So wurde aus dem Machtkampf ein Religionskrieg. Wie die biblische und parabiblische Überlieferung in den Apokryphen und Pseudepigraphen sowie in Qumran bis hin zur Historiographie des Josephus erkennen läßt, haben die verschiedenen Gruppen der »Frommen« anfänglich geschlossen auf der Seite der aufständischen Priester gestanden. Doch das Bündnis hat nicht lange gehalten. Nach der Wiedereinweihung des Tempels in Jerusalem löste es sich auf, wodurch es zu einer neuen religionshistorischen Konstellation kam.

Die Tora des Mose war und blieb das religiöse Fundament des makkabäischen Krieges und des hasmonäischen Reiches. Das darauf gründende biblische Judentum wurde (erstmals) zur Staatsreligion. Damit geriet es in die Auseinandersetzung um die richtige Auslegung und Anwendung zwischen den diversen Gruppierungen, je nachdem, ob sie dem judäisch dominierten hasmonäischen Königtum und dem Tempel in Jerusalem näher oder ferner standen. Die diversen Gruppierungen der »Frommen«, darunter die Gemeinschaft von Qumran und die von Josephus erwähnten Essener, und – nicht zu vergessen – die Samaritaner, deren Tempel von den Hasmonäern zerstört wurde, standen Gruppen der Sadduzäer und Pharisäer gegenüber, die sich mehr oder weniger mit den Hasmonäern arrangierten und am Tempel wie im Königshof wechselweise das Sagen hatten. Was auch immer man von den Hasmonäern und ihren Parteigängern hält, ihnen ist es zu verdanken, daß das Erbe des biblischen Judentums, die

Tora des Mose und die übrige biblische Überlieferung, einen offiziellen, rechtlichen Status erhielt und fest im Judentum etabliert wurde. Doch die Stärke der biblischen Überlieferung lag nicht in ihrer rechtlichen Stellung im Rahmen einer Staatsreligion oder in der Praxis am Tempel, sondern darin, daß sie die Zerstörung des Jerusalemer Tempels 70 n. Chr. ohne Tempel und ohne Königtum im Judentum wie im davon abkünftigen Christentum überlebt hat – bis heute.

6. *Alexandria*

Neben dem samarischen Heiligtum auf dem Berg Garizim und dem judäischen Tempel auf dem Berg Zion in Jerusalem, den beiden Zentren des palästinischen Judentums in den Provinzen Samaria und Juda, war Alexandria das Zentrum des hellenistischen Judentums in Ägypten und ein Ort, mit dessen Namen sich in ganz besonderer Weise die biblische Literatur verbindet. Hier hat die griechische Übersetzung des Alten Testaments, die Septuaginta, ihren Ausgang genommen, auf der die Masse der Literatur des hellenistischen Judentums basiert. Doch bevor wir darauf näher eingehen, sei zunächst das epigraphische Material sowie die Geschichte der Stadt betrachtet, in der eine große jüdische Gemeinde und mehrere Synagogen nachgewiesen sind. Ergänzend wird auch immer ein Seitenblick auf die judäische Kolonie in Leontopolis geworfen, die seit dem 2. Jahrhundert v. Chr. einen eigenen Tempel unterhielt.

Nach der judäischen Kolonie von Elephantine, deren Spuren sich im 4. Jahrhundert v. Chr. verlieren, bezeugen Inschriften ab der Mitte des 3. Jahrhunderts v. Chr. die Existenz von Juden in Alexandria und dem übrigen Ägypten.[112] Woher

---

[112] Vgl. Schürer 1973–1987 III, 46f und das Material in HORBURY/

sie kommen, ist nicht bekannt. Sie mögen teilweise aus Palästina zugezogen, teilweise als Kriegsgefangene nach Ägypten verschleppt worden sein. Zu einem nicht geringen Teil dürften sie jedoch aus der jüdischen Bevölkerung hervorgegangen sein, die bereits in persischer Zeit dort lebte. Das *missing link* stellt ein aramäischer Papyrus aus dem späten 4. oder frühen 3. Jahrhundert v. Chr. dar, der in der Mehrzahl griechische, aber auch einige hebräische Namen nennt und damit die Anwesenheit von Juden, darunter auch zweier Priester (mit ihnen vielleicht auch die Existenz eines Tempels), in der Gegend von Edfu bezeugt.[113] Die Juden sprachen freilich bald nicht mehr Aramäisch, sondern Griechisch, die Sprache Alexanders und der Ptolemäer, in der auch die Inschriften und die literarischen Quellen abgefaßt sind. Ihre Identität ist an ihren Namen und vor allem an der Selbstbezeichnung »die Judäer« (*oi Ioudaioi*) zu erkennen, die außer der Herkunft auch ein bestimmtes Zusammengehörigkeitsgefühl impliziert.

Dieselbe Bezeichnung tragen auch »die Judäer« von Leontopolis (*Tell el-Yehudiyeh*) im Distrikt von Heliopolis, die ab der Mitte des 2. Jahrhunderts v. Chr. epigraphisch nachweisbar und auch literarisch bezeugt sind.[114] Von ihnen weiß man recht genau, wie sie an diesen Ort gelangt sind. Um 160 v. Chr. gründete dort ein Mitglied der hohepriesterlichen Familie Jerusalems, vermutlich Onias IV.,[115] eine Militärkolonie mit eigenem Tempel, der rund zweihundert Jahre in Betrieb

---

NOY, bes. Nr. 1–21. Für den historischen Zusammenhang vgl. Fraser 1979, bes. I, 35.54 ff.74 f.83 f.85.281–286; Kasher 1985; Barclay 1998; Georges u. a. 2013.

[113] TAD C 3.28,85.113 f; zur Lokalisierung s. Z. 119.

[114] HORBURY/NOY Nr. 29–105; Josephus Ant XII 9.7, 387f; XIII 3.1 ff, 62 ff; 10.4, 284–287 (nach Strabo); XX 10.3, 236f; Bell I 1.1, 33; 9.4, 190; VII 10.2–4, 421–436. Vgl. dazu Schürer 1973–1987 III, 47–49 sowie Noy 1994; Frey 1999, 186–194; Ameling 2008.

[115] Die Überlieferung schwankt zwischen Onias III., Sohn des Simon

war und bald nach 70 n. Chr. von den Römern geschlossen wurde. Das Land, das ihm dafür von Ptolemaios VI. zur Verfügung gestellt worden war, hieß »Land des Onias«.[116] Es ist eine von mehreren Militärkolonien im hellenistischen Ägypten, die mit dem persischen Stützpunkt auf Elephantine vergleichbar sind.

Doch nicht nur Leontopolis, sondern auch Alexandria ist in mancherlei Hinsicht mit Elephantine vergleichbar. Dies gilt in erster Linie für die politische und soziale Struktur. Literarischen Quellen zufolge gab es in Alexandria ein jüdisches Viertel, von dem aus sich die Juden mit der Zeit über die ganze Stadt ausgebreitet haben.[117] Die Konzentration auf ein Viertel sollte nicht der Ausgrenzung dienen, sondern war Ausdruck eines ausgeprägten Identitätsbewußtseins, wie man es auch bei anderen Ethnien findet. Von den Juden in Alexandria heißt es, sie seien als Landsmannschaft (*politeuma*) unter Leitung von »Ältesten« (*presbyteroi*) und »Führenden« (*hegoumenoi*) organisiert gewesen, wie es für andere Ethnien und mittlerweile ebenso für Juden an anderen Orten in Ägypten auch inschriftlich belegt ist.[118] Die Terminologie

---

(Bell I 1.1, 33; VII 10.2, 423), und Onias IV., Sohn Onias III. (Ant XII 5.1, 237; 9.7, 387; XIII 3.1, 62).

[116] Bell I 9.4, 190; Ant XIV 8.1, 131.

[117] Ant XII 1.1, 8; XIV 7.2, 117 (Wiedergabe von Strabo); Bell II 18.7, 488; Ap II 35; Philon Flacc 55; LegGai 132. Vgl. dazu Schürer 1973–1987 III, 43 f; Barclay 1998, 27–34.

[118] Vgl. Arist 310 sowie COWEY/MARESCH; dazu Schürer 1973–1987 III, 88 f.92; Hengel 1996, 298; Kruse 2008 und 2010. In den Papyri des Politeuma der Juden von Herakleopolis begegnen Formeln, die Verträge unter einen »väterlichen Schwur« (*orkos patrios*) stellen und Vertragsbruch als Übertretung des »väterlichen Gesetzes« (*patrios nomos*) bezeichnen. Ein Bezug auf die Tora des Mose ist dabei nicht zu erkennen. Die Formeln spielen vielmehr auf jüdisches Brauchtum an (COWEY/MARESCH, 26), das »väterliche Gesetz« ist in diesem Sinne auch für die

für die politische Verfassung und die einzelnen Ämter variiert von Ort zu Ort und differenzierte sich im Laufe der Zeit immer weiter aus. Doch sämtliche Belege lassen erkennen, daß die diversen Ethnien und so auch »die Judäer« vollständig in den ptolemäischen Staat integriert waren und in begrenztem Maße ihre eigenen Rechte, gelegentlich sogar volles Bürgerrecht besaßen.[119] Das gilt auch für »das Land des Onias« in Leontopolis, das sich einer Schenkung Ptolemaios VI. verdankt. Ist es hier vor allem der Militärdienst, so in Alexandrien und an anderen Stätten die schon im 3. Jahrhundert v. Chr. belegte Widmung von Synagogen an das ptolemäische Herrscherpaar, die von der Integration »der Judäer« und ihrer Loyalität gegenüber dem hellenistischen Staat zeugt.[120]

Was den politischen Status anbelangt, sehen wir somit eine deutliche Kontinuität von Elephantine zu den jüdischen Siedlungen in hellenistischer Zeit. Identität und Integration vertrugen sich offenbar gut und gingen in den frühen Jahren der Ptolemäerherrschaft eine enge Synthese ein. Dies schloß lokale Konflikte, wie etwa die Zerstörung des Jahu-Tempels auf Elephantine oder die Beteiligung der jüdischen Bevölkerung an innerptolemäischen Machtkämpfen, nicht aus, doch kam es erst in späthellenistischer und römischer Zeit zu nachhaltigen Konflikten. Nicht zuletzt durch die Entwicklungen in Palästina entstanden ethnisch und religiös motivierte nationale Spannungen, die sich in den Pogromen gegen die Juden und den jüdischen Aufständen gegen Rom entluden.[121]

Vergleichbar mit der Situation auf Elephantine ist auch das Alltagsleben in hellenistischer und römischer Zeit, soweit wir

---

Idumäer von Memphis belegt (OGIS II 737,15, S. 480). Vgl. zum inschriftlichen Befund weiter Schröder 1996, 200–206.

[119] Schürer 1973–1987 III, 126–137; Barclay 1998, bes. 60–71.
[120] Vgl. Schürer 1973–1987 III, 46 f sowie Hengel 1996, 171.173.
[121] Vgl. Schäfer 1997.

es dem epigraphischen Material entnehmen können.[122] Aus Alexandria und Leontopolis haben sich außer den Grab- und Weihinschriften, auf die wir gleich zu sprechen kommen, kaum einschlägige Dokumente des täglichen Lebens erhalten. Doch zeigen die Zeugnisse aus dem übrigen Ägypten ein ähnliches Bild wie die Papyri von Elephantine oder auch das epigraphische Material in Samaria: Rechtsfälle, Verträge, Geschäftsbeziehungen und Steuerleistungen sind die Inhalte der Inschriften, die sich anhand der Namen oder aufgrund von ethnischer Zuordnung mit den Juden in Ägypten in Verbindung bringen lassen.

Unterschiede in der Lebensführung mit der übrigen Bevölkerung sind nicht zu erkennen. Das tägliche Leben spielte sich innerhalb der »judäischen« Kolonien wie zwischen Juden und Nicht-Juden nach denselben, in der hellenistisch-römischen Welt üblichen Regeln ab. Soweit wir sehen, nahm – im Gegensatz zu der biblischen Tradition und der Gemeinschaft von Qumran – niemand Anstoß daran. Lediglich die Frage des politischen Status und der Bürgerrechte von Juden taucht in einzelnen Inschriften der römischen Zeit auf, nicht zuletzt in Alexandria.[123] Auch die Quittierung der Zwei-Drachmen-Steuer, die den Juden nach der Zerstörung des Tempels von Jerusalem 70 n. Chr. auferlegt worden war (Josephus Bell VII 6.6, 218) , läßt ahnen, daß die Synthese von Identität und Integration brüchig geworden war und es zu massiven Ausschreitungen gegen »die Judäer« gekommen ist, in denen auch ethnische und religiöse Motive eine Rolle spielten.

Einzig im Bereich der Religion scheint sich im Übergang von der persischen zur hellenistischen Zeit ein dramatischer Wandel ereignet zu haben. In Alexandrien und an vielen an-

---

[122] Vgl. HORBURY/NOY und dazu Schürer 1973–1987 III, 46–60.
[123] Schürer 1973–1987 III, 50.128 f.

deren Orten der jüdischen Diaspora in Ägypten sind keine Tempel, sondern Synagogen belegt, die »Gebetshaus« (*proseuche*) heißen.[124] Für gewöhnlich sieht man darin eine Befolgung des biblischen Zentralisationsgebotes, das einen Tempel außerhalb Jerusalems verbietet. Manche erkennen darin zugleich die Absicht der jüdischen Gemeinden, sich von den heidnischen Kulten abzugrenzen und den eigenen Opferkult außerhalb Jerusalems durch Toragehorsam und Wortgottesdienst zu ersetzen. Der Tempel von Leontopolis, den man im Gefolge von Josephus (Ant XIII 3.1, 64 u.ö.) gerne mit Jes 19,18–22 in Verbindung bringt, erscheint so als Ausnahme, die die Regel bestätigt.

Doch die Situation dürfte komplexer gewesen sein. Ist es richtig, daß für die Gottesdienste in den Synagogen anfänglich nicht Schriftlesung und -auslegung, sondern Gebet und Hymnus konstitutiv waren, kann man nicht ohne weiteres davon ausgehen, daß die Maßstäbe und Ideale der biblischen Überlieferung schon bekannt waren oder in Geltung standen. Möglicherweise waren es zunächst rein finanzielle und praktische Gründe, die – vielleicht nach dem Vorbild der opferlosen orphischen Mysteriengottesdienste – zur Einrichtung von Gebetshäusern führten. Nachdem sie sich bewährt hatten, sind sie zur Regel geworden und haben die Funktionen von Tempeln, wie z.B. die Gewährung von Asyl, übernommen. Wie die übliche Widmung an das Herrscherhaus zeigt, hatten sie auch einen offiziellen Status, der dem von Tempeln entsprach. Die Widmung an das Herrscherhaus macht deutlich, daß die Synagogen nicht primär der Abgrenzung von der heidnischen Welt dienten. Ihr Status bedeutet aber nicht, daß sie den Tempel in Jerusalem oder irgendeinen anderen Tempel in Palästina oder Ägypten ersetzen sollten.

---

[124] Vgl. Hengel 1996, 171–195; ferner Rajak 2002 und 2003.

Der Tempel von Leontopolis fügt sich problemlos in diesen religionshistorischen Kontext ein. Seine Gründung hatte keine religiösen, sondern politische und wirtschaftliche Gründe.[125] Nachdem die Oniaden in Jerusalem von proseleukidischen Kreisen abgesetzt worden waren, fanden sie bei ihren alten Bundesgenossen im ptolemäischen Ägypten ihr Auskommen.[126] Der Tempel besaß über das »Land des Onias« hinaus keine große Ausstrahlungskraft, was allerdings nicht heißt, daß er nicht wichtig oder gar umstritten war.[127] Soweit wir sehen, war er weder als Konkurrenz zu den Synagogen in Ägypten noch als religiöse Alternative zum Tempel in Jerusalem gedacht. Als Zentrum einer Militärkolonie war er vielmehr ein Äquivalent, das den ptolemäischen Interessen diente wie die Tempel in Jerusalem und Samaria den seleukidischen.[128]

---

[125] So mit Frey 1999, 191–194.
[126] Vgl. Josephus Bell VII 10.2, 422–425; Ant XIII 3.1–3, 62ff. Ähnlich haben es die seit jeher mit den Ptolemäern sympathisierenden Tobiaden gemacht. Vgl. Hengel 1996, 178 Anm. 35; Frey 1999, 194f.
[127] Vgl. Ameling 2008, 120f.
[128] Das Verhältnis der drei ägyptischen Orte (Elephantine, Alexandria und Leontopolis) zu Jerusalem ist aufgrund der einseitigen Quellenlage nicht leicht zu fassen. Die Judäer von Elephantine korrespondierten, zumindest auf der Ebene persischen Verwaltung, sowohl mit Jerusalem als auch mit Samaria (vgl. TAD A 4.7–8), eine Konkurrenzsituation läßt sich hier nicht erkennen, auch wenn auffällt, daß keine Briefe an die Priester auf dem Garizim erwähnt werden. Alexandria bescheinigen die literarischen Quellen eine besondere Beziehung zum Jerusalemer Tempel (Arist; 2 Makk 1,1–2,18) sowie eine Feindschaft zu den Samaritanern (Ant XIII 3.4, 74ff). Der Tempel von Leontopolis wurde laut Josephus nach dem Vorbild von Jerusalem erbaut (Bell I 1.1, 33; etwas anders VII 10.3, 427; Ant XII 9.7, 388; XIII 3.1, 63.67; 3.3, 72), wird aber ebenso wie der Tempel der Samaritaner auf dem Garizim als Konkurrenz gesehen (Josephus Bell VII 10.3, 431; etwas anders Ant XIII 3.1, 67); immerhin konnte man sich für ihn auf Jes 19,18f berufen (Josephus Bell VII 10.3, 432; Ant XIII 3.1, 64.68; 3.2, 71).

Synagoge und Tempel schlossen sich demnach nicht aus. Beide Institutionen gewährleisteten den Juden in der ägyptischen Diaspora die ordnungsgemäße rituelle Verehrung ihres Gottes Jhwh, sei es durch Gebet, sei es durch Opfer, und waren gleichzeitig fest im ptolemäischen Staatswesen verankert. Auch wenn die Synagoge eine jüdische Besonderheit darstellt, heißt dies nicht, daß ihre Einführung dem biblischen Zentralisationsgebot geschuldet und ihr Gottesdienst von Anfang an durch die Lesung biblischer Schriften geprägt war.

In dieselbe Richtung weist der epigraphische Befund zur religiösen Praxis »der Judäer« in Alexandria und Leontopolis, soweit sie als solche identifiziert werden können.[129] Es handelt sich um Grabinschriften, die griechischen Konventionen folgen, aber mit dem jüdischen Glauben der ägyptischen Diaspora offensichtlich vereinbar waren. Wie bei der Synagoge lassen sich im archäologischen Kontext mit der Grabanlage und den Ossuarien zwar einige jüdische Besonderheiten beobachten, doch bewegen sich diese im Rahmen der üblichen Differenzen des religiösen Brauchtums.[130] Einflüsse spezifisch biblischer Wendungen oder Vorstellungen sind nicht festzustellen. Auch das jüdische Onomastikon ist nicht signifikant; lediglich die Einhaltung des Sabbats als Ruhetag an jedem siebten Tag der Woche setzt das biblische Gebot voraus.[131]

Eine deutliche Änderung wird erst in späthellenistischer und römischer Zeit spürbar. Die Gebetshäuser wandelten sich

---

[129] Vgl. Blischke 2007, 223–263; Noy 1994; Ameling 2008.
[130] Blischke 2007, 230–232.
[131] Vgl. Hengel 1973, 80; Ders. 1996, 297 f; zu den Papyri Doering 1999, 289–294. Die Zählung der Tage in dem fraglichen Zenon-Papyrus (CPJ 10) bezieht sich auf den Monat Epeiph (des seleukidischen, nicht des jüdisch-babylonischen Kalenders!), jedoch nicht auf die Woche; leider ist der 14. Tag nicht registriert, so daß auch hier nicht ganz klar ist, um welche Art von »Sabbat« es sich handelt.

unter dem Einfluß Palästinas und der makkabäisch-hasmonäischen Politik zunehmend zum Typ der pharisäischen Synagoge und wurden zu einer Institution, die der Verbreitung der Toragehorsamkeit und Schriftgelehrsamkeit diente. Im Widerstand gegen den Kaiserkult nahm das Bewußtsein für die Heiligkeit der Synagogen spürbar zu. Die Widmung an das Herrscherhaus hörte auf.[132] Nur die Grabinschriften zeigen sich unbeeinflußt von dieser Entwicklung. Hier ist ein Vergleich mit den palästinischen Grabinschriften, die Anklänge an den biblischen Vorstellungshorizont aufweisen, aufschlußreich.[133] Ob sich am Tempel in Leontopolis etwas geändert hat, ist schwer zu sagen. Es fehlen die Quellen. Sie fließen dafür nun umso reichlicher für Alexandria, das geistige Zentrum der ägyptischen Diaspora in späthellenistischer und römischer Zeit.

Zentraler Ort der Literatur in Alexandria war die sagenumwobene königliche Bibliothek, in der Schriften aus aller Welt gesammelt wurden.[134] Von der Bibliothek sind zwar keine archäologischen Reste erhalten, doch wissen wir in etwa, welche Schätze sie barg. Unter ihnen soll sich, glaubt man der Legende, auch eine griechische Ausgabe der Hebräischen Bibel, genauer: die griechische Übersetzung des jüdischen Gesetzes, der Tora des Mose, befunden haben. Die Übersetzung soll im 3. Jahrhundert v. Chr. auf Wunsch des Königs Ptolemaios II. Philadelphos (285–246 v. Chr.) und durch Vermittlung eines Hofbeamten namens Aristeas von einer Delegation von 72 Priestern aus Jerusalem, sechs aus jedem der zwölf Stämme Israels, in 72 Tagen angefertigt worden sein.[135] Von dieser Legen-

---

[132] Vgl. Hengel 1996, 171–195, bes. 173.179.180f.190–194.
[133] Vgl. Blischke 2007, 250–260.
[134] Vgl. Georges u. a. 2013.
[135] Die Legende ist zum ersten Mal in dem pseudepigraphen Brief des Aristeas (JSHRZ II/1, 35ff) belegt, von dem Josephus (Ant XII 2, 11–118)

de hat die griechische Übersetzung des (ganzen) Alten Testaments ihren Namen, den ihr allerdings erst die Christen zugelegt haben: die Septuaginta oder »Siebzig«. Übersetzt wurde aber zunächst nur die Tora des Mose. Die Übersetzung der Tora war und blieb das Vorbild für die Übersetzung der übrigen Bücher, die in einem langen Prozeß, der sich bis ins erste nachchristliche Jahrhundert hinzog, nach und nach folgten.[136]

Die große Leistung der Septuaginta bestand darin, das biblische Judentum in die hellenistisch-römische Welt hinein getragen und verbreitet zu haben.[137] Sie ist das sprachliche und ideologische Fundament, auf dem das hellenistische Judentum ruht, das uns in der riesigen Masse der griechischsprachigen jüdischen Schriften aus hellenistisch-römischer Zeit begegnet.[138] Außer den biblischen und parabiblischen Schriften, den sogenannten Apokryphen und Pseudepigraphen, seien nur der Gelehrte Philon von Alexandrien und der Historiker Flavius Josephus in Rom als die beiden wichtigsten Autoren genannt, die auch namentlich bekannt sind und auf der Basis der biblischen Überlieferung ihre eigenen Werke verfaßten. Zwar darf man dies alles nicht einfach unter alexandrinisch-jüdischer Literatur verbuchen und muß sich klar machen, daß die Literatur, die tatsächlich aus Alexandria stammt, erst verhältnismäßig spät einsetzt und nicht pauschal für alle Phasen der Geschichte Alexandrias steht.[139]

---

und wohl auch Philon (VitMos II, 25–44) abhängig sind. Unsicher ist die Datierung von Aristobulos im Zitat des Euseb (Praep Ev XIII, 12,1–2; JSHRZ III/2, 261 ff).

[136] Vgl. M. Hengel in Hengel/Schwemer 1994, 182–284.
[137] Vgl. Hanhart 1999; Seeligman 2004.
[138] Vgl. Hengel/Schwemer 1994; Rajak 2009; Kreuzer u. a. 2012 und für alles weitere Stone 1984; Mulder 1988; Maier 1990; Schürer 1973–1987 III. S. o. *Tradition* IV 6.
[139] Vgl. dazu J. Dochhorn in Georges u. a. 2013.

Doch soviel kann man sagen: Mit der Übersetzung der Tora ins Griechische fing alles an.

Die Literatur des hellenistischen Judentums steht mit einem Bein fest in der biblischen Tradition, mit dem anderen ebenso fest in der hellenistischen Welt.[140] Letzteres zeigt sich nicht nur in der Sprache und den Gattungen, deren man sich bediente, sondern auch im Geist der Literatur. Ein schönes Beispiel ist der pseudepigraphe Aristeasbrief, der der griechischen Übersetzung der Tora und ihrem Ursprung in Alexandria ein eindrückliches Denkmal gesetzt hat.[141] Mit viel Sympathie für den ptolemäischen Staat und die hellenistische Kultur setzt sich der Brief mit den philosophischen Strömungen seiner Zeit auseinander. Die biblischen Traditionen werden in ein positives Verhältnis zur hellenistischen (Popular-)Philosophie gesetzt, indem das jüdische Gesetz hier wie auch bei Aristobulos und Philon mit den Mitteln der alexandrinischen Exegese »tropologisch« (Arist 150–151), des näheren ethisch interpretiert (Arist 128–171, bes. 168 f) und umgekehrt ein hellenistischer Fürstenspiegel unter das Vorzeichen der göttlichen Veranlassung gestellt wird (Arist 187–294, bes. 200.235). Das Judentum wird in die hellenistische Welt eingeordnet, ohne die jüdische Identität preiszugeben. Insoweit bewegt sich der Aristeasbrief im Rahmen der Synthese von Identität und Integration, die für die jüdische Diaspora in Ägypten typisch und nunmehr zu einer »Synthese von Judentum und Hellenismus«[142] geworden ist. Neu ist die Definition der Identität. Das Identitätsbewußtsein speist sich nicht mehr (allein) aus der gemeinsamen »judäischen« Herkunft und der gemeinsamen Jhwh-Verehrung, sondern aus der Tora des Mose,

---

[140] Hengel 1973 und 1976; Gruen 1998 und 2002.
[141] JSHRZ II/1, 35 ff; vgl. dazu Honigman 2003; Gruen 2008; Rajak 2008.
[142] Tcherikover 1958, 70.

die das Judentum mit »undurchdringlichen Wällen« und »eisernen Mauern« umgibt.[143] An die Stelle der gemeinsamen Herkunft und Geschichte der »Judäer« ist die heilige Geschichte des Volkes Israel, an die Stelle des religiösen Brauchtums der Jhwh-Verehrung das Gesetz des Mose getreten.

Geht man mit der Mehrheit der Forschung davon aus, daß die biblische Überlieferung in Israel und Juda der Sache nach seit alters bekannt und allgemein verbreitet gewesen sei, erklärt sich die Situation in Alexandria von selbst. Zieht man jedoch Elephantine und das epigraphische Material für die hellenistische Zeit mit in Betracht, stellt sich, wie im Verhältnis von Tempel und Synagoge, auch hinsichtlich der Literatur die Frage, was die Regel und was die Ausnahme ist. Natürlich kann und sollte die allgemeine Kenntnis der biblischen Überlieferung nicht völlig ausgeschlossen werden, nur weil sie nicht belegt ist. Doch kann und sollte sie auch nicht einfach vorausgesetzt und für die Deutung der epigraphischen und archäologischen Zeugnisse ohne weiteres in Anschlag gebracht werden.

Leontopolis, die nächste Vergleichsgröße, hilft in diesem Fall nicht weiter, da hier keinerlei literarische Überlieferung nachweisbar ist.[144] Immerhin verbinden der Tempel und die epigraphischen Zeugnisse diesen Ort mehr mit Elephantine als mit Alexandria, was übrigens für die historische Einordnung der Oniaden und die Rekonstruktion der Ereignisse unter Antiochos IV. in Palästina nicht ohne Bedeutung ist. So bleibt die Differenz zwischen Elephantine und Alexandria in den Beständen der Literatur: hier die Behistuninschrift und die »Worte des Ahiqar«, dort die Tora des Mose und die übrige biblische Überlieferung. Diese Differenz ist nicht allein eine Frage der Gattung oder der verschiedenen Quellensorten.

---

[143] Arist 139. Vgl. Feldmeier 1994.
[144] Vgl. jedoch Horbury 1994.

Wie wir sahen, gibt es genügend Überschneidungen, die die Vergleichbarkeit gewährleisten. Auch die soziologische Erklärung, wonach Elephantine die praktizierte Religion des gemeinen Volkes, Alexandria hingegen die reflektierte Theologie der geistigen Eliten repräsentiere, greift zu kurz. Die praktizierte Religion ist nach den epigraphischen Belegen auch für die Oberschicht kennzeichnend, während die biblische Überlieferung in hellenistisch-römischer Zeit, besonders in Folge der makkabäisch-hasmonäischen Religionspolitik, auch das breite Volk erreichte oder zumindest erreichen sollte.

Wie also läßt sich die Differenz zwischen Elephantine und Alexandria erklären? Oder, präziser gefragt, wie kam die biblische Überlieferung nach Ägypten, um in Alexandria ins Griechische übersetzt zu werden und so den Boden für eine derart breite literarische Produktion wie die des hellenistischen Judentums zu bereiten? Eine eindeutige Antwort ist derzeit nicht möglich und wird aufgrund des Mangels an Quellen vielleicht auch nie möglich sein. Man kann nur versuchen, den zeitlichen Horizont und die Umstände etwas näher einzugrenzen, um den Vorgang zu begreifen.

Als Fixpunkte können Elephantine um 400 v. Chr. auf der einen Seite und das späte Alexandria seit der Mitte des 2. Jahrhunderts v. Chr. auf der anderen Seite dienen. Wie im Falle der Entwicklung vom Tempel zur Synagoge dürften auch in der Literatur die Veränderungen in Palästina nach der makkabäisch-hasmonäischen Revolte und Etablierung eines »israelitischen« Königtums, das auf der Tora des Mose gründete, einen entscheidenden Einfluß ausgeübt haben. Dazwischen liegt die Übersetzung der Tora ins Griechische, die gemeinhin in die Mitte des 3. Jahrhunderts v. Chr. unter Ptolemaios II. (285–246) datiert wird. Die Quellenbasis für diese Datierung ist freilich ausgesprochen dünn. Sie besteht allein in dem jüdischen Pseudepigraph des Aristeasbriefes aus dem 1. Jahrhundert v. Chr., den die Forschung einhellig für eine Fiktion hält, mit Ausnahme der Datierung der Übersetzung.

Einen gewissen Anhaltspunkt für die Verbreitung der biblischen Überlieferung in der Zeit zwischen Elephantine und Qumran scheinen die Zitate der paganen, griechischsprachigen Historiker Hekataios von Abdera, Berossos und Manetho zu belegen, die wiederum in das 3. Jahrhundert v. Chr. weisen.[145] Doch mit ihnen betritt man nur scheinbar sicheren Boden. Die Zitate der Historiker sind in sekundärer oder tertiärer Überlieferung bei späteren griechisch-römischen, jüdischen und christlichen Schriftstellern erhalten. In den allermeisten Fällen ist die Echtheit umstritten und mit Überarbeitungen durch die Autoren der römischen Epoche zu rechnen. Außerdem wäre zu klären, auf welchem Wege die Historiographen so bald nach der Perserzeit mit den Stoffen der hebräischen Überlieferung bekannt geworden sind, die sie auf Griechisch paraphrasieren.

So bleiben viele Fragen offen, und es ist nur eine ungefähre zeitliche Eingrenzung möglich. Doch irgendwann zwischen Alexander dem Großen und Judas Makkabaios muß die biblische Überlieferung auf Wegen, die uns noch unbekannt sind, zu den »Judäern« in die ägyptische Diaspora gelangt sein, wo sie ins Griechische übersetzt wurde. Die Kenntnis der biblischen Überlieferung nimmt im Verlauf des 3. Jahrhunderts v. Chr. hier wie auch in Palästina unter Judäern und Samariern zu, ohne jedoch notwendigerweise im allgemeinen Bewußtsein verankert oder an den Tempeln bekannt und offiziell verbindlich gewesen zu sein.

Ein Schlaglicht auf die Situation im frühen 2. Jahrhundert v. Chr. wirft der griechische Prolog zum Sirachbuch. Hier spricht der Enkel des Ben Sira, der das Buch gegen Ende des

---

[145] Vgl. STERN; Bar-Kochva 1997 und 2010.

2. Jahrhunderts ins Griechische übersetzte, davon, daß zu Zeiten seines Großvaters die Kenntnis der biblischen Überlieferung – Gesetz und Propheten und der anderen Bücher der Väter – noch keineswegs selbstverständlich gewesen sei. Ben Sira habe sein Buch eigens dafür verfaßt, damit »nicht nur die allein, die lesen können, Verständnis erhalten sollten, sondern diejenigen, die das Lernen lieben, imstande sein sollten, auch denen, die sich außerhalb befinden, in Wort und Schrift nützlich zu sein.«[146] Das »Lob der Väter« in Sir 44–49 erscheint so als eine Art kleiner Katechismus, um die Unwissenden in die Grundlagen der biblischen Überlieferung einzuführen. Das Loblied auf den Hohepriester Simon II., der in Sir 50 in all seiner kultischen Herrlichkeit und Pracht beschrieben wird, erweckt danach den Eindruck, als hätten auch er und seine Priesterkollegen in Jerusalem eines solchen Elementarunterrichts noch bedurft.

Aus dem Prolog des Sirachbuches wird ebenfalls deutlich, daß die Verbreitung der biblischen Überlieferung nicht etwa vom Tempel und den dort amtierenden Priestern, sondern von Weisheitslehrern wie Ben Sira ausging. Die intensive Beschäftigung mit der biblischen Überlieferung wurde in gewissen Kreisen von Schriftgelehrten vermutlich dadurch ausgelöst, daß man sich dem Sog des Hellenismus zwar allenthalben nicht entziehen konnte noch wollte, je länger desto mehr aber das Bedürfnis empfand, ihm etwas Eigenes an die Seite zu stellen oder entgegenzusetzen. Dies dürfte im 3. und frühen 2. Jahrhundert in Palästina und vielleicht noch stärker in der ägyptischen Diaspora seinen Anfang genommen haben.

Wie weit die biblische Überlieferung und die Beschäftigung mit ihr in dieser Zeit schon verbreitet waren, wissen wir allerdings nicht. Jedenfalls dürften in den Kreisen, in denen

---

[146] Sir Prol. 4–6.

die biblische Überlieferung studiert und beherzigt wurde, auch die griechische Übersetzung der Tora des Mose und der Austausch mit der griechischsprachigen Welt ihren Ort gehabt haben, der sich in den Zitaten eines Hekataios, Berossos oder Manetho spiegelt. Als Reflex auf diese Situation könnte der pseudepigraphe Aristeasbrief mit seiner Schilderung des gelehrten philosophischen Disputs also durchaus im Recht sein. Nur daß er – ebenso wie 2 Kön 22–23, Esra 7 und der griechische Prolog zum Ben Sira – für die Tora eine Autorität voraussetzt, die sie nicht schon immer besaß, sondern erst allmählich und nicht zuletzt mit Hilfe von Gründungslegenden wie 2 Kön 22–23, Esra 7 und Pseudo-Aristeas oder propagandistischen Schriften wie der Schrift des Ben Sira erhalten sollte. Die Popularisierung der biblischen Literatur als verbindliche Überlieferung, die für jeden »Judäer« bzw. Juden im Land und in der Diaspora gilt, ist, soweit wir sehen, erst ab der Mitte des 2. Jahrhunderts v. Chr. unter Einfluß der makkabäisch-hasmonäischen Religionspolitik mit durchschlagendem Erfolg betrieben worden. Danach setzt im hellenistischen Judentum in Alexandria wie auch im palästinischen und bald auch im babylonischen Judentum eine gewaltige Geschichte der Auslegung der biblischen Überlieferung ein, die sich über Jahrhunderte erstreckte und bis heute andauert.

III. Israel und das Judentum

1. Nichtbiblisches und biblisches Judentum

Elephantine und Qumran sind zwei geographisch und zeitlich weit auseinanderliegende jüdische Archive und repräsentieren, wie wir in diesem dritten Überblick gesehen haben, zwei inhaltlich entgegengesetzte Pole: das nichtbiblische Judentum in der ägyptischen Diaspora der persischen Zeit und eine Gruppe rigoroser Vertreter des biblischen Judentums im Land der hellenistisch-römischen Zeit. Irgendwo dazwischen sind die Schriften der Hebräischen Bibel anzusiedeln, die in persischer und früher hellenistischer Zeit ihre letzte Gestalt erhielten, nach und nach ins Griechische übersetzt wurden und die Masse der parabiblischen Literatur nach sich zogen. Für die Übergänge vom einen zum anderen stehen die Namen Garizim, Jerusalem und Alexandria, die vom inschriftlichen Befund her dem nichtbiblischen Judentum nahestehen, in der literarischen Tradition aber mit der biblischen Tradition in Verbindung gebracht werden.

Sowohl der Vergleich der Archive untereinander als auch der Vergleich zwischen dem inschriftlichen Befund auf der einen und der literarischen, biblischen Tradition auf der anderen Seite offenbart einen fundamentalen Unterschied, um nicht zu sagen einen Gegensatz im Judentum der persisch-hellenistischen Zeit.

Auf der einen Seite sehen wir ein Judentum im Land und in der Diaspora, das sich durch die gemeinsame Verehrung des Gottes Jhwh auszeichnet, seine Identität ansonsten aber durch die unterschiedliche Herkunft aus Samaria, dem Gebiet des ehemaligen Reiches Israel, und Juda definiert. Genau genommen, müßte man von samarischen (israelitischen) und judäischen Jhwh-Verehrern im Land oder in der Diaspora sprechen und die beiden Ethnien entsprechend unterscheiden, auch wenn es vielfältigen Austausch zwischen den beiden Regionen und ihrer Bevölkerung gab. Soweit wir sehen, lebten die beiden Ethnien in Kontinuität zur Bevölkerung der vorexilischen Reiche Israel und Juda und behielten ihre alten Sitten und Gebräuche unter den jeweils neuen Umständen einer assyrischen, babylonischen, persischen, ptolemäischen, seleukidischen und schließlich römischen Provinz oder entsprechenden Kolonie in der Diaspora bei. Hier und dort sehen wir auch, daß die beiden Ethnien ihre eigenen regionalen Heiligtümer unterhielten: die samarischen Jhwh-Verehrer einen Tempel auf dem Berg Garizim, judäische Jhwh-Verehrer in Jerusalem, auf Elephantine und in Leontopolis. Archäologische und epigraphische Indizien lassen auf weitere Jhwh-Heiligtümer in persischer Zeit schließen: das Heiligtum in Betel und ein Jahu-Heiligtum im südlichen, edomitischen Juda. In hellenistisch-römischer Zeit kamen Gebetshäuser (Synagogen) hinzu.

Vieles von dem, was die samarische (israelitische) und die judäische Kultur und Religion ausmachte und sporadisch in dem inschriftlichen Material und im Onomastikon bezeugt ist, hat auch Eingang in die biblische Überlieferung gefunden: die bevorzugte Verehrung Jhwhs ebenso wie diverse rechtliche, priesterliche, kultische, prophetische, weisheitliche und narrative Überlieferungen, Vorstellungen und Redeformen. Dies ist auch der Grund, warum man beide Ethnien unter »Israel« und »das Judentum« subsumieren kann und sollte, um die Kontinuität von dem historischen Israel und dem historischen Juda zum biblischen »Israel« und dem Judentum nicht aus den Augen zu verlieren. Doch nirgends ist außerhalb der biblischen Überlieferung für die samarischen (israelitischen) und judäischen Jhwh-Verehrer die biblische Tradition als solche erkennbar vorausgesetzt oder zur bindenden Norm erklärt. Aus diesem Grund spreche ich von einem »nichtbiblischen Judentum«.

Mehr oder weniger gleichzeitig ist in der biblischen Überlieferung eine andere Form des nachstaatlichen Judentums bezeugt. Zwar werden auch hier Samaria (das alte Israel und die Provinz Samaria) und Juda durchaus unterschieden, doch zugleich unter der Bezeichnung »(ganz) Israel« als ideelle Einheit aufgefaßt. Überspitzt könnte man sagen: In der biblischen Tradition zählen nicht Samaria und Juda, sondern Israel und die anderen Völker, wobei Samarier und Judäer teils unter Israel, teils unter die anderen Völker fallen, je nachdem, ob sie zum biblischen »Israel« gerechnet werden oder nicht. Zu der gemeinsamen Sprache des Hebräischen, die neben der gesprochenen Sprache des Aramäischen zur Sprache der heiligen Schriften wird, und der gemeinsamen Verehrung des Gottes Jhwh kommt in der biblischen Tradition die genealogische Verbindung hinzu, die die zwölf Stämme Israels und ihre Familien miteinander verbindet und gegen andere abgrenzt. Hinzu kommt auch die Bindung an die Tradition, allem voran die Tora des Mose, die eine neue Identität stiftet und den Unterschied zu den anderen Völkern wie den eigenen Landsleuten in Samaria und Juda, die nicht zum biblischen »Israel« gehören, markiert.

Hält man sich an die historische Evidenz und sieht von weiteren Spekulationen ab, ergibt sich, daß diese Form des Judentums erst in nachstaatlicher, des näheren hellenistischer Zeit in Erscheinung tritt. Historisch belegt ist sie durch den proto-samaritanischen Pentateuch, die Übersetzung der Tora ins Griechische, die Texte vom Toten Meer sowie die literarischen Traditionen über und aus Jerusalem und Alexandria. Alle diese Zeugnisse lassen – über die regionalen, sprachlichen und kulturellen Unterschiede hinaus – auf eine gemeinsame Grundüberzeugung weiter Teile der samarischen und judäischen Bevölkerung im Land und in der Diaspora schließen, die sich neben der gemeinsamen Jhwh-Verehrung an dem Bezug auf die biblische Tradition und allem, was daraus für das Selbstverständnis und die religiöse Praxis folgt, festmachen läßt. Aus diesem Grund spreche ich bei dieser Form des Judentums vom »biblischen Judentum«.

Wie sich nichtbiblisches und biblisches Judentum in nachstaatlicher – babylonischer, persischer und hellenistisch-römischer – Zeit zueinander verhalten, ist eine sehr schwierige Frage. Manche meinen, der Unterschied sei nicht allzu groß, und füllen daher die Lücken an Quellen im inschriftlichen Material mit der biblischen Tradition und die Lücken an gesicherten historischen Daten in der biblischen Tradition mit dem inschriftlichen Material.[147] Was sich nicht fügt, wie etwa die vielen Heiligtümer im Land und in der Diaspora, die gegen das Zentralisationsgebot in Dtn 12 verstoßen, oder die diversen Götter, die in der judäischen Kolonie auf Elephantine geachtet und verehrt wurden, gilt als Ausnahme, die die Regel bestätigt.

Bevor das Verhältnis nicht zureichend geklärt ist, empfiehlt es sich jedoch nicht, die Quellen vorschnell zu harmonisieren und die beiden Gestalten des Judentums in nachstaatlicher Zeit, die auch in sich vielgestaltig sind, ohne weiteres miteinander zu identifizieren. Vielmehr wird man für einen längeren Zeitraum zunächst mit einem Nebeneinander, in gewisser Weise auch einem Mit- oder Ineinander von nichtbiblischem und biblischem Judentum rechnen müssen, bis sich schließlich das biblische Judentum durchgesetzt hat. Ein wichtiges Zeugnis ist in diesem Zusammenhang das Buch des Ben Sira, das nach Ausweis des Prologs zur griechischen Übersetzung aus dem Ende des 2. Jahrhunderts v. Chr. eigens dafür verfaßt wurde, dem biblischen Judentum zu weiterer Bekanntheit und Verbreitung zu verhelfen. Als historische Zäsur, von der an die biblische Tradition erkennbar an Verbreitung und staatlich garantierter Autorität gewonnen hat, kann, wie wir sahen, die makkabäische Erhebung sowie das daraus hervorgegangene hasmonäische Königtum gelten. Bis dahin dürfte das nichtbiblische Judentum tonangebend, das biblische Ju-

---

[147] Vgl. zuletzt etwa Huddleston 2012, 74–120, der die Diskussion zusammenfaßt.

dentum hingegen eher von marginaler historischer Bedeutung gewesen sein.

Der Unterschied zwischen nichtbiblischem und biblischem Judentum geht jedoch nicht nur aus der Betrachtung der Archive und dem Vergleich zwischen epigraphischen und literarischen Quellen, d. h. aus der *external evidence*, hervor. Er ergibt sich auch aus der internen literarkritischen Analyse und Differenzierung der biblischen Überlieferung, in der man, wie wir in dem zweiten Überblick über die Entstehung der Tradition gesehen haben, zwischen den Resten einer vor- oder nichtbiblischen Schriftkultur, die teilweise auch in die biblische Tradition Eingang fand, und der – ihrerseits gewachsenen und daher vielschichtigen – biblischen Tradition selbst unterscheiden kann.

Die interne Analyse der biblischen Tradition bezieht sich auf die gesamte Überlieferung. Sie umfaßt daher nicht nur, wie die Archive, die nachstaatliche Epoche der beiden Provinzen Samaria und Juda, sondern auch die vorexilische Epoche der beiden Reiche Israel und Juda, in der das Reich Israel schon zur assyrischen Provinz wurde, während das Reich Juda noch bestand. Auch für die vorexilische Epoche der beiden Reiche existiert, wenn auch in weit geringerem Umfang, eine *external evidence* in Form von archäologischen und epigraphischen Quellen, die im ersten Überblick über die Geschichte Israels und Judas ausgewertet wurden. Die wenigen inschriftlichen Zeugnisse bestätigen die literarhistorische Analyse und untermauern damit die Schlußfolgerung, daß man nicht erst in nachexilischer, sondern ebenso schon in vorexilischer Zeit mit dem Unterschied zwischen nichtbiblischem und biblischem Judentum oder, anders ausgedrückt, mit einem Nebeneinander der historischen Größen Israel und Juda und dem biblischen »Israel« der literarischen Tradition zu rechnen hat.

III. Israel und das Judentum

Die Schlußfolgerung erinnert nicht von ungefähr an die fundamentale Unterscheidung von Julius Wellhausen zwischen »altem Israel« und dem »Judentum«, die er in seiner Analyse der »Composition des Hexateuchs und der erzählenden Bücher des Alten Testaments« (1899) und den »Prolegomena zur Geschichte Israels« (1905) begründet und in der »Israelitischen und jüdischen Geschichte« (1914) historiographisch ausgeführt hat. Wellhausen war nicht der erste, der diese Unterscheidung einführte. Ihm ging Wilhelm Martin Leberecht de Wette voraus, der in den 1806–1807 erschienenen »Beiträgen zur Einleitung in das Alte Testament« den historischen Quellenwert der biblischen Schriften in Frage stellte und damit ein geschichtliches Verständnis der Tradition einleitete. Dazu gehörte auch die in seinem »Lehrbuch der christlichen Dogmatik in ihrer historischen Entwickelung« (1813–1816) gemachte Unterscheidung zwischen den beiden Epochen und Erscheinungsweisen Israels vor und nach dem babylonischen Exil, für die er die Begriffe »Hebraismus« und »Judentum« (oder auch »Judaismus«) einführte.[148] Was de Wette noch fehlte, war ein klares Kriterium zur Unterscheidung dieser von ihm mehr erahnten als präzise definierten zwei Epochen Israels.

Es blieb Julius Wellhausen vorbehalten, das Kriterium zu entdecken, das er zur Grundlage seiner Analyse des Alten Testaments machte. Wellhausens Kriterium war das mosaische Gesetz, womit er die literarische Schicht im Pentateuch meinte, die wir heute Priesterschrift nennen und die vor Wellhausen als älteste, nach seiner Beweisführung als jüngste Schicht angesehen wurde. So exponierte Wellhausen in der ersten Auflage seiner »Geschichte Israels I« von 1878, den späteren »Prolegomena zur Geschichte Israels« (1905), gleich zu Be-

---

[148] Vgl. Perlitt 1994.

ginn die Frage, »ob das mosaische Gesetz der Ausgangspunkt sei für die Geschichte des *alten Israel* oder für die Geschichte des *Judentums*, d. h. der Sekte (2. Auflage 1883: der religiösen Gemeinde, 6. Auflage 1905: der Religionsgemeinde), welche das von Assyrern und Chaldäern vernichtete Volk überlebte«.[149] Die Antwort auf die Eingangsfrage gibt die Untersuchung des Kults, in der Wellhausen nachweist, wie sich aus den unspektakulären Anfängen der beiden Königreiche Israel und Juda, dem hebräischen »Heidentum«, erst nach dem Untergang der beiden Monarchien 722 bzw. 587 v. Chr. diejenige religiöse Gemeinschaft herausgebildet hat, die in der biblischen Tradition »Israel« heißt und sich als ein von ihrem Gott, dem einen und einzigen Gott Jhwh, erwähltes Volk begreift.[150] »Die israelitische Religion hat sich aus dem Heidentum erst allmählich emporgearbeitet; das eben ist der Inhalt ihrer Geschichte.«[151]

Legt man »das Gesetz«, zumal in Gestalt der Priesterschrift und ihrer sekundären Teile in den Büchern Exodus, Levitikus und Numeri, die sich mit den Einzelheiten des Kults befassen,[152] als entscheidendes Kriterium an, ist der Schluß unausweichlich, daß man es nicht mit einem Neben-, sondern mit einem Nacheinander von »altem Israel« und »Judentum« zu tun hat, und zwar sowohl in der biblischen Überlieferung wie in der damit korrelierten Geschichte Israels und Judas. Nun haben sich uns aber Indizien für die Auffassung ergeben, daß nicht nur das (priesterschriftliche) »Gesetz«, sondern die biblische Tradition als solche die *differentia specifica* zum historischen Israel darstellt, angefangen bei den Propheten als

---

[149] In sämtlichen Auflagen auf Seite 1.
[150] Vgl. Wellhausen 1905a.
[151] Wellhausen 1917, 32; vgl. dazu Kratz 2004c.
[152] Zur Unterscheidung zwischen Grundschrift und sekundärer Priesterschrift vgl. Kratz 2000b, 102–117 (engl. 2005, 100–114).

den »Begründern der Religion des Gesetzes«[153] über die heilige Geschichte des Volkes Israel, die ohne die Propheten nicht verfaßt worden wäre, bis hin zu den verschiedenen Stadien des dem Mose am Sinai geoffenbarten »Gesetzes« (Bundesbuch, Deuteronomium, Dekalog, Priesterschrift).

Ferner haben wir gesehen, daß das »alte Israel« oder hebräische »Heidentum«, sprich die historische Gestalt Israels und Judas, insbesondere was die Religion anbelangt, nicht auf die vorexilische Zeit der beiden Reiche begrenzt werden kann, sondern die gesamte Geschichte Israels und Judas hindurch existierte und somit auch die nachstaatliche Epoche der beiden Provinzen Samaria und Juda wesentlich mit prägte. Die Entwicklung, in der sich »die israelitische Religion ... aus dem Heidentum erst allmählich emporgearbeitet« hat (Wellhausen), fand zunächst nicht in der Geschichte Israels und Judas, sondern in der Geschichte der biblischen Tradition statt, die in nachstaatlicher Zeit »erst allmählich«, historisch nachweisbar seit der hellenistischen Zeit, Geschichte gemacht und eine neue, grundlegend veränderte Religionsausübung hervorgebracht hat.

Nach allem wird man zwei Modifikationen an dem Bild von Julius Wellhausen und seiner Unterscheidung zwischen »altem Israel« und »Judentum« vornehmen müssen, die allerdings bei ihm selbst schon angelegt sind. Zum einen ist nicht erst das (priesterschriftliche) Gesetz, sondern die biblische Tradition insgesamt das entscheidende Kriterium zur Unterscheidung zwischen »altem Israel« und »Judentum«, d.h. zwischen dem historischen und dem biblischen Israel.[154] Zum anderen ist das Verhältnis der beiden Erscheinungsweisen Israels nicht als Nach-, sondern doch eher als Nebeneinander zu

---

[153] Wellhausen 1914, 109f.
[154] Zu den Übergängen vom einen zum anderen s. o. *Tradition*.

begreifen. Das »alte Israel« hat es auch noch zur Zeit der nachexilischen Provinzen und das »Judentum« schon in der vorexilischen biblischen Tradition gegeben. Das Nacheinander, das Wellhausen anhand des »Gesetzes« beobachtet hat, betrifft in erster Linie nicht die Geschichte Israels und Judas,[155] sondern die der biblischen Tradition,[156] die nicht ohne weiteres mit der Geschichte Israels und Judas korreliert oder gar identifiziert werden kann, sondern »erst allmählich« auch eine historische Wirkung entfaltete.

Aufs Ganze der Geschichte Israels und Judas im 1. Jahrtausend v. Chr. gesehen behält Wellhausen durchaus Recht. Von der ersten Bezeugung Israels in der ägyptischen Merenptah-Stele und den beiden Reichen bis zum hasmonäischen Königtum hat in der Tat eine Wandlung vom »alten Israel« zum »Judentum« stattgefunden. Auch dazwischen hat sich in der Geschichte, einschließlich der Religionsgeschichte der beiden Reiche und der beiden Provinzen, vieles getan und verändert. Doch die Wandlung vom »alten Israel« zum »Judentum« hat sich zuerst nicht in der Geschichte, sondern in der biblischen Tradition vollzogen, die im Rahmen der israelitischen und judäischen Geschichte und als Teil derselben einen Sonderweg eingeschlagen hat, nicht nach, sondern neben allem anderen, was die Geschichte im Land wie in der Diaspora ansonsten ausmacht. In der biblischen Tradition sind die verschiedenen Stadien und vielen Verästelungen der Entwicklung von der historischen Erscheinung Israels und Judas in vor- wie in nachexilischer Zeit (dem nichtbiblischen Judentum) zum »Israel« der Tradition (dem biblischen Judentum) zu

---

[155] Zu ihr vgl. vielmehr oben den Überblick *Geschichte*.
[156] Zu ihr vgl. oben den Überblick *Tradition*. Das Nebeneinander folgt aus dem Nacheinander, vgl. Wellhausen 1914, 371: »Die Stufen der Religion, wie die Stufen der Geschichte überhaupt, bleiben neben einander bestehen.«

verfolgen, das, soweit wir sehen, im Laufe der hellenistischen Zeit an Boden gewann und sich am Ende historisch durchsetzte.

2. Geschichte und Tradition

Die Modifizierung des von Wellhausen begründeten Bildes von der Entwicklung vom »alten Israel« zum »Judentum«, dem viele – bewußt oder unbewußt – folgen, zieht eine Reihe von weiteren Konsequenzen und Fragen nach sich. Sie können hier nicht mehr *in extenso* behandelt werden, sollen abschließend aber wenigstens andeutungsweise zur Sprache kommen.

So stellte sich schon in den voranstehenden Kapiteln dieses Überblicks über die jüdischen Archive sowie im vorausgehenden Überblick über die Tradition immer wieder einmal die Frage, wo im Rahmen der Geschichte Israels und Judas die biblische Tradition ihren historischen Ort hatte.[157] Die Unterscheidung zwischen Geschichte und Tradition bedeutet ja keineswegs, daß die Tradition von Zeit und Raum losgelöst und jenseits des historischen Geschehens anzusiedeln wäre. Zum einen sind Daten, Vorstellungen und Überlieferungen aus der Geschichte, namentlich der Religionsgeschichte Israels und Judas wie des Alten Orients, in die biblische Tradition eingegangen. Zum anderen sind natürlich auch die Entstehung und Geschichte der biblischen Tradition – bei allen Unterschieden zur praktizierten Religion und zum täglichen Leben – Teil der Geschichte Israels (Samarias) und Judas in vor- wie in nachexilischer Zeit. Insofern hat auch die Geschichte der Tradition ihren Ort in der Geschichte.

---

[157] S. o. I sowie unter II 1–6.

Doch im Falle der biblischen Tradition stehen wir vor der großen Schwierigkeit und müssen uns ehrlich eingestehen, daß uns die nötigen Fixpunkte zur absoluten Datierung und gesicherte Daten über Entstehungsort, Verfasser und institutionelle oder soziologische Kontexte weitgehend fehlen. Wer für die Entstehung, Pflege und Weitergabe der biblischen Tradition verantwortlich war und wo die Verantwortlichen, die sogenannten Trägerkreise, in der Gesellschaft Israels und Judas angesiedelt waren, weiß niemand, auch wenn manche immer mehr wissen, als man wissen kann. Das übliche Verfahren, aus den Angaben der biblischen Tradition auf deren historischen und soziologischen Ort zu schließen und dies womöglich auch mit den archäologischen und inschriftlichen Befunden zu harmonisieren, ist sicher eine Möglichkeit, sich zu behelfen, um überhaupt etwas sagen zu können,[158] läßt sich aber nicht beweisen und entbehrt jeder Grundlage. Das Verfahren ist im übrigen in hohem Maße zirkulär, insofern es die biblische Tradition fast ausschließlich mit der biblischen Tradition erklärt.

Der einzige historische Beleg für eine Gruppe, die ganz mit und in der vielfältigen biblischen und parabiblischen Überlieferung lebte, ist die Gemeinschaft von Qumran. Hier haben wir es ganz offensichtlich mit geschulten Schreibern und andern gelehrten Personen zu tun, die vermutlich aus den üblichen Institutionen (Tempeln, Verwaltungszentren, privaten und öffentlichen Schreiberschulen) der Provinzen Samaria und Juda stammen oder dort vielleicht sogar tätig waren, sich davon aber zumindest innerlich distanziert und in die Welt ihrer Texte zurückgezogen haben. Es müssen deswegen nicht

---

[158] Den Versuch einer genauen Identifizierung der Trägerkreise unternehmen etwa Albertz 1996–1997 sowie für die nachstaatliche Zeit Veijola 2000; Otto 1998; vgl. auch Huddleston 2012, 74–120.

unbedingt nur kleine, abgeschottete Zirkel gewesen sein, die die biblische Überlieferung gepflegt haben. Auch die Gemeinschaft von Qumran, der *Jachad*, war nicht nur eine marginale Sekte am Rande der Gesellschaft, sondern bestand aus einem über das Land verstreuten Netz von Standorten, an denen die Mitglieder vermutlich ein ganz normales Leben führten und zugleich die Regeln der Gemeinschaft, so gut es eben ging, befolgten. Ob dieses historische Beispiel auch schon für die Situation der Entstehung und Geschichte der biblischen Tradition vor Qumran aussagekräftig ist und die Entwicklung bis zu Alexandria, Ben Sira, den Samaritanern sowie der Etablierung der biblischen Tradition als Staatsreligion unter Makkabäern und Hasmonäern erklärt, ist eine Frage, die weiterer Untersuchung bedarf.

Wichtiger als die Trägerkreise ist die Frage, wann und unter welchen Umständen die biblische Tradition zu allgemeiner Bekanntheit unter der israelitischen (samarischen) und judäischen Bevölkerung gelangt ist und das biblische Judentum für alle Jhwh-Verehrer im Land wie in der Diaspora zur Norm wurde. Wie wir sahen, setzen die historischen Belege für diesen Vorgang erst in hellenistischer Zeit ein. Eine deutliche Zäsur markiert der makkabäische Aufstand. Seither gehört die biblische Tradition zur Staatsräson und gilt für das ganze Volk im hasmonäischen Königtum. Für die Zeit davor ist Ben Sira eine Schlüsselfigur, auch wenn wir nicht genau wissen, woher er kommt und wo genau er anzusiedeln ist.

Wie es scheint, hat es in hellenistischer Zeit Weisheitslehrer, vielleicht private oder öffentliche Weisheitsschulen oder auch Vereine wie den frühen *Jachad* (die Gemeinschaft von Qumran) gegeben, die sich – getreu der Devise von Ps 1 »Wohl dem, der seine Lust hat an der Tora des Herrn und über sie nachsinnt Tag und Nacht« – das Studium, die Praxis und die Weitergabe der biblischen Tradition zur Lebensaufgabe gemacht haben. Über solche Netzwerke muß die Tradition auch in die Diaspora gelangt sein, wo wir sie zuerst im ägyptischen Alexandria antreffen. Wann und unter welchen Umständen sie in die babylonische Gola gelangt ist, von der die Tradition viel zu erzählen weiß, ist außerhalb der biblischen Überlieferung (bisher) nicht belegt. Auch zeitlich kommen wir mit den uns zur Verfügung stehenden Quellen bisher nicht über die hellenistische Zeit hinaus, auch wenn man annehmen möchte oder jedenfalls nicht ausschließen kann, daß die Ausstrahlung des biblischen Judentums und der von ihm propagierten Tradition schon früher, in persischer oder gar schon spätassyrischer und neubabylonischer Zeit, begonnen hat und weiter reichte, als wir sehen. Nur fehlen uns dafür eben die Belege, und man sollte sich gegen diese Einsicht nicht sträuben, nur weil man, was sehr verständlich ist, über die frühe Zeit gerne mehr erfahren und sagen würde. Was wir aus dieser frühen Zeit haben, nämlich die biblische Tradition selbst, ist doch eigentlich schon recht viel und auch ohne Wissen um den genauen historischen Kontext ihrer Entstehung und Überlieferung von großem Wert und historischer Bedeutung.

Damit komme ich zu den hermeneutischen Fragen, die sich aufgrund des neueren Bildes von Israel und dem Judentum im 1. Jahrtausend v. Chr. stellen und bei manchen vielleicht auch gewisse konfessionelle oder theologische Empfindlichkeiten berühren. Im Kern dreht es sich um ein einziges Problem: die Wahrheit und Verläßlichkeit der biblischen und parabiblischen Tradition, wenn sie denn mehrheitlich aus literarischen Reflexen und Fiktionen besteht und mit der Geschichte Israels und Judas weder vereinbar noch sicher zu korrelieren ist. Für den Historiker ist dies ein historisches, für den Angehörigen einer der drei Religionsgemeinschaften, denen die biblische Überlieferung als von Gott geoffenbarte, heilige Schrift gilt, ein theologisches und existentielles Problem.

III. Israel und das Judentum

Man kann dem Problem ausweichen, indem gegen das hier präsentierte Bild Israels und des Judentums im 1. Jahrtausend v. Chr. der Einwand erhoben wird, daß es einer modernen, rationalen, ja, schlimmer noch, rationalistischen Logik der Aufklärung folge, die dem Denken der antiken Texte nicht angemessen sei. Man muß deswegen nicht unbedingt der historischen Kritik ganz abschwören und sich allein auf die Paraphrase der biblischen Überlieferung beschränken oder nur noch mit der vorkritischen Lektüre, die selbstverständlich ihren eigenen Wert und ihre bleibende Bedeutung hat, begnügen. Man kann vielmehr die Kritik als übertrieben, sozusagen als »Hyperkritik«, abtun und einen Mittelweg einschlagen, der sowohl einer moderaten historischen Kritik als auch der historisch-kritisch eingeebneten biblischen Tradition folgt, soweit sich beides nur irgendwie miteinander vereinen läßt. Doch ob man damit den historischen und vor allem den existentiellen Fragen wirklich gerecht wird?

Gewichtiger scheint mir ein anderer Einwand zu sein. Die Unterscheidung von historischem und biblischem Israel, nichtbiblischem und biblischem Judentum, Geschichte und Tradition usw. muß sich die Anfrage gefallen lassen, daß damit die historische und inhaltliche Verbindung der biblischen Tradition zur Wirklichkeit dessen, was sie historisch voraussetzt, worüber sie handelt und woraus sie schöpft, d.h. zur realen Gestalt Israels und Judas in vor- wie in nachexilischer Zeit, verloren geht oder sogar bewußt geleugnet wird. Der Einwand ist sehr ernst zu nehmen, weil die Unterscheidung in der Tat die Gefahr leichtsinniger oder böswilliger Geschichtsverfälschungen in sich birgt, etwa derart, daß die biblische (alttestamentliche) Überlieferung von ihrem israelitisch-judäischen und jüdischen Ursprung getrennt und als Sonderüberlieferung eigener Art für die eigenen – christlichen, muslimischen oder sonstigen – Interessen vereinnahmt wird.

Solchen Geschichtsklitterungen und vor allem den damit verbundenen theologischen oder politisch-ideologischen Absichten sei an dieser Stelle ausdrücklich und entschieden widersprochen. Das Alte Testament, die Hebräische Bibel, ist ein jüdisches Buch und das Fundament der jüdischen Religion. Beides ist aus der Religion Israels und Judas in vor- wie in nachexilischer Zeit hervorgegangen und bildet das Fundament von Christentum und Islam. Dies läßt sich weder aus historischen Gründen noch mit irgendwelchen theologischen Argumenten, mit denen manche die eigene (religiöse) Identität zu rechtfertigen suchen, ernsthaft in Frage stellen.

Dennoch ist nicht darüber hinwegzusehen, daß zwischen der historischen Gestalt von Israel und Juda im 1. Jahrtausend v. Chr., d. h. in vor- wie in nachexilischer Zeit, und dem »Israel« der biblischen Tradition ein fundamentaler Unterschied besteht. Die Metamorphose von dem Israel der Geschichte zum Israel der alttestamentlichen Tradition gleicht dem Sprung vom historischen Jesus zum nachösterlichen Christus in der neutestamentlichen Tradition. Beides »läßt sich nicht a priori, sondern nur post factum begreifen«,[159] und beides hat zur Um- oder Überschreibung der eigenen Vergangenheit geführt. Radikale Selbstkritik und ebenso radikale Neuerungen des jüdischen Selbstverständnisses und der religiösen Praxis waren hier wie dort die Folge. Doch wer wollte behaupten, daß der nachösterliche Christus nicht mit dem historischen Jesus identisch wäre? Jesus Christus ist nachher nicht mehr der gleiche wie vorher und doch ein und derselbe. Und ebenso verhält es sich mit dem vorbiblischen und dem biblischen Mose, dem historischen und dem biblischen Israel usw., vielleicht auch mit dem vorislamischen und dem islamischen Muhammad. Jedenfalls ist auch Gott in allen drei Religionen

---

[159] Wellhausen 1911, 81.

vor und nach der jüdischen, christlichen und islamischen Tradition nicht der gleiche und doch derselbe, eine und einzige, außer dem es keinen anderen gibt.

Das Verhältnis von Geschichte und Tradition ist somit nicht mit einem Entweder-Oder zu entscheiden, sondern in gleichem Maße von Kontinuität und Diskontinuität geprägt. Die Frage nach der – historischen und/oder theologischen – Wahrheit der biblischen Tradition läßt sich auf diesem Wege nicht beantworten. Vielleicht muß sie aber auch nicht beantwortet werden, vielleicht ist die Wahrheit nur im Glauben zu haben.

Zum Verstehen einer solchen Wahrheit leisten die neueren Geschichts-, Literatur- und Kulturwissenschaften eine gewisse Hilfe. Sie stellen theoretische Modelle zur Interpretation und Beschreibung kultureller, historischer und literarischer Entwicklungen bereit, unter die auch die Entstehung und Ausbildung der heiligen Geschichte in der biblischen und parabiblischen Literatur zu zählen sind. Im Vorbeigehen seien nur ein paar Schlagworte genannt: Konstruktion, Rezeption, Diskurs, Intertextualität und kollektives Gedächtnis. Die Theorien, die sich mit diesen Schlagworten verbinden, erlauben es, die literarische Deutung von Geschichte als Geschichte oder umgekehrt Geschichte immer als gedeutete, konstruierte oder imaginierte Geschichte zu verstehen. Die Differenz zwischen Geschichte und Geschichtsbild oder, anders gesagt, zwischen Fakt und Fiktion, wird damit zwar nicht aufgehoben, aber entscheidend relativiert. Auch gedeutete, konstruierte oder imaginierte Geschichte ist eine Wirklichkeit, die historisch wirksam werden kann und Geschichte macht.

Die geschichts- und kulturwissenschaftlichen Theorien nähern sich damit, auch wenn es ihnen nicht bewußt und vermutlich auch gar nicht so recht sein dürfte, dem schlichten Glauben an. Der Glaube kann und muß sich – um der Wahrheit willen – ohne weiteres an der historischen Kritik und Dekonstruktion der biblischen Tradition beteiligen. Doch hat er dabei weder etwas zu befürchten noch zu verlieren. Seine Wahrheit schließt die Frage nach der historischen Wirklichkeit und folglich auch die rationale historische Kritik mit ein, ist von deren Ergebnis aber nicht abhängig. Für den Glauben gibt es keinen historischen Beweis und er bedarf auch keines solchen Beweises. Denn der Glaube lebt von der Wirklichkeit und historischen Wirkmächtigkeit von Konstruktionen und Fiktionen, Rezeptionen, Diskursen, intertextuellen Beziehungen und Zitaten, Erinnerungen und kulturellem Gedächtnis, kurz: von einer Wirklichkeit, die höher ist als alle Vernunft.

Karten

Quellenangaben

Seite 302–303: aus: R.G. Kratz, Die Propheten Israels, Becksche Reihe Wissen, München 2003.

Seite 304: nach: Herbert Donner, Geschichte des Volkes Israel und seiner Nachbarn in Grundzügen. Teil 2. Von der Königszeit bis zu Alexander dem Großen. Mit einem Ausblick auf die Geschichte des Judentums bis Bar Kochba. Zweite, durchgesehene und ergänzte Auflage. Grundrisse zum Alten Testament, Göttingen 1995.

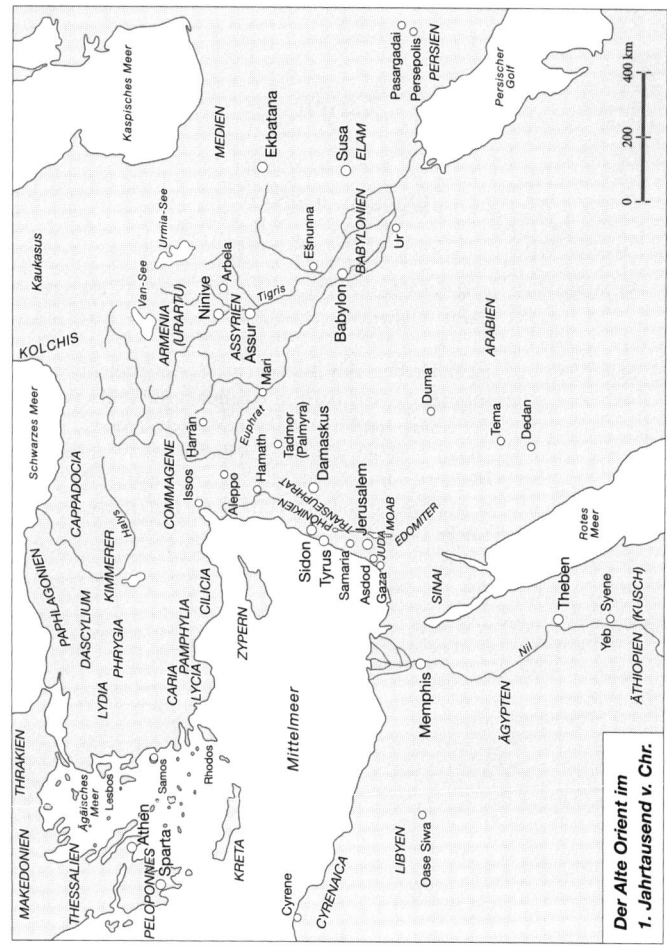

Der Alte Orient im 1. Jahrtausend v. Chr.

Palästina in nachexilischer Zeit

Zeittafel

Vorgeschichte

14.–12. Jh.	Spätbronzezeitliche Stadtstaaten in Syrien-Palästina (Amarna-Zeit), Deurbanisierung, Besiedlung der Gebirgsregionen.
1224–1204	Pharao Merenptah. »Israel« erstmals inschriftlich erwähnt.
um 1200	Zusammenbruch der spätbronzezeitlichen Großreiche und Stadtstaaten in Palästina.

Epoche der beiden Reiche Israel und Juda

10. Jh.	Entstehung der Reiche Israel und Juda und ihrer Nachbarstaaten. Saul und Eschbaal ben Saul; David und Salomo ben David.
927–907	Jerobeam I. begründet das Reich Israel. Ansätze zur Dynastiebildung (Jerobeam I. und Nadab ben Jerobeam; Baescha und Ela ben Baescha; Simri; Tibni und Omri).
9./8. Jh.	Assyrische Feldzüge nach Westen, Staaten in Syrien-Palästina werden tributpflichtig. Israel und Juda zwischen Assur und Ägypten.
880–845	Dynastie Omri in Israel (Omri, Ahab, Ahasja, Joram); Juda (Haus David: Rehabeam ben Salomo, Abia, Asa, Joschafat, Jehoram, Ahasja) mit Israel verschwägert (Atalja aus dem Haus Omri wird Gemahlin des Jehoram, Mutter des Ahasja). Die antiassyrische Koalition syrisch-palästinischer Staaten wird 853 in Schlacht von Qarqar zerschlagen.

845–747	Dynastie Jehu in Israel (Jehu, Joahas, Joasch, Jerobeam II., Secharja). Mescha von Moab sagt sich von Israel los (Mescha-Inschrift). Jehu oder Hasael von Damaskus tötet Ahasja von Juda und Joram von Israel, den letzten Vertreter der Dynastie Omri (Tel Dan-Inschrift). Jehu wirft sich Salmanassar III. von Assur zu Füßen und entrichtet Tribut (Schwarzer Obelisk). In Juda: Atalja, rottet Dynastie David aus bis auf Joasch ben Ahasja, der den Thron beerbt; es folgen aufeinander: Joasch, Amazja, Asarja/Usija, Jotam.
747–722	Thronwechsel in Israel: Schallum; Menachem und Pekachja ben Menachem; Pekach; Hoschea. In Juda: Jotam, Ahas, Hiskia.
745–727	Tiglatpileser III. von Assur gewinnt die Vorherrschaft über ganz Syrien-Palästina.
734–732	Angriffe von Aram-Damaskus und Israel (Pekach) auf Juda: »Syrisch-efraimitischer Krieg«. Israel wird assyrischer Vasallenstaat (Hoschea); Ahas von Juda unterwirft sich Tiglatpileser III. und entrichtet Tribut.
727–722	Salmanassar V. von Assur erobert Israel, belagert und erobert Samaria.
722–705	Sargon II. von Assur erobert Samaria, Israel wird assyrische Provinz. Ende des Reiches Israel. Es folgen antiassyrische Aufstände in Syrien-Palästina.
705–681	Sanherib von Assur erobert Juda und belagert 701 Jerusalem unter König Hiskija. Juda wird assyrischer Vasallenstaat.
696–640	Ruhephase für Juda unter Manasse, gefolgt von seinem Sohn Amon.
639–609	König Joschija. Sagt sich von assyrischer und ägyptischer Fremdherrschaft los.
612	Fall Ninives durch Meder und Neubabylonier, Ende des assyrischen Weltreichs.
609	Joschija zieht Pharao Necho II. von Ägypten entgegen und wird bei Megiddo getötet. Nachfolger wird sein Sohn Joahas, der auf Veranlassung von Ägypten durch Jojakim (Eljakim) ersetzt wird.

605	Schlacht von Karkemisch. Nebukadnezar II. von Babylon besiegt Necho II. und gewinnt die Vorherrschaft über Syrien-Palästina. Antibabylonische Aufstände und Verhandlungen mit Ägypten.
597	Nebukadnezar II. erobert Jerusalem. König Jojachin wird nach Babylon deportiert und durch Zidkija (Mattanja) ersetzt.
587	Nebukadnezar II. erobert zum zweiten Mal Jerusalem. Stadt und Tempel werden geplündert und zerstört, die Bevölkerung deportiert. Ende des Reiches Juda.
562–560	Amel-Mardunk von Babylon gewährt Jojachin Unterhalt von der königlichen Tafel in Babylon.

Epoche der beiden Provinzen Samaria und Juda

6.–3. Jh.	Samaria und Juda zwischen Babel und Ägypten in neubabylonischer, persischer und hellenistischer Zeit. Diaspora in Ägypten (Elephantine, Alexandria, Leontopolis) und Babylonien (Muraschu-Dokumente; Al Jahudu).
556–539	Nabonid von Babylon, letzter neubabylonischer König.
539	Kyros II. von Persien erobert Babylon und gewinnt die Vorherrschaft über Syrien-Palästina, Samaria und Juda werden persische Provinz.
525	Kambyses von Persien erobert Ägypten; judäische Kolonie und Jahu-Tempel auf Nilinsel Elephantine (Elephantine-Papyri).
520–515	Wiederaufbau des Tempels in Jerusalem unter Dareios I.
486–465	Xerxes I. von Persien. Aufstände in Ägypten und Babylonien.
465–425	Artaxerxes I. von Persien entsendet Nehemia nach Juda zur Restaurierung der Mauer von Jerusalem.
425–404	Dareios II. von Persien. Mission Hananjas, Zerstörung

	und Wiederaufbau des Jahu-Tempels auf Elephantine (Papyri). Tempel auf dem Berg Garizim.
336–323	Alexander der Große tritt die Weltherrschaft an. Beginn des hellenistischen Zeitalters. Diadochen (Ptolemäer und Seleukiden) streiten um die Vorherrschaft über Syrien-Palästina.
301	Schlacht bei Ipsos. Palästina kommt unter die Herrschaft der Ptolemäer.
198	Schlacht bei Paneas. Palästina kommt unter die Herrschaft der Seleukiden.
3.–2. Jh.	Qumran: Handschriften vom Toten Meer (biblische Bücher, parabiblische Bücher, Schriften der Gemeinschaft von Qumran). Samaria: Weihinschriften vom Jhwh-Tempel auf dem Berg Garizim (bei Sichem); samaritanischer Pentateuch. Alexandria: Übersetzung der biblischen Bücher ins Griechische (Septuaginta, abgekürzt LXX). Leontopolis (Heliopolis): Judäische Kolonie mit Jhwh-Tempel (»Land des Onias«), gegründet durch Mitglied der hohepriesterlichen Familie der Oniaden aus Jerusalem (Onias III. oder IV.).
169–167	Antiochus IV. greift in Jerusalem ein und veranlaßt eine Kultreform.
166–164	Aufstand der Makkabäer. Rücknahme der Kultreform, Reinigung und Wiedereinweihung des Tempels.
ab 160	Herrschaft und Königtum der Hasmonäer.
63	Pompeius erobert Jerusalem. Beginn der römischen Vorherrschaft über Syrien-Palästina.
ab 37 v. Chr.	Das herodianische Königtum.
66–74 n. Chr.	Erster jüdischer Aufstand.
70	Titus erobert Jerusalem und zerstört den Zweiten Tempel.
72	Sichem und Garizim werden römische Siedlung (Gründung von Flavia Neapolis).
74	Einnahme von Masada.

115–117	Zweiter jüdischer Aufstand (»Krieg des Kitos« in der Diaspora)
132–135	Dritter jüdischer Aufstand (Bar Kokhba). Jerusalem wird römische Kolonie; den Juden wird das Betreten der Stadt verboten.

Glossar

Achämeniden	Angehörige der persischen Dynastie, benannt nach ihrem Ahnherrn Achaimenes.
Amarna	Tell el Amarna, Stadt ca. 300 km südl. von Kairo, gegründet von Pharao Echnaton (Amenhotep IV), Archiv mit diplomatischer Korrespondenz zwischen Ägypten und Syrien-Palästina im 14.–13. Jh. v. Chr.).
Amphiktyonie	Zusammenschluß von Stämmen, die *um* ein gemeinsames Heiligtum *siedeln*.
Anikonischer Kult	*Bildloser* Kult.
Annalen	Königliche Chroniken, *Jahrbücher*.
Apokalyptik, apokalyptisch	Auf die Endzeit bezogene *Offenbarungs*-Literatur.
Apokryphen, apokryph	*Verborgene*, d.h. nicht in den (→) Kanon aufgenommene Schriften.
Archäologie, archäologisch	*Altertumskunde*, im besonderen die Kunde von den Bodenfunden.
Asidäer (→ Hasidim)	Gruppe der *Frommen*, eine jüdische Religionspartei in hellenistisch-römischer Zeit.
Astrale Symbole	Symbole des *Gestirn*-Kults.
Brontologion	Lehre von den *Gewitter*-Omina (→ Omen).
Bundesbuch	Rechtsbuch in Ex 20,24–23,33, so benannt nach Ex 24,7.
Chronistisches Geschichtswerk	Wissenschaftliche Hypothese eines literarischen Werkzusammenhangs der Bücher 1–2 Chronik, Esra und Nehemia (L. Zunz).
Dekalog	*Zehn-Wort*, die zehn Gebote (Ex 20; Dtn 5).
Dekapolis	*Zehn-Stadt*, politischer Verbund oder Bezirk von zehn Städten in Palästina zwischen Damaskus und Philadelphia (Amman) in römischer Zeit.

Deuterojesaja	*Zweiter Jesaja*, in der Wissenschaft eingeführter Name, mit dem der zweite Teil des Buches Jesaja (Jes 40–66 bzw. Jes 40–55, gefolgt von *Tritojesaja* in Jes 56–66) bezeichnet wird.
Deuteronomistisch	Sprachlich und inhaltlich am Buch Deuteronomium orientierte und davon abgeleitete Texte (im Unterschied zur genuin deuteronomischen Sprache und Theologie).
Deuteronomistisches Geschichtswerk	Wissenschaftliche Hypothese eines literarischen Werkzusammenhangs der Bücher Dtn–Kön (M. Noth).
Diaspora	*Zerstreuung* einer Volks- oder Glaubensgemeinschaft, hier der Israeliten und Judäer in alle Welt.
Divination	Techniken zur Erschließung des *göttlichen* Willens.
Doxologie, doxologisch	*Verherrlichung*, Lobpreis Gottes.
Enneateuch	Das aus *neun* (Büchern/Rollen) *gefertigte* Buch/Werk: Genesis–Könige.
Epigraphik, epigraphisch	Inschriftenkunde, inschriftlich.
Eschatologie, eschatologisch	Lehre von den letzten Dingen (vgl. → Apokalyptik).
Essener	Rigoristische, jüdische Religionspartei in hellenistisch-römischer Zeit (die *Frommen* → Asidäer oder *Täter* des Gesetzes?), oft mit der Gemeinschaft von Qumran (*ha-Jachad*) identifiziert.
Exil, (vor-, nach-)exilisch	*Verbannung*, Aufenthalt in der Fremde. Hier vor allem das babylonische Exil 597/587 v.Chr. als Grenze zwischen der vorexilischen Königszeit (1. Hälfte 1. Jts v.Chr.) und der nachexilischen Zeit (2. Hälfte 2. Jts v.Chr.).
Forensisch	Die Gerichtssphäre betreffend.
Geniza	*Aufbewahrungsort*, Lager für gebrauchte heilige Schriften, die nicht vernichtet werden dürfen; hier Geniza der Ben-Esra-Synagoge in Alt-Kairo, in der Tausende von mittelalterlichen Handschriften gefunden wurden.

Gnomik	Überlieferung von *Denksprüchen*, Sprichwörtern, Lehrsätzen (→ Weisheit).
Gola	*Verbannung, Exulantenschaft*, insbesondere vom babylonischen (→) Exil.
Götzen	Falschgötter, Idole.
Haggada, haggadisch	*Erzählung*, Nacherzählung und Fortspinnen biblischer Stoffe zur Erbauung und Unterweisung in rabbinischer Tradition.
Halacha	*Wandel*, Gesetzesauslegung in Qumran und rabbinischer Tradition (Mischna, Talmud).
Hasidim (→ Asidäer)	Gruppe der *Frommen*, eine jüdische Religionspartei.
Hasmonäer, hasmonäisch	Führer der makkabäischen Aufstandsbewegung (→ Makkabäer) und Angehörige der Dynastie aus dem Geschlecht Hasmon.
Heiligkeitsgesetz	Gesetzeskorpus in Lev 17–26, so benannt nach dem Motto in Lev 19,2.
Hexateuch	Das aus *sechs* (Büchern/Rollen) *gefertigte* Buch/Werk: Genesis–Josua.
Historia sacra	*Heilige Geschichte*, hier die biblische Geschichte von Adam bis Nebukadnezar (Genesis–Könige) oder von Adam bis Artaxerxes (Chronik, Esra, Nehemia).
Ikonographie, ikonographisch	Kunde von den Bildzeugnissen, hier der altorientalischen Bildwelt.
Jachad	*Gemeinschaft*, Selbstbezeichnung der Gemeinschaft von Qumran.
Jhwh	Tetragramm, d.h. vier Konsonanten des Gottesnamens, der in der jüdischen Tradition nicht ausgesprochen und in der Hebräischen Bibel nach *'adonaj* »Herr« oder (neben *'adonaj*) *'ælohim* »Gott« vokalisiert, in der (→) Septuaginta mit *(o) kyrios* »(der) Herr« wiedergegeben wird.
Kanon, kanonisch	*Maß*, Sammlung der maßgeblichen, heiligen Schriften, hier die Hebräische Bibel, die (→) Septuaginta, Altes und Neues Testament.

Ketubim	*Schriften*, dritter Teil des hebräischen (→) Kanons: Psalmen, Hiob, Sprüche, Rut, Hohelied, Klagelieder, Ester, Daniel, Esra, Nehemia, Chronik.
Literargeschichte	Die Entstehung und Wachstumsgeschichte eines literarischen (biblischen oder parabiblischen) Buches/Werkes.
Lunare Symbole	Symbole des *Mond*-Kults.
Magie, magisch	*Zauber*, Techniken zur Mobilisierung und Beeinflussung natürlicher und übernatürlicher (göttlicher) Kräfte.
Mantik, mantisch	*Wahrsagerei*, Techniken zum Empfang und zur Deutung von Zeichen des göttlichen Willens.
Makkabäer, makkabäisch	Führer und Mitglieder der Aufstandsbewegung unter Antiochus IV., benannt nach dem Anführer Judas mit dem Beinamen Makkabaios (»Hammer«), aus dem Geschlecht Hasmon (→) Hasmonäer.
Masoretischer Text, masoretisch	Der von den Masoreten (*Überlieferern*) vokalisierte und kommentierte Bibeltext, der den meisten modernen Ausgaben zugrundeliegt.
Mazzot/ Mazzenfest	Erntefest im Frühling zu Beginn der Getreideernte.
Midrasch, pl. Midraschim	*Auslegung* in Qumran, Literaturgattung in rabbinischer Tradition.
Mischpatim	Sammlung von *Rechtssätzen* in Ex 21,1–22,19 im Rahmen des (→) Bundesbuchs.
Monolatrie, monolatrisch	*Verehrung eines* (höchsten) Gottes, ohne Existenz und Verehrungswürdigkeit anderer Götter zu negieren.
Monotheismus, monotheistisch	Glaube, daß nur *ein einziger Gott* existiert, Ausschluß »anderer Götter« als → Götzen.
Nebiim	*Propheten*, zweiter Teil des hebräischen (→) Kanons, unterteilt in Vordere Propheten: Josua, Richter, 1–2 Samuel, 1–2 Könige; Hintere Propheten: Jesaja, Jeremia, Ezechiel und die Zwölf (kleinen) Propheten Hosea, Joel, Amos, Obadja, Jona, Micha, Nahum, Habakuk, Zefanja, Haggai, Sacharja, Maleachi.

Numinose Wesen	*Geheimnisvolle*, d. h. übernatürliche (göttliche) Wesen und Mächte.
Ostrakon, pl. Ostraka	Beschriftete *Tonscherbe*.
Omen, pl. Omina	*Zeichen* des göttlichen Willens aller Art.
Oniaden	Angehörige der Familie des Hohepriesters von Jerusalem aus der priesterlichen Linie des Zadok (Zadokiden) in hellenistischer Zeit, benannt nach Onias I. (um 300 v.Chr.).
Onomastikon	*Namens*-Kunde, Zusammenstellung von Personennamen.
Pantheon	Heiligtum, Versammlung, Zusammenstellung *aller Götter*.
Parabiblisch	Den biblischen Schriften nahestehend.
Paränese, paränetisch	*Mahnung*, mahnende Redeweise.
Passa	Fest unbekannter Herkunft und Bedeutung, ursprünglich vermutlich in der Familie begangen, später mit (→) Mazzot verbunden.
Pentateuch	Das aus *fünf* (Büchern/Rollen) *gefertigte* Buch/Werk, (→) Tora: Genesis, Exodus, Numeri, Levitikus, Deuteronomium.
Pescher, pl. Pescharim	*Deutung*, Kommentarwerk, bes. zu den Propheten und Psalmen, in Qumran.
Pharisäer, pharisäisch	Gruppe der *Abgesonderten*, eine jüdische Religionspartei in hellenistisch-römischer Zeit.
Polytheismus, polytheistisch	Glaube, daß *viele Götter* existieren.
Priesterschrift	Eine literarische Schicht in Genesis–Numeri (→ Tetrateuch), die neben dem Buch Deuteronomium sprachlich, stilistisch und inhaltlich klar identifiziert und literarisch von dem nicht-priesterschriftlichen Text in Gen–Num abgegrenzt werden kann.
Pseudepigraphie	*Fälschliche*, d. h. fiktive Zuschreibung einer Schrift an einen bekannten Autor.

Ptolemäer, ptolemäisch	Angehörige der makedonischen (griechischen) Dynastie in Ägypten, benannt nach Ptolemaios I., Sohn des Lagos (darum auch »Lagiden« genannt).
Redaktion, Redaktionsgeschichte	Geschichte der literarischen Bearbeitung – d.h. Komposition, Überarbeitung, Fortschreibung – eines literarischen (biblischen oder parabiblischen) Buches/Werkes. S. auch (→) Literargeschichte.
Rewritten bible	Paraphrase und Reformulierung einer biblischen Schrift.
Sabbat	Ursprünglich der Vollmondtag (öfter neben dem Neumondtag genannt), später mit dem Ruhegebot am 7. Tag der Woche (Ex 23,12) verbunden und zu einem Tag »für Jhwh« erklärt (→ Dekalog).
Sadduzäer, sadduzäisch	Priesterliche (*zadokidische?* → Zadok) Religionspartei in hellenistisch-römischer Zeit.
Samaritaner, samaritanisch	Angehörige einer jüdischen Gemeinschaft, die sich nicht dem Tempel in Jerusalem, sondern dem Heiligtum auf dem Berg Garizim bei Sichem in der Provinz Samaria zugehörig fühlten und nur die Tora (den Pentateuch) als heilige Schrift anerkennen (im Unterschied zu »Samariern«, den Bewohnern der Stadt Samaria sowie des Reiches bzw. der Provinz Samaria.
Samaritanischer Pentateuch	Der von der Gemeinschaft der (→) Samaritaner überlieferte Bibeltext des (→) Pentateuchs bzw. der (→) Tora.
Satrapie, Satrap	Die nächst größere politische Verwaltungseinheit nach der Provinz in persisch-hellenistischer Zeit; der Provinz stand ein Statthalter, der Satrapie ein Satrap vor.
Seleukiden, seleukidisch	Angehörige der makedonischen (griechischen) Dynastie in Syrien und Mesopotamien, benannt nach Seleukos I.
Septuaginta (LXX, G)	*Die Siebzig*, griechische Übersetzung der Tora bzw. der ganzen hebräischen Bibel, Kanon des griechischen Alten Testaments (einschließlich der → Apokryphen).

Solare Symbole	Symbole des *Sonnen*-Kults.
Synkretismus, synkretistisch	Vermischung religiöser Traditionen und Vorstellungen.
Terminus a quo/ post quem	Zeitpunkt, *von dem an* bzw. *nach dem* etwas geschehen ist.
Terminus ad quem	Zeitpunkt, *bis zu dem hin* etwas geschehen ist.
Tetrateuch	Das aus *vier* (Büchern/Rollen) *gefertigte* Buch/Werk: Genesis, Exodus, Levitikus, Numeri.
Textgeschichte	Überlieferung und Geschichte der Textfassung eines literarischen (biblischen oder parabiblischen) Buches/Werkes und seiner antiken Übersetzungen.
Theophor	Ein *Gottesname* als Bestandteil eines Personennamens (z. B. Jeho-natan »Jhwh hat gegeben« bzw. El-natan »Gott hat gegeben«)
Theriomorph	Götterbilder von *tierischer Gestalt*.
Tobiaden	Angehörige der Familie des Tobias, einer einflußreichen Familie in hellenistischer Zeit.
Tora	*Gesetz*, erster Teil des hebräischen (→) Kanons: Genesis, Exodus, Levitikus, Numeri, Deuteronomium (→) Pentateuch.
Transeuphratene (Ebirnari)	Gebiet *jenseits des Euphrat* (*des Flusses*), in dem auch Palästina liegt.
Vulgata	*Die allgemein gebräuchliche* lateinische Übersetzung des Alten Testaments durch Hieronymus (um 400 n. Chr.).
Weisheit, weisheitlich	Bereich von Alltags- und Orientierungswissen, Überlieferung der altorientalischen und biblischen Weisheitsliteratur in Form von Sprüchen, Reden und Erzählungen (Ahiqar, Sprüche, Hiob, Kohelet).
Zadok, Zadokiden	Jerusalemer Priester unter David und das nach ihm benannte Priestergeschlecht.
Zeloten/Sikarier	Die *Eiferer/Dolchträger*, eine jüdische Widerstandsbewegung in römischer Zeit.

Literatur

I. Quellen

APAT [Kautzsch, Emil. 1900. *Die Apokryphen und Pseudepigraphen des Alten Testaments*. Bde. I–II. Tübingen: J. C. B. Mohr].

ARIEL [Ariel, Donald T. 2000. *Excavations at the City of David: 1978–1985, Directed by Yigal Shiloh VI: Inscriptions*. Qedem 41. Jerusalem: Institute of Archaeology; Hebrew University].

AVIGAD [Avigad, Nahman. 1976. *Bullae and Seals from a Post-Exilic Judean Archive*. Qedem 4. Jerusalem: Institute of Archaeology; Hebrew University].

BaAr [Wunsch, Cornelia with contributions by L. Pearce. 2015. *Judeans by the Waters of Babylon: New Historical Evidence in Cuneiform Sources from Rural Babylonia. Texts from the Schøyen Collection*. Babylonische Archive 6. Dresden: ISLET).

BARAG [Barag, Dan P. 1986–1987. A Silver Coin of Yohanan the High Priest and the Coinage of Judea in the Fourth Century B. C. *INJ* 9:4–21].

COS [Hallo, William W. / Younger, K. Lawson. 2003. *The Context of Scripture*. Bde. 1–3. Leiden: Brill].

COWEY/MARESCH [Cowey, James M. S. / Maresch, Klaus. 2001. *Urkunden des Politeuma der Juden von Herakleopolis (144/3–133/2 v. Chr.) (P.Polit.Iud.): Papyri aus den Sammlungen von Heidelberg, Köln, München und Wien*. PapyCol 29. Wiesbaden: Westdeutscher Verlag].

COWLEY [Cowley, Arthur. 1923 (Repr. 1967). *Aramaic Papyri of the Fifth Century B.C.* Oxford: Clarendon Press].

CUSAS [Pearce, Laurie E. / Wunsch, Cornelia. 2014. *Documents of Judean Exiles and West Semites in Babylonia in the Collection of David Sofer* . Corenell University Studies in Assyriology and Sumerology 28. Bethsaida: CDL Press]

DJD [1955–2010. *Discoveries of the Judaean Desert*. Bde. 1–40. Oxford: Oxford University Press; Clarendon Press].

DSSP [Charlesworth, James H. 1994–2011. *The Princeton Theological Seminary Dead Sea Scrolls Project*. Bde. 1–7. Tübingen: Mohr Siebeck].

DSSR [Parry, Donald W. / Tov, Emanuel. 2004–2005. *The Dead Sea Scrolls Reader*. Bde 1–6. Leiden: Brill].

DSSSE [García Martínez, Florentino / Tigchelaar, Eibert J. C. 2000. *The Dead Sea Scrolls: Study Edition*. Bde. I–II. 2. Aufl. Leiden: Brill].

DUŠEK A [Dušek, Jan. 2007. *Les manuscrits araméens du Wadi Daliyeh et la Samarie vers 450–332 av. J.-C.* CHANE 30. Leiden: Brill].

DUŠEK B [Dušek, Jan. 2012. *Aramaic and Hebrew Inscriptions from Mt. Gerizim and Samaria between Antiochus III and Antiochus IV Epiphanes*. CHANE 54. Leiden: Brill].

EPH'AL/NAVEH [Eph'al, Israel / Naveh, Joseph. 1996. *Aramaic Ostraca of the Fourth Century BC from Idumaea*. Jerusalem: Magnes Press].

FITZMYER [Fitzmyer, Joseph A. 2004. *The Genesis Apocryphon of Qumran Cave 1 (1Q20): A Commentary*. BibOr 18B. 3. Aufl. Rom: Pontificio Istituto Biblico].

HAE [Renz, Johannes / Röllig, Wolfgang. 1995–2003. *Handbuch der althebräischen Epigraphik*. Bde. I–III. Darmstadt: Wissenschaftliche Buchgesellschaft].

HTAT [Weippert, Manfred. 2010. *Historisches Textbuch zum Alten Testament*, mit Beiträgen von Joachim F. Quack, Bernd U. Schipper, und Stefan J. Wimmer. GAT 10. Göttingen: Vandenhoeck & Ruprecht].

HORBURY/NOY [Horbury, William / Noy, David. 1992. *Jewish Inscriptions of Graeco-Roman Egypt. With an Index of the Jewish Inscriptions of Egypt and Cyrenaica*. New York; Cambridge: Cambridge University Press].

JOSEPHUS [Niese, Benedictus. 1955. *Flavii Iosephi Opera*. Bde. I–V. Berolini: Weidmannos; Thackeray, Henry S. J. / Marcus, Ralph / Wikgren, Allen P. / Feldman, Louis H. 1926–1965. *Josephus*. Bde. I–IX. LCL. London: W. Heinemann].

JSHRZ [Kümmel, Hermann, et al. 1973–1999. *Jüdische Schriften aus hellenistisch-römischer Zeit*. Bde. I–VI. Gütersloh: Gütersloher Verlagshaus].

JSHRZ.NF [Lichtenberger, Hermann / Ogema, Gerbern S. 2005 ff. *Jüdische Schriften aus hellenistisch-römischer Zeit: Neue Folge*. Bde. I–II. Gütersloh: Gütersloher Verlagshaus].

KAI [Donner, Herbert / Röllig, Wolfgang. 1969–2002. *Kanaanäische und Aramäische Inschriften*. I 5. Aufl. 2002; II 3. Aufl. 1973; III 2. Aufl. 1969. Wiesbaden: Harrassowitz].

LEMAIRE A [Lemaire, André. 1996. *Nouvelles inscriptions araméennes d'Idumée au Musée d'Israël*. Supplément à Transeuphratène 3. Paris: Gabalda].

LEMAIRE B [Lemaire, André. 2002. *Nouvelles inscriptions araméennes d'Idumée 2: Collections Moussaïeff, Jeselsohn, Welch et divers*. Supplément à Transeuphratène 9. Paris: Gabalda].

LIPSCHITS/VANDERHOOFT [Lipschits, Oded / Vanderhooft, David S. 2011. *The Yehud Stamp Impressions: A Corpus of Inscribed Impressions from the Persian and Hellenistic Periods in Judah*. Winona Lake, IN: Eisenbrauns].

LOHSE [Lohse, Eduard. 1981. *Die Texte aus Qumran: Hebräisch und Deutsch, mit masoretischer Punktation, Übersetzung, Einführung und Anmerkungen*. 3. Aufl. Darmstadt: Wissenschaftliche Buchgesellschaft].

LOZACHMEUR [Lozachmeur, Hélène, et al. 2006. *La Collection Clermont-Ganneau: Ostraca épigraphes sur jarre, étiquettes de bois*. Mémoires de l'Académie des Inseriptions et Belles–Lettres 35. Paris: Diffusion de Boccard].

MACHIELA [Machiela, Daniel A. 2009. *The Dead Sea Genesis Apocryphon: A New Text and Translation with Introduction and Special Treatment of Columns 13–17*. StTDJ 79. Brill: Leiden].

MAGEN/MISGAV/TSFANIA [Magen, Yitzchak / Misgav, Haggai / Tsfania, Levana. 2004. *Mount Gerizim Excavations I: The Aramaic, Hebrew and Samaritan Inscriptions*. JSP 2. Jerusalem: Israel Antiquities Authority].

MAIER A [Maier, Johann. 1995–1996. *Die Qumran-Essener: Die Texte vom Toten Meer*. Bde. I–III. München: Reinhardt].

MAIER B [Maier, Johann. 1997. *Die Tempelrolle vom Toten Meer und das »Neue Jerusalem«: 11Q19 und 11Q20, 1Q32, 2Q24, 4Q554–555, 5Q15 und 11Q18. Übersetzung und Erläuterung; mit Grundrissen der Tempelhofanlage und Skizzen zur Stadtplanung*. 3. Aufl. München: Reinhardt (Englisch: *The Temple Scroll: Introduction, Translation and Commentary*. JSOT.S 34. Sheffield: Sheffield Academic Press 1985)].

MESHORER A [Meshorer, Ya'akov. 1982. *Ancient Jewish Coinage I: Persian Period through Hasmonaeans*. Dix Hills, NY: Amphora Books].

MESHORER B [Meshorer, Ya'akov. 1990–1991. Ancient Jewish Coinage: Addendum I. *INJ* 11:104–132].

MESHORER C [Meshorer, Ya'akov. 2001. *A Treasury of Jewish Coins from the Persian Period to Bar Kochba*. Jerusalem: Yad ben-Zvi Press].

MESHORER/QEDAR A [Meshorer, Ya'akov / Qedar, Shraga. 1991. *The Coinage of Samaria in the Fourth Century BCE*. Jerusalem: Numismatic Fine Arts International].

MESHORER/QEDAR B [Meshorer, Ya'akov / Qedar, Shraga. 1999. *Samarian Coinage*. Numismatic Studies and Researches 9. Jerusalem: Israel Numismatic Society].

NISSINEN [Nissinen, Martti. 2003. *Prophets and Prophecy in the Ancient Near East*, with contributions by Choon L. Seow and Robert K. Ritner. Writings from the Ancient World 12. Leiden: Brill].

PARPOLA [Parpola, Simo. 1997. *Assyrian Prophecies*. State Archives of Assyria 9. Helsinki: Helsinki University Press].

OGIS [Dittenberger, Wilhelm. 1905. *Orientis Graeci Inscriptiones Selectae: Supplementum Sylloges Inscriptionum Graecarum*. Bd. II. Leipzig: S. Hirzel].

PHILON [Cohn, Leopold / Wendland, Paul. 1896–1915. *Philonis Alexandrini Opera quae supersunt*. Bde. I–VI. Berlin: de Gruyter; Cohn, Leopold, et al. 1962. *Philo von Alexandria: Die Werke in deutscher Übersetzung*. Bde. I–VII. 2. Aufl. 1962–1964. Berlin: de Gruyter].

PORTEN/LUND [Porten, Bezalel / Lund, Jerome A. 2002. *Aramaic Documents from Egypt: A Key-Word-in-Context Concordance*. The Comprehensive Aramaic Lexicon Project 1. Winona Lake, IN: Eisenbrauns].

SMELIK [Smelik, Klaas A. D. 1987. *Historische Dokumente aus dem alten Israel*, übers. von Helga Weippert. Kleine Vandenhoeck-Reihe 1528. Göttingen: Vandenhoeck & Ruprecht].

SPAER [Spaer, Arnold. 1986–1987. Jaddua the High Priest? *INJ* 9:1–3].

STERN [Stern, Menahem. 1974. *Greek and Latin Authors on Jews and Judaism I: From Herodotus to Plutarch*. Jerusalem: The Israel Academy of Sciences and Humanities].

STEUDEL [Steudel, Anette. 2001. *Die Texte aus Qumran II: Hebräisch/Aramäisch und Deutsch, mit masoretischer Punktation, Übersetzung, Einführung und Anmerkungen*, unter Mitarbeit von Hans-Ulrich Boesche, Birgit Bredereke, Christoph A. Glaser und Roman Vielhauer. Darmstadt: Wissenschaftliche Buchgesellschaft].

TAD [Porten, Bezalel, und Ada Yardeni. 1986–1999. *Textbook of Aramaic Documents from Ancient Egypt: Newly copied, edited, and translated into Hebrew and English*. Bd. 1–4. Winona Lake, IN: Eisenbrauns].

TGI [Galling, Kurt. 1979. *Textbuch zur Geschichte Israels*. 3. Aufl. Tübingen: J. C. B. Mohr].

TUAT [Kaiser, Otto. 1981–2001. *Texte aus der Umwelt des Alten Testaments*. Bde. I–III und Erg. Gütersloh: Gütersloher Verlagshaus].

TUAT.NF [Janowski, Bernd / Wilhelm, Gernot. 2004–2013. *Texte aus der Umwelt des Alten Testaments: Neue Folge*. Bde. 1–7. Gütersloh: Gütersloher Verlagshaus].

WAGNER [Wagner, Christian J. 2003. *Polyglotte Tobit-Synopse: Griechisch – Lateinisch – Syrisch – Hebräisch – Aramäisch, mit einem Index zu den Tobit-Fragmenten vom Toten Meer*. AAWG.PH 3/258; MSU 28. Göttingen: Vandenhoeck & Ruprecht].

YADIN A [Yadin, Yigael. 1983. *The Temple Scroll*. 3 Bde. Jerusalem: Israel Exploration Society (Hebräisch: 1977)].

YADIN B [Yadin, Yigael, et al. 2002. *The Documents from the Bar Kokhba Period in the Cave of Letters: Hebrew, Aramaic, Nabatean-Aramaic and Greek Papyri*. Judean Desert Studies 3. Jerusalem: Israel Exploration Society].

II. Übrige Literatur

Abraham, Kathleen. 2005–6. West Semitic and Judean Brides in Cuneiform Sources from Sixth Century BCE: New Evidence from a Marriage Contract from Al-Yahudu. *Archiv für Orientforschung* 51: 198–219.

–. 2007. An Inheritance Division among Judeans in Babylonia from the Early Persian Period. In *Seals and Inscriptions, Hebrew, Idumean and Cuneiform*, hg. von Meir Lubetzki, 206–221. Hebrew Bible Monographs 8. Sheffield: Phoenix.

–. 2011. The Reconstruction of Jewish Communities in the Persian Empire: The Al-Yahudu Clay Tablets. In *Light and Shadows – The Catalog – The Story of Iran and the Jews*, hg. von Hagai Segev und Asaf Schor, 261–264. Tel Aviv: Beit Hatfutsot.

Achenbach, Reinhard. 2012. The Protection of *Personae Miserae* in Ancient Israelite Law and Wisdom and in the Ostracon from Khirbet Qeiyafa. *Semitica* 54: 93–125.

Albertz, Rainer. 1996–1997. *Religionsgeschichte Israels in alttestamentlicher Zeit*. GAT 8/1–2. 2. Aufl. Göttingen: Vandenhoeck & Ruprecht.

–. 2001. *Die Exilszeit: 6. Jahrhundert v. Chr.* Biblische Enzyklopädie 7. Stuttgart: Kohlhammer.

Albertz, Rainer / Nodalski, James D. / Wöhrle, Jakob. 2012. *Perspectives on the Formation of the Book of the Twelve: Methodological Foundations – Redactional Processes – Historical Insights*. BZAW 433. Berlin: de Gruyter.

Alt, Albrecht. 1953–1959. *Kleine Schriften zur Geschichte des Volkes Israel*. 3 Bde. München: Beck.

Ameling, Walter. 2008. Die jüdische Gemeinde von Leontopolis nach den Inschriften. In *Die Septuaginta – Texte, Kontexte, Lebenswelten: Internationale Fachtagung veranstaltet von Septuaginta Deutsch (LXX.D), Wuppertal 20.–23. Juli 2006*, hg. von Martin Karrer und Wolfgang Kraus, unter Mitarbeit von Martin Meiser, 117–133. WUNT 219. Tübingen: Mohr Siebeck.

–. 2012. Seleukidische Religionspolitik in Koile-Syrien und Phönizien nach der neuen Inschrift von Maresha. In *Die Septuaginta – Entstehung, Sprache, Geschichte: 3. Internationale Fachtagung ver-*

anstaltet von Septuaginta Deutsch (LXX.D), Wuppertal 22.–25. Juli 2010, hg. von Siegfried Kreuzer, Martin Meiser und Marcus Sigismund, 337–359. WUNT 286. Tübingen: Mohr Siebeck.
Anderson, Robert T. / Giles, Terry. 2012. *The Samaritan Pentateuch: An Introduction to Its Origin, History, and Significance for Biblical Studies*. Resources for Biblical Study 72. Atlanta: SBL.
Aurelius, Erik. 2003. *Zukunft jenseits des Gerichts: Eine redaktionsgeschichtliche Studie zum Enneateuch*. BZAW 319. Berlin: de Gruyter.
Azzoni, Annalisa. 2001. *The Private Life of Women in Persian Egypt*. Diss., John Hopkins University Baltimore.
Barclay, John M. G. 1998. *Jews in the Mediterranean Diaspora: From Alexander to Trajan (323 BCE-117 CE)*. Edinburgh: Clark.
Bar-Kochva, Bezalel. 1989. *Judas Maccabaeus: The Jewish Struggle Against the Seleucids*. Cambridge: Cambridge University Press.
–. 1997. *Pseudo Hecataeus »On the News«: Legitimizing the Jewish Diaspora*. Hellenistic Culture and Society 21. Berkeley: University of California Press.
–. 2010. *The Image of the Jews in Greek Literature: The Hellenistic Period*. Hellenistic Culture and Society 51. Berkeley: University of California Press.
Beaulieu, Paul-Alain. 2011. Yahwistic Names in Light of Late Babylonian Onomastics. In *Judah and the Judeans in the Achaemenid Period: Negotiating Identity in an International Context*, hg. von Oded Lipschits, Gary N. Knoppers und Manfred Oeming, 245–266. Winona Lake, IN: Eisenbrauns.
Becker, Uwe. 1997. *Jesaja – von der Botschaft zum Buch*. FRLANT 178. Göttingen: Vandenhoeck & Ruprecht.
Becking, Bob. 1992. *The Fall of Samaria: A Historical and Archaeological Study*. SHANE 2. Leiden: Brill.
–. 2003. Die Gottheiten der Juden in Elephantine. In *Der eine Gott und die Götter: Polytheismus und Monotheismus im antiken Israel*, hg. von Manfred Oeming und Konrad Schmid, 203–226. AThANT 82. Zürich: Theologischer Verlag.
–. 2011. *Ezra, Nehemiah, and the Construction of Early Jewish Identity*. FAT 80. Tübingen: Mohr Siebeck.
Beit-Arieh, Itzhaq, Hg. 2007. *Horvat ʿUza and Horvat Radum: Two Fortresses in the Biblical Negev*. Monograph Series of the Institute

of Archaeology of Tel Aviv University 25. Tel Aviv: Institute of Archaeology of Tel Aviv University; The Emery and Claire Yass Publications in Archaeology.

Ben Zvi, Ehud. 1997. The Urban Center of Jerusalem and the Development of the Hebrew Bible. In *Urbanism in Antiquity: From Mesopotamia to Crete*, hg. von Walter E. Aufrecht, Neil Arnold Mirau und Steven W. Gauley, 194–209. JSOT.S 244. Sheffield: Sheffield Academic Press.

Berlejung, Angelika. 2010. Geschichte und Religionsgeschichte des antiken Israel. In *Grundinformation Altes Testament: Eine Einführung in Literatur, Religion und Geschichte des Alten Testaments*, hg. von Jan C. Gertz, 59–192. 4. Aufl. Göttingen: Vandenhoeck & Ruprecht.

Berlejung, Angelika / Frevel, Christian, Hgg. 2009 *Handbuch theologischer Grundbegriffe zum Alten und Neuen Testament* (HGANT). 2. Aufl. Darmstadt: Wissenschaftliche Buchgesellschaft.

Berner, Christoph. 2010. *Die Exoduserzählung: Das literarische Werden einer Ursprungslegende Israels*. FAT 73. Tübingen: Mohr Siebeck.

Bickermann, Elias. 1937. *Der Gott der Makkabäer: Untersuchungen über Sinn und Ursprung der makkabäischen Erhebung*. Berlin: Schocken.

Bleek, Friedrich, 1886. *Einleitung in das Alte Testament*, hg. von Johannes Bleek und Adolf Kamphausen. 5. Aufl. besorgt von Julius Wellhausen. Berlin: Reimer.

Blischke, Mareike V. 2007. *Die Eschatologie in der Sapientia Salomonis*. FAT II/26. Tübingen: Mohr Siebeck.

Bloch, Yigal. 2014. Judeans in Sippar and Susa during the First Century of the Babylonian Exile: Assimilation and Perseverance under Neo-Babylonian and Achaemenid Rule. *Journal of Ancient Near Eastern History* 1: 119–172.

Blum, Erhard. 1984. *Die Komposition der Vätergeschichte*. WMANT 57. Neukirchen-Vluyn: Neukirchener Verlag.

–. 1990. *Studien zur Komposition des Pentateuch*. BZAW 189. Berlin: de Gruyter.

–. 2002. Esra, die Mosetora und die persische Politik. In *Religion und Religionskontakte im Zeitalter der Achämeniden*, hg. von Reinhard G. Kratz, 231–256. VWGTh 22. Gütersloh: Kaiser; Gütersloher

Verlagshaus (= Ders. 2010. *Textgestalt und Komposition: Exegetische Beiträge zu Tora und Vordere Propheten*, hg. von Wolfgang Oswald, 177–205. FAT 69. Tübingen: Mohr Siebeck).

–. 2012. Der historische Mose und die Frühgeschichte Israels. *HeBAI* 1:37–63.

–. 2013. Die Wandinschriften 4.2 und 4.6 sowie die Pithos-Inschrift 3.9 aus *Kuntillet ʿAǧrūd. ZDPV* 129:21–54 mit Tafeln 1–7.

Botta, Alejandro F. 2009. *The Aramaic and Egyptian Legal Traditions at Elephantine: An Egyptological Approach*. Library of Second Temple Studies 64. London: T & T Clark.

Bringmann, Klaus. 1983. *Hellenistische Reform und Religionsverfolgung in Judäa: Eine Untersuchung zur jüdisch-hellenistischen Geschichte (175–163 v.Chr.)*. AAWG.PH 3/132. Göttingen: Vandenhoeck & Ruprecht.

Bunge, Jochen G. 1971. *Untersuchungen zum zweiten Makkabäerbuch: Quellenkritische, literarische, chronologische und historische Untersuchungen zum zweiten Makkabäerbuch als Quelle syrisch-palästinensischer Geschichte im 2. Jahrhundert v.Chr.* Diss., Friedrich-Willhelms-Universität Bonn.

–. 1975. Zur Geschichte und Chronologie des Untergangs der Oniaden und des Aufstiegs der Hasmonäer. *JSJ* 6:1–46.

–. 1979. Die sogenannte Religionsverfolgung Antiochus IV. Epiphanes und die griechischen Städte. *JSJ* 10:155–165.

Carr, David M. 2005. *Writing on the Tablet of the Heart: Origins of Scripture and Literature*. Oxford: Oxford University Press.

–. 2011. *The Formation of the Hebrew Bible: A New Reconstruction*. Oxford. Oxford University Press.

Carter, C.E. 1999. *The Emergence of Yehud in the Persian Period: A Social and Demographic Study*. JSOT.S 294. Sheffield: Sheffield Academic Press.

Cholewinski, Alfred. 1976. *Heiligkeitsgesetz und Deuteronomium: Eine vergleichende Studie*. AnBib 66. Rom: Biblical Institute Press.

Cohen, Shaye. J.D. 1999. *The Beginnings of Jewishness: Boundaries, Varieties, Uncertainties*. Hellenistic Culture and Society 31. Berkley: University of California Press.

Cornelius, Izak. 2011. »A Tale of Two Cities«: The Visual Imagery of Yehud and Samaria, and Identity/Self-Understanding in Persian-period Palestine. In *Texts, Contexts and Readings in Postexilic Lit-*

eratur, hg. von Louis Jonker, 213–237. FAT II/53. Tübingen: Mohr Siebeck.

Crüsemann, Frank. 1992. *Die Tora: Theologie und Sozialgeschichte des alttestamentlichen Gesetzes*. München: Kaiser.

Davies, Philip R. 1992 (Repr. 1995; 2. Aufl. 2015). *In Search of 'Ancient Israel'*. JSOT.S 148. Sheffield: Sheffield Academic Press.

–. 2007. *The Origins of Biblical Israel*. Library of Hebrew Bible/Old Testament Studies 485. New York/London: T&T Clark International.

–. 2008. *Memories of Ancient Israel: An Introduction to Biblical History*. Louisville, KY: Westminster John Knox Press.

–. 2011. *On the Origins of Judaism*. London: Equinox.

–. 2015. *The History of Ancient Israel: A Guide for the Perplexed*. London et al.: Bloomsbury T&T Clark.

Davies, William D. / Finkelstein, Louis, Hgg. 1984–1989. *The Cambridge History of Judaism*. Vol. 1 1984; Vol. 2 1989. Cambridge: Cambridge University Press.

De Hemmer Gudme, Anne Katrine. 2013. *Before the God in this Place for Good Remembrance: A Comparative Analysis of the Aramaic Votive Inscriptions from Mount Gerizim*. BZAW 441. Berlin: de Gruyter.

De Jong, Matthijs J. 2007. *Isaiah Among the Ancient Near Eastern Prophets: A Comparative Study of the Earliest Stages of the Isaiah Tradition and the Neo-Assyrian Prophecies*. VT.S 117. Leiden: Brill.

Delkurt, Holger. 1993. *Ethische Einsichten in der alttestamentlichen Spruchweisheit*. BThSt 21. Neukirchen-Vluyn: Neukirchener Verlag.

Demsky, Aaron. 2012. An Iron Age IIA Alphabetic Writing Exercise from Khirbet Qeiyafa. *IEJ* 62:186–199.

Dequeker, Luc. 1993. Darius the Persian and the Reconstruction of the Jewish Temple in Jerusalem (Ezra 4,24). In *Ritual and Sacrifice in the Ancient Near East: Proceedings of the International Conference from the 17th to the 20th of April 1991, organized by the Katholiek Universiteit Leuven*, hg. von Jan Quaegebeur, 67–92. OLA 55. Leuven: Peeters.

De Wette, Wilhelm Martin Leberecht. 1806–1807. *Beiträge zur Einleitung in das Alte Testament*. 2 Bde. Halle: Schimmelpfennig und Compagnie.

–. 1813–1816. *Lehrbuch der christlichen Dogmatik: In ihrer historischen Entwicklung dargestellt.* 2 Bde. Berlin: Realschulbuchhandlung.

Dietrich, Walter. 1972. *Prophetie und Geschichte: Eine redaktionsgeschichtliche Untersuchung zum deuteronomistischen Geschichtswerk.* FRLANT 108. Göttingen: Vandenhoeck & Ruprecht.

–. 1987. *David, Saul und die Propheten: Das Verhältnis von Religion und Politik nach den prophetischen Überlieferungen vom frühesten Königtum in Israel.* BWANT 122. Stuttgart: Kohlhammer (2. Aufl., 1992).

–. 1997. *Die frühe Königszeit in Israel: 10. Jahrhundert v. Chr.* Biblische Enzyklopädie 3. Stuttgart: Kohlhammer.

Dimant, Devorah. 2007. The Qumran Aramaic Texts and the Qumran Community. In *Flores Florentino: Dead Sea Scrolls and Other Early Jewish Studies in Honour of Florentino García Martínez,* hg. von Anthony Hilhorts, Emile Puech und Eibert Tigchelaar, 197–205. JSJ.S 122. Leiden: Brill.

–. 2010. Themes and Genres in the Aramaic Texts from Qumran. In *Aramaica Qumranica: Proceedings of the Conference on the Aramaic Texts from Qumran in Aix-en-Provence 30 June – 2 July 2008,* hg. von Katell Berthelot und Daniel Stökl Ben Ezra, 15–45. StTDJ 94. Leiden: Brill.

–. Hg. 2012. *The Dead Sea Scrolls in Scholarly Perspective: A History of Research.* StTDJ 99. Leiden: Brill.

Doering, Lutz. 1999. *Schabbat: Sabbathalacha und -praxis im antiken Judentum und Urchristentum.* TSAJ 78. Tübingen: Mohr Siebeck.

Donner, Herbert. 1976. *Einführung in die Biblische Landes- und Altertumskunde.* Darmstadt: Wissenschaftliche Buchgesellschaft.

–. 2007–2008. *Geschichte des Volkes Israel und seiner Nachbarn in Grundzügen.* 2 Bde. GAT 4/1–2. 4. Aufl. Göttingen: Vandenhoeck & Ruprecht.

Dozeman, Thomas B. / Schmid, Konrad / Schwartz, Baruch J., Hgg. 2011. *The Pentateuch: International Perspectives on Current Research, Proceedings of the Symposium »The Pentateuch: International Perspectives on Current Research«, which was held on January 10–12, 2010 in Zurich, Switzerland.* FAT 78. Tübingen: Mohr Siebeck.

Dupont-Sommer, André. 1960. *Die essenischen Schriften vom Toten Meer unter Zugrundelegung der Original-Texte*, übers. von Walter W. Müller. Tübingen: Mohr Siebeck.

Du Toit, Jaqueline S. 2011. *Textual Memory: Archives, Libraries and the Hebrew Bible*. Social World of Biblical Antiquity 2/6; Sheffield: Sheffield Phoenix.

Eberhart, Christian. 2002. *Studien zur Bedeutung der Opfer im Alten Testament: Die Signifikanz von Blut- und Verbrennungsriten im kultischen Rahmen*. WMANT 94. Neukirchen-Vluyn: Neukirchener Verlag.

Eck, Werner. 2007. *Rom und Judaea: Fünf Vorträge zur römischen Herrschaft in Palästina*. Tria Corda: Jenaer Vorlesungen zu Judentum, Antike und Christentum 2. Tübingen: Mohr Siebeck.

Edelman, Diana V. 2005. *The Origins of the »Second« Temple: Persian Imperial Policy and the Rebuilding of Jerusalem*. Bible World. London: Equinox.

Egger, Rita. 1986. *Josephus Flavius und die Samaritaner: Eine terminologische Untersuchung zur Identitätsklärung der Samaritaner*. NTOA 4. Fribourg: Universitätsverlag.

Elrefaei, Aly. 2016. *Wellhausen and Kaufmann: Ancient Israel and Its Religious History in the Works of Julius Wellhausen and Yehezkel Kaufmann*. BZAW 490. Berlin: de Gruyter.

Feldmeier, Reinhard. 1994. Weise hinter »eisernen Mauern«: Tora und jüdisches Selbstverständnis zwischen Akkulturation und Absonderung im Aristeasbrief. In *Die Septuaginta zwischen Judentum und Christentum*, hg. von Martin Hengel und Anna Maria Schwemer, 20–37. WUNT 72. Tübingen: J. C. B. Mohr.

Finkelstein, Israel. 1988. *The Archaeology of the Israelite Settlement*. Jerusalem: Israel Exploration Society.

Finkelstein, Israel / Fantalkin, Alexander. 2012. Khirbet Qeiyafa: An Unsensational Archaeological and Historical Interpretation. *Tel Aviv* 39: 38–63.

Finkelstein, Israel / Silberman, Neil A. 2006. *David und Salomo: Archäologen entschlüsseln einen Mythos*. München: Beck.

–. 2007. *Keine Posaunen vor Jericho: Die archäologische Wahrheit über die Bibel*. 4. Aufl. München: Deutscher Taschenbuch Verlag.

Finkelstein, Israel / Mazar, Amihai / Schmidt, Brian B. 2007. *The Quest for the Historical Israel: Debating Archaeology and the Histo-*

ry of Early Israel. Society of Biblical Literature: Archaeology and Biblical Studies 17. Atlanta, GA: Society of Biblical Literature.

Fischer, Thomas. 1980. *Seleukiden und Makkabäer: Beiträge zur Seleukidengeschichte und zu den politischen Ereignissen in Judäa während der ersten Hälfte des 2. Jahrhunderts v. Chr.* Bochum: Brockmeyer.

Fishbane, Michael. 1985. *Biblical Interpretation in Ancient Israel*. Oxford: Clarendon (Nachdruck 1986).

Fraser, Peter M. 1972. *Ptolemaic Alexandria*. 3 Bde. Oxford: Clarendon Press.

Frei, Peter. 1996. Zentralgewalt und Lokalautonomie im Achämenidenreich. In *Reichsidee und Reichsorganisation im Perserreich*, hg. von Peter Frei und Klaus Koch, 5–131. OBO 55. 2. Aufl. Fribourg: Universitätsverlag; Göttingen: Vandenhoeck & Ruprecht.

Frevel, Christian. 2012. Grundriss der Geschichte Israels. In *Einleitung in das Alte Testament*, hg. von Erich Zenger und Christian Frevel, 701–870. Kohlhammer-Studienbücher Theologie 1/1. 8. Aufl. Stuttgart: Kohlhammer.

–. 2013. Der Eine oder die Vielen? Monotheismus und materielle Kultur in der Perserzeit. In *Gott – Götter – Götzen. XIV. Europäischer Kongress für Theologie (11.–15. September 2011 in Zürich)*, hg. von Christoph Schwöbel, 238–265. VWGTh 38. Leipzig: Evangelische Verlagsanstalt.

Frey, Jörg. 1999. Temple and Rival Temple – The Cases of Elephantine, Mt. Gerizim, and Leontopolis. In *Gemeinde ohne Tempel: Zur Substituierung und Transformation des Jerusalemer Tempels und seines Kults im Alten Testament, antiken Judentum und frühen Christentum / Community without Temple*, hg. von Beate Ego, Armin Lange und Peter Pilhofer, 171–203. WUNT 118. Tübingen: Mohr Siebeck.

Frey, Jörg / Schattner-Rieser, Ursula / Schmid, Konrad, Hgg. 2012. *Die Samaritaner und die Bibel: Historische und literarische Wechselwirkungen zwischen biblischen und samaritanischen Traditionen / The Samaritans and the Bible: Historical and Literary Interactions Between Biblical and Samaritan Traditions*. SJ 70; StSam 7. Berlin: de Gruyter.

Fritz, Volkmar. 1996. *Die Entstehung Israels im 12. und 11. Jahrhundert v. Chr.* Biblische Enzyklopädie 2. Stuttgart: Kohlhammer.

Gallagher, William R. 1999. *Sennacherib's Campaign to Judah: New Studies*. SHCANE 18. Leiden: Brill.

Galling, Kurt. 1964. *Studien zur Geschichte Israels im persischen Zeitalter*. Tübingen: J. C. B. Mohr.

Garbini, Giovanni. 2003. *Myth and History in the Bible*. JSOT.S 363. London: Sheffield Academic Press.

Georges, Tobias / Albrecht, Felix / Feldmeier, Reinhard, Hgg. 2013. *Alexandria*. COMES 1. Tübingen: Mohr Siebeck.

Gerstenberger, Erhard S. 2005. *Israel in der Perserzeit: 5. und 4. Jahrhundert*. Biblische Enzyklopädie 8. Stuttgart: Kohlhammer.

Gertz, Jan C. 2000. *Tradition und Redaktion in der Exoduserzählung: Untersuchungen zur Endredaktion des Pentateuch*. FRLANT 186. Göttingen: Vandenhoeck & Ruprecht.

–. 2002. Mose und die Anfänge der jüdischen Religion. *ZThK* 99:3–20.

–. 2010. I. Tora und Vordere Propheten. In *Grundinformation Altes Testament: Eine Einführung in Literatur, Religion und Geschichte des Alten Testaments*, hg. von Jan C. Gertz, 193–311. 4. Aufl. Göttingen: Vandenhoeck & Ruprecht.

Görg, Manfred. 2007. *Ägyptische Religion: Wurzeln, Wege, Wirkungen*. Religionen in der Umwelt des Alten Testaments 3. Kohlhammer-Studienbücher Theologie 4/3. Stuttgart: Kohlhammer.

Grabbe, Lester L., Hg. 2003. *»Like a Bird in a Cage«: The Invasion of Sennacherib in 701 BCE*. JSOT.S 363/ESHM 4. London: Sheffield Academic Press (T&T Clark International).

–. 2004. *A History of the Jews and Judaism in the Second Temple Period*. Vol. I: *Yehud: A History of the Persian Province of Judah*. Library of Second Temple Studies 47. London; New York: T & T Clark.

–. 2013. Elephantine and the Torah. In *In the Shadow of Bezalel: Aramaic, Biblical, and Ancient Near Eastern Studies in Honor of Bezalel Porten*, hg. von Alejandro F. Botta, 125–135. CHANE 60, Leiden: Brill.

Grätz, Sebastian. 2004. *Das Edikt des Artaxerxes: Eine Untersuchung zum religionspolitischen und historischen Umfeld von Esra 7,12–26*. BZAW 337. Berlin: de Gruyter.

Granerød, Gard. 2016. *Dimensions of Yahwism in the Persian Period: Studies in the Religion and Society of the Judaean Community at Elephantine*. BZAW 488. Berlin: de Gruyter.

Gruen, Erich S. 1998. *Heritage and Hellenism: The Reinvention of Jewish Tradition*. Hellenistic Culture and Society 30. Berkeley: University of California Press.

–. 2002. *Diaspora: Jews Amidst Greeks and Romans*. Cambridge, MA: Harvard University Press.

–. 2008. The *Letter of Aristeas* and the Cultural Context of the Septuagint. In *Die Septuaginta – Texte, Kontexte, Lebenswelten: Internationale Fachtagung veranstaltet von Septuaginta Deutsch (LXX.D), Wuppertal 20.–23. Juli 2006*, hg. von Martin Karrer und Wolfgang Kraus, unter Mitarbeit von Martin Meiser, 134–156. WUNT 219. Tübingen: Mohr Siebeck.

Haag, Ernst. 2003. *Das hellenistische Zeitalter: Israel und die Bibel im 4. bis 1. Jahrhundert v. Chr.* Biblische Enzyklopädie 9. Stuttgart: Kohlhammer.

Haas, Volkert / Koch, Heidemarie. 2011. *Religionen des Alten Orients 1: Hethiter und Iran.* GAT 1/1. Göttingen: Vandenhoeck & Ruprecht.

Haider, Peter W. / Hutter, Manfred / Kreuzer, Siegfried, Hgg. 1996. *Religionsgeschichte Syriens: Von der Frühzeit bis zur Gegenwart.* Stuttgart; Berlin: Kohlhammer.

Hallaschka, Martin. 2011. *Haggai und Sacharja 1–8: Eine redaktionsgeschichtliche Untersuchung.* BZAW 411. Berlin: de Gruyter.

Hanhart, Robert. 1999. *Studien zur Septuaginta und zum hellenistischen Judentum.* FAT 24. Tübingen: Mohr Siebeck.

Hartenstein, Friedhelm. 2003. Religionsgeschichte Israels – ein Überblick über die Forschung seit 1990. *VF* 48:2–28.

–. Hg. 2008. Geschichte Israels und biblische Geschichtskonzepte. *VF* 53/1.

Hasegawa, Shuichi. 2012. *Aram and Israel During the Jehuite Dynasty.* BZAW 434. Berlin: de Gruyter.

Hausmann, Jutta. 1995. *Studien zum Menschenbild der älteren Weisheit (Spr. 10ff).* FAT 7. Tübingen: Mohr Siebeck.

Heltzer, Michael. 1989. Epigraphic Evidence Concerning a Jewish Settlement in Kition (Larnaca, Cyprus) in the Achaemenid Period (IV cent. B.C.E.). *Aula Orientalis* 7:189–206.

Hempel, Charlotte. 1998. *The Laws of the Damascus Document: Sources, Traditions and Redaction.* StTDJ 29. Leiden: Brill.

Hengel, Martin. 1973. *Judentum und Hellenismus: Studien zu ihrer Begegnung unter besonderer Berücksichtigung Palästinas bis zur Mitte des 2. Jh.s v. Ch*r. WUNT 10. 2 Aufl. Tübingen: J. C. B. Mohr.

–. 1976. *Juden, Griechen und Barbaren: Aspekte der Hellenisierung des Judentums in vorchristlicher Zeit*. SBS 76. Stuttgart: Katholisches Bibelwerk.

–. 1996. *Judaica et Hellenistica: Kleine Schriften 1*, unter Mitarbeit von Roland Deines. WUNT 90. Tübingen: J. C. B. Mohr.

Hengel, Martin / Schwemer, Anna M., Hgg. 1994. *Die Septuaginta zwischen Judentum und Christentum*. WUNT 72. Tübingen: J. C. B. Mohr.

Hezser, Catherine. 2001. *Jewish Literacy in Roman Palestine*. TSAJ 81. Tübingen: Mohr Siebeck.

Hoglund, Kenneth G. 1992. *Achaemenid Imperial Administration in Syria-Palestine and the Missions of Ezra and Nehemiah*. SBL.DS 125. Atlanta, GA: Scholars Press.

Honigman, Sylvie. 2003. *The Septuagint and Homeric Scholarship in Alexandria: A Study in the Narrative of the Letter of Aristeas*. London: Routledge.

Horbury, William. 1994. Jewish Inscriptions and Jewish Literature in Egypt, with Special Reference to Ecclesiasticus. In *Studies in Early Jewish Epigraphy*, hg. von Jan W. van Henten und Pieter W. van der Horst, 9–43. AGJU 21. Leiden: Brill.

Houtman, Cornelis. 1997. *Das Bundesbuch: Ein Kommentar*. DMOA 24. Leiden: Brill.

Huddleston, Jonathan. 2012. *Eschatology in Genesis*. FAT II/57. Tübingen: Mohr Siebeck.

Hutter, Manfred. 1996. *Religionen in der Umwelt des Alten Testaments I: Babylonier, Syrer, Perser*. Kohlhammer-Studienbücher Theologie 4/1. Stuttgart: Kohlhammer.

Jain, Eva. 2012. *Psalmen oder Psalter? Materielle Rekonstruktion und inhaltliche Untersuchung der Psalmenhandschriften aus der Wüste Juda*. Diss., Georg-August-Universität Göttingen (erscheint in StTDJ).

Jamieson-Drake, David W. 1991. *Scribes and Schools in Monarchic Juda: A Socio-Archeological Approach*. JSOT.S 109; SWBAS 9. Sheffield: Almond Press.

Janowski, Bernd. 2000. *Sühne als Heilsgeschehen: Traditions- und religionsgeschichtliche Studien zur priesterschriftlichen Sühnetheologie*. WMANT 55. 2. Aufl. Neukirchen-Vluyn: Neukirchener Verlag.

Janowski, Bernd / Köckert, Matthias, Hgg. 1999. *Religionsgeschichte Israels: Formale und materiale Aspekte*. VWGTh 15. Gütersloh: Gütersloher Verlagshaus.

Japhet, Sara. 1989. *The Ideology of the Book of Chronicles and Its Place in Biblical Thought*. BEAT 9. Frankfurt (Main): Lang.

Jepsen, Alfred. 1953. *Die Quellen des Königsbuches*. Halle (Saale): Niemeyer Verlag.

Jeremias, Gert. 1963. *Der Lehrer der Gerechtigkeit*. StUNT 2. Göttingen: Vandenhoeck & Ruprecht.

Joannès, F. und Lemaire, André. 1996. Contrats babyloniens d'époque achéménide du Bît-abi Râm avec une épigraphe araméene. *Revue d'assyriologie et d'archéologie orientale* 90: 41–60.

–. 1999. Trois tablettes cunéiformes à l'onomastique ouest-sémitique. *Transeuphratène* 17: 17–34, 2 plates.

Jonker, Louis, Hg. 2011. *Texts, Contexts and Readings in Postexilic Literature*. FAT II/53. Tübingen: Mohr Siebeck.

Kartveit, Magnar. 2009. *The Origin of the Samaritans*. VT.S 128. Leiden: Brill.

Kasher, Aryeh. 1985. *The Jews in Hellenistic and Roman Egypt: The Struggle for Equal Rights*. TSAJ 7. Tübingen: Mohr Siebeck.

Keel, Othmar. 2007. *Die Geschichte Jerusalems und die Entstehung des Monotheismus*. Orte und Landschaften der Bibel IV/1. Göttingen: Vandenhoeck & Ruprecht.

Keel, Othmar / Uehlinger, Christoph. 1994. Der Assyrerkönig Salmanassar III. und Jehu von Israel auf dem Schwarzen Obelisken aus Nimrud. *ZKTh* 116:391–420.

–. 2001. *Göttinnen, Götter und Gottessymbole: Neue Erkenntnisse zur Religionsgeschichte Kanaans und Israels aufgrund bislang unerschlossener ikonographischer Quellen*. QD 134. 5. Aufl. Freiburg im Breisgau: Herder.

Kippenberg, Hans G. 1971. *Garizim und Synagoge: Traditionsgeschichtliche Untersuchungen zur samaritanischen Religion der aramäischen Periode*. RVV 30. Berlin: de Gruyter.

Klein, Anja. 2008. *Schriftauslegung im Ezechielbuch: Redaktionsgeschichtliche Untersuchungen zu Ez 34–39.* BZAW 391. Berlin: de Gruyter.

Knauf, Ernst A. 1994. *Die Umwelt des Alten Testaments.* NSK.AT 29. Stuttgart: Katholisches Bibelwerk.

–. 2002. Elephantine und das vor-biblische Judentum. In *Religion und Religionskontakte im Zeitalter der Achämeniden*, hg. von Reinhard G. Kratz, 179–188. VWGTh 22. Gütersloh: Gütersloher Verlagshaus.

Knoppers, Gary N. 2005. What has Mt. Zion to Do with Mt. Gerizim? A Study in the Early Relations between the Jews and the Samaritans in the Persian Period. *SR* 34:307–336.

–. 2006. Revisiting the Samarian Question in the Persian Period. In *Judah and the Judeans in the Persian Period*, hg. von Oded Lipschits und Manfred Oeming, 265–289. Winona Lake, IN: Eisenbrauns.

–. 2013. *Jews and Samaritans. The Origins and History of Their Early Relations.* Oxford: Oxford University Press.

Knoppers, Gary N. / Levinson, Bernard M., Hgg. 2007. *The Pentateuch as Torah: New Models for Understanding Its Promulgation and Acceptance.* Winona Lake, IN: Eisenbrauns.

Köckert, Matthias. 1998. Von einem zum einzigen Gott: Zur Diskussion der Religionsgeschichte Israels. *BThZ* 15:137–175.

–. 2000. Literargeschichtliche und religionsgeschichtliche Beobachtungen zu Ps 104. In *Schriftauslegung in der Schrift: Festschrift für Odil Hannes Steck zu seinem 65. Geburtstag*, hg. von Reinhard G. Kratz, Thomas Krüger und Konrad Schmid, 259–280. BZAW 300. Berlin; New York: de Gruyter.

–. 2002. Wie kam das Gesetz an den Sinai? In *Vergegenwärtigung des Alten Testaments: Beiträge zur biblischen Hermeneutik. Festschrift für Rudolf Smend zum 70. Geburtstag*, hg. von Christoph Bultmann, Walter Dietrich und Christoph Levin, 13–27. Göttingen: Vandenhoeck & Ruprecht.

–. 2005. Wandlungen Gottes im antiken Israel. *BThZ* 22:3–36.

–. 2009. Vom Kultbild Jahwes zum Bilderverbot. Oder: Vom Nutzen der Religionsgeschichte für die Theologie. *ZThK* 106:371–406.

–. 2010. YHWH in the Northern and Southern Kingdom. In *One God – One Cult – One Nation*: *Archaeological and Biblical Perspec-*

tives, hg. von Reinhard G. Kratz und Hermann Spieckermann, 357–394. BZAW 405. Berlin: de Gruyter.

Kottsieper, Ingo. 2002. Die Religionspolitik der Achämeniden und die Juden von Elephantine. In *Religion und Religionskontakte im Zeitalter der Achämeniden*, hg. von Reinhard G. Kratz, 150–178. VWGTh 22. Gütersloh: Gütersloher Verlagshaus.

–. 2013. Aramäische Archive aus achämenidischer Zeit und ihre Funktion. In *Legal Documents in Ancient Societies IV. Archives and Archival Documents in Ancient Societies, Trieste 30 September-1 October 2011*, hg. von Michele Faraguna, 169–193. Graeca Tergestina; Storia e Civiltà 1. Trieste: ETU.

Kratz, Reinhard G. 1991a. *Kyros im Deuterojesaja-Buch: Redaktionsgeschichtliche Untersuchungen zu Entstehung und Theologie von Jes 40–55*. FAT 1. Tübingen: J. C. B. Mohr.

–. 1991b. *Translatio imperii: Untersuchungen zu den aramäischen Danielerzählungen und ihrem theologiegeschichtlichen Umfeld*. WMANT 63. Neukirchen-Vluyn: Neukirchener Verlag.

–. 1994. Der Dekalog im Exodusbuch. *VT* 44:205–238.

–. 2000a. Der literarische Ort des Deuteronomiums. In *Liebe und Gebot: Studien zum Deuteronomium. Festschrift zum 70. Geburtstag von Lothar Perlitt*, hg. von Reinhard G. Kratz und Hermann Spieckermann, 101–120. FRLANT 190. Göttingen: Vandenhoeck & Ruprecht.

–. 2000b (2005). *Die Komposition der erzählenden Bücher des Alten Testaments: Grundwissen der Bibelkritik*. UTB 2157. Göttingen: Vandenhoeck & Ruprecht (Englisch: *The Composition of the Narrative Books of the Old Testament*, übers. von John Bowden. London; New York: T&T Clark 2005).

–. 2000c. Israel als Staat und als Volk. *ZThK* 97:1–17.

–. 2002a. Der vor- und der nachpriesterschriftliche Hexateuch. In *Abschied vom Jahwisten: Die Komposition des Hexateuch in der jüngsten Diskussion*, hg. von Jan C. Gertz, Konrad Schmid und Markus Witte, 295–323. Berlin: de Gruyter.

–. 2002b. Noch einmal: Theologie im Alten Testament. In *Vergegenwärtigung des Alten Testaments: Beiträge zur biblischen Hermeneutik. Festschrift für Rudolf Smend zum 70. Geburtstag*, hg. von Christoph Bultmann, Walter Dietrich und Christoph Levin, 310–326. Göttingen: Vandenhoeck & Ruprecht.

–. Hg. 2002c. *Religion und Religionskontakte im Zeitalter der Achämeniden.* VWGTh 22. Gütersloh: Gütersloher Verlagshaus.
–. 2003a. Der Mythos vom Königtum Gottes in Kanaan und Israel. *ZThK* 100:147–162.
–. 2003b. *Die Propheten Israels.* Beck'sche Reihe Wissen 2326. München: Beck.
–. 2004a. *Das Judentum im Zeitalter des Zweiten Tempels.* FAT 42. Tübingen: Mohr Siebeck (Studienausgabe 2006; 2. Auflage 2013).
–. 2004b. Das Sch^ema‛ des Psalters: Die Botschaft vom Reich Gottes nach Psalm 145. In *Gott und Mensch im Dialog: Festschrift für Otto Kaiser zum 80. Geburtstag,* hg. von Markus Witte, 623–638. BZAW 345/II. Berlin: de Gruyter.
–. 2004c. Reste hebräischen Heidentums am Beispiel der Psalmen. *NAWG.PH* 2004/2:25–65.
–. 2005. »Höre Israel« und Dekalog. In *Die Zehn Worte: Der Dekalog als Testfall der Pentateuchkritik,* hg. von Christian Frevel, Michael Konkel und Johannes Schnocks, 77–84. QD 212. Freiburg im Breisgau: Herder.
–. 2006. Mose und die Propheten: Zur Interpretation von 4QMMT C. In *From 4QMMT to Resurrection. Mélanges qumraniens en hommage à Émile Puech,* hg. von Florentino García Martínez, Annette Steudel und Eibert Tigchelaar, 151–176. StTDJ 61. Leiden: Brill.
–. 2007a (2009). Geschichten und Geschichte in den nordwestsemitischen Inschriften des 1. Jahrtausends v. Chr. In *Was ist ein Text? Alttestamentliche, ägyptologische und altorientalistische Perspektiven,* hg. von Ludwig Morenz und Stefan Schorch, 284–309. BZAW 362. Berlin: de Gruyter (Englisch: Memoria, Memorabilia, and Memoirs: Notions of the Past in North West Semitic Inscriptions. In *The Past in the Past: Concepts of Past Reality in Ancient Near Eastern and Early Greek Thought,* hg. von Hans M. Barstad und Pierre Briant, 111–131. The Institute for Comparative Research in Human Culture B/130; Det Norske Videnkaps-Akademi, II. Hist.-Filos.; Klasse, Skrifter og avhandlinger 5. Oslo: Novus Press 2009).
–. 2007b. Temple and Torah: Reflections on the Legal Status of the Pentateuch between Elephantine and Qumran. In *The Pentateuch as Torah: New Models for Understanding Its Promulgation and Ac-*

ceptance, hg. von Gary N. Knoppers und Bernard M. Levinson, 77–103. Winona Lake, IN: Eisenbrauns.

–. 2007c. »The Place Which He Has Chosen«: The Identification of the Cult Place of Deut. 12 and Lev. 17 in 4QMMT. In *Meghillot V–VI: A Festschrift for Devorah Dimant*, hg. von Moshe Bar-Asher und Emanuel Tov, *57–*80. Jerusalem: Bialik Institute; Haifa: Haifa University Press.

–. 2008. Ezra – Priest and Scribe. In *Scribes, Sages, and Seers: The Sage in the Eastern Mediterranean World*, hg. von Leo G. Perdue, 163–188. FRLANT 219. Göttingen: Vandenhoeck & Ruprecht.

–. 2009a (2011). Judäische Gesandte im Achämenidenreich: Hananja, Esra und Nehemia. In *From Daena to Dīn: Religion, Kultur und Sprache der iranischen Welt. Festschrift Philip Kreyenbroek zum 60. Geburtstag*, hg. von Christine Allison, Anke Joisten-Pruschke und Antje Wendtland, 377–398. Wiesbaden: Harrassowitz (Englisch: Judean Ambassadors and the Making of Jewish Identity. The Case of Hananiah, Ezra, and Nehemiah. In *Judah and the Judeans in the Achaemenid Period: Negotiating Identity in an International Context*, hg. von Oded Lipschits, Gary N. Knoppers und Manfred Oeming, 421–444. Winona Lake, IN: Eisenbrauns 2011).

–. 2009b. Eyes and Spectacles: Wellhausen's Method of Higher Criticism. *JThS* 60:381–402.

–. 2010a. The Idea of Cultic Centralization and Its Supposed Ancient Near Eastern Analogies. In *One God – One Cult – One Nation: Archaeological and Biblical Perspectives*, hg. von Reinhard G. Kratz und Hermann Spieckermann, 121–144. BZAW 405. Berlin: de Gruyter.

–. 2010b. Zwischen Elephantine und Qumran: Das Alte Testament im Rahmen des Antiken Judentums. In *Congress Volume Ljubljana 2007*, hg. von André Lemaire, 129–146. VT.S 133. Leiden: Brill.

–. 2011a. *Prophetenstudien. Kleine Schriften 2*. FAT 74. Tübingen: Mohr Siebeck.

–. 2011b. »Blessed Be the Lord and Blessed Be his Name Forever«: Psalm 145 in the Hebrew Bible and in Psalms Scroll 11Q5. In *Prayer and Poetry in the Dead Sea Scrolls and Related Literature. Essays in Honor of Eileen Schuller on the Occasion of Her 65th Birthday*, hg. von Jeremy Penner, Ken M. Penner und Cecilia Wassen, 229–243. StTDJ 98. Leiden: Brill.

–. 2011c. Der »Penal Code« und das Verhältnis von *Serekh ha-Yachad* (S) und Damaskusschrift (D). *RdQ* 25/98:199–227.
–. 2011d. The Pentateuch in Current Research: Consensus and Debate. In *The Pentateuch: International Perspectives on Current Research*, hg. von Thomas B. Dozeman, Konrad Schmid und Baruch J. Schwartz, 31–61. FAT 78. Tübingen: Mohr Siebeck.
–. 2012. The Headings of the Book of Deuteronomy. In *Deuteronomy in the Pentateuch, Hexateuch, and the Deuteronomistic History*, hg. von Konrad Schmid und Raymond F. Person, Jr, 31–46. FAT II/56. Tübingen: Mohr Siebeck.
–. 2013a. Elephantine und Alexandria: Nicht-biblisches und biblisches Judentum in Ägypten. In *Alexandria*, hg. von Tobias Georges, Felix Albrecht und Reinhard Feldmeier, 193–208. COMES 1. Tübingen: Mohr Siebeck.
–. 2013b. Text und Kommentar: Die Pescharim von Qumran im Kontext der hellenistischen Schultradition. In *Von Rom nach Bagdad: Bildung und Religion in der späteren Antike bis zum klassischen Islam*, hg. von Peter Gemeinhardt und Sebastian Günther, 51–80. Tübingen: Mohr Siebeck.
–. 2012–2013. *Mille Ahiqar*: »The Words Ahiqar« and the Literature of the Jewish Diaspora in Ancient Egypt. The Anis Makdisi Program in Literature. Al-Abhath 60–61: 39–58. Beirut: American University of Beirut.
–. (im Druck). Judean and Samarian Sources. In *A Companion to the Achaemenid Persian Empire*, hg. von Bruno Jacobs und Robert Rollinger. Blackwell's Companions to the Ancient World.
Kratz, Reinhard G. / Spieckermann, Hermann, Hgg. 2006. *Götterbilder – Gottesbilder – Weltbilder: Polytheismus und Monotheismus in der Welt der Antike 2. Griechenland und Rom, Judentum, Christentum und Islam*. FAT II/18. Tübingen: Mohr Siebeck.
Kratz, Reinhard G. / Spieckermann, Hermann, Hgg. 2010. *One God – One Cult – One Nation: Archaeological and Biblical Perspectives*. BZAW 405. Berlin: de Gruyter.
Kreuzer, Siegfried / Meiser, Martin / Sigismund, Marcus, Hgg. 2012. *Die Septuaginta – Entstehung, Sprache, Geschichte: 3. Internationale Fachtagung veranstaltet von Septuaginta Deutsch (LXX.D), Wuppertal 22.–25. Juli 2010*. WUNT 286. Tübingen: Mohr Siebeck.

Kruse, Thomas. 2008. Das *politeuma* der Juden von Herakleopolis in Ägypten. In *Die Septuaginta – Texte, Kontexte, Lebenswelten: Internationale Fachtagung veranstaltet von Septuaginta Deutsch (LXX.D), Wuppertal 20.–23. Juli 2006*, hg. von Martin Karrer und Wolfgang Kraus, unter Mitarbeit von Martin Meiser, 166–175. WUNT 219. Tübingen: Mohr Siebeck.

–. 2010. Das jüdische Politeuma von Herakleopolis in Ägypten: Zur Methode der Integration ethnischer Gruppen in den Staat der Ptolemaer. In *Volk und Demokratie im Altertum*, hg. von Vera V. Dement'eva und Tassilo Schmitt, 93–105. Bremer Beiträge zur Altertumswissenschaft 1. Göttingen: Vandenhoeck & Ruprecht.

Küchler, Max. 1979. *Frühjüdische Weisheitstraditionen: Zum Fortgang weisheitlichen Denkens im Bereich des frühjüdischen Jahweglaubens*. OBO 26. Fribourg: Universitätsverlag; Göttingen: Vandenhoeck & Ruprecht.

Lambert, Wilfred George. 2007. A Document From a Community of Exiles in Babylonia. In *Seals and Inscriptions, Hebrew, Idumean and Cuneiform*, hg. von Meir Lubetzki, 201–205. Hebrew Bible Monographs 8. Sheffield: Phoenix.

Lange, Armin. 2003. Art. Qumran. In *RGG*[4] 6, 1873–1896. Tübingen: Mohr Siebeck.

–. 2006. The Qumran Dead Sea Scrolls – Library or Manuscript Corpus? In *From 4QMMT to Resurrection: Mélanges qumraniens en hommage à Émile Puech*, hg. von Florentino García Martínez, Annette Steudel und Eibert Tigchelaar, 177–193. StTDJ 61. Leiden: Brill.

–. 2009. *Handbuch der Textfunde vom Toten Meer I: Die Handschriften biblischer Bücher von Qumran und den anderen Fundorten*. Tübingen: Mohr Siebeck.

Lehmann, Gustav A. / Schmidt-Glintzer, Helwig, Hgg. 2009. *WBG-Weltgeschichte: Eine globale Geschichte von den Anfängen bis ins 21. Jahrhundert 2: Antike Welten und neue Reiche: 1200 v. Chr. bis 600 n. Chr.* Darmstadt: WGB.

Lemaire, André. 1981. *Les écoles et la formation de la Bible dans l'ancien Israël*. OBO 39. Fribourg: Universitätsverlag; Göttingen: Vandenhoeck & Ruprecht.

–. 2002. Das Achämenidische Juda und seine Nachbarn im Lichte der Epigraphie. In *Religion und Religionskontakte im Zeitalter der Achämeniden*, hg. von Reinhard G. Kratz, 210–230. VWGTh 22. Gütersloh: Gütersloher Verlagshaus.

–. 2004. Hebrew and West Semitic Inscriptions and Pre-Exilic Israel. In *In Search of Pre-Exilic Israel: Proceedings of the Oxford Old Testament Seminar*, hg. von John Day, 366–384. JSOT.S 406. London; New York: T&T Clark.

–. 2006. New Aramaic Ostraca from Idumea and Their Historical Interpretation. In *Judah and the Judeans in the Persian Period*, hg. von Oded Lipschits und Manfred Oeming, 413–456. Winona Lake, IN: Eisenbrauns.

–. 2007. Administration in Fourth-Century B.C.E. Judah in Light of Epigraphy and Numismatics. In *Judah and the Judeans in the Fourth Century B.C.E.*, hg. von Oded Lipschits, Gary N. Knoppers und Rainer Albertz, 53–74. Winona Lake, IN: Eisenbrauns.

Lemche, Nils P. 1996. *Die Vorgeschichte Israels: Von den Anfängen bis zum Ausgang des 13. Jahrhunderts v. Chr.* Biblische Enzyklopädie 1. Stuttgart: Kohlhammer.

–. 1998. *The Israelites in History and Tradition*. Louisville, KY: Westminster John Knox Press.

Leuenberger, Martin. 2008. *Segen und Segenstheologie im alten Israel: Untersuchungen zu ihren religions- und theologiegeschichtlichen Konstellationen und Transformationen*. AThANT 90. Zürich: TVZ.

Levin, Christoph. 1985. *Die Verheißung des neuen Bundes in ihrem theologiegeschichtlichen Zusammenhang ausgelegt*. FRLANT 137. Göttingen: Vandenhoeck & Ruprecht.

–. 1993. *Der Jahwist*. FRLANT 157. Göttingen: Vandenhoeck & Ruprecht.

–. 2001. *Das Alte Testament*. Beck'sche Reihe Wissen 2160. München: Beck.

Lipschits, Oded / Blenkinsopp, Joseph, Hgg. 2003. *Judah and the Judeans in the Neo-Babylonian Period*. Winona Lake, IN: Eisenbrauns.

Lipschits, Oded / Oeming, Manfred, Hgg. 2006. *Judah and the Judeans in the Persian Period*. Winona Lake, IN: Eisenbrauns.

Lipschits, Oded / Knoppers, Gary N. / Albertz, Rainer, Hgg. 2007. *Judah and the Judeans in the Fourth Century B. C. E.* Winona Lake, IN: Eisenbrauns.

Lipschits, Oded / Knoppers, Gary N. / Oeming, Manfred, Hgg. 2011. *Judah and the Judeans in the Achaemenid Period: Negotiating Identity in an International Context.* Winona Lake, IN: Eisenbrauns.

Liverani, Mario. 2005. *Israel's History and the History of Israel*, translated from Italian by Chiara Peri and Philip R. Davies. BibleWorld; London: Equinox.

Lohfink, Norbert. 1990. *Lobgesänge der Armen: Studien zum Magnifikat, den Hodajot von Qumran und einigen späten Psalmen*, mit einem Anhang, Hodajot-Bibliographie 1948–1989 von Ulrich Dahmen. SBS 143. Stuttgart: Katholisches Bibelwerk.

Magen, Yitzhak. 2008. *Mount Gerizim Excavations II: A Temple City.* JSP 8. Jerusalem: Israel Antiquities Authority.

Magness, Jodi. 2002. *The Archaeology of Qumran and the Dead Sea Scrolls.* Grand Rapids, MI: Eerdmans.

Maier, Johann. 1990. *Zwischen den Testamenten: Geschichte und Religion des zweiten Tempels.* NEB. Ergänzungsband zum Alten Testament 3. Würzburg: Echter Verlag.

Mason, Steve. 2007. Jews, Judeans, Judaizing, Judaism: Problems of Categorization in Ancient History. *JSJ* 38: 457–512.

McKenzie, Steven L. 1991. *The Trouble with Kings: The Composition of the Books of Kings in the Deuteronomistic History.* VT.S 42. Leiden: Brill.

Meshel, Zeev. 2012. *Kuntillet 'Ajrud (Horvat Teman): An Iron Age II Religious Site on the Judah-Sinai Border.* Jerusalem: IES.

Metso, Sarianna. 1997. *The Textual Development of the Qumran Community Rule.* StTDJ 21. Leiden: Brill.

Mor, Menachem / Reiterer, Friedrich V., Hgg. 2010. *Samaritans: Past and Present. Current Studies.* SJ 53; StSam 5. Berlin: de Gruyter.

Müller, Reinhard. 2004. *Königtum und Gottesherrschaft: Untersuchungen zur alttestamentlichen Monarchiekritik.* FAT II/3. Tübingen: Mohr Siebeck.

–. 2008. *Jahwe als Wettergott: Studien zur althebräischen Kultlyrik anhand ausgewählter Psalmen.* BZAW 387. Berlin: de Gruyter.

Muffs, Yochanan. 2003. *Studies in the Aramaic Legal Papyri from Elephantine*, with Prolegomenon by Baruch A. Levine. HdO 66. Leiden: Brill.

Mulder, Martin J. / Sysling, Harry, Hgg. 1988. *Mikra: Text, Translation, Reading and Interpretation of the Hebrew Bible in Ancient Judaism and Early Chrstianity*. CRI 2/1. Assen: Van Gorcum; Philadelphia, PA: Fortress Press.

Na'aman, Nadav. 2006. Review on Mario Liverani, Israel's History and the History of Israel. *Review of Biblical Literature* 7, keine Seitenangaben, zitiert 13. Januar 2015. Online: http://www.bookreviews.org/pdf/5069_5342.pdf.

–. 2012. A New Look at the Epigraphic Finds from Horvat 'Uza. *Tel Aviv* 39:212–229.

Nelson, Richard D. 1981. *The Double Redaction of the Deuteronomistic History*. JSOT.S 18. Sheffield: Sheffield Academic Press.

Newsom, Carol. 1985. *Songs of the Sabbath Sacrifice: A Critical Edition*. HSS 27. Atlanta, GA: Scholars Press.

–. 2004. *The Self as Symbolic Space: Constructing Identity and Community at Qumran*. StTDJ 52. Leiden: Brill.

Niehr, Herbert. 1998. *Religionen in Israels Umwelt: Einführung in die nordwestsemitischen Religionen Syrien-Palästinas*. NEB.AT Erg. 5. Würzburg: Echter.

Nihan, Christophe L. 2007. The Torah between Samaria and Judah: Shechem and Gerizim in Deuteronomy and Joshua. In *The Pentateuch as Torah: New Models for Understanding Its Promulgation and Acceptance*, hg. von Gary N. Knoppers und Bernard M. Levinson, 187–223. Winona Lake, IN: Eisenbrauns.

Nogalski, James D. 1993a. *Literary Precursors to the Book of the Twelve*. BZAW 217. Berlin: de Gruyter.

–. 1993b. *Redactional Processes in the Book of the Twelve*. BZAW 218. Berlin: de Gruyter.

Noth, Martin. 1943. *Überlieferungsgeschichtliche Studien*. Halle (Saale): Niemeyer Verlag (Nachdruck 1957. 2. Aufl. Tübingen: Niemeyer).

–. 1948. *Überlieferungsgeschichte des Pentateuch*. Stuttgart: Kohlhammer.

–. 1950. *Geschichte Israels*. Göttingen: Vandenhoeck & Ruprecht (Nachdruck 1986. 10. Aufl. Göttingen: Vandenhoeck & Ruprecht).

–. 1962. *Die Welt des Alten Testaments: Einführung in die Grenzgebiete der alttestamentlichen Wissenschaft*. 4. Aufl. Berlin: Töpelmann.

–. 1971. *Aufsätze zur biblischen Landes- und Altertumskunde*. 2 Bde. Neukirchen-Vluyn: Neukirchener Verlag.

Noy, David. 1994. The Jewish Communities of Leontopolis and Venosa. In *Studies in Early Jewish Epigraphy*, hg. von Jan W. van Henten und Pieter W. van der Horst, 162–182. AGJU 21. Leiden: Brill.

Osumi, Yuichi. 1991. *Die Kompositionsgeschichte des Bundesbuches Ex 20,22b-23,33*. OBO 105. Fribourg: Universitätsverlag; Göttingen: Vandenhoeck & Ruprecht.

Otto, Eckart. 1988. *Wandel der Rechtsbegründungen in der Gesellschaftsgeschichte des antiken Israel: Eine Rechtsgeschichte des »Bundesbuchs« Ex XX 22–XXIII 13*. StB 3. Leiden: Brill.

–. 1994. *Theologische Ethik des Alten Testaments*. ThW 3/2. Stuttgart: Kohlhammer.

–. 1998. Die Ursprünge der Bundestheologie im Alten Testament und im Alten Orient. *ZAR* 4:1–84.

–. 1999. *Das Deuteronomium: Politische Theologie und Rechtsreform in Juda und Assyrien*. BZAW 284. Berlin: de Gruyter.

–. 2000. *Das Deuteronomium im Pentateuch und Hexateuch: Studien zur Literaturgeschichte von Pentateuch und Hexateuch im Lichte des Deuteronomiumrahmens*. FAT 30. Tübingen: Mohr Siebeck.

Pakkala, Juha. 2004. *Ezra the Scribe: The Development of Ezra 7–10 and Nehemiah 8*. BZAW 347. Berlin: de Gruyter.

Pearce, Laurie E. 2006. New Evidence For Judeans in Babylonia. In *Judah and the Judeans in the Persian Period*, hg. von Oded Lipschits und Manfred Oeming, 399–411. Winona Lake, IN: Eisenbrauns.

–. 2011. »Judean«: A Special Status in Neo-Babylonian and Achemenid Babylonia? In *Judah and the Judeans in the Achaemenid Period: Negotiating Identity in an International Context*, hg. von Oded Lipschits, Gary N. Knoppers und Manfred Oeming, 267–277. Winona Lake, IN: Eisenbrauns.

–. 2014. Continuity and Normality in Sources Relating to the Judean Exile. *Hebrew Bible and Ancient Israel* 3: 163–184.

Perlitt, Lothar. 1994. Hebraismus – Deuteronomismus – Judaismus. In *Deuteronomium-Studien*, 247–260. FAT 8. Tübingen: Mohr Siebeck.

Pfeiffer, Henrik. 2005. *Jahwes Kommen von Süden: Jdc 5; Hab 3; Dtn 33 und Ps 68 in ihrem literatur- und theologiegeschichtlichen Umfeld*. FRLANT 211. Göttingen: Vandenhoeck & Ruprecht.

–. 2013 (im Druck). Die Herkunft Jahwes und ihre Zeugen. *BThZ* 30.

Pietsch, Michael. 2013. *Die Kultreform Josias: Studien zur Religionsgeschichte Israels in der späten Königszeit*. FAT 86. Tübingen: Mohr Siebeck.

Pitard, Wayne T. 1987. *Ancient Damascus: A Historical Study of the Syrian City-State from Earliest Times until Its Fall to the Assyrians in 732 B.C.E.* Winona Lake, IN: Eisenbrauns.

Pohlmann, Karl-Friedrich. 1989. *Die Ferne Gottes – Studien zum Jeremiabuch: Beiträge zu den »Konfessionen« im Jeremiabuch und ein Versuch zur Frage nach den Anfängen der Jeremiatradition*. BZAW 179. Berlin: de Gruyter.

Pola, Thomas. 1995. *Die ursprüngliche Priesterschrift: Beobachtungen zur Literarkritik und Traditionsgeschichte von Pg*. WMANT 70. Neukirchen-Vluyn: Neukirchener Verlag.

Popovic, Mladen. 2012. Qumran as Scroll Storehouse in Times of Crisis? A Comparative Perspective on Judaean Desert Manuscript Collections. *JSJ* 43:551–594.

Porten, Bezalel. 1968. *Archives from Elephantine: The Life of an Ancient Jewish Military Colony*. Berkeley: University of California Press.

Porten, Bezalel / Yardeni, Ada. 2006. Social, Economic, and Onomastic Issues in the Aramaic Ostraca of the Fourth Century B.C.E. In *Judah and the Judeans in the Persian Period*, hg. von Oded Lipschits und Manfred Oeming, 457–488. Winona Lake, IN: Eisenbrauns.

Provan, Iain W. 1988. *Hezekiah and the Book of Kings: A Contribution to the Debate about the Composition of the Deuteronomistic History*. BZAW 172. Berlin: de Gruyter.

Rahlfs, Alfred / Fraenkel, Detlef. 2004. *Verzeichnis der griechischen Handschriften des Alten Testaments 1: Die Überlieferung bis zum VIII. Jahrhundert*. Septuaginta: Vetus Testamentum Graecum

Auctoritate Academiae Scientiarum Gottingensis editum, Supplementum. Göttingen: Vandenhoeck & Ruprecht.

Rajak, Tessa. 2002. Synagogue and Community in the Graeco-Roman Diaspora. In *Jews in the Hellenistic and Roman Cities*, hg. von John R. Bartlett, 22–38. London; New York: Routledge.

–. 2003. The Ancient Synagogue. *Studia Philonica Annual* 15:100–108.

–. 2008. Translating the Septuagint for Ptolemy's Library: Myth and History. In *Die Septuaginta – Texte, Kontexte, Lebenswelten: Internationale Fachtagung veranstaltet von Septuaginta Deutsch (LXX.D), Wuppertal 20.–23. Juli 2006*, hg. von Martin Karrer und Wolfgang Kraus, unter Mitarbeit von Martin Meiser, 176–193. WUNT 219. Tübingen: Mohr Siebeck.

–. 2009. *Translation and Survival: The Greek Bible of the Ancient Jewish Diaspora*. Oxford: Oxford University Press.

Rendtorff, Rolf. 1976. *Das überlieferungsgeschichtliche Problem des Pentateuch*. BZAW 147. Berlin: de Gruyter.

Renz, Johannes. 2009a. Die vor- und außerbiblische Texttradition: Ein Beitrag der palästinischen Epigraphik zur Vorgeschichte des Kanons. In *Die Textualisierung der Religion*, hg. von Joachim Schaper, 53–81. FAT 62. Tübingen: Mohr Siebeck.

–. 2009b. »Jahwe ist der Gott der ganzen Erde«: Der Beitrag der außerkanonischen althebräischen Texte zur Rekonstruktion der vorexilischen Religions- und Theologiegeschichte Palästinas. In *Israel zwischen den Mächten: Festschrift für Stefan Timm zum 65. Geburtstag*, hg. von Michael Pietsch und Friedhelm Hartenstein, 289–377. AOAT 364. Münster: Ugarit-Verlag.

Ringgren, Helmer. 1979. *Die Religionen des Alten Orients*. GAT Sonderband. Göttingen: Vandenhoeck & Ruprecht.

Rösel, Martin. 2000. Israels Psalmen in Ägypten? Papyrus Amherst 63 und die Psalmen XX und LXXV, *VT* 50:81–99.

Rogerson, John W. / Lieu, Judith M., Hgg. 2008. *The Oxford Handbook of Biblical Studies*. 2. Aufl. Oxford: OUP.

Rohrmoser, Angela. 2014. *Götter, Tempel und Kult der Judäo-Aramäer von Elephantine: Archäologische und schriftliche Zeugnisse aus dem perserzeitlichen Ägypten*. AOAT 396, Münster: Ugarit-Verlag.

Rollston, Christopher A. 2010. *Writing and Literacy in the World of Ancient Israel: Epigraphic Evidence From the Iron Age.* ABSt 11. Atlanta: SBL.

–. 2012. The Khirbet Qeiyafa Ostracon: Methodological Musings and Careats. *Tel Aviv* 38: 67–82.

Samuel, Harald. 2013 (im Druck). *Von den Priestern zum Patriarchen: Levi und die Leviten im Alten Testament.* BZAW 448. Berlin: de Gruyter.

Schäfer, Peter. 1997. *Judeophobia: Attitudes Toward the Jews in the Ancient World.* Cambridge, MA; London: Harvard University Press.

–. 2010. *Geschichte der Juden in der Antike: Die Juden Palästinas von Alexander dem Großen bis zur arabischen Eroberung.* 2. Aufl. Tübingen: Mohr Siebeck.

Schams, Christine. 1998. *Jewish Scribes in the Second-Temple Period.* JSOT.S 291. Sheffield: Sheffield Academic Press.

Schiffman, Lawrence H. / VanderKam, James C., Hgg. 2000. *Encyclopedia of the Dead Sea Scrolls.* 2 Bde. Oxford: Oxford University Press.

Schipper, Bernd U. 2005. Die Lehre des Amenemope und Prov 22,17–24,22: Eine Neubestimmung des literarischen Verhältnisses. *ZAW* 117:53–72.232–248.

–. 2012. *Hermeneutik der Tora: Studien zur Traditionsgeschichte von Prov 2 und zur Komposition von Prov 1–9.* BZAW 432. Berlin: de Gruyter.

Schmid, Hans H. 1966. *Wesen und Geschichte der Weisheit: Eine Untersuchung zur altorientalischen und israelitischen Weisheitsliteratur.* BZAW 101. Berlin: Töpelmann.

Schmid, Konrad. 1996. *Buchgestalten des Jeremiabuches: Untersuchungen zur Redaktions- und Rezeptionsgeschichte von Jer 30–33 im Kontext des Buches.* WMANT 72. Neukirchen-Vluyn: Neukirchener Verlag.

–. 1999. *Erzväter und Exodus: Untersuchungen zur doppelten Begründung der Ursprünge Israels innerhalb der Geschichtsbücher des Alten Testaments.* WMANT 81. Neukirchen-Vluyn: Neukirchener Verlag.

–. 2007. The Persian Imperial Authorization as a Historical Problem and as a Biblical Construct: A Plea for Distinctions in the Current Debate. In *The Pentateuch as Torah: New Models for Understanding Its Promulgation and Acceptance*, hg. von Gary N. Knoppers und Bernard M. Levinson, 23–38. Winona Lake, IN: Eisenbrauns.

–. 2008 (2012). *Literaturgeschichte des Alten Testaments: Eine Einführung.* Darmstadt: Wissenschaftliche Buchgesellschaft (Englisch: *The Old Testament: A Literary History*, übers. von Linda M. Maloney. Minneapolis, MN: Fortress Press 2012).

Schmid, Konrad / Person Jr, Raymond F., Hgg. 2012. *Deuteronomy in the Pentateuch, Hexateuch, and the Deuteronomistic History.* FAT II/56. Tübingen: Mohr Siebeck.

Schoors, Antoon. 1998. *Die Königreiche Israel und Juda im 8. und 7. Jahrhundert v. Chr.: Die assyrische Krise.* Biblische Enzyklopädie 5. Stuttgart: Kohlhammer.

Schröder, Bernd. 1996. *Die »väterlichen Gesetze«: Flavius Josephus als Vermittler von Halachah an Griechen und Römer.* TSAJ 53. Tübingen: Mohr Siebeck.

Schürer, Emil. 1973–1987. *The History of the Jewish People in the Age of Jesus Christ (175 B.C.-A.D. 135)*, A New English Version revised and edited by Geza Vermes, et al. Bde. I–III. Edinburgh: T&T Clark.

Schwiderski, Dirk. 2000. *Handbuch des nordwestsemitischen Briefformulars: Ein Beitrag zur Echtheitsfrage der aramäischen Briefe des Esrabuches.* BZAW 295. Berlin: de Gruyter.

–. 2013. Epistolographische Elemente in den neuveröffentlichten aramäischen Ostrakon-briefen aus Elephantine (Sammlung Clermont-Ganneau). In *In the Schadow of Bezalel: Aramaic, Biblical, and Ancient Near Eastern Sudies in Honor of Bezalel Porten*, hg. von Alejandro F. Botta, 159–182. Leiden: Brill.

Schwienhorst-Schönberger, Ludger. 1990. *Das Bundesbuch (Ex 20,22–23,33): Studien zu seiner Entstehung und Theologie.* BZAW 188. Berlin: de Gruyter.

–. 1996. *»Nicht im Menschen gründet das Glück« (Koh 2,24): Kohelet im Spannungsfeld jüdischer Weisheit und hellenistischer Philosophie.* HBS 2. 2. Aufl. Freiburg im Breisgau: Herder.

Seeligmann, Isac L. 2004. *The Septuagint Version of Isaiah and Cognate Studies.* FAT 40. Tübingen: Mohr Siebeck.

Smend, Rudolf. 1978. *Die Entstehung des Alten Testaments*. ThW 1. Stuttgart: Kohlhammer.

–. 1995. Mose als geschichtliche Gestalt. *HZ* 260:1–19 (= Ders., *Bibel, Theologie, Universität*, 5–20. Kleine Vandenheock Reihe 1583. Göttingen: Vandenhoeck & Ruprecht 1997 = Ders., *Zwischen Mose und Karl Barth: Akademische Vorträge*, 1–25, Tübingen: Mohr Siebeck 2009).

Spieckermann, Hermann. 1982. *Juda unter Assur in der Sargonidenzeit*. FRLANT 129. Göttingen: Vandenhoeck & Ruprecht.

–. 1989. *Heilsgegenwart: Eine Theologie der Psalmen*. FRLANT 148. Göttingen: Vandenhoeck & Ruprecht.

Stackert, Jeffrey. 2007. *Rewriting the Torah: Literary Revision in Deuteronomy and the Holiness Legislation*. FAT 52. Tübingen: Mohr Siebeck.

Steck, Odil H. 1988. Der Kanon des hebräischen Alten Testaments: Historische Materialien für eine ökumenische Perspektive. In *Vernunft des Glaubens: Wissenschaftliche Theologie und kirchliche Lehre. Festschrift zum 60. Geburtstag von Wolfhart Pannenberg*, hg. von Jan Rohls und Gunther Wenz, 231–252. Göttingen: Vandenhoeck & Ruprecht.

–. 1991. *Der Abschluß der Prophetie im Alten Testament: Ein Versuch zur Frage der Vorgeschichte des Kanons*. BThSt 17. Neukirchen-Vluyn: Neukirchener Verlag.

–. 1996. *Die Prophetenbücher und ihr theologisches Zeugnis: Wege der Nachfrage und Fährten zur Antwort*. Tübingen: J.C.B. Mohr.

Stegemann, Hartmut. 2007. *Die Essener, Qumran, Johannes der Täufer und Jesus*, mit einem Nachwort von Gert Jeremias. 10. Aufl. Freiburg im Breisgau: Herder.

Stemberger, Günter. 1991. *Pharisäer, Sadduzäer, Essener*. SBS 144. Stuttgart: Katholisches Bibelwerk.

Stern, Ephraim. 1982. *Material Culture of the Land of the Bible in the Persian Period 538–332 B.C.* Jerusalem: Israel Exploration Society; Warminster: Aris & Philips.

Steudel, Annette. 1994. *Der Midrasch zur Eschatologie aus der Qumrangemeinde (4QMidrEschat[a.b]): Materielle Rekonstruktion, Textbestand, Gattung und traditionsgeschichtliche Einordnung des durch 4Q174 (»Florilegium«) und 4Q177 (»Catena A«) repräsentierten Werkes aus den Qumranfunden*. StTDJ 13. Leiden: Brill.

–. 2006. 4Q448 – The Lost Beginning of MMT? In *From 4QMMT to Resurrection: Mélanges qumraniens en hommage à Émile Puech*, hg. von Florentino García Martínez, Annette Steudel und Eibert Tigchelaar, 247–263. StTDJ 61. Leiden: Brill.

–. 2012. The Damascus Document (D) as a Rewriting of the Community Rule (S). *RdQ* 25/100:605–620.

Stökl, Jonathan. 2012. *Prophecy in the Ancient Near East: A Philological and Sociological Comparison*. CHANE 56. Leiden: Brill.

Stökl, Jonathan und Waerzeggers, Caroline, Hgg. 2015. *Exile and Return: The Babylonian Context*. BZAW 478. Berlin: De Gruyter.

Stone, Michael E., Hg. 1984. *Jewish Writings of the Second Temple Period: Apocrypha, Pseudepigrapha, Qumran Sectarian Writings, Philo, Josephus*. CRI 2/2. Assen: Van Gorcum; Philadelphia, PA: Fortress Press.

Tcherikover, Victor. 1958. The Ideology of the Letter of Aristeas. *HThR* 51:59–85.

–. 1961. *Hellenistic Civilization and the Jews*. 2. Aufl. Philadelphia, PA: Jewish Publication Society of America.

Thompson, Thomas L. 1999. *The Bible in History: How Writers Create a Past*. London: J. Cape.

Tilly, Michael / Zwickel, Wolfgang. 2011. *Religionsgeschichte Israels: Von der Vorzeit bis zu den Anfängen des Christentums*. Darmstadt: Wissenschaftliche Buchgesellschaft.

Timm, Stefan. 1982. *Die Dynastie Omri: Quellen und Untersuchungen zur Geschichte Israels im 9. Jahrhundert vor Christus*. FRLANT 124. Göttingen: Vandenhoeck & Ruprecht.

Tov, Emanuel. 1997. *Der Text der Hebräischen Bibel: Handbuch der Textkritik*, übersetzt aus dem Englischen auf der Grundlage der Ausgabe von 1992 von Heinz-Josef Fabry. Stuttgart: Kohlhammer.

–. 2004. *Scribal Practices and Approaches Reflected in the Texts Found in the Judean Desert*. StTDJ 54. Leiden: Brill.

–. 2010. *Revised Lists of the Texts from the Judaean Desert*. Leiden: Brill.

–. 2012. *Textual Criticism of the Hebrew Bible*. 3. Aufl. Minneapolis, MN: Fortress Press.

Vanderhooft, David S. 2011. 'el-mĕdînā ûmĕdînâ kiktābāh: Scribes and Scripts in Yehud and in Achaemenid Transeuphratene. In *Judah and the Judeans in the Achaemenid Period: Negotiating Iden-*

tity in an International Context, hg. von Oded Lipschits, Gary N. Knoppers und Manfred Veming, 529–544. Winona Lake, IN: Eisenbrauns.

VanderKam, James C. 1991. Jewish High Priests of the Persian Period: Is the List Complete? In *Priesthood and Cult in Ancient Israel*, hg. von Gary A. Anderson und Saul M. Olyan, 67–91. JSOT.S 125. Sheffield: Sheffield Academic Press.

–. 1998. *Einführung in die Qumranforschung: Geschichte und Bedeutung der Schriften vom Toten Meer*, übersetzt von Markus Müller. Göttingen: Vandenhoeck & Ruprecht.

–. 2010. *The Dead Sea Scrolls Today*. 2. Aufl. Grand Rapids, MI: Eerdmans.

Van der Toorn, Karel. 1986. Herem-Bethel and Elephantine Oath Procedure. *ZAW* 98:282–285.

–. 1992. Anat-Yahu, Some Other Deities, and the Jews of Elephantine. *Numen* 39:80–101.

–. 2007. *Scribal Culture and the Making of the Hebrew Bible*. Cambridge, MA; London: Harvard University Press.

Van Seters, John. 1983. *In Search of History: Historiography in the Ancient World and the Origins of Biblical History*. New Haven; London: Yale University Press 1983 (Nachdruck 1997. Winona Lake, IN: Eisenbrauns).

–. 1992. *Prologue to History: The Yahwist as Historian in Genesis*. Louisville, KY: Westminster; John Knox Press.

–. 1994. *The Life of Moses: The Yahwist as Historian in Exodus-Numbers*. Louisville, KY: Westminster; John Knox Press.

–. 2006. *The Edited Bible: The Curious History of the »Editor« in Biblical Criticism*. Winona Lake, IN: Eisenbrauns.

Veijola, Timo. 1975. *Die ewige Dynastie: David und die Entstehung seiner Dynastie nach der deuteronomistischen Darstellung*. AASF.B 193. Helsinki: Suomalainen Tiedeakatemia.

–. 1977. *Das Königtum in der Beurteilung der deuteronomistischen Historiographie: eine redaktionsgeschichtliche Untersuchung*. Helsinki: Suomalainen Tiedeakatemia.

–. 2000. Die Deuteronomisten als Vorgänger der Schriftgelehrten: Ein Beitrag zur Entstehung des Judentums. In *Moses Erben: Studien zum Dekalog, zum Deuteronomismus und zum Schriftgelehrtentum*, 192–240. BWANT 149. Stuttgart: Kohlhammer.

Vielhauer, Roman 2007. *Das Werden des Buches Hosea: Eine redaktionsgeschichtliche Untersuchung*. BZAW 349. Berlin: de Gruyter.

Von Pilgrim, Cornelius. 1998. Textzeugnis und archäologischer Befund: Zur Topographie Elephantines in der 27. Dynastie. In *Stationen: Beiträge zur Kulturgeschichte Ägyptens. Rainer Stadelmann gewidmet*, hg. von Heike Guksch und Daniel Polz, 485–497. Mainz: von Zabern.

–. 2003. Tempel des Jahu und »Straße des Königs« – ein Konflikt in der späten Perserzeit auf Elephantine. In *Egypt – Temple of the Whole World: Studies in Honour of Jan Assmann*, hg. von Sibylle Meyer, 303–317. Leiden: Brill.

–. 2013. Die »Festung« von Elephantine in der Spätzeit – Anmerkungen zum archäologischen Befund. In *In the Shadow of Bezalel: Aramaic, Biblical, and Ancient Near Eastern Studies in Honor of Bezalel Porten*, hg. von Alejandro F. Botta, 203–208. CHANE 60. Leiden: Brill.

Von Rad, Gerhard. 1970. *Weisheit in Israel*. Neukirchen-Vluyn: Neukirchener Verlag.

Waerzeggers, Caroline. 2014. Locating Contact in the Babylonian Exile: Some Reflections on Tracing Judean-Babylonian Encounters in Cuneiform Texts. In *Encounters by the Rivers of Babyon: Scholarly Conversations Between Jews, Iranians and Babylonoians*, hg. von Uri Gabbay und Shai Secunda, 131–146. Texts and Studies in Ancient Judaism 160. Tübingen: Mohr Siebeck.

Watts, James W., Hg. 2001. *Persia and Torah: The Theory of Imperial Authorization of the Pentateuch*. SBLSymS 17. Atlanta, GA: SBL.

Weingart, Kristin. 2014. *Stämmevolk – Staatsvolk – Gottesvolk? Studien zur Verwendung des Israel-Namens im Alten Testament*. FAT II/68; Tübingen: Mohr Siebeck.

Weippert, Helga. 1972. Die »deuteronomistischen« Beurteilungen der Könige von Israel und Juda und das Problem der Redaktion der Königsbücher. *Bib*. 53:301–339.

–. 1988. *Palästina in vorhellenistischer Zeit*. HdO Vorderasien II/1. München: Beck.

Weippert, Manfred. 1967. *Die Landnahme der israelitischen Stämme in der neueren wissenschaftlichen Diskussion*. FRLANT 92. Göttingen: Vandenhoeck & Ruprecht.

–. 1993. Geschichte Israels am Scheideweg. *ThR* 58:71–103.

–. 1997. *Jahwe und die anderen Götter: Studien zur Religionsgeschichte des antiken Israel in ihrem syrisch-palästinischen Kontext*. FAT 18. Tübingen: Mohr Siebeck.

Wellhausen, Julius. 1874. *Die Pharisäer und die Sadducäer: Eine Untersuchung zur inneren jüdischen Geschichte*. Greifswald: Bamberg (Nachdruck 1967. 3. Aufl. Göttingen: Vandenhoeck & Ruprecht).

–. 1880. Geschichte Israels. In *Grundrisse zum Alten Testament*, hg. von Rudolf Smend, 13–64. TB 27. München: Kaiser 1965.

–. 1899. *Die Composition des Hexateuchs und der historischen Bücher des Alten Testaments*. 2. Aufl. Berlin: Reimer (Nachdruck 1963. 4. Aufl. Berlin: de Gruyter).

–. 1905a. Israelitisch-jüdische Religion. In *Grundrisse zum Alten Testament*, hg. von Rudolf Smend, 65–109. TB 27. München: Kaiser 1965.

–. 1905b. *Prolegomena zur Geschichte Israels*. 6. Aufl. Berlin: Reimer (Nachdruck 2001. Berlin: de Gruyter).

–. 1911. *Einleitung in die drei ersten Evangelien*. 2. Aufl. Berlin: Georg Reimer.

–. 1914. *Israelitische und jüdische Geschichte*. Berlin: Reimer (Nachdruck 2004. 7. Aufl. Berlin: de Gruyter).

Wilke, Alexa F. 2006. *Kronerben der Weisheit: Gott, König und Frommer in der didaktischen Literatur Ägyptens und Israels*. FAT II/20. Tübingen: Mohr Siebeck.

Willi, Thomas. 1972. *Die Chronik als Auslegung: Untersuchungen zur literarischen Gestaltung der historischen Überlieferung Israels*. FRLANT 106. Göttingen: Vandenhoeck & Ruprecht.

–. 1995. *Juda – Jehud – Israel: Studien zum Selbstverständnis des Judentums in persischer Zeit*. FAT 12. Tübingen: J. C. B. Mohr.

Williamson, Hugh G. 1977. *Israel in the Books of Chronicles*. Cambridge: Cambridge University Press (Nachdruck 2007).

–. 2004. *Studies in Persian Period History and Historiography*. FAT 38. Tübingen: Mohr Siebeck.

Wilson, Kevin A. 2005. *The Campaign of Pharao Shoshenq I into Palestine*. FAT II/9. Tübingen: Mohr Siebeck.

Witte, Markus. 2010a. III. Schriften (Ketubim). In *Grundinformation Altes Testament: Eine Einführung in Literatur, Religion und Ge-*

schichte des Alten Testaments, hg. von Jan C. Gertz, 414–534. 4. Aufl. Göttingen: Vandenhoeck & Ruprecht.

–. 2010b. Von der Analyse zur Synthese – Historisch-kritische Anmerkungen zu Hermann Gunkels Konzept einer israelitischen Literaturgeschichte. In *Hermann Gunkel revisited: Literatur- und religionsgeschichtliche Studien*, hg. von Ute E. Eisen und Erhard S. Gerstenberger, 21–51. Exegese in unserer Zeit 20. Berlin; Münster: Lit-Verlag.

Witte, Markus / Schmid, Konrad / Prechel, Doris / Gertz, Jan C., unter Mitarbeit von Johannes F. Diehl, Hgg. 2006. *Die deuteronomistischen Geschichtswerke: Redaktions- und religionsgeschichtliche Perspektiven zur »Deuteronomismus«-Diskussion in Tora und Vorderen Propheten*. BZAW 365. Berlin: de Gruyter.

Wöhrle, Jakob. 2006. *Die frühen Sammlungen des Zwölfprophetenbuches: Entstehung und Komposition*. BZAW 360. Berlin: de Gruyter.

–. 2008. *Der Abschluss des Zwölfprophetenbuches: Buchübergreifende Redaktionsprozesse in den späten Sammlungen*. BZAW 389. Berlin: de Gruyter.

Wright, Jacob L. 2004. *Rebuilding Identity: The Nehemiah-Memoir and Its Earliest Readers*. BZAW 348. Berlin: de Gruyter.

Würthwein, Ernst. 1984. *Die Bücher der Könige: 1. Kön 17–2. Kön. 25*. ATD 11,2. Göttingen: Vandenhoeck & Ruprecht.

Wunsch, Cornelia. 2013. Glimpses on the Lives of Deportees in Rural Babylonia. In *Arameans, Chaldeans, and Arabs in Babylonia and Palestine in the First Millenium B.C.*, hg. von Angelika Berlejung und Michael P. Streck, 247–260. Leipziger Altorientalistische Studien 3. Wiesbaden: Harrassowitz.

Zadok, Ran. 2014. Judeans in Babylonia – Updating the Dossier. In *Encounters by the Rivers of Babyon: Scholarly Conversations Between Jews, Iranians and Babylonoians*, hg. von Uri Gabbay und Shai Secunda, 109–130. Texts and Studies in Ancient Judaism 160. Tübingen: Mohr Siebeck.

Zenger, Erich, et al. 2012. *Einleitung in das Alte Testament*, hg. von Christian Frevel. Studienbücher Theologie 1/1. 8. Aufl. Stuttgart: Kohlhammer.

Zwickel, Wolfgang. 2002. *Einführung in die biblische Landes- und Altertumskunde*. Darmstadt: Wissenschaftliche Buchgesellschaft.

Stellenregister

I. Epigraphische Quellen

Altorientalische Texte 6
Al-Jahudu-Archiv 43, 46, 185 f, 203–213
Atramhasis 96
Baal-Epos 96
Enuma Elisch 96
Gilgamesch-Epos 97
Königsinschriften 22, 32 f, 46
    Adadnarari III. 24
    Amel-Marduk 36
    Assurbanipal 34
    Dareios I. 83
    Merenptah 11
    Nabonid/Kyros II. 39 f
    Nebukadnezar II. 36
    Salmanassar III. 12, 23 f
    Salmanassar V. 25
    Sanherib 33
    Sargon II. 25, 32
    Schoschenk 18, 29
    Tiglatpileser III. 25, 32
Mari-Briefe 91 f
Muraschu-Archiv 46, 185
Neuassyrische Prophetien 91
Soleb und Amara-West 65

Kanaanäische und aramäische Inschriften 6
Arad 34, 87, 97, 259
Bar Kokhba Briefe, Münzen 62
Deir 'Alla 27, 92
Ekron 36
En Gedi 90, 96
Garizim 237–242, 248–250, 254
Hirbet Beit Lei 38, 64, 90, 96
Hirbet el-Qom 38, 63 f, 90, 259, 262
Hirbet Qeiyafa 88
Horvat 'Uza (Hirbet Gazza) 34, 87, 97, 259
Ketef Hinnom 38, 64, 90
Kuntillet 'Ajrud 27, 38, 63–65, 90, 96, 259
Lachisch 33, 37, 87, 91, 97, 259
Mescha von Moab 12, 17, 22, 27, 65, 84, 98
Samaria 27, 87, 97, 232–234
Schiloach-Tunnel 32, 98
Sendschirli (Sam'al) 24
Silwan 90
Tel Dan 17, 23, 98
Tempel-Ostrakon 262
Stempel, Bullen, Siegel und Münzen 88, 234–237, 259–261
Yavneh Yam 35, 88
Wadi Daliyeh 87 f, 234–237

Wadi Murabbaʿat 85f
Zakkur von Hamat 24, 91

Elephantine 6, 43f, 64, 87, 89
TAD 45f, 91, 186–203, 254
A 2.1–7 194
A 3.5; 3.7; 3.9; 3.10 194
A 4.1–10 201
A 4.1 192, 194, 202
A 4.2 194
A 4.3 189, 202
A 4.4 194
A 4.5 188
A 4.7–8 188, 190, 192, 237, 261, 274
A 4.9 188, 191f, 237
A 4.10 188, 192
B 2.4–6 197f
B 2.8 194, 197
B 2.9; 2.11 198
B 7.2; 7.3 194
C 1.1 (Ahiqar) 83, 98, 198, 279
C 2.1 (Behistun) 46, 83, 198, 279
C 3.15 193
C 3.28 269
D 7.6; 7.10; 7.12; 7.16; 7.21; 7.24; 7.28; 7.30; 7.35; 7.48 193f

Papyrus Amherst 63 64, 195

Griechische Inschriften
Ägypten 49, 86, 268f, 275
Alexandria 268f, 271f, 275
Delos 241
Herakleopolis 270f
Leontopolis 269f, 272, 275
Palästina 276

Handschriften vom Toten Meer (Hirbet Qumran) 5f, 55f, 213–232, 256
Damaskusschrift (QD/CD) 168f, 216, 219f, 223f
Genesis Apocryphon (1QapGen) 127, 166
Hodajot (QH) 170, 216, 221
Jesajarolle (1QJes^a) 214
Miqtsat Maʿaseh ha-Tora (4QMMT) 84, 128, 132, 136, 169, 176, 221, 258
Neues Jerusalem (NJ) 172
Pescharim (Qp) 216, 224
Pescher Habakuk (1QpHab) 178, 224
Schirot ʿOlat ha-Shabbat (SirShabb) 223
Serekh ha-ʿEda (1QSa) 174, 216, 223
Serekh ha-Jachad (QS) 169f, 216, 219–222, 223, 225
Serekh ha-Milchama (QM) 173f, 216, 226
Tempelrolle 127, 178
1QJes^a 214
1Q8 (1QJes^b) 214
4Q17 (4QExod-Lev^f) 247
4Q22 (4QpaleoExod^m) 247
4Q27 (4QNum^b) 247
4Q88 (4QPs^f) 169
4Q158 (Reworked Pentateuch) 166
4Q169 (4QpNah) 58, 224, 231
4Q196–200 (Tobit) 167
4Q225–227 (Pseudo-Jubiläen) 166

4Q242 (Gebet des Nabonid) 172
4Q243–246 (Pseudo-Daniel) 172, 215
4Q252 (Commentary on Genesis A) 166f
4Q318 229
4Q322 231
4Q364–367 (Reworked Pentateuch) 166
4Q380–381 (nicht-kanonische Psalmen) 170
4Q383–390 (Apokrypha Jeremias) 172, 215
4Q385–386, 388, 391 (Apokrypha Ezechiels) 172, 215
4Q394–399 (4QMMT) 84, 169, 176
4Q448 231
11Q5 (11QPs^a) 169–171, 221

II. Literarische Quellen

Bibel
Altes Testament
Genesis 68, 109, 117, 128, 157
  Gen–Ri 138
  Gen–Jos 13, 162
  Gen–Dtn 117, 162
  Gen–Num 161
  1–Ex 40 160
  1–Ex 15 131, 169
  1–11 97
  1–3 166, 168
  1 72, 110
  2–45 158
  2–35 106f, 151, 154f
  2–4 97, 144
  5 110
  6–9 97
  9 110
  10 97, 144
  12f 144
  12,1–3 91, 107, 152
  12,4f 110
  13,6.11f 110
  14 256
  17 72, 110
  19 144
  19,29 110
  26–35 107, 143f, 151
  37–50 99, 131, 144, 155, 158
Exodus
  Ex–Kön 157
  Ex–Jos 109, 117, 128, 157
  1 131, 158
  2–Jos 12 106, 108, 112, 116, 151f, 154f, 157f
  2–4 108
  2 144
  6,7 110
  10ff 168
  14 108, 143
  15 158
  15,20f 108, 144, 145, 153
  19–Num 10 115, 168
  19–24 169
  20–23 109, 111, 113, 155, 220
  20 28, 71, 114, 116, 157, 246

20,8–11 193
20,22–23,19 68
20,24–26 90, 95, 112, 113, 115, 155
21–22 39, 89, 112, 122, 145f, 152
22,25f 90
23,14–17 95, 112
23,20ff 71
24 110, 113
25–40 72, 110
25,8 110
29,45f 110
32–34 71, 115
34 110, 210
40,34 110
Levitikus 72, 110, 128
  1–7 95
  11–15 95
  17–26 114, 220
  17 258
Numeri 72, 110, 128
  6,24–26 90
  15 115
  18–19 115
  22–24 92, 143
  24,4.16 93
  25,1 108, 113, 133, 155
  25,7.11 249
  26,29–34 233
  36,13 131
Deuteronomium 109, 128
  1–3 131
  1,5 126
  5 28, 71, 114, 116, 157, 246
  5,1 114, 155
  5,12–16 193

6,4–6 69, 113f, 155
7 210
10,17 240
12–26 113f
12 71, 74, 155, 188, 192, 246, 250, 258, 262, 287
12,5 246
12,13ff 69, 114, 155
12,14 113, 246
12,29ff 71
13 113
16 193
24,12f.17f 90
26 114
26,16 113f, 155
27,4 256
28 113
28,64–67 210
28,69 110
31–34 131
32,21 246
34,1 114, 155
34,4 131
34,5f 108, 114, 133, 155
34,9–12 131
Josua 15, 157
  Jos–Kön 117, 132, 134
  1 131
  1,7f 134–136
  2,1; 3,1 108, 114, 133, 155
  6; 8 108, 143
  10,12f 144
  17,1–3 233
  23–24 71, 131
Richter 15, 68, 116, 157f
  1–2 131
  2,6–3,6 71

3–16 143
3,11 18
5,31 18
8,28 18
9 17, 99
17–21 131
21,25 131

1 Samuel
　Sam–Kön 109, 116f, 138, 157f, 163
　1–2 Sam 68, 156
　1–2 Kön 11 18
　1–1 Kön 2 106, 116, 151–154, 156
　1–14 18, 107, 143, 151
　1–3 131
　8,5.20 19
　9–10 18, 93
　11 19
　14,52 107, 151
　15–2 Sam 10 19
　16–2 Sam 5 (8–10) 107, 151

2 Samuel
　1,8–10 18
　2–5 20
　2,8f 19
　3,2–5 88
　3,10 20
　5,14–16 88
　8,15–18 20, 88
　11–1 Kön 2 19, 107, 144, 151
　11–12 144
　13–20 144
　21–24 131

1 Könige 131
　1–2 Kön 116, 156
　1–2 93, 144

　2,11 18
　3–11 19
　4,1–19 88
　9,15 17
　11,42 18
　12–16 21–23, 28–30
　14,25f 18
　18–19 28
　18,41–46 28, 93, 143
　20; 22 97
　22,39f.52f 22
　22,41–51 30

2 Könige
　1,1.18 22
　3 97f
　3,1–3 22
　3,11ff 93
　4 93, 144
　6,9 91
　8,16–29 22f, 30f
　9–10 22f, 30, 97f, 144
　10,15–28 28
　11 30, 144
　12,18–19 31
　13–16 23f, 31f
　17 25, 71
　17,14–41 253
　17,29 244
　18–23 39
　18–20 32f, 93, 135
　18,4 35
　21 34f
　22–23 34f, 69, 71, 185, 210, 283
　23,28–30 34f, 153
　23,31ff 36
　24–25 36f, 129, 135, 166

Jesaja 105, 132, 134, 150
  1–39 134
  1–12 102
  1,1 135
  6–8 93, 102
  7,4 91
  8,14 104
  13–23 102
  17,1–3 93, 102
  19,18–22 273f
  24–35 102
  36–39 135
  40–66 44, 104, 134, 158, 212
  40–55 114, 212
  44,28 44
  45 190
  45,1.13 44
  58,13f 193
Jeremia 105, 132, 134, 154
  1,1–3 135
  4–6 94, 103
  7,18 196
  17,19ff 193
  28,10–12 94
  29 210, 213
  36 82
  40,6 37
  41; 43 37
  44,15ff 196
  48,13 195
  50–51 212
  52 135
Ezechiel 44, 71, 105, 132, 134f
  1,1–3 211
  3,16 211
  40–48 72, 172

Zwölf Propheten 132, 134
  Hosea 28, 105, 134, 150
    1–3 102
    1,1 135
    4–9 102
    4,2 114
    5,8–11 94
    6,6 111
    6,8–7,7 94
    9–14 103
  Joel 105
  Amos 28, 105, 134, 150
    1–2 103
    1,1 135
    2,8ff 90
    3–6 94, 102f
    5,14f 111
    7–9 103
    8,5 193
  Obadja 105
  Jona 105
  Micha 105, 134
    1,1 135
    6,8 111
  Nahum 105
  Habakuk 105
  Zefania 105
    1,1 135
    1,14–16 94
  Haggai 44, 105, 134f
    1–2 44f, 95, 104, 159
  Sacharja 44, 105, 134f
    1–8 104
    3–4 44f
    13 95
  Maleachi 105, 134
    3,22–24 134f, 165

Psalter 137 f, 163
- 1 120, 136, 219, 222, 295
- 2–89 121
- 2 118
- 13 96, 120
- 18 118
- 20 195
- 21,8 118
- 22–23 120
- 24,3–6 118
- 26 120
- 29 95, 118
- 37 123
- 40,5 197
- 41,14 120, 222
- 44 119
- 47–48 118
- 49 123
- 51 120
- 68 119
- 71,5 197
- 72 118, 120, 222
- 74; 77–78; 81 119
- 89,53 120, 222
- 93–99 95 f, 118, 121, 158
- 100–150 221
- 100 121
- 103–106 120 f
- 104 95, 118
- 105–106 119
- 106,48 120, 222
- 107 121
- 114 119
- 117 121
- 118 96, 118, 121
- 119 120
- 135–136 119, 121
- 137 119
- 145 121, 170
- 146–150 121
- 150 222

Hiob 99, 137 f, 163
- 1–2 124
- 28 124
- 38–41 99, 124
- 42 124

Sprüche 68, 136–138, 163
- 1–9 122 f
- 1,7 124
- 2,1 ff 124
- 8 124
- 10,1–22,16 98, 122 f
- 22,17–24,22 98 f, 122
- 24,21 122, 199
- 24,23–34 98, 122
- 25–29 98, 122

Rut 136–138, 167
- 4,17–22 136

Hoheslied 136–138

Kohelet 124, 136–138, 163, 171
- 9,7 ff 124
- 12,9–14 125

Klagelieder 137 f
- 1–2 119

Ester 136–138, 167, 169, 199

Daniel 52, 99, 136–138, 163, 185
- 1–6 47, 125, 167, 171, 195, 199
- 3 169
- 7–12 125
- 9 169, 178
- 9,27 52
- 11,28–31 52

11,34 55
12,1–3 125
12,11 52
Esra 44, 46f, 71, 111, 137, 185
  Esra–Neh 72, 138, 164, 168, 195, 223, 253, 256
  1–4 44, 164
  1 44, 167, 190, 213
  4–7 46
  4–6 189
  4 253
  5–6 42, 44, 164, 159, 253
  7–10 45, 164, 168
  7 263, 283
  8 185
  9–10 253, 263
  9 168f
Nehemia 44, 46f, 71, 111, 137, 164, 185
  1–6 159, 253
  1 42, 45, 159
  2,1–6 42, 159
  2,8 260
  2,10 237, 253
  2,11–18 42, 159, 251
  2,19f 227, 239, 244
  3,33–4,17 253
  3,38 42, 159
  5 45
  5,19 248
  6,1–14 95, 248, 253
  6,15 42, 159
  6,16–19 253
  7 185
  7,2 260
  8–10 164
  8 45, 264
  9 168f
  10,32 193
  12–13 253
  12 164, 261
  12,6 53
  13 45, 253
  13,14 248
  13,15–22 193, 202
  13,29.31 248
1 Chronik
  1–2 Chr 72, 110, 137f, 163f, 185, 214, 244f, 247
  1–9 110, 164
  16 169
  22–29 164
  24,7 53
2 Chronik
  12 18
  36 167, 213

Neues Testament 5
Markusevangelium
  9,2–8 165
Lukasevangelium
  1,17 165
  24,44 136, 176
Johannesevangelium
  4,20 232, 250
2 Korinther
  3,14 XIV
Apokalypse des Johannes 168

Samaritanischer Pentateuch
  128, 246–248

Apokryphen und Pseudepigraphen 5
Abraham(ApkAbr) 173

Adam und Eva (Apokalypse des Mose) 167
Aristeasbrief (Pseudo-Aristeas) 49 f, 84, 128, 137, 167 f, 172, 185, 270, 274, 276, 278 f, 280 f, 283
Baruch
   apokrypher Baruch 139, 172 f
      Bar 1,1 ff 82
      Bar 6 (Brief Jeremias) 139, 172
   griechischer Baruch (grBar) 173
   syrischer Baruch (syrBar) 173
Ben Sira (Sir) 50, 84, 125, 128, 138, 170, 178, 215, 254 f, 256 f, 283, 287
   Prolog 84, 132, 136, 176, 281–283, 287
   24 124 f, 171
   38 170
   44–49 84, 126, 132, 176, 254, 282
   45,23 f 255
   48,1–11 165
   49,5 255
   50 53, 254 f, 282
Elia (ApkElia) 173
Ezechiel (Apokryphon Ezechiel) 173, 215
Esra
   Apokalypse (gr. ApkEsra) 173
   1 (3) Esra 138, 166 f
   4 Esra 126, 165, 173
   5–6 Esra 173
Henoch 215, 229
   1 Hen (äthiopischer Hen) 168, 173
   2 Hen (slavischer Hen) 173
Hiob, Testament 171
Jeremia, Paralipomena 172
Jesaja, Martyrium 173
Joseph und Aseneth 167
Jubiläenbuch 127, 166, 169, 178, 215, 229
Judit 138, 167
Liber Antiquitatum Biblicarum 166
Makkabäerbücher
   1 Makk 168, 249
   1–2 Makk 138, 223
      1 51 f
      2 53 f
      4,36 ff 55
      5 ff 57
      7,5 ff 54 f
      13,41 f 57
   2 Makk 168, 253
      1,1–2,18 274
      3 51
      4,7 ff.23 51
      5–6 52, 253
      5,27 53
      6 236
      6,2.5 52
      10,1 ff 55
      14,3 ff 55
   3 Makk 138, 168
   4 Makk 138, 172, 241
Manasse, Gebet 167, 169
Mose, Himmelfahrt (AssMos) 173

Psalmen
    Psalm 151   136, 138, 169
    Syrische Psalmen   169
Salomo
    Oden Salomos   139
    Psalmen Salomos   138 f, 170
    Weisheit Salomos   138, 172
Sibyllinen (Sib)   173
Sirach, s. Ben Sira
Testamente, 12 Patriarchen u. a.   173
Tobit   83, 138, 167, 169, 171, 198, 215
Vitae Prophetarum   173
Zefanja (ApkZeph)   173
Zusätze zu Daniel   139, 167, 172
Zusätze zu Ester   167

Jüdische Schriftsteller   168
Epiker   167, 172, 178, 256
Exegeten   167, 172, 276 f
Historiker   5, 167 f, 256
Tragiker Ezechiel   167

Flavius Josephus   5, 128, 165, 168, 178, 253, 277
Antiquitates (Ant)
    XI 2.1, 19   253
    XI 4.3, 84 ff   253
    XI 4.9, 114 ff   253
    XI 7.2–8.7, 302–347   253
    XI 7.2, 302–303   237
    XI 8.4–5, 325 ff   49
    XI 8.6, 344   245
    XI 8.7, 347   261
    XII–XIII   57
    XII 1.1, 1–10   49
    XII 1.1, 8   270
    XII 2.1 ff, 11 ff   50, 276
    XII 4.2 ff, 160 ff   49
    XII 5   245
    XII 5.1, 231 ff   51–53, 270
    XII 5.5, 257 ff   52, 245, 253
    XII 6.1, 265   53
    XII 9.7, 385 ff   53, 55, 270, 274
    XIII 3.1 ff, 62 ff   53, 269 f, 273 f
    XIII 5.9, 171–173   55
    XIII 9.1, 254 ff   58, 253
    XIII 10.4, 284–287   53, 269
    XIII 10.7, 299 f   58
    XIII 11.3, 318 f   58
    XIII 14.2, 372 ff   58
    XIII 15.5, 379 ff   58
    XIII 15.5, 401 ff   58
    XIV 4.4 f, 69 ff   59
    XIV 4.5 ff, 77 ff   59
    XIV 7.2, 117   270
    XIV 8.1, 131   270
    XIV 10.8, 213   249
    XVIII 1.2–6, 11–25   55
    XVIII 8.1, 257 ff   61
    XX 10.3, 236 f   53, 270
Contra Apionem (Ap)
    I 7, 37–41   126, 132
    I 7, 40   136
    I 22, 186–189   49
    I 22, 208–211   49
    II 5, 48   49
    II 35   253
Bellum (Bell)
    I 1.1, 31 ff   52
    I 1.1, 33   53, 269 f, 274

I 1.3, 36 53
I 2.6, 63 58, 253
I 4.3, 88 ff 58
I 5.2, 110 ff 58
I 7.4, 148 ff 59
I 8.1 ff, 159 ff 59
I 9.4, 190 53, 269 f
II 8.1 ff, 117–166 55
II 18.7, 488 270
VII 6.6, 218 272
VII 10.2–4, 421–436 53, 269 f, 274

Philon von Alexandrien 61, 128, 268
Apologie 56
In Flaccum 61, 270
Legatio ad Gaium 61, 270
Quod omnis probus liber sit 75–91 56
Vita Mosis II, 25–44 277

Pagane und christliche Schriftsteller
Alexander Polyhistor 256
Berossos 283
Dion Chrysostomos 56, 218
Hekataios von Abdera 283
Hippolyt 56
Manetho 283
Plinius der Ältere 56, 218

Babylonischer Talmud
bJom 69a 49
bBaba batra 14b–15a 126